案头必备　经典珍藏

学习最专业的合同管理，掌握最详尽的法律法规

按合同办事
用法律维权

●徐　谦◎编著

北京理工大学出版社
BEIJING INSTITUTE OF TECHNOLOGY PRESS

图书在版编目（CIP）数据

按合同办事　用法律维权 / 徐谦编著. —北京：北京理工大学出版社，2012.2
ISBN 978-7-5640-5547-9

Ⅰ. ①按… Ⅱ. ①徐… Ⅲ. ①企业－经济合同－研究－中国
Ⅳ. ①D923.64

中国版本图书馆CIP数据核字（2012）第008838号

出版发行 / 北京理工大学出版社
社　　址 / 北京市海淀区中关村南大街5号
邮　　编 / 100081
电　　话 / （010）68914775（总编室）　68944990（批销中心）　68911084（读者服务部）
网　　址 / http://www.bitpress.com.cn
经　　销 / 全国各地新华书店
印　　刷 / 北京紫瑞利印刷有限公司
开　　本 / 787 毫米×1092 毫米　1/16
印　　张 / 32
字　　数 / 480千字
版　　次 / 2012年3月第1版　2012年3月第1次印刷　　　　　　责任校对 / 陈玉梅
定　　价 / 68.00元　　　　　　　　　　　　　　　　　　　　责任印制 / 边心超

图书出现印装质量问题，本社负责调换

前言

随着企业竞争的日益加剧，企业生存和发展的根本越来越有赖于人的素质。作为企业管理者，不能只懂管理那点事，还要具备更全面的素质。

如今，合同在人们经济生活中的作用越来越突出了。管理者最常做的事情可能就是要签订各种合同。一份有效的合同，是受法律保护的，只有按合同办事，才可以保证交易双方的利益不受损害。如果管理者只知大笔一挥，签个字了事，很可能使自己陷于被动，给企业造成损失，所以，管理者必须看明白合同，拟得好合同，这样才能保证签订正确的合同，指导合同管理人员完善好合同。

同时，企业管理者还必须具备法律意识，懂得法律条文。当今是一个法治时代，在这样一个时代里，人人都开始懂得用法律保护自己，作为企业管理人员，更应该懂得拿起法律的武器，捍卫企业的利益，为企业在经济浪潮中乘风破浪保驾护航。

企业管理者就像一个乐队指挥，乐队指挥不可以脱离乐谱，否则演奏就会走调。而法律就是企业管理者的乐谱，只有在法律的范围内，管理者才可以自由发挥创造能力，让企业在安全的轨道内无限发展，而不至于偏离航向，致使企业滑坡。

按合同办事，用法律维权，企业管理者只有懂得了这个道理，具备了这样的素质，才真正能够堪当大任，保护企业利益，引导企业健康发展。

经济活动中的合同多种多样，法律条文也纷繁复杂，为了节省企业管理者的时间，给管理者提供学习的便利，我们经过筛选、甄别、汇总，将与企业管理者关联最紧的，最常用到的合同及法律整理出来，为企业管理者编写了这部案头必备书，希望能够对管理者有所帮助。

本书分上下两篇。上篇是合同部分，下篇是法律部分。

　　合同部分将经济活动中最常用的合同都纳入其中，分别对买卖、借款、担保、抵押、赠与、租赁、合资、合作、转让等三十多种类型的合同进行了介绍，并配有最新的合同范本作为参考，企业管理者随时可以从中找到需要的合同，方便实用。

　　法律部分则介绍了与企业经营有关的法律条文的关键之处，帮助企业管理者有效防范和系统规避企业经营中可能出现的法律风险，解决企业常见的法律问题。

　　本书是一部合同撰写和法律规范的大全。企业管理人员或者说任何一位企业工作人员，都可以从中找到需要的东西。它将是一份重要的参考资料，也是一部重要的工具书，它将成为你工作中不可或缺的朋友。

目录
CONTENTS

上 篇　按合同办事

《中华人民共和国合同法》第2条：合同是平等主体的自然人、法人、其他组织之间设立、变更、终止民事权利义务关系的协议。依法成立的合同，受法律保护。企业在经营管理过程中必然要涉及各种经济关系，签订合同对活动双方都是十分必要的。有了具体的合同规定，一切按合同办事，双方利益才均有保障。

下 篇　用法律维权

　　我国社会经济的发展十分迅速，各企业之间的竞争也日益激烈。法律，正是企业在市场竞争中所必须遵循的一种基本规则。鉴于竞争的压力和市场的需要，企业中各类非法律专业人士必须懂得法律，企业的管理人员，承担决策、协调、执行、监督等经济管理职能，就更要掌握有关的法律知识。只有懂得法律，才能拿起法律的武器为企业的发展保驾护航，才能为企业的发展开拓出一片空间。

上 篇

按合同办事

《中华人民共和国合同法》第2条：合同是平等主体的自然人、法人、其他组织之间设立、变更、终止民事权利义务关系的协议。依法成立的合同，受法律保护。企业在经营管理过程中必然要涉及各种经济关系，签订合同对活动双方都是十分必要的。有了具体的合同规定，一切按合同办事，双方利益才均有保障。

第一章 常用经济合同的概念与合同范本

第一节 买卖要按合同办事

买卖合同基本概念

买卖合同是出卖人转移标的物的持有权于买受人，买受人支付价款的合同。买卖合同有多种表现形式，有工业产品、农业产品等买卖合同。

写作要求

买卖合同应具备以下条款：

1. 当事人的名称或姓名和住址。
2. 标的、数量。
3. 质量、规格、包装、检验方式方法。
4. 付款或报酬、结算方式。
5. 履行期限、地点方式。
6. 违约责任。
7. 纠纷解决的方式。

合同范本

工矿产品购销合同

合同编号：_____

签订日期：××××年×月×日

甲方（供方）：_____

乙方（需方）：_____

签订地点：_____

经充分协商，签订本合同，共同信守。

一、产品名称、数量、价格：_____

二、质量、技术标准和检验方法、时间及负责期限：_____

三、交（提）货日期：_____

四、交（提）货及验收方法、地点、期限：_____

五、包装标准、要求及供应、回收、作价办法：_____

六、运输方式、到达港（站）及运杂费负担：_____

七、配件、备品、工具等供应办法：_____

八、超欠幅度：交货数量超欠在_____%范围内，不作违约论处。

九、合理磅差、自然减（增）量的计算：_____

十、给付定金数额、时间、方法：_____

十一、结算方式及期限：_____

十二、保险费：以_____方名义，由_____方按本合同总值_____%投保，保险费由_____方负担。

十三、违约责任：供方不能交货，需中途退货的，向对方偿付不能交货或中途退货部分货款总值_____%的违约金。

十四、其他：_____

未尽事宜，均按《中华人民共和国经济合同法》和《工矿产品购销合同条例》规定执行。

甲方：　　　　　　　　　　　　　　　　　乙方：

代表：　　　　　　　　　　　　　　　　　代表：

第二节　加工承揽要按合同办事

加工承揽合同基本概念

加工承揽合同是承揽人（加工人）按照定作人的要求完成工作，交付工作成果，定作人给付报酬的合同。如服装加工、各种贴牌生产（OEM）合同等。

写作要求

加工承揽合同应具备以下条款：

1. 当事人的姓名或名称。
2. 承揽的标的。
3. 数量、质量。
4. 承揽方式。
5. 材料的提供。
6. 履行期限。
7. 验收标准与方法。
8. 违约责任。
9. 纠纷解决的方式。

合同范本

加工定作合同

合同编号：＿＿＿＿＿

定作人：签订地点：＿＿＿＿＿＿

承揽人：签订时间：＿＿＿＿年＿＿＿＿月＿＿＿＿日

一、定作物、数量、报酬、交付期限：＿＿＿＿＿

二、承揽人提供的材料：＿＿＿＿＿

三、定作人对承揽人提供的材料的检验标准、方法、时间及提出异议的期限：＿＿＿＿＿

四、定作物的技术标准、质量要求：＿＿＿＿＿

五、承揽人对定作物质量负责的期限及条件：＿＿＿＿＿

六、定作人提供技术资料、图纸样品、工艺要求等的时间、办法及保密要求：

七、承揽人发现定作方提供的图纸、技术要求不合理的，应在＿＿＿＿＿天内向定作人提出书面异议。定作人应在收到书面异议后的＿＿＿＿＿天内答复。

八、定作物的包装要求及费用负担：＿＿＿＿＿

九、定作人（是或否）允许第三人完成定作物的主要工作：＿＿＿＿＿

十、定作物交付的方式及地点：＿＿＿＿＿

十一、定作物检验标准、方法、地点及期限：＿＿＿＿＿

十二、定作人在＿＿＿年＿＿＿月＿＿＿日前向承揽人预付材料款（大写）＿＿＿＿＿＿元。

十三、报酬及材料费的结算方式及期限：＿＿＿＿＿

十四、定作人在＿＿＿＿＿年＿＿＿＿＿月＿＿＿＿＿日前交定金（大写）＿＿＿＿＿＿＿＿元。

十五、本合同解除的条件＿＿＿＿＿

十六、定作人未向承揽人支付报酬或者材料费的，承揽人（是或否）可以留置定作物_____

十七、违约责任：_____

十八、合同争议的解决方式：本合同在履行过程中发生的争议，由双方当事人协商解决；也可由当地工商行政管理部门调解；协商或调解不成的，按下列第_____种方式解决：

（一）提交_____仲裁委员会仲裁；

（二）依法向人民法院起诉。

十九、其他约定事项：_____

第三节　居间介绍要按合同办事

居间合同基本概念

《中华人民共和国合同法》第424条规定，居间合同是居间人向委托人报告订立合同的机会或者提供订立合同的媒介服务，委托人支付报酬的合同。居间合同不是行纪合同，也不是委托合同，不要混淆。

写作要求

居间合同除了普通合同应包括的内容外应包括以下内容：

1. 委托人和居间人的名称或姓名。

2. 委托事项。即委托居间人提供哪些订立合同的机会及媒介服务。

3. 期限。

4. 报酬。

5. 费用负担。即居间活动中发生的费用的承担。

合同范本

居间合同

合同编号：

委托人：签订地点：_____

居间人：签订时间：_____年_____月_____日

一、委托事项及具体要求：_____

二、居间期限：从_____年_____月_____日至_____年_____月日。

三、报酬及支付期限：居间人促成合同成立的，报酬为促成合同成立金额的_____%或者（大写）_____元。委托人应在合同成立后的_____天内支付报酬。未促成合同成立的，居间人不得要求支付报酬。

四、居间费用的负担：居间人促成合同成立的，居间活动的费用由居间人负担；未促成合同成立的，委托人应向居间人支付必要费用（大写）_____元。

五、本合同解除的条件：

1. 当事人就解除合同协商一致。

2. 因不可抗力致使不能实现合同的目的。

3. 在委托期限届满之前，当事人一方明确表示或者以自己的行为表明不履行主要义务。

4. 当事人一方迟延履行主要义务，经催告后在合理期限内仍未履行。

5. 当事人一方迟延履行义务或者有其他违约行为致使不能实现合同目的。

六、委托人的违约责任：_____

七、居间人的违约责任：_____

八、合同争议的解决方式：本合同在履行过程中发生的争议，由双方当事人协商解决；也可由当地工商行政管理部门调解；协商或调解不成的，按下列第_____种方式解决：

（一）提交_____仲裁委员会仲裁。

（二）依法向人民法院起诉。

九、其他约定事项：_____

十、本合同未作规定的，按《中华人民共和国合同法》的规定执行。

第四节　借款要按合同办事

借款合同基本概念

《中华人民共和国合同法》第196条规定，借款合同是借款人向贷款人借款，到期返还借款并支付利息的合同。在利息处理上，"民间"借款利息可高于银行贷款利息的2~3倍。

写作要求

借款合同应包括以下内容：

1. 借款种类。

2. 用途。

3. 款额。

4. 利息。

5. 期限。

6. 还款方式。

7. 担保。

合同范本

借款合同

合同编号：_____

贷款方：_____

借款方：_____

借款方为进行_____生产（或经营活动），向贷款方申请借款，并聘请_____作为保证人，贷款方业已审查批准，经三方（或双方）协商，特订立本合同，以便共同遵守。

一、贷款种类：_____

二、借款用途：_____

三、借款金额人民币（大写）_____元整。

四、借款利息为_____%，利随本清，如遇国家调整利率，按新规定计算。

五、借款和还款期限。

1.借款时间共_____年零_____个月，自_____年_____月____日起，至_____年_____月_____日止。

六、还款资金来源及还款方式。

1. 还款资金来源：_____

2. 还款方式：_____

七、保证条款。

1. 借款方用_____做抵押，到期不能归还贷款方的贷款，贷款方有权处理抵押品。借款方到期如数归还贷款的，抵押权消灭。

2. 借款方必须按照借款合同规定的用途使用借款，不得挪作他用，不得用借款进行违法活动。

3. 借款方必须按合同规定的期限还本付息。

4. 借款方有义务接受贷款方的检查、监督贷款的使用情况，了解借款方的计划执行、经营管理、财务活动、物资库存等情况。借款方应提供有关的计划、统计、财务会计报表及资料。

5. 需要有保证人担保时，保证人履行连带责任后，有向借款方追偿的权利，借款方有义务对保证人进行偿还。

6. 由于经营管理不善而关闭、破产，确实无法履行合同的，在处理财产时，除了按国家规定用于人员工资和必要的维护费用外，应优先偿还贷款。由于上级主管部门决定关、停、并、转或撤销工程建设等措施，或者由于不可抗力的意外事故致使合同无法履行时，经向贷款方申请，可以变更或解除合同，并免除承担违约责任。

八、违约责任。

（一）借款方的违约责任。

1. 借款方不按合同规定的用途使用借款，贷款方有权收回部分或全部贷款，对违约使用的部分，按银行规定的利率加收罚款。情节严重的，在一定时期内，银行可以停止发放新贷款。

2. 借款方如逾期不还借款，贷款方有权追回借款，并按银行规定加收罚患。借款方提前还款的，应按规定减收利息。

3. 借款方使用借款造成损失浪费或利用借款合同进行违法活动的，贷款方应追回贷款本款，有关单位对直接责任人应追究行政和经济责任。情节严重的，应由司法机关追究刑事责任。

（二）贷款方的违约责任。

1. 贷款方未按期提供贷款，应按违约数额和延期天数，付给借款方违约金。违约金数额的计算应与加收借款方的罚款计算相同。

2. 银行、信用合作社的工作人员，因失职行为造成贷款损失浪费或利用借款合同进行违法活动的，应追究行政和经济责任。情节严重的，应由司法机关追究刑事责任。

九、合同争议的解决方式。

本合同在履行过程中发生的争议，由双方当事人协商解决；协商不成的，按下列第_____种方式解决：

1. 提交_____仲裁委员会仲裁。

2. 依法向人民法院起诉。

十、其他。

本合同非因法律规定允许变更或解除合同的情况发生，任何一方当事人不得擅自变更或解除合同。当事人一方依照法律规定要求变更或解除本借款合同时，应及时采用书面形式通知其他当事人，并达成书面协议。本合同变更或解除之后，借款方已占用的借款和应付的利息，仍应按本合同的规定偿付。

本合同如有未尽事宜，须经合同各方当事人共同协商，作出补充规定，补充规定与本合同具有同等效力。

本合同正本一式两份，贷款方、借款方各执一份；合同副本一式_____份，报送有关单位（如经公证或鉴证，应送公证或鉴证机关）各留存一份。

贷款方（公章）：_____　　借款方（公章）：_____

代表人（签章）：_____　　代表人（签章）：_____

地址：_____　　　　　　　地址：_____

电话号码：_____　　　　　　　　　开户银行：_____

　　　　　　　　　　　　　　　　　　　账号：_____

　　　　　　　　　　　　　　　　　　　电话号码：_____

　　　　　　　　　　　　　　　　　　　签约日期：_____

　　　　　　　　　　　　　　　　　　　签约地点：_____

第五节　交付定金要按合同办事

定金基本概念

定金是指合同的一方当事人以担保其债务履行为目的，而向对方给付的一定金钱或其他代替物。债务人履行债务后，定金应当抵作价款或收回。给付定金的一方不履行约定债务的，无权要求返还定金；收受定金一方不履行约定债务的，应当双倍返还定金。

合同范本

定金合同

甲方：_____

乙方：_____

为确保甲乙双方签订的_____年_____字第_____号合同（以下称主合同）的履行，双方经协商一致，就定金担保事宜达成如下协议：

一、依据主合同，甲、乙双方应履行如下义务：_____

二、甲方应在本合同签订之日起____日内向乙方交付定金（大写）____元整。

三、本合同生效后，甲、乙任何一方不得擅自变更或解除，除非使双方协商一致并达成书面协议。

四、甲方履行主合同义务后，乙方应返还定金或以该定金冲抵甲方应付乙方款项。

五、甲方不履行主合同，无权要求返还定金；乙方不履行主合同，应当双倍返还定金。定金罚则的执行，不影响任何一方要求赔偿的权利。

六、本合同经双方签章自定金交付之日起生效。

甲方（公章）：　　　　　　　　　乙方（公章）：

法定代表人签字：_____　　　法定代表人签字：_____

_____年_____月_____日　　　_____年_____月_____日

第六节　保证要按合同办事

保证合同基本概念

保证合同是担保合同的一种。它是保证人与合同当事人签订的保证主合同的一种从合同。

写作要求

保证合同应包括以下内容：

1. 主合同的名称。

2．保证范围。

3．保证期限。

4．保证责任。

5．保证方式。

6．主合同变更、终止的保证责任约定。

合同范本

《××承包合同》保证合同

甲方（发包方）：广州××物业公司

乙方（承包方）：×××

丙方（保证方）：×××

甲方与乙方签订《广州市××小区停车场承包合同》（××××年×月×日签订）（下称《承包合同》）。为了担保该《承包合同》能正常履行，三方共同签订该《承包合同》的保证合同，确定以下条款，共同遵守执行。

一、丙方作为保证人自愿为乙方承担履行上述《承包合同》的保证责任，甲方与乙方同意丙方作为乙方的保证人承担保证责任。

二、保证的形式为连带责任保证。

三、保证的范围：乙方在《承包合同》中应履行一切义务和乙方在保管车辆期限内因被保管车辆被偷、损坏而应承担的赔偿义务。

四、保证期限：××××年×月×日至×××年×月×日。

五、甲方与乙方变更合同应书面通知丙方，并需丙方书面同意，否则两方不承担保证责任。

六、纠纷解决：因履行上述合同出现纠纷，三方同意将纠纷提交××区法院诉讼解决。

七、本合同一式三份，各方各执一份，同具法律效力。

甲方：　　　　　　　　　乙方：　　　　　　　　　丙方：

代表：　　　　　　　　　代表：　　　　　　　　　代表：

签订合同时间：＿＿＿＿年＿＿＿＿月＿＿＿日

签订合同地点：＿＿＿＿市＿＿＿路＿＿＿号

第七节　委托要按合同办事

委托合同基本概念

委托合同是指委托人和受托人约定，由受托人处理委托人事务的合同。

基本类别

委托合同根据不同的标准有不同的分类方法，主要有以下几种：

1. 根据委托发生的不同，可分为一般委托合同和转委托合同（又称复委托同）。

2. 根据委托合同中委托人或者受托人是否为单一，可分为单一委托合同和共委托合同。

3. 根据受托人的权限范围，分为特别委托合同和概括委托合同。

合同范本

委托合同

合同编号：＿＿＿＿＿＿＿＿

委托人：＿＿＿＿＿＿＿　　　　签订地点：＿＿＿＿＿＿＿＿＿＿

受托人：＿＿＿＿＿＿＿　　　　签订时间：＿＿＿＿年＿＿＿＿月＿＿＿＿日

一、委托人委托受托人处理＿＿＿＿＿事务。

二、受托人处理委托事务的权限与具体要求：＿＿＿＿＿

三、委托期限自＿＿＿＿年＿＿＿＿月＿＿＿＿日至＿＿＿＿年＿＿＿＿月＿＿＿＿日止。

四、委托人（是／否）允许受托人把委托处理的事务转委托给第三人处理。

五、受托人有将委托事务处理情况向委托方报告的义务。

六、受托人将处理委托事务所取得的财产转交给委托人的时间、地点及方式：＿＿＿＿＿

七、委托人支付受托人处理委托事务所付费用的时间、方式：＿＿＿＿＿＿＿＿

八、报酬及支付方式：＿＿＿＿＿＿＿＿＿＿＿＿＿＿

九、本合同解除的条件：＿＿＿＿＿＿＿＿＿＿＿＿

十、违约责任：＿＿＿＿＿＿＿＿＿＿＿＿＿＿＿＿＿＿＿＿＿＿＿

十一、合同争议的解决方式：本合同在履行过程中发生争议，由双方当事人协商解决；协商不成的，按下列第＿＿＿＿＿种方式解决：

（一）提交＿＿＿＿＿仲裁委员会仲裁。

（二）依法向人民法院起诉。

十二、其他约定事项：＿＿＿＿＿

十三、本合同未作规定的，按《中华人民共和国合同法》的规定执行。

委托人（章）：　　　　　　　　　　受托人（章）：

住所：　　　　　　　　　　　　　　住所：

法定代表人（签字）：　　　　　　　法定代表人（签字）：

电话：　　　　　　　　　　　　　　电话：

开户银行：　　　　　　　　　　　　开户银行：

账号：　　　　　　　　　　　　　　账号：

第八节　运输要按合同办事

运输合同基本概念

运输合同，是指承运人交旅客或货物从起点运输到约定地点，旅客、托运人（收货人）支付相应票款或运输费用的合同　运输合同，又叫运送合同。运送货物或旅客的一方为承运人；另一方为旅客或者托运人。他们都是运输合同的主体。

基本类别

依照不同的标准，运输合同有不同的分类。最为常见的分类有以下两种：

1. 根据运送的对象标准可以划分为货物运输合同和旅客运输合同。

2. 根据运输的方式标准可以划分为水路运输合同、铁路运输合同、公路运输合同、航空运输合同、管道运输合同和多种联运合同等。

合同范本

货物运输合同

订立合同双方：

托运方：_____

承运方：_____

托运方详细地址：_____

收货方详细地址：_____

根据国家有关运输规定，经过双方充分协商，特订立本合同，以便双方共同遵守。

一、货物名称、规格、数量、价款。

二、托运方必须按照国家主管机关规定的标准包装；没有统一规定包装标准的，应根据保证货物运输安全的原则进行包装，否则承运方有权拒绝承运。

三、货物起运地点：_____

货物到达地点：_____

四、货物承运日期：_____

货物运到期限：_____

五、运输质量及安全要求：_____

六、货物装卸责任和方法：_____

七、收货人领取货物及验收办法：_____

八、运输费用、结算方式：_____

九、各方的权利义务。

1. 托运方的权利义务

（1）托运方的权利：要求承运方按照合同规定的时间、地点，把货物运输到目的地。货物托运后，托运方需要变更到货地点或收货人，或者取消托运时，有权向承运方提出变更合同的内容或解除合同的要求。但必须在货物未运到目的地之前通知承运方，并应按有关规定付给承运方所需费用。

（2）托运方的义务：按约定向承运方交付运杂费。否则，承运方有权停止运输，并要求对方支付违约金。托运方对托运的货物，应按照规定的标准进行包装，遵守有关危险品运输的规定，按照合同中规定的时间和数量交付托运货物。

2. 承运方的权利义务

（1）承运方的权利：向托运方、收货方收取运杂费用。如果收货方不缴或不按时缴纳规定的各种运杂费用，承运方对其货物有扣压权。查不到收货人或收货人拒绝提取货物，承运方应及时与托运方联系，在规定期限内负责保管并有权收取保管费用。对于超过规定期限仍无法交付的货物，承运方有权按有关规定予以处理。

（2）承运方的义务：在合同规定的期限内，将货物运到指定的地点，按时向收货人发出货物到达的通知。对托运的货物要负责安全。保证货物无短缺、无损坏、无人为的变质，如有上述问题，应承担赔偿义务。在货物到达以后，按规定的期限负责保管。

3. 收货人的权利义务

（1）收货人的权利：在货物运到指定地点后，有以凭证领取货物的权利。必要时，收货人有权向到站，或中途货物所在站提出变更到站或变更收货人的要求，签订变更协议。

（2）收货人的义务：在接到提货通知后，按时提取货物。缴清应付费用。超过规定提货时，应向承运人缴付保管费。

十、违约责任。

1. 托运方责任

（1）未按合同规定的时间和要求提供托运的货物，托运方应按其价值的_____%偿付给承运方违约金。

（2）由于在普通货物中夹带、匿报危险货物，错报笨重货物重量等而招致吊具断裂、货物摔损、吊机倾翻、爆炸、腐蚀等事故，托运方应承担赔偿责任。

（3）由于货物包装缺陷产生破损，致使其他货物或运输工具、机械设备被污染腐蚀、损坏，造成人身伤亡的，托运方应承担赔偿责任。

（4）在托运方专用线或在港、站公用线、专用铁道自装的货物，在到站卸货时发现货物损坏、缺少，在车辆施封完好或无异状的情况下，托运方应赔偿收货人的损失。

（5）罐车发运货物，因未随车附带规格质量证明或化验报告，造成收货方无法卸货时，托运方应偿付承运方卸车等费用及违约金。

2. 承运方责任

（1）不按合同规定的时间和要求配车（船）发运的，承运方应偿付托运方违约金（大写）_____元。

（2）承运方如将货物错运到非指定地点或接货人，应无偿运至合同规定的到货地点或接货人。如果货物逾期达到，承运方应偿付逾期交货的违约金。

（3）运输过程中货物灭失、短少、变质、污染、损坏，承运方应按货物的实际损失（包括包装费、运杂费）赔偿托运方。

（4）联运的货物发生灭失、短少、变质、污染、损坏，应由承运方承担赔偿责任的，由终点阶段的承运方向负有责任的其他承运方赔偿。

（5）在符合法律和合同规定条件下的运输，由于下列原因造成货物灭失、短少、变质、污染、损坏的，承运方不承担违约责任：

①不可抗力。

②货物本身的自然属性。

③货物的合理损耗。

④托运方或收货方本身的过错。

本合同正本一式二份，合同双方各执一份；合同副本一式_____份，送_____
_____等单位各留一份。

托运方：   承运方：

代表人：   代表人：

地址：   地址：

电话：   电话：

开户银行：   开户银行：

账号：   账号：

_____年_____月_____日订立

陆上货物运输托运合同

托运单位：_____电器厂

联系人：_____

电话：_____

地址：_____市_____路_____号

需要车辆数：4吨车一辆

需要车种：平板车

起运地：_____路_____号

到达地：_____路_____号

发货单位：_____电器厂

收货单位：_____电机厂

运到日期：托运日起四天内

一、委托注意事项。

1. 雨天不运。

2. 非危险品。

3. 有自备机具装车。

4. 有自备机具卸车。

5. 发货单位星期二厂休。

6. 收货单位星期三厂休。

二、运输距离＿＿＿＿＿＿公里。运费人民币（大写）：＿＿＿＿＿＿＿元。

三、违约责任。

1. 不按运输托运单规定时间和要求配车发运的，由承运单位酌情赔偿损失。

2. 运输过程中货物灭失、短少、损坏，按货物的实际损失赔偿。

3. 托运方未按托运单规定的时间和要求提供托运货物，应偿付承运方实际损失的违约金。

4. 由于货物包装缺陷产生破损，因此造成其他货物和运输工具损坏，造成人身伤亡，托运方应承担赔偿责任。

四、附：结算单据等四张。

托运方：＿＿＿＿＿厂（盖章）　　　　承运方：＿＿＿＿＿市汽车运输公司

＿＿＿年＿＿＿月＿＿＿日　　　　营业员：＿＿＿＿＿（盖章）

　　　　　　　　　　　　　　　　　＿＿＿年＿＿＿月＿＿＿日

水路运输合同

（　）水运计字第＿＿＿＿＿＿号

根据合同法和＿＿＿＿＿＿省（市、自治区）水上运输管理规定的要求，＿＿＿＿＿＿＿＿＿（以下称甲方）向＿＿＿＿＿＿省（市、自治区）交通厅航运局（以下称乙方），计划托运＿＿＿＿货物，乙方同意承运，特签订本合同，共同遵守，互相制约，具体条款经双方协商如下：

一、运输方法。

乙方调派＿＿＿＿＿＿吨位船舶一艘（船舶＿＿＿＿＿＿吊货设备），应甲方要求，由＿＿＿＿＿＿港运至＿＿＿＿＿＿港，按现行包船运输规定办理。

二、货物集中。

甲方应按乙方指定时间，将＿＿＿＿＿＿货物于＿＿＿＿＿＿天内集中于＿＿＿＿＿＿港，货物集齐后，乙方应在五天内派船装运。

三、装船时间。

甲方联系到达港同意安排卸货后，经乙方核实并准备接收集货（开集日期由乙方指定）。装船作业时间，自船舶抵港已靠_____号码头时起于_____小时内装完货物。

四、运到期限。

船舶自装货完毕办好手续时起于_____小时内将货物运到目的港。否则按有关规定承担滞纳费用。

五、起航联系。

乙方在船舶装货完毕启航后，即发报通知甲方做好卸货准备，如需领航时，亦通知甲方按时派引航员领航，费用由_____方负担。

六、卸船时间。

甲方保证乙方船舶抵达_____港锚地，自下锚时起于_____小时内将货卸完。否则甲方按超过时间向乙方交付滞纳金每吨时_____元。在装卸货过程中，因天气影响装卸作业的时间，经甲方与乙方船舶签证，可按实际影响时间扣除。

七、运输质量。

乙方装船时，甲方应派员监装，指导工人按章操作，装完船封好舱，甲方可派押运员（免费一人）随船押运。乙方保证原装原运，除因船舶安全条件所发生的损失外，对于运送货物的数量和质量均由甲方自行负责。

八、运输费用。

按省水运货物一级运价率以船舶载重吨位计货物运费_____元，空驶费按运费的50%计，全船运费为_____元，一次计收。

港口装船费用，按省港口收费规则有关费率计收；卸船等费用，由甲方直接与到达港办理。

九、费用结算。

本合同经双方签章后，甲方应先付给乙方预付运输费用_____元。乙方在船舶卸完后，以运输费用凭据与甲方一次结算，多退少补。

十、附则。

本合同甲乙双方各执正本一份，副本_____份，并向工商行政管理局登记备案。如有未尽事宜，按省交通厅水上运输管理规定和合同法的有关规定协商办理。

甲方（盖章）   乙方（盖章）

代表人：   代表人：

开户银行：　　　　　　　　　　　　　开户银行：

账号：　　　　　　　　　　　　　　　账号：

　　　　　　　　　　　　_____年_____月_____日订立

海上运输合同

订立合同双方：

_____（以下称甲方）委托_____交通厅海运局（以下称乙方）计划外托运（货物），乙方同意承运。根据《中华人民共和国合同法》和_____海上运输管理规定的要求，经双方协商，特订立本合同，以便双方共同遵守。

一、运输方法。

乙方调派_____吨位船舶一艘（船舶_____吊货设备），应甲方要求由_____港运至_____港，按现行包船运输规定办理。

二、货物集中。

甲方应按乙方指定时间，将_____货物于_____天内集中于_____港，货物集中齐后，乙方应在五天内派船装运。

三、装船时间。

甲方联系到达港同意安排卸货后，经乙方落实并准备接收集货（开集日期由乙方指定）。装船作业时间，自船抵港已靠好码头时起_____小时内装完货物。

四、运到期限。

船舶自装货完毕办好手续时起于_____小时内将货物运到目的港。否则按有关规定承担滞纳费用。

五、起航联系。

乙方在船舶装货完毕启航后，即发报通知甲方做好卸货准备，如需领航时，亦通知甲方按时派引航员领航，费用由_____方负担。

六、卸船时间。

甲方保证乙方船舶抵达_____港锚地，自下锚时起于_____小时内将货卸完。否则甲方按超过时间向乙方交付滞纳金每吨时_____元。在装卸货过程中，因天气影响装卸作业的时间，经甲方与乙方船舶签证，可按实际影响时间扣除。

七、运输质量。

乙方装船时，甲方应派员监装，指导工人按章操作，装完船封好舱，甲方可派押运员（免费一人）随船押运。乙方保证原装原运，除因船舶安全条件所发生的损失外，对于运送_____货物的数量和质量均由甲方自行负责。

八、运输费用。

按_____水运货物一级运价率以船舶载重吨位计货物运费_____元，空驶费按运费的50%计，全船运费为_____元，一次计收。

港口装船费用，按_____港口收费规则有关费率计收；卸船等费用，由甲方直接与到达港办理。

九、费用结算。

本合同经双方签章后，甲方应先付给乙方预付运输费用_____元。乙方在船舶卸完后，以运输费用凭据与甲方一次结算，多退少补。

十、本合同甲乙双方各执正本一份，副本一式_____份，交_____等部门各存一份备案。本合同如有未尽事宜，由双方按照_____交通厅海上运输管理的有关规定充分协商，作出补充规定。补充规定与本合同具有同等效力。本合同提交公证处公证。

甲方：_____（盖章）　　　　乙方：_____（盖章）

代表人：_____（签章）　　　　代表人：_____（签章）

开户银行：_____　　　　　　开户银行：_____

账号：_____　　　　　　　　账号：_____

_____年_____月_____日订立

第九节　合作意向书的签订

合作意向书基本概念

合作意向书不是正式合同，只是"诚意"的表示。合作意向书是经济合作中，尤其国际经济合作中就合作项目的具体事项所达成一致意见的意向性协议，它可以在谈判纪要基础上整理而成。

合作意向书不具备法律效力，其作用是为日后签订经济合同做好准备，为项目建议和可行性研究打基础。

写作要求

合作意向书一般由以下几部分组成：

1．标题

标题由洽谈合作项目名称与文件名称组成。

2．正文

正文部分包括：

（1）序言。含合作双方名称、商洽时间、地点、商洽的原则等。有时还写明双方负责人、总机构所在地、营业批准机关名称及批准时间、营业执照编号或副本。

（2）事项。指双方合作达成的具体意向，可以写合作项目计划规模、投资方式、合资比例、预计经济效益等。

（3）未尽事宜。合作双方尚有哪些问题需要进一步洽谈，如何安排工作日程，预计达成最终协议的时间等事宜。

3．落款

参与磋商、谈判各方的名称，谈判代表签字、签署意向书的日期。

合同范本

关于合作建立××合资企业意向书

为使双方的业务接触朝着建立合资经营或许可证协议的方向发展，双方一致同意在平等互利的基础上就如下条款签订本意向书：

1．签意向书之双方

甲方：＿＿＿＿＿＿＿＿＿厂

地址：中华人民共和国广州市＿＿＿＿＿＿＿＿＿路＿＿＿＿＿＿＿＿＿号

电传：＿＿＿＿＿＿＿

乙方：＿＿＿＿＿＿＿＿＿公司

地址：＿＿＿＿＿＿国＿＿＿＿＿＿州＿＿＿＿＿＿市＿＿＿＿＿＿路＿＿＿＿＿＿号

电传：＿＿＿＿＿＿＿

2．在已确定的日期内，任何一方均不得同第三方商洽或谈判。

3．为尽快使协议成型，双方一致同意按下述日程工作：

（1）应甲方要求，乙方同意于_____年_____月_____日前将其部分_____样品寄到_____。

（2）下一次会谈将于_____年_____月在_____举行，旨在探讨或决定是搞合资经营还是搞许可证协议。

（3）_____年_____月，双方互发邀请书并派出代表团，在合作的范围内进行必要的考察。

（4）_____年_____月至_____月期间，甲方邀请乙方来广州起草并签订协议或合约并完成各自当局的申报手续。

甲方：_____厂代表（签章）　　　　乙方：_____公司代表（签章）

第十节　赠与要按合同办事

赠与合同基本概念

赠与合同是赠与人将自己的财产无偿给予受赠人，受赠人表示接受的合同。

写作要求

赠与合同多采用条文式结构，其写作格式与合同的一般书面结构模式相同，也是由首部、正文、结尾组成。

1. 首部

首部包括标题、当事人基本情况。标题即合同名称，写明赠与性质、内容。当事人基本情况居标题之下，正文之上，当事人基本情况是指要写明赠与人、受赠人的名称或姓名和住所。

2. 正文

正文即合同的主要条款，赠与合同要写明如下条款：

（1）赠与目的

写明为什么赠与，例如奖学金赠与目的是为了鼓励学生积极进取，成为国家建设的栋梁之才。

（2）赠与物品性质与数量

赠与合同的标的为赠与物，合同要标明具体赠与物的性质和名称，如房屋、货币、有价证券或专利权等。

合同应具体写明赠与物的数量、品种、品质。赠与物是货币，写明币种和数额；赠与物是实物，要写明该物的性状、数量和品质，如房屋应写明房屋的坐落、规格、面积、是否出租。

（3）履行期限、地点和方式

此条款要明确规定赠与物的交付时间、地点和方式，要写明是一次赠与还是定期赠与、履行地的具体名称。

（4）附义务赠与及违约责任

附义务赠与合同要写明赠与人对受赠人所提的要求，即受赠人要履行的义务。

赠与合同是单务合同，原则上受赠人没有合同义务，但在附义务赠与合同中附设有义务，受赠人应当按照合同履行义务，受赠人不履行附设义务的行为是违约行为，受赠人要承担违约责任。在附义务合同中要写明受赠人的违约责任。

赠与人的违约责任有以下几点：

①不履行给付义务的责任

在赠与人因可归责于自己的事由迟延履行时，受赠人仅仅可以请求赠与人给予赠与物，而不能请求赔偿其他损失或迟延的利息；在赠与人因可归责于自己的事由而不能给付时，受赠人只能请求赠与人给付赠与物的价金，而不能请求其他损害的赔偿。赠与人若无故撤销赠与或迟延赠与给受赠人带来损失的，应予赔偿。

②瑕疵担保责任

赠与人原则上不承担赠与物的瑕疵担保责任。但赠与人故意不告知瑕疵或者保证无瑕疵，造成受赠人损失的，应当承担损害赔偿责任。赠与人的瑕疵担保责任内容仅以赔偿受赠人因标的物的权利瑕疵或物的瑕疵所受到的损害为限。

③损害赔偿责任

赠与人原则上也不承担损害赔偿责任。但若由于赠与人的故意或者重大过失致使赠与的财产毁损、灭失，造成受赠人损失的，赠与人应当承担损害赔偿责任。

双方当事人根据实际情况在合同中约定违约责任及赔偿方法。

（5）合同的变更与终止

赠与物尚未给予时，赠与人因经济状况显著恶化，严重影响生产经营或者家庭生活的，可以变更或终止合同。但赠与人可以适当赔偿受赠人因相信赠与人的赠与行为而造成的经济损失。

（6）赠与合同的撤销

受赠人有下列情形之一的，赠与人可以撤销赠与：

①严重侵害赠与人或者赠与人的近亲属的。

②对赠与人有抚养义务而不履行的。

③不履行赠与合同约定的义务的。

赠与被撤销的，撤销权人可以向受赠人请求返还赠与财产。

（7）争议的解决方式

出现合同争议，首先由双方当事人协商解决。协商不成，任何一方可以向＿＿＿＿＿＿＿仲裁庭申请仲裁。

（8）其他约定事项

根据实际情况，增添有关补充条款。

3. 尾部

尾部包括：当事人签字盖章；当事人双方的地址、电话、电挂、传真、邮政编码；开户银行、账号；合同签订时间、地点；公证机关签字盖章。

合同范本

赠与合同

甲方（赠与人）：＿＿＿＿＿＿＿＿＿＿＿＿

乙方（受与人）：＿＿＿＿＿＿＿＿＿＿＿＿

甲乙双方就赠送＿＿＿＿＿＿＿＿＿＿＿达成以下条款：

一、甲方将其所有的＿＿＿＿＿＿＿＿＿＿（标的物）赠送给乙方，其所有权证明为：写明证明甲方拥有所有权的证据名称，如赠与房屋，就应有房产所有权证，赠与物品应有购买该物品的发票等。

二、赠与物的交割。

写明交割的条件，在什么时间、什么地点交割，需办什么手续等。

三、乙方应在＿＿＿＿＿＿＿＿＿＿期限内办理所有权转移的手续，逾期不办的，视为拒绝赠与（也可以约定其他条件）。

四、本合同自＿＿＿＿＿＿＿＿＿＿日起生效（可以写自公证之日起生效）。

五、本合同一式两份，双方各执一份。

甲方：（签字、盖章）　　　　　　　　　乙方：（签字、盖章）

　　　　　　　　＿＿＿＿＿＿年＿＿＿＿＿＿月＿＿＿＿＿＿日

第十一节　抵押要按合同办事

抵押合同基本概念

抵押合同是从合同。所谓抵押是债务人或第三人不转移所拥有财产的占有，将该财产作为债权的担保形式。债务人不履行义务时，债权人有权以该财产折价或者拍卖、变卖该财产的价款优先受偿。抵押物一般为不动产。抵押必须办理登记手续。

写作要求

抵押合同应包括以下内容条款：

1. 被担保的主债权种类、数额。
2. 债务人履行债务的期限。
3. 抵押物的名称、数量、质量、状况、所在地、所有权属。
4. 抵押担保的范围。

合同范本

抵押合同书

贷款方：

借款方：

一、借款方自愿以本单位所拥有的财产作为贷款抵押物抵押给贷款方：包括固定资产_____元，可封存的流动资产_____元，有价证券_____元，其他_____元（详见抵押物清单），评估现值共计_____万元。抵押期限最长不超过一年。即从_____年_____月_____日起，至_____年_____月_____日止，贷款方根据抵押率不得超过现值的规定，同意以借款方抵押物为条件，核定借款方最高贷款额度_____万元。在这个额度内，按照中国工商银行贷款办法和信贷政策，可以一次申请贷款，也可以分次申请贷款，在抵押期限内，贷款归还后可以申请借款，但借款期不得超过抵押期。

二、经贷款方同意，抵押清单所列由借款方保管（使用）的抵押财产，抵押期间借款方可继续使用、保管，并负责保养、维修，其费用开支由借款方负担。在借款方保管（使用或封存）的抵押物，未经贷款方同意，借款方不得变卖、转移、租借或另行抵押：在抵押期间，属借款方保管使用的抵押物如有损坏、损失或变质，由借款方负责，并在十日内通知贷款方由借款方另行提供其他等值的财产作为抵押物，或由贷款方核减相应的贷款额。抵押清单所列的由贷款方保管的抵押物，自本契约签订之时，移交贷款方保管。

三、借款方不能按期还清借款本息时，贷款方有权处理抵押物，收回贷款本息。如处理抵押物不足以收回贷款本息时，借款方应用其他资金归还。

四、在抵押期间，如充当抵押物的有价证券到期兑现，由借贷双方共同负责办理并偿还贷款。

五、在抵押期间，如发生抵押物价格下降时，贷款方相应调低放款额度。

六、抵押物必须参加财产保险（有价证券等除外）。

抵押物清单（略）

以上所列财产已在保险公司投保，到期后由借方负责续保。保险单据由贷方保管。经双方协商，本单所列抵押财产在＿＿＿＿＿＿＿＿方保管（使用）或封存，按合同要求负责管理。

借方公章：　　　　　　　　　　　　贷方公章：

法人代表：　　　　　　　　　　　　法人代表：

经办人：　　　　　　　　　　　　　经办人：

＿＿＿＿年＿＿＿＿月＿＿＿＿日　　　＿＿＿＿年＿＿＿＿月＿＿＿＿日

第十二节　财产租赁要按合同办事

租赁合同基本概念

《中华人民共和国合同法》第212条规定，租赁合同是出租人将租赁物交付承租人使用、收益，承租人支付租金的合同。常见有财产租赁和房屋租赁合同。

写作要求

根据法律规定，财产租赁合同的内容应包括租赁物的名称、数量、用途、租赁期限、租金及其支付期限和方式、租赁物维修等。租赁期限不得超过20年。

合同范本

财产租赁合同

出租方：

承租方：

为了明确出租方与承租方的权利义务，经双方充分协商，特订本合同，以便共同遵守。

一、租赁财产及附件的名称、数量、质量与用途。

二、租赁期限。

租赁期共_____年零_____月，出租方从_____年_____月_____日起将（出租财产）给乙方使用，至_____年_____月_____日收回。

三、租金数额、付款办法及交纳期限。

根据国家规定的_____（租赁财产）的租金标准（无统一规定的，由双方当事人商定），承租方每月（年）应向出租方支付租金_____元。交纳租金的时间为每月（年）的最末一日（或双方商定的其他时间）一次交付。

四、租赁财产的维修保养。

租赁期间，_____（租赁财产）的维修与保养由_____方负责，一切维修保养费用均由_____方承担。

五、出租方与承租方的变更。

在_____（租赁财产）出租期间，出租方如将所有权转移给第三方，应迅速告知承租方所有权转移的情况。所有权取得方即成为本合同的当然出租方，享有原出租方享有的权利，承担原出租方承担的义务。

六、出租方的违约责任。

1. 出租方如未按合同规定的时间提供（出租财产），应按延迟时间内承租方本应交付租金的_____%计算，向承租方偿付违约金。

2. 出租方如未按本合同规定的质量向承租方提供_____（出租财产），应负责赔偿由此而给承租方造成的损失。

3. 出租方如未按本合同规定提供有关设备、附件等，致使承租方不能如期正常使用（租用财产）的，除按本合同规定如数补齐所欠设备、附件并顺延租期外，还应向承租方偿付该期间内应交租金的_____%的违约金。

七、承租方的违约责任。

1．承租方在租赁期内由于使用保管或维修保养不当，造成_____（租用财产）损坏、灭失的，应负责修复或赔偿。

2．承租方如未经出租方同意擅自将租赁财产转租或进行非法活动，出租方有权解除合同，收回_____（出租财产）。

3．承租方如不按合同规定的时间和数量交付租金，除应向出租方按银行迟延付款的规定偿付违约金外，出租方有权收回_____（出租财产）；承租方如逾期不交还_____（租用财产），除应向出租方补交租金外，还应偿付租金的_____%的违约金。

4．承租方如擅自拆改所租设备、机具等财产，应向出租方偿付所拆改物价值的_____%的违约金，并应赔偿出租方因此所受的损失。

八、不可抗力。

如遇不可抗力而造成一（租赁财产）的损坏或灭失，并经有关部门鉴定属实，承租方不负修复或赔偿的责任，但应及时向出租方说明情况。

在本合同规定的租赁期届满前_____日内，双方如愿意延长租赁期，应重新签订合同。

租赁期间，合同双方的任何一方均不得擅自修改或随意废除合同。本合同中如有未尽事宜，须经合同双方协商，作出补充规定，补充规定与本合同具有同等效力。

出租方：（签章）　　　　　　　　承租方：（签章）

代表：　　　　　　　　　　　　　代表：

_____年_____月_____日　　　　_____年_____月_____日

第十三节　保管要按合同办事

保管合同基本概念

保管合同是保管人保管寄存人交付的保管物，并返还该物的合同。

写作要求

保管合同须具备以下主要条款：

1．所存的标的物的名称。

2．标的物的质量及包装。

3．货物验收的内容、标准、方法、时间。

4．货物的性质、保管的条件和保管的要求。

5．货物进出库手续、时间、地点及运输方式。

6．货物损耗标准和损耗的处理。

7．计费项目及费用标准。

8．结算方法。

9．责任划分和违约处理。

10．合同的有效期限。

11．变更和解除合同的期限。

合同范本

仓储保管合同

保管方：＿＿＿＿＿＿＿＿＿＿＿

存货方：＿＿＿＿＿＿＿＿＿＿＿

保管方和存货方根据委托储存计划和仓储能量的情况，双方协商一致，签订本合同，共同信守。

一、储存货物的名称、规格、数量、质量。

1．货物名称：＿＿＿＿＿＿＿＿＿＿＿＿＿＿＿＿＿＿＿。

2．品种规格：＿＿＿＿＿＿＿＿＿＿＿＿＿＿＿＿＿＿＿。

3．数量：＿＿＿＿＿＿＿＿＿＿＿＿＿＿＿＿＿＿＿＿＿＿。

4．质量：＿＿＿＿＿＿＿＿＿＿＿＿＿＿＿＿＿＿＿＿＿。

5．货物包装：＿＿＿＿＿＿＿＿＿＿＿＿＿＿＿＿＿＿＿。

二、保管方法：根据有关规定进行保管，或者根据双方协商方法进行保管。

三、保管期限：从＿＿＿＿＿＿年＿＿＿＿月＿＿＿＿日至＿＿＿＿年＿＿＿＿月＿＿＿日止。

四、验收项目和验收方法。

1．存货方应当向保管方提供必要的货物验收资料，否则，发生货物品种、数量、质量不符合合同规定时，保管方不承担赔偿责任。

2．保管方应按照合同规定的包装外观、货物品种、数量和质量，对入库货物进行验收，如果发现入库货物与合同规定不符，应及时通知存货方。保管方验收后，如果发生货物品种、数量、质量不符合合同规定时，保管方应承担赔偿责任。

五、入库、出库手续：按照有关入库、出库的规定办理，如无规定，按双方协议办理。

六、损耗标准和损耗处理，按照有关损耗标准和损耗处理的规定办理，如无规定，按双方协议办理。

七、费用负担和结算办法：_____

八、违约责任。

1. 保管方的责任

（1）货物在储存期间，由于保管不善而发生货物灭失、短少、变质、污染、损坏的，负责赔偿损失。如属包装不符合合同规定或超过有效储存期而造成货物损坏、变质的，不负赔偿责任。

（2）对危险物品和易腐货物，不按规定操作或妥善保管，造成毁损的，负责赔偿损失。

（3）由于保管方的责任，造成退仓或不能入库时，应按合同规定赔偿存货方运费和支付违约金。

（4）由保管方负责发运的货物，不能按期发货的，应赔偿存货方逾期交货的损失；错发到货地点，除按合同规定无偿运到规定的到货地点外，并赔偿存货方因此而造成的实际损失。

2. 存货方的责任

（1）易燃、易爆、有毒等危险物品和易腐物品，必须在合同中注明，并提供必要的资料，否则造成货物毁损或人身伤亡，由存货方承担赔偿责任直至刑事责任。

（2）存货方不能按期存货，应偿付保管方的损失。

（3）超议定储存量储存或逾期不提时，除交纳保管费外，还应偿付违约金。

九、由于不能预见并且对其发生的后果不能防止或避免的不可抗力事故，致使直接影响合同的履行或者不能按约定的条件履行时，遇有不可抗力事故的一方，应立即将事故情况电报通知对方，并应在五天内，提供事故详情及合同不能履行，或者部分不能履行，或者需要延期履行的理由的有效证明文件，此项证明文件应由事故发生地区的公证机构出具。按照事故对履行合同影响的程序，由双方协商决定是否解除合同，或者部分免除履行合同的责任，或者延期履行合同。

保管方：_____（公章）　　　存货方：_____（公章）

代表人：_____（盖章）　　　代表人：_____（盖章）
　　　　　　　　　　　　　　　　_____年_____月_____日订立

第十四节　保险委托代理要按合同办事

保险委托代理合同基本概念

　　保险委托代理合同书是保险公司委托保险经纪人和代理人在其授权范围内代为办理保险业务时双方签订的一种委托合同。

写作要求

　　保险委托代理合同书一般应写明以下内容：
　　1. 保险代理资格证的要求。
　　2. 代理的期限。
　　3. 代理的区域。
　　4. 代理的权限。
　　5. 代理的手续费的支付。
　　6. 保险费的缴付。
　　7. 保证或担保。
　　8. 违约责任。

合同范本

保险委托代理合同

　　甲方（委托方）：_____保险公司
　　乙方（代理方）：_____
　　甲乙双方根据《中华人民共和国保险法》和《保险代理人管理规定（试行）》等有关法规，在自愿、平等、互利的基础上，经协商就乙方接受甲方的委托，在甲方授权范围内代为办理人身保险业务的有关事宜，一致达成本合同。
　　一、证件的保存。
　　乙方应将本人的《保险代理人资格证书》提交甲方保存，换取甲方颁发的《展业证书》；甲方应妥善保存乙方的《保险代理人资格证书》，因甲方过错造成该证书损毁、丢失的，甲方应承担赔偿责任。

二、代理期限。

本合同代理期限为1年，自_____年_____月_____日至_____年_____月_____日止，乙方在代理期限内实施的代理行为方为有效。

代理期限届满，甲乙双方未做任何终止本合同的行为及意思表示，本合同将自动延长一个代理期限。

三、代理区域。

乙方实施甲方授权代理行为的地域范围，以中国保险监管部门批准的甲方经营区域为限。乙方不得在前述经营区域外进行人身保险代理业务。

乙方优先在下列指定的地区实施甲方授权的代理行为：_____。

四、代理权限。

甲方授权乙方可以实施以下代理行为：

1. 代理销售甲方提供的保险产品。

（1）个人寿险（　）。

（2）个人健康险（　）。

（3）个人人身意外伤害险（　）。

（4）经保险监管部门许可的其他险种_____。

乙方代理销售甲方提供的保险产品的行为仅限于向第三人宣传、介绍、推荐甲方提供的保险产品及产品的组合，无权决定是否承诺投保人订立保险合同的要约；乙方应将投保人订立保险合同之要约（投保书）在规定的期限内交付甲方，由甲方作出是否订立保险合同的决定。

2. 代理甲方收取保险费。乙方应代理甲方收取投保人预缴及续缴之保险费，向投保人出具临时收据，并在规定的期限内交付甲方。

五、保险费交付方式。

乙方以现金或票据方式收据的投保人交付的保险费。

六、保险费交付期限。

乙方应自收到保险费48小时内，将保险费交付甲方。如最后24小时为节假日，则顺延为节假日结束后的第一个工作日的甲方业务时间。

七、代理手续费支付标准和方式。

甲方按照本合同订立时执行的手续费标准向乙方支付代理手续费。

本合同有效期内，甲方要对现行的代理手续费标准进行变更时，应征得乙方或乙方推选的集体代表同意，并就协议一致的手续费标准订立集体合同，对乙方具有约束力。

本合同有效期内，甲方因国家法律、法规、政策的原因，需要调整手续费标准的，如调整后的标准是符合国家法律、法规、政策允许的最高限额的，可直接与乙方或乙方推选的代表订立新的关于手续费支付标准的集体合同，并对乙方具有约束力。如乙方不能认可国家法律、法规、政策规定的手续费标准，则本委托代理合同终止。

甲方支付乙方手续费的依据是乙方于上月15日以后（含15日）至本月15日代理的至本月25日仍有效的代理权限内的保险费收入。

甲方于每月30日前在代为扣除乙方应付税款后支付乙方当期手续费收入。延期支付的，甲方应支付利息。

八、保证与担保。

乙方应提供两个甲方认为具有保证人资格的自然人作为乙方履行本合同的保证人，并与甲方签订《担保合同》。

乙方应同提交单证、票据保证金人民币（大写）＿＿＿＿＿＿元。

九、专属代理。

乙方不得代理其他保险公司的保险业务，也不得帮助其他保险公司及其代理人与甲方竞争。

乙方不得兼职从事其他职业。

此协议终止后6个月内，乙方不能为其他保险公司代理个人人身保险业务。

十、其他权利与义务。

甲方应对乙方进行定期培训，每年培训时间不得少于60小时；乙方应按时参加甲方的培训，如乙方不能按要求参加甲方的培训，甲方有权解除本合同。

乙方应遵循《保险法》及《保险代理人管理规定（试行）》等法律、法规的规定，诚实代理，并保守甲方及客户的商业秘密及个人隐私。

乙方应按甲方的要求报告有关完成委托事项的情况。

十一、合同的变更。

本合同条款可以进行变更。

甲方应与乙方或乙方推选的代表就合同变更事宜进行协商，达成一致意见后对本合同进行变更。

甲方与乙方个人协商对合同进行的变更，应订立补充合同；甲方与乙方推选的代表协商，对本合同所作的变更，对乙方所有的成员有效，不能同意变更后事项的乙方个别成员，作解除合同处理。

关于合同的变更，本合同另有约定的除外。

十二、合同的终止。

本合同可因下列原因终止：

1. 因本合同期限届满，甲方决定不再续延本合同。

2. 甲方发生分立或合并，分立或合并后新的组织没有承诺本合同继续有效并承担本合同甲方权利义务的。

3. 乙方辞去委托或者甲方撤销委托。乙方辞去委托时，不必取得甲方同意，但必须提前通知甲方，如因辞去委托使甲方受到损失，乙方应负赔偿损失的责任；甲方撤销委托时，不必取得乙方的同意，但应支付乙方已代理业务的手续费。如因撤销委托使受托人受到损失，甲方应负赔偿损失的责任。

本合同终止时，甲方有权收回乙方持有的属于甲方的单证、票据、业务资料、客户资料以及其他物品。

本合同终止时，甲方有权要求乙方偿还甲方为乙方支付的培训费，合同另有约定的除外。

本合同终止时，甲方应收回《展业证书》，退还乙方《保险代理人资格证书》，并在乙方归还甲方的单证、票据、业务资料、客户资料以及其他物品后，退还乙方保证金，如上述单证、资料、物品有缺失、毁损，应相应扣减保证金，并将保证金余额退还乙方；如保证金不足以补偿以上损失的，可以在应支付乙方的手续费中扣除不足部分。

十三、违约责任。

乙方应对在代理过程中因本人过错导致的第三人的损失承担赔偿责任；因乙方在代理过程中因过错导致的第三人的损失，甲方承担赔偿责任的，甲方履行赔偿责任后，有向乙方追偿的权利。

甲乙双方因过错给对方造成的损失，均应承担赔偿责任。

本合同解除后，并不排除乙方在本合同有效期间因过错行为应承担的赔偿责任。

十四、争议处理。

本合同履行过程中，双方如发生争议可协商解决。协商不成，可依法调解、仲裁或提出诉讼。

十五、附则。

乙方同意甲方制订关于代理手续费的规定和有关寿险代理员管理的办法作为本

合同的附件，附件修订时，与甲方签订集体合同，并对乙方具有约束力。

乙方提供的担保人与甲方签订的担保合同，为本合同的附合同，本合同终止后，对乙方在本合同有效期间的行为的保证责任不当然解除。

本合同经甲方签字盖章，乙方亲笔签字，并在甲方收到乙方《保险代理人资格证书》原件、单证票据保证金、《担保合同》后生效。

本合同一式两份，甲乙双方各执一份，具有同等法律效力。

甲方：＿＿＿＿保险公司　　　　　　乙方：＿＿＿＿（签字）

　　　＿＿＿＿分公司（办事处）　　代理人资格证书号：

　　　　　　　　　　　　　　　　　代理人展业证书号：

　　　　　　　　　　　　　　　　　居民身份证号：

　　　　　　　　　　　　　　　　　户籍所在地：

第十五节　股权质押要按合同办事

质押合同基本概念

质押合同分为权利质押与动产质押。权利质押是指债务人或第三人将其权利凭证移交债权人占有，并将该权利凭证作为债权的担保。股权质押属于权利质押的范畴。股权质押应登记，合同自登记之日起生效。

写作要求

股权质押合同书一般应写明以下内容：

1. 股权所在企业、金额，所占投资比例（或占多少股）。
2. 所担保的债权的数额。
3. 借贷的期限。
4. 其他股东同意和手续的办理。
5. 股权的处理。
6. 派生权利的处理及优先受偿。

合同范本

股权质押合同

出质人（以下称甲方）：_____

质权人（以下称乙方）：_____

双方以在_____投资的股权作质押，经双方协商一致，就合同条款作如下约定：

一、本合同所担保的债权为：乙方依贷款合同向甲方发放的总金额为人民币（大写）_____元整的贷款，贷款年利率为_____，贷款期限自_____年____月____日至_____年____月____日止。

二、质押合同标的。

（1）质押标的为甲方（即上述合同借款人）在_____公司投资的股权及其派生的权益。

（2）质押股权金额为人民币（大写）_____元整。

（3）质押股权派生权益，是指质押股权应得红利及其他收益，必须记入甲方在乙方开立的保管账户内，作为本质押项下贷款偿付的保证。

三、甲方应在本合同订立后10日内就质押事宜征得_____公司董事会议同意，并将出资股份于股东名册上办理登记手续，将股权证书移交给乙方保管。

四、本股权质押项下的贷款合同如有修改、补充而影响本质押合同时，双方应协商修改、补充本质押合同，使其与股权质押项下贷款合同规定相一致。

五、如因不可抗力原因致本合同须作一定删节、修改、补充时，应不免除或减少甲方在本合同中所承担的责任，不影响或侵犯乙方在本合同项下的权益。

六、发生下列事项之一时，乙方有权依法定方式处分质押股权及其派生权益，所得款项及权益优先清偿贷款本息：

（1）甲方不按本质押项下合同规定，如期偿还贷款本息、利息及费用。

（2）甲方被宣告解散、破产的。

七、在本合同有效期内，甲方如需转让出质股权，须经乙方书面同意，并将转让所得款项提前清偿贷款本患。

八、本合同生效后，甲、乙任何一方不得擅自变更或解除合同，除经双方协商一致并达成书面协议。

九、甲方在本合同第三条规定期限内不能取得_____公司董事会同意质押或者在本合同签订前已将股权出质给第三者的，乙方有权提前收回贷款本息并有权要求甲方赔偿损失。

十、本合同是所担保贷款合同的组成部分，经双方签章并自股权出质登记之日起生效。

甲方：（公章）　　　　　　　乙方：（公章）

法定代表人（或委托代理人）：（签章）　法定代表人（或委托代理人）：（签章）

_____年_____月_____日　　_____年_____月_____日

签约地点：　　　　　　　　　签约地点：

第十六节　企业租赁经营要按合同办事

企业租赁经营合同基本概念

企业租赁经营合同是指企业所有者（出租人）与承租者（承租人）当事人双方之间就企业经营管理权的转移订立的确定双方权利义务的协议。这是完善企业经营机制的一种法律形式，是一种新型合同。

主要特征

企业租赁经营合同具有以下基本特征：

1. 企业租赁经营合同的核心是转让经营权。

企业租赁经营合同中所涉及的经营权，是整个租赁企业，经营权行使的结果，不但直接涉及承租人本身的经济利益，而且也关系到国家利益、社会利益以及承租企业全体职工的切身利益。离开经营权的实质内容，企业租赁经营合同将无法成立，而且也没有任何实际意义。

2. 企业租赁经营合同的主体具有广泛性、选择性和固定性。

首先，企业租赁经营合同的承租方包括个人承租、合伙承租、企业法人承租等多种形式。当承租人具备必备条件后，还要经过出租方公开招标，根据承租人的投标情况，从中择优聘用，才能最后确定。因此，企业租赁经营合同的承租方具有广泛性和严格选择性的特点。其次，企业租赁经营合同的出租方又具有明确的固定性。租赁企业是全民所有制企业的，必须由企业的主管部门作为国家代表担任出租方，行使企业的出租权，租赁企业是集体所有制企业的，必须由其职工代表大会选出的代表或委托主管部门代表集体企业担任出租方。

3. 企业租赁经营合同的标的是整个企业。

企业租赁经营合同的出租方是将整个企业交给承租方生产经营，承租方取得租赁企业的经营管理权，而不是简单的使用权。企业作为租赁经营合同的标的，包括以下具体内容：企业的名称、性质、地址、企业的有形财产（如企业的厂房、机器、设备、资金、产品、商品等）、企业的无形财产（如企业的产品信誉、商业信誉、技术水平、商标权、专利权等）以及企业现存的一切状态和外部环境（如企业人员构成、生产经营状况、市场销售、地理环境等）。以整个企业作为标的，是企业租赁经营合同区别于一般租赁合同最根本之处。承租方不但享有对租赁企业的生产经营权，而且享有有限制的处分权，如对租赁企业人员、职工的任免权、奖惩权、录用解聘权，是租赁与经营权利的结合。

4. 企业租赁经营合同中的租赁对象有其特定的适用范围。

企业租赁经营合同中的租赁对象原则上适用于小型全民所有制企业和集体所有制企业，实行租赁的企业在现存状况上基本上是保本或微利以及亏损的企业，在行业上以商业、服务业、饮食业、修理业居多。随着租赁经营形式的发展与完善和经济体制改革的不断深入，租赁经营合同的适用范围也将进一步扩大。

基本类别

根据签订企业租赁经营合同承租方当事人的身份来分类，企业租赁经营合同可分为个人租赁、合伙租赁、全员租赁、法人租赁四种形式。

1. 个人租赁，即个人承租经营企业。

2. 合伙租赁，是指二人及二人以上合伙承租经营企业。

3. 全员租赁，即企业全员租赁，是指本企业全体职工承租经营企业。

4. 法人租赁，又叫企业对企业租赁，是指一个企业承租经营另一个企业。

企业租赁经营合同还可以根据其他标准，从不同角度进行分类，如根据企业租赁经营合同的租赁对象进行分类等。不同的租赁经营形式，合同当事人双方的权利义务关系亦不尽相同。

写作要求

写作企业租赁经营合同包括首部、正文、尾部三个部分。企业租赁经营合同的首部要写明合同名称、出租方、承租方、承租经营者名称、租赁企业名称、地址、所有制性质、账号、经营范围、出租方和承租方签订合同的根据等内容。合同的尾部要写明合同生效日期，合同正本份数，由出租方和承租方各执1份，副本一式几份，附件几份，出租方和承租方名称、地址，出租方加盖公章，法定代表人姓名、签章，承租经营者姓名、签章，代理人姓名，承租方保证人姓名，签约时间、签约地点（年、月、日）。

合同的正文部分是合同的主体部分，要写明如下主要条款：

1．租赁企业概况。企业租赁经营合同的标的是整个租赁企业，它包括企业的有形财产和无形财产，自有财产和其他财产以及企业的资产和企业的负债等情况。在签订企业租赁经营合同时，必须对租赁企业进行资产评估，其结果作为企业租赁经营合同的标的。合同中必须写明租赁企业概况，包括固定资产和自有流动资金，产品的质量、产量和销售等情况，设备及技术更新状况，管理人员和职工素质等。

2．租赁期限和具体起止时间。

3．办理交接手续的具体时间、地点、方法和程序。

4．经营目标。经营目标是指承租方在承租期内必须完成的指标，包括租赁经营期间的总体目标和年度经营目标。

5．租金。租金包括租金数额、租金计算方法、租金交付期限和交付办法等内容，合同中必须分项写明。

6．租赁收入的分配比例。租赁期间所得收入，除依法纳税外，分配比例划分为承租方收入（含租金）、生产发展基金、奖励基金和福利基金。另外，对承租方收入分配也要规定具体办法。

7．企业租赁前债权债务及遗留亏损的处理原则和方法。

8．担保的形式。

9．出租方和承租方双方的权利和义务。

10．合同的变更和解除。

11．违约责任。合同中应明确具体规定出租方和承租方的具体违约责任。

12．租赁期满后资产的返还、评估和验收的程序和方法。

13．产生纠纷之后的具体解决方式。

14．合同当事人双方认为必要约定的其他条款。

注意事项

签订企业租赁经营合同应注意如下事项：

1．在签订企业租赁经营合同时，必须对租赁企业进行合理的资产评估，以其结果作为合同的标的。租赁经营合同标的的内容必须完整齐全、具体明确。

2．承租人要对企业进行租赁经营，必须提供相应的担保和具体的担保形式。

3．在企业租赁经营合同中要明确规定租金的数额、计算方法以及缴纳期限。如何确定和计算租金，有以下三种做法：一是将租金分为纳税租金和不纳税租金；二是实行基数递增租金；三是实行固定租金制。这几种方法各有利弊，应依据具体情况灵活选择。此外，还有其他一些计算方法，确定租金应兼顾国家、企业、职工、承租方等各方面的利益，根据企业状况由双方商定。

4．在租赁经营合同中要明确规定当事人双方权利与义务。确定双方的权利义务时，应遵循平等、对应的原则，从实际出发。

5．在租赁经营合同中，必须把变更、解除和纠纷处理办法具体化，并明确双方责任，以便发生纠纷、违约时明确是非，分清责任，约束双方按合同规定行事。

6．租赁期满，出租方同意承租方继续承租的，必须重新订立合同并按照国家有关规定办理法人变更登记手续。租赁期满前6个月，出租方和承租方应当明确是否继续租赁关系。

合同范本

企业租赁经营合同

出租方：＿＿＿＿＿＿＿＿＿＿＿＿＿＿＿＿＿＿＿

承租方：＿＿＿＿＿＿＿＿＿＿＿＿＿＿＿＿＿＿＿

承租经营者：＿＿＿＿＿＿＿＿＿＿＿＿＿＿＿＿

租赁企业名称：＿＿＿＿＿＿＿＿＿＿＿＿＿＿＿

地址：＿＿＿＿＿＿＿＿＿＿＿＿＿＿＿＿＿＿＿＿＿

所有制性质：＿＿＿＿＿＿＿＿＿＿＿＿＿＿＿＿＿

账号：＿＿＿＿＿＿＿＿＿＿＿＿＿＿＿＿＿＿＿＿＿

经营范围：＿＿＿＿＿＿＿＿＿＿＿＿＿＿＿＿＿＿＿

出租方与承租方双方根据＿＿＿＿＿＿＿＿＿＿＿＿＿＿＿＿经协商签订本合同。

一、租赁企业概况。

1．固定资产：＿＿＿＿＿＿＿＿＿＿。

2．自有流通资金：＿＿＿＿＿＿＿＿＿。

3．产品、产值、产量：＿＿＿＿＿＿＿＿＿。

二、租赁期限。

共_____年，即自_____年_____月_____日起至_____年_____月_____日止。

三、交接手续：_____

四、经营目标。

承租方在承租期内必须完成下列指标：

1. 总产值：_____元，其中_____年_____元；_____年_____元；_____年_____元。

2. 实现利润：_____元，其中_____年_____元；_____年_____元；_____年_____元。

五、租金。

1. 租金数额：_____元整。

2. 租金计算方法：_____。

3. 租金交付期限和交付方式：_____。

六、租赁收入的分配。

1. 承租期间所得收入，除依法纳税外，以下列比例划分为承租方收入（含租金）、生产发展基金、奖励基金和福利基金：_____。

2. 对承租方的收入，扣除租金外，每一租赁年度支付给承租方_____元，其余部分作为风险基金留存，承租方无权支配。具体办法为_____

3. 承租经营者合伙承租成员在租赁期间可预支生活费。数额为_____元，预支办法为：_____。

七、企业租赁前债权债务及遗留亏损的处理：_____。

八、担保。

1. 承租方提供下列财产作抵押：现金_____元；_____、_____、_____，折价_____元；总额计为_____元。

2. _____自愿作为承租方的保证人，提供下列财产作为担保：_____，总额为_____元。

3. _____自愿作为承租方的保证人，提供下列财产作为担保_____。

九、双方的权利和义务。

出租方有权：

1. _____

2. _____

3. _____

承租方有权：

1. _____

2. _____

3. _____

出租方有义务：

1. _____

2. _____

3. _____

承租方有义务：

1. _____

2. _____

3. _____

十、合同的变更和解除：_____

十一、违约责任。

出租方的责任：

1. _____

2. _____

3. _____

承租方的责任：

1. 因亏损不能交纳租金时，先以风险基金抵交；风险基金不足抵交的部分，以承租方的抵押财产抵交；抵押财产仍不足抵交的部分，以_____、_____ _____的保证财产抵交。此外，还应在_____天内支付出租方违约金，违约金的计算方法为：_____。

2. 不按期交付租金时，按下列方法和时间期限支付违约金：_____。

3. 部分支付租金时，按下列方法和时间期限支付违约金：_____。

4. 对企业资产未尽维护、保养义务，造成损害时，按下列方法和时间期限支付赔偿金：_____

5. 承租方对应交付的违约金和赔偿金，应如期交付。不按期交付时，_____ _____。

十二、租赁期满后资产的返还和验收：_____。

十三、争议的解决方式。

双方因本合同发生纠纷时，应协商解决。协商不成时，以下列第_____种方法解决：

1. 提交_____工商行政管理局经济合同仲裁委员会仲裁。

2. 提交_____人民法院审判。

十四、本合同自_____时起生效。合同正本一式二份，出租方和承租方各执一份；副本一式_____份，交_____保存。

附件：

1. 企业概况材料_____份。

2. _____。

3. _____。

出租方：（公章）　　　　　　承租方：（公章）

地址：地址：

法定代表人：（签章）　　　　承租经营者：（签章）

代理人：　　　　　　　　　　 承租方保证人：1. _____（签章）

　　　　　　　　　　　　　　　　　　　　　 2. _____（签章）

　　　　　　　　　　　　　　签约时间：___年___月___日

　　　　　　　　　　　　　　签约地点：

第十七节　企业承包经营要按合同办事

企业承包经营合同基本概念

企业承包经营合同是指承包方与发包方为承包经营企业而订立的明确双方权利义务关系的协议。

主要特征

企业承包经营合同具有以下主要特征：

1. 企业承包经营合同反映的是生产组织或经营管理方面的关系，而不是商品交换关系。

2. 企业承包经营合同是以生产、经营管理权的下放和转移为特征的。这些权限包括：生产资料和资金占有权、使用权、收入分配权、财物管理权、人员处置权，以及其他经营管理的权利。

3．承包经营合同的主体广泛，有国家行政管理机关、企业主管部门、乡村合作经济组织、企业、科室、班组车间，也有职工集体、厂长、职工个人、农村承包经营户、个体工商户、个人合伙等。

4．企业承包经营合同主要调整的是纵向经济关系，合同当事人双方一般存在着一定的隶属关系。

基本类别

企业承包经营的合同形式，比较集中和常用的形式有：

1．上缴利润递增包干合同。上缴利润递增包干合同即企业上缴产品税（或增值税）后，在确定上缴利润基数的基础上，按规定的逐年递增率向财政部门上缴利润的协议。

2．上缴利润基数包干、超收分成合同。上缴利润基数包干、超收分成合同即核定企业上缴利润基数，超收部分按规定比例进行分成的协议。

3．上缴利润定额包干合同。上缴利润定额包干合同即确定利润包干基数，超收部分按规定比例留给企业的协议。

4．减亏（或补贴）包干合同。减亏（或补贴）包干合同即确定减亏（或补贴）包干基数，超收部分按规定比例留给企业的协议。

5．国家批准的其他合同形式。

写作要求

企业承包经营合同的首部必须写明合同的名称、发包方、承包方的名称、住址、法定代表人姓名、签订合同的根据和简要目的等内容。合同的尾部要写清楚合同生效日期，合同正本副本份数、发送单位、名称、承包方、发包方名称、地址，法定代表和企业经营者代理人签名、盖章、签约日期、签约地点等。合同正文，是合同的主体部分，必须写明如下主要条款：

1．承包的具体形式。参见企业承包经营合同类别。

2．承包的期限和起止日期。承包期限的确定，要考虑企业的固定资产更新周期、老企业的技术改造周期和新产品的开发周期等因素，一般不得少于3年。合同中在确定了承包期限后，还要注明具体的起止日期。

3．上缴利润和减亏数额。

4．国家指令性供应计划和产品生产计划。

5. 产品质量及其他主要经济技术指标。

6. 留利使用，贷款归还，承包前的债权债务处理。

7. 技术改造的目标任务，国家资产的维护和增值比例。

8. 双方的权利和义务。

9. 违约责任。

10. 对企业经营者的奖惩条件。

11. 双方发生纠纷之后的解决处理方式。

12. 合同双方认为需要约定的其他事项。

注意事项

签订企业承包经营合同应当注意如下事项：

1. 在签订企业承包经营合同时，对合同主体一定要严格审查，发包方必须是代表企业资产的所有者，要有发包的权利；承包经营者必须要具有承包合同的能力和条件。发包方、承包方的名称、住址、法定代表人姓名，在合同中要一一写明。

2. 各项经济指标是承包经营合同最重要的条款。承包合同的经济指标由于承包形式不同而有所差异。由于行业不同及承包前各企业生产经营状况不同，这些经济指标不可能由国家统一硬性规定。因此，在签订企业承包经营合同时，合同当事人双方应遵循平等自愿和协商的原则，兼顾国家、企业、经营者三者利益，权责利相结合，根据国家法律、法规和有关规定合理确定各项经济指标，如具体的上缴利润或减亏数额等指标。

3. 明确规定合同当事人双方的权利和义务，以及违约责任和发生纠纷之后的具体解决处理方式。

4. 企业承包经营合同的内容还包括承包合同的变更、中止或解除条件等。

5. 由于企业承包的形式、期限、条件、环境、经济指标的不同，承包经营合同的条款可适当有所增减。但不论是采取哪种形式的承包经营合同，都必须按照所有权与经营权分离的原则，确定国家与企业的责权利关系，使企业自主经营，自负盈亏，逐渐完善企业经营机制，提高经济效益。

合同范本

承包合同书

发包方：_____，简称甲方。

承包方：＿＿＿＿＿＿＿，简称乙方。

甲乙双方根据＿＿＿＿，经协商签订本合同。

一、上缴利润定额包干，超额全留。

二、承包期限。

自＿＿＿年＿＿＿月＿＿＿日起，至＿＿＿年＿＿＿月＿＿＿日止，共＿＿＿年。

三、上缴利润定额。

1. 乙方在＿＿＿年内，上缴利润总额为＿＿＿元。其中，＿＿＿年＿＿＿元；＿＿＿年＿＿＿元；＿＿＿年＿＿＿元。

2. 超出定额部分的利润，全部留给乙方。

3. 乙方应根据留利数额，建立生产发展基金、奖励基金和福利基金。三项基金的比例为：＿＿＿

四、经济技术指标。

1. ＿＿＿＿＿＿＿＿

2. ＿＿＿＿＿＿＿＿

3. ＿＿＿＿＿＿＿＿

4. ＿＿＿＿＿＿＿＿

五、技术改造任务：＿＿＿＿＿＿＿＿＿＿＿

六、承包前债权债务的处理办法：＿＿＿＿＿＿＿＿＿＿

七、承包期间，甲方有权根据法律和合同的规定监督检查乙方的生产经营情况；有权＿＿＿＿＿＿＿＿＿；有权＿＿＿＿＿＿＿＿。

八、承包期间，甲方不得在法律和合同的规定之外随意干涉乙方的生产经营活动，并有义务（一）＿＿＿＿＿＿＿＿；（二）＿＿＿＿＿＿＿＿；（三）＿＿＿＿＿＿＿＿。

九、承包期间，乙方享有国家法律、法规、政策规定的经营管理自主权。

企业经营者＿＿＿为乙方法定代表人，对企业经营管理的下列事项，有依法自主决定的权利：＿＿＿＿＿＿＿＿＿＿＿＿

十、违约责任：＿＿＿＿＿＿＿＿＿＿＿

十一、对企业经营者的奖惩：＿＿＿＿＿＿＿＿＿＿

十二、争议的解决方式：＿＿＿＿＿＿＿＿＿＿

十三、其他有关事项：＿＿＿＿＿＿＿＿＿

十四、本合同自＿＿＿＿＿＿＿＿＿＿＿时起生效。

合同正本一式二份，出租方和承租方各执一份；合同副本一式_____份，交__
____保存。

附件：

1. _____
2. _____
3. _____
4. _____
5. _____

甲方：（公章）　　　　　　　　乙方：（公章或个人签章）

地址：　　　　　　　　　　　　地址：

法人代表：（签章）　　　　　　企业经营者：（签章）

代理人：（签章）

　　　　　　　　　　　　　　　签约日期：____年____月____日

　　　　　　　　　　　　　　　签约地点：

第十八节　技术开发要按合同办事

技术开发合同基本概念

技术开发合同是指当事人之间就新技术、新产品、新工艺和新材料及其系统的研究开发所订立的合同。

主要特征

技术开发合同具有如下几个特征：

1. 技术开发合同是双务有偿合同。

技术开发合同的履行具有协作性，合同中受托方应当提供技术商品，委托方应提供研究开发经费，双方经过密切协作来完成这一艰巨的研究开发任务。

2. 技术开发成果的创造性。

技术开发合同订立时合同的标的并不存在，是经过研究开发和艰苦的创造性劳动获得的。

3．技术开发合同标的的新颖性。

技术开发合同标的新颖性包括两方面含义：一是指探索前人或他人未知领域的发明创造项目。二是指"新"项目相对旧项目，相对委托方来说的。

4．技术开发合同当事人共同承担风险责任。

在技术开发合同的履行过程中，因出现无法克服的不可抗拒因素发生，导致研究开发失败或部分失败的，其风险责任由当事人在合同中约定，合同没有约定的，风险责任由当事人共同分担。

基本类别

技术开发合同可分为委托开发合同和合作开发合同。

1．委托开发合同

委托开发合同是指当事人一方委托另一方进行研究开发所订立的合同。具体地说，委托开发合同是由委托方向研究开发方提供研究开发经费或者报酬，研究开发方完成研究开发任务。向委托方交付研究开发成果并取得合理报酬的协议。承担研究开发任务的一方，称为研究开发方（或受托方），接受研究开发成果的一方，称为委托方。

2．合作开发合同

合作开发合同是指当事人各方就共同进行研究开发所订立的合同。具体地说，合作开发合同是由当事人各方共同投资、共同参与研究开发活动、共同承担研究开发风险、共同分享研究开发成果的协议。

写作要求

技术开发合同由首部、正文和尾部三部分构成。技术开发合同的首部要写明合同名称、委托方、受托方、中介方名称、地址，并加盖公章，合同登记机关及公章，合同签订日期，有效期限及起止日期等内容。合同尾部要写明合同正副本份数，其中委托单位、受托单位、中介方、签证单位、公证单位名称及份数以及报送单位名称及份数。委托方、承接方，中介方（公章）负责人签名，地址、电话、开户银行，账号，签证单位，公证单位意见、公章、负责人签名以及签名时间。

合同的正文是合同的主体部分，应写明如下主要条款：

1．项目名称。

2．合同标的和技术的内容、形式和要求。

3. 研究开发计划。

4. 研究开发经费或者项目投资的总额及其支付、结算方式。

5. 利用研究开发经费购置的设备、器材、资料的财产归属。

6. 合同履行的计划、进度、期限、地点和方式。

7. 技术成果和资料的保密。

8. 风险责任的承担。

9. 技术成果的归属和分享。

10. 验收的标准和方式。

11. 报酬的计算和支付方式。

12. 技术协作和技术指导的内容。

13. 违约责任。

14. 争议的解决方式方法。

15. 名词和术语的解释。

16. 中介方的权利和义务及提取服务费的比例和支付方式。

17. 合同中非技术性部分条款，包括名称及内容；数量、质量要求；价款或酬金；履行的期限、地点和方式等。

18. 合同当事人认为有必要约定的其他条款。

合同范本

技术开发合同

合同编号：

合同签订地：

项目名称：

委托方（甲方）：

研究开发方（乙方）：

有效期限：＿＿＿＿年＿＿＿＿月＿＿＿日至＿＿＿＿年＿＿＿＿月＿＿＿＿日

依据《中华人民共和国合同法》的规定，合同双方就＿＿＿＿＿＿＿＿项目的技术开发，经协商一致，签订本合同。

一、标的技术的内容、形式和要求：＿＿＿＿＿＿＿＿＿

二、应达到的技术指标和参数：＿＿＿＿＿＿＿＿＿

三、研究开发计划：＿＿＿＿＿＿＿＿＿

四、委托开发费及其支付或结算方式：

1. 甲方应当向乙方支付本项目的委托开发费：＿＿＿＿＿＿＿＿＿＿元。

2. 经费和报酬支付方式及时限（采用以下第＿＿＿＿＿＿＿＿种方式）：

（1）一次总付：＿＿＿＿＿＿＿＿元，时间：＿＿＿＿＿＿＿＿＿＿

（2）分期支付：＿＿＿＿＿＿＿＿元，时间：＿＿＿＿＿＿＿＿＿＿

（3）其他方式：＿＿＿＿＿＿＿＿＿＿

五、履行的期限、地点和方式：

本合同自＿＿＿＿年＿＿＿月＿＿＿日至＿＿＿＿＿＿年＿＿＿＿＿＿月＿＿＿
＿＿＿＿日在＿＿＿＿＿＿＿＿（地点）履行本合同的履行方式：

六、技术情报和资料的保密：＿＿＿＿＿＿＿＿＿＿＿＿＿

七、技术协作和技术指导的内容：＿＿＿＿＿＿＿＿＿＿

八、风险责任的承担：

在履行本合同的过程中，确因在现有水平和条件下难以克服的技术困难，导致
研究开发部分或全部失败所造成的损失，风险责任由＿＿＿＿＿＿＿＿＿承担。（1．乙
方；2．甲方；3．双方；4．双方另行商定）

九、技术成果的归属和分享：

1. 专利申请权：＿＿＿＿＿＿＿＿＿＿

2. 非专利技术成果的使用权、转让权：＿＿＿＿＿＿＿＿＿＿

3. 计算机软件的版权归＿＿＿＿＿＿＿＿所有。（1.甲方；2.乙方；3.双方）

十、验收的标准和方式：

研究开发所完成的技术成果，达到了本合同第二条所列技术指标，按＿＿＿＿＿＿
＿＿＿＿＿＿标准，采用＿＿＿＿＿＿＿＿＿方式验收，由＿＿＿＿＿＿＿＿＿方出
具技术项目验收证明。

十一、违约金或者损失赔偿额的计算方法：

违反本合同约定，违约方应当按《合同法》规定承担违约责任。

1. 违反本合同第＿＿＿＿＿＿＿＿条约定，＿＿＿＿＿＿＿＿方应当承担违约责任，
承担方式和违约金额如下：＿＿＿＿＿＿＿＿＿＿

2. 违反本合同第＿＿＿＿＿＿＿＿条约定，方应当承担违约责任，承担方式和违
约金额如下：＿＿＿＿＿＿＿＿＿＿

十二、争议的解决办法：

在本合同履行过程中发生争议，双方应当协商解决。双方协商的，双方商定，
采用以下第＿＿＿＿＿＿＿＿＿种方式解决。

1. 因本合同所发生的任何争议，申请_____仲裁委员会仲裁；

2. 按司法程序解决。

十三、名词和术语的解释：_____

十四、其他（含中介方的权利、义务、服务费及其支付方式、定金、财产抵押、担保等上述条款未尽事宜）：_____

十五、生效：

本合同经双方签字并盖章生效。本协议一式六份，双方各执三份，具有同等效力。

十六、补充条款：

本合同生效后，经双方共同协商，可以达成补充协议，补充协议与本合同具有同等效力。

甲方（盖章）：　　　　　　　　　　　　乙方（盖章）：

法定代表人：　　　　　　　　　　　　　法定代表人：

委托代理人：　　　　　　　　　　　　　委托代理人：

联系方式：　　　　　　　　　　　　　　联系方式：

签约时间：　　　　　　　　　　　　　　签约时间：

第十九节　技术转让要按合同办事

技术转让合同基本概念

技术转让合同是指当事人就专利权、专利申请权、专利实施许可和非专利技术的转让，明确双方相互权利义务关系的协议。也就是说，合同的一方当事人将一定的技术成果转让给另一方当事人，而另一方当事人接受技术成果，并支付约定的价款或者费用。交出技术成果的一方，称为转让方，接受成果并支付费用的一方，叫做受让方。

主要特征

技术转让合同具有特殊性，因为技术成果是一种特殊的商品。技术转让合同有以下特征：

1. 技术转让合同的标的是技术成果。技术转让合同中的技术是指已经获得专利权的发明、实用新型和外观设计以及没有获得专利的技术，即专有技术。

2．技术转让合同中的技术转让是指技术成果使用权的转移，而不是所有权的转移，受让方只是取得转让技术的使用权，转让方并不丧失对转让技术成果的所有权。

3．技术转让合同中转让技术应当是现有的、特定的、相对完整的和成熟的技术。

4．技术转让合同时效的长期性，即技术转让合同的有效期限较长。

基本类别

技术转让合同根据技术转让合同标的权利化程度的不同可分为四种类别：专利申请权转让合同、专利权转让合同、专利实施许可合同、非专利技术转让合同。

1．专利申请权转让合同

专利申请权转让合同是指转让方将其发明创造的专利的申请权转让给受让方，受让方支付约定价款所订立的合同。

2．专利权转让合同

专利权转让合同是指专利权人（转让方）将其所拥有或者所持有的发明创造专利权转让给受让方所拥有或者所持有，受让方支付约定价款所订立的合同。

3．专利实施许可合同

专利实施许可合同又叫专利许可证协议，是指专利权人（转让方）许可受让方在其约定的范围内实施其所拥有或者所持有的专利技术，受让方按照约定支付使用费所订立的合同。专利实施许可合同以转让专利技术的使用为目的，转让方不因其转让专利技术的使用权而丧失其专利权。专利实施许可合同一般又可分为独占实施许可合同、排他实施许可合同、普通实施许可合同、可转让实施许可合同和交叉专利实施许可合同。

4．非专利技术转让合同

非专利技术转让合同，是指转让方将其拥有的非专利技术转让给受让方，由受让方支付约定使用费所订立的合同。可进行转让的非专利技术包括：科学发现；智力活动的规则和方法；疾病的诊断和治疗方法；食品、饮料和调味品；药品和用化学方法获得的物质；动物和植物品种等。

写作要求

技术转让合同由合同首部、正文和尾部三部分组成。技术转让合同的首部必须写明合同类别、名称、转让方、受让方、中介方、合同登记机关的名称并加盖公章，合同签订日期和合同有效期限和起止时间等内容。合同尾部要写清楚转让方、受让方、中介方名称（公章）及负责人签名，地址、电话、账号、开户银行；鉴证单位和公证单位意见、并由负责人签字（公章）、签字时间；合同正副本份数、转让方、受让方、中介方、鉴证单位、公证单位留存份数、报送单位及份数。

合同的正文是合同的主体部分，应该写明合同的主要内容：

1. 专利申请权转让合同的主要内容

（1）项目名称。

（2）发明创造的名称和内容。

（3）发明创造的（所有权）性质。

（4）技术情报和资料清单。

（5）专利申请被驳回的责任。

（6）价款及其支付方式。

（7）违约金或者损失赔偿的计算方法。

（8）争议解决方式方法。

（9）其他有关事项。

2. 专利权转让合同的主要内容

（1）项目名称。

（2）发明创造名称和内容。

（3）专利申请人和专利权人。

（4）专利申请日、申请号、专利号和专利权的有效期限。

（5）专利实施和实施许可情况。

（6）价款及其支付方式。

（7）技术情报和资料清单。

（8）违约金或者损失赔偿额的计算方法。

（9）争议解决办法。

（10）约定的其他有关事项。

3. 专利实施许可合同的主要内容

（1）项目名称。

（2）发明创造的名称和内容。

（3）专利实施许可的类型：是独占实施许可、排他实施许可还是普遍实施许可等。

（4）专利实施许可的范围：包括地域范围、期限范围和方式范围。

（5）发明创造的专利申请人和专利权人。专利申请日、申请号、专利号和专利权的有效期限。

（6）技术情报和资料内容及其保密事项。

（7）转让方提供技术资料的数量、期限、地点和方式。

（8）技术服务的内容。

（9）验收标准和验收方式。

（10）受让方支付使用费的数额及支付方式。

（11）违约金或者损失赔偿额的计算方法。

（12）转让方提供技术指导的内容和形式。

（13）支付专利年费的方式。

（14）专利技术性能的担保。

（15）专利权完整性的担保。

（16）后续改进的提供和分享。

（17）合同争议的解决办法。

（18）名词和术语的解释。

（19）约定的其他事宜。

4. 非专利技术转让合同的主要条款

（1）项目名称。

（2）非专利技术的内容、要求和工业化开发程度。

（3）技术情报和资料及其提交期限、地点和方式。

（4）技术秘密的范围和保密期限。

（5）使用非专利技术的范围。

（6）验收标准和方法。

（7）使用费的数额和支付方式。

（8）违约金或者损失赔偿额的计算方法。

（9）技术指导的内容。

（10）后续改进的提供与分享。

（11）争议的解决办法。

（12）名词和术语的解释。

（13）约定的其他事项。

注意事项

1．专利申请权转让合同和专利权转让合同订立时要符合专利法的有关规定，受让方要保证对技术的利用。

2．技术转让合同中转让方要保证受让方真正获得合同所确定的权利。

合同范本

技术转让合同

订立合同双方：

转让单位，＿＿＿＿＿＿＿＿＿，以下简称甲方；

受让单位，＿＿＿＿＿＿＿＿＿，以下简称乙方。

为了保障技术商品合理转让，有偿付诸应用，促使新产品早日试制并投放市场，提高经济效益，甲乙双方根据自愿互利的原则协商一致，特订立本合同，以便双方共同遵守。

一、甲方将＿＿＿＿＿＿＿＿技术转让给乙方，乙方使用该项技术生产＿＿＿＿＿＿＿＿＿产品。

二、甲方转让技术应达到的主要技术经济指标和经济效益。

1．该项技术的参数，所生产产品的数量、质量指标，最低或正常的生产能力，单项规格、公差等。

＿＿＿＿＿＿＿＿＿＿＿＿＿＿＿＿＿＿＿＿＿＿＿＿＿＿＿＿＿＿＿＿＿

＿＿＿＿＿＿＿＿＿＿＿＿＿＿＿＿＿＿＿＿＿＿＿＿＿＿＿＿＿＿＿。

2．经济效益。

＿＿＿＿＿＿＿＿＿＿＿＿＿＿＿＿＿＿＿＿＿＿＿＿＿＿＿＿＿＿＿＿＿

＿＿＿＿＿＿＿＿＿＿＿＿＿＿＿＿＿＿＿＿＿＿＿＿＿＿＿＿＿＿＿。

三、国内外运用该项技术的情况和经济效益。

＿＿＿＿＿＿＿＿＿＿＿＿＿＿＿＿＿＿＿＿＿＿＿＿＿＿＿＿＿＿＿＿＿

＿＿＿＿＿＿＿＿＿＿＿＿＿＿＿＿＿。

四、甲方的义务。

1．甲方应于＿＿＿＿＿年＿＿＿＿＿月＿＿＿＿＿日以前，将＿＿＿＿＿

_____技术的资料和设备、配件等（可用表格列出）交付乙方。

2．甲方负责在_____年_____月_____日派出技术人员_____名到乙方单位，指导乙方安装设备和产品试制工作，并派员参与产品的鉴定工作。

3．甲方在合同执行期间对转让给乙方的技术如有后续改进，应及时转让给乙方（双方协商互不相告技术后续改进内容者除外）。

4．甲方转让给乙方的技术，应对第三方保密，不得扩散或转让（双方协商同意甲方另行转让者除外）。

五、乙方的义务。

1．双方协商议定，技术转让费按下列第（　）项办法支付：

（1）乙方向甲方交付技术转让费共_____元，一次总算支付。

（2）乙方向甲方支付技术转让费，按甲方转让技术实施后新增销售额或利润的_____%提成。

（3）双方按商定的其他办法计算和支付技术转让费用。

（如双方商定有预交定金条款，应专条规定定金的金额和交付时间。）

2．在设备安装和产品试制过程中，乙方应服从甲方技术人员的指导。乙方应为甲方派出的技术人员提供工作和生活方便。

3．乙方对甲方转让的_____技术不得向第三方扩散和转让（双方商定同意乙方转让者除外）。乙方对甲方转让的技术如有后续改进，应告之甲方改进内容（双方协商互不相告者除外）。

（如双方商定乙方向甲方支付一定入门费，则应在合同中立专条规定入门费的金额，交付时间等。）

六、转让技术的验收标准与验收方式。

1．验收标准

_____

_____。

2．验收方式

_____

_____。

七、甲方的违约责任。

1．甲方如不按合同规定的时间，数量及质量向乙方交付技术资料、设备和配件，应向乙方偿付相当于技术转让费_____%的违约金。如甲方迟延交付技术资料、设备及配件，致使乙方接受甲方转让的_____技术已成为不必要时，乙方可以提出解除合同。

2．甲方如不按合同规定的时间、数量及规格派出技术员，应承担乙方因此所受的损失。

3．甲方如擅自将向乙方转让的技术又扩散，转让给第三方，应按技术转让费的_____%向乙方偿付违约金。

4．甲方转让给乙方的技术如有纰漏，应及时更正和完善；如仍达不到合同规定的经济技术指标，应按技术转让费的_____%向乙方偿付违约金，并应赔偿乙方因此所受的损失。

八、乙方的违约责任。

1．乙方如不按合同规定的时间、数量向甲方支付技术转让费，应按银行关于延期付款的规定向甲方偿付违约金。

2．乙方如擅自将甲方转让的技术扩散或转让给第三方，应按技术转让费的_____·_____%向甲方偿付违约金。

3．乙方如果在合同规定的时间内未将甲方转让的技术付诸生产，除应向甲方支付转让费外，不得干预甲方另将技术转让给第三方。

九、不可抗力

甲乙双方如因不可抗力的原因不能履行合同，经有关部门证实后，不以违约论，但必须及时告知对方有关情况。

十、其他。

_____

_____

_____。

本合同从_____年_____月_____日起生效，合同期为_____年零_____个月。甲乙双方在合同期间不得随意更改或废除合同。在合同中如有未尽事宜，应由双方协商，作出补充规定。补充规定与本合同具有同等效力。合同执行中如发生纠纷，双方属于同一系统的，由上级主管部门解决，不属同一系统的，或经主管部门调解不成的，任一方当事人可以提请合同仲裁机关仲裁或法院审理。

本合同正本一式二份，甲乙双方各执一份；合同副本一式_____份，交_____等单位各留存一份。

甲方：_____（盖章）　　　　　　乙方：_____（盖章）

代表人：_____（盖章）   代表人：_____（盖章）

技术负责人：_____（盖章）   技术负责人：_____（盖章）

开户银行：_____   开户银行：_____

账号：_____   账号：_____

详细地址：_____   详细地址：_____

签约日期：_____   签约日期：_____

第二十节　技术咨询要按合同办事

技术咨询合同基本概念

技术咨询合同是指当事人一方为另一方就特定技术项目提供可行性论证、技术预测、专题技术调查、分析评价报告所订立的合同。技术咨询是指精通某方面知识的专家或由各类学科专家组成的智囊团，运用所拥有的知识，有偿或无偿地为委托方提供智力服务。

主要特征

技术咨询合同作为技术合同的一种，具有以下特征：

1. 技术咨询合同具有特定的调整对象

技术咨询合同顾问方为委托方在完成特定技术项目时提供咨询活动中产生的民事法律关系。

2. 技术咨询合同具有特定的履行标的

技术咨询合同顾问方为委托方就某项特定技术项目提出建议、意见和方案，作为委托方在技术项目决策时的科学依据从而保证科学技术的决策选择。因此，技术咨询合同的标的不是技术成果，而是供委托方决策和选择的咨询报告。

3. 技术咨询合同具有特殊的风险责任承担原则

技术咨询合同委托方因实施顾问方提供的咨询报告所造成的经济损失，除合同另有约定外，顾问方是不承担赔偿责任的。

基本类别

技术咨询合同有其适用范围。根据《技术合同法》第44条和《技术合同法实施条例》第80条规定，合同当事人就有关科学技术与经济、社会协调发展的软科学研究项目；促进科学进步和管理现代化，提高经济效益和社会效益的技术项目；其他专业技术项目所订立的合同，属于技术咨询合同实施的范围。但是，当事人一方委托另一方就解决特定技术问题提出实施方案，进行实施指导所订立的合同，是技术服务合同，还适用有关技术咨询合同的规定。

写作要求

写作技术咨询合同有其要求。技术咨询合同顾问方就某项特定技术项目向委托方提供科学的咨询，在制作合同前要做好以下工作：一要进行可行性论证，这是一项必不可少的工作和必要步骤；二要做好技术预测；三要做好专题技术调查；四要对项目技术的发展给社会带来的益处和消极因素进行全面分析研究和全面评价工作。制作技术咨询合同包括合同首部、正文和尾部三个部分。合同的首部要写明合同名称、合同类型、合同编号、项目名称；委托方、顾问方、中介方、合同登记机关名称并加盖公章，合同签订日期和有效期限及起止时间。合同尾部要写明委托方、顾问方、中介方名称、负责人签名并加盖公章、地址、电话、账号、开户银行；鉴证单位、公证单位意见、负责人签名、时间并益公章；合同正副本份数、留存、报送单位名称及份数等内容。

正文是合同的主体部分，应写明如下主要条款：

1. 委托方咨询的具体内容、形式和要求。

2. 履行的计划和进度。

3. 履行的期限、地点和方式。

4. 技术情报和资料的保密。

5. 委托方的协作事项。

6. 报酬及其支付方式。

7. 验收及评价方法。

8. 违约金或者损失赔偿额的计算方法。

9. 咨询成果的归属。

10. 违约责任。

11. 争议的解决办法。

12. 名词和术语的解释。

13. 当事人约定的其他事项。

注意事项

1. 技术咨询合同中应当明确规定当事人的权利和义务。

2. 在签订技术咨询合同时要做好可行性论证、技术预测、专题技术调查及全面分析研究和全面评价工作。

3. 合同中应明确规定当事人双方的具体风险责任和违约责任以及争议纠纷的解决办法、违约金或损失赔偿的计算方法。

合同范本

技术咨询合同

_____（以下简称委托方）为一方，_____公司（以下简称为咨询方）为另一方，双方就_____的技术咨询服务，授权双方代表按下列条款签订本合同。

一、合同内容

1. 委托方希望获得咨询方就_____提供的技术咨询服务，而咨询方愿意提供此项服务。

2. 技术咨询服务范围如下：_____。

3. 技术咨询服务的进度安排：_____。

4. 技术咨询服务的人员安排：_____。

5. 技术咨询服务自合同生效之日起_____个月内完成，将在_____个月内提交最终技术咨询报告，包括图纸、设计资料、各类规范和图片等。咨询方应免费通报委托方类似工程的最近发展和任何进展，以便委托方能改进该工程的设计。

二、双方的责任和义务

1. 委托方应向咨询方提供有关的资料、技术咨询报告、图纸和可能得到的信息并给予咨询方开展工作提供力所能及的协助，特别是委托方应在适当时候指定一名总代表以便能随时予以联系。

2. 委托方应协助咨询方向有关机构取得护照签证、工作许可和咨询方要求的其他文件以使咨询方能进入委托方国家和本工程的现场，但费用由咨询方负担。

3. 除了合同第一条所列的技术人员外，咨询方还应提供足够数量的称职的技术人员来履行本合同规定的义务。咨询方应对其所雇的履行合同的技术人员负完全责任并使委托方免受其技术人员因执行合同任务所引起的一切损害。

4．咨询方应根据咨询服务的内容和进度安排，按时提交咨询技术咨询报告及有关图纸资料。

5．咨询方应协助委托方的技术人员获得进入咨询方国家的签证并负责安排食宿，食宿费用由委托方负担。咨询方应为委托方的技术人员提供办公室、必要的设施和交通便利。

6．咨询方对因执行其提供的咨询服务而给委托方和委托方工作人员造成的人身损害和财产损失承担责任并予以赔偿，但这种损害或损失是由于咨询方人员在履行本合同的活动中的疏忽所造成的。咨询方仅对本合同项下的工作负责。

7．咨询方对本合同的任何和所有责任都限定在咨询方因付出专业服务而收到的合同总价之内，并将在本合同第七条第三款规定的保证期满后解除。

三、价格与支付

1．本合同总价为_____（币种）_____（大写：_____）。

各分项的价格如下：

分项一的合同价为_____（币种）_____（大写：_____）；

分项二的合同价为_____（币种）_____（大写：_____）；

分项三的合同价为_____（币种）_____（大写：_____）；

分项四的合同价为_____（币种）_____（大写：_____）。

2．本合同总价包括咨询方所提供的所有服务和技术费用，为固定不变价格，且不随通货膨胀的影响而波动。合同总价包括咨询方在其本国和委托方国家因履行本合同义务所发生的一切费用和支出和以各种方式寄送技术资料到委托方办公室所发生的费用。如发生本合同规定的不可抗力，合同总价可经双方友好协商予以调整。如果委托方所要求的服务超出了本合同附件一规定的范围，双方应协商修改本合同总价，任何修改均需双方书面签署，并构成本合同不可分割的部分。

3．委托方向咨询方的所有付款均通过委托方所在地的_____银行以电汇方式支付到_____银行咨询方的账户上。

4．对咨询方提供的服务，委托方将以下列方式或比例予以付款：_____

（1）合同总价的_____%，即_____（大写：_____），在委托方收到咨询方提交的下列单据并经审核无误后_____天内支付给咨询方：

A．咨询方国家有关当局出具的批准证书或不需批准的证明文件，正本一份，副本两份；

B．咨询方银行出具的金额为_____元（大写：_____），以委托方为受益人的对预付款的不可撤销保函正本一份，副本一份，保函格式见合同附件。

C．金额为合同总价的形式发票一式五份；

D．签发的标明支付金额的商业发票一式五份；

E．即期汇票一式二份。上述单据应在本合同生效之日起不迟于_____天内交付。

（2）分项一合同价_____%，即_____（大写：_____），在委托方收到咨询方提交的下列单据并经审核无误后_____天内支付给咨询方：

A．分项一的技术咨询报告一式十份；

B．签发的标明支付金额的商业发票一式五份；

C．即期汇票一式二份。

（3）分项二合同价的_____%，即_____（大写：_____），在委托方收到咨询方提交的下列单据并经审核无误后_____天内支付给委托方：

A．分项二的技术咨询报告一式十份；

B．签发的标明支付金额的商业发票一式五份；

C．即期汇票一式二份。

（4）分项三合同价_____%，即_____（大写：_____），在委托方收到咨询方提交的下列单据并经审核无误后_____天内支付给咨询方：

A．分项三的技术咨询报告一式十份；

B．签发的标明支付金额的商业发票一式五份；

C．即期汇票一式二份。

（5）分项四合同价_____%，即_____（大写：_____），在委托方收到咨询方提交的下列单据并经审核无误后_____天内支付给咨询方：

A．分项四的技术咨询报告一式十份；

B．签发的标明支付金额的商业发票一式五份；

C．即期汇票一式二份。

（6）分项四合同价_____%，即_____（大写：_____），在委托方收到咨询方提交的下列单据并经审核无误后_____天内支付给咨询方：

A．签发的标明支付金额的商业发票一式五份；

B．即期汇票一式二份。

5．如果依据合同规定咨询方应支付预提税和应向委托方支付违约金，委托方有权从上述款项中扣除。

6．为执行合同在中国境内发生的银行费用由委托方承担，中国之外的发生的费用由咨询方承担。

四、交付

1. 前述技术咨询报告以＿＿＿＿＿＿价格条件交付的最后期限为：

A. 分项一的技术咨询报告：合同生效后＿＿＿＿＿＿＿＿月内；

B. 分项二的技术咨询报告：合同生效后＿＿＿＿＿＿＿＿月内；

C. 分项三的技术咨询报告：合同生效后＿＿＿＿＿＿＿＿月内；

D. 分项四的技术咨询报告：合同生效后＿＿＿＿＿＿＿＿月内。

2. 咨询方在航空邮寄上述资料时应以传真方式将邮寄日期和航空提单号等通知委托方。委托方收到上述技术咨询报告后应及时通知咨询方。

3. 如果在邮寄过程中上述资料发生丢失、损坏，咨询方应在接到通知后两周内免费予以替换。

五、保密

1. 由委托方收集的、开发的、整理的、复制的、研究的和准备的与本合同项下工作有关的所有资料在提供给咨询方时，均被视为保密的，不得泄漏给除委托方或其指定的代表之外的任何人、企业或公司，不管本合同因何种原因终止，本条款一直约束咨询方。

2. 合同有效期内，双方应采取适当措施对本合同项下的任何资料或信息予以严格保密，未经一方的书面同意，另一方不得泄露给任何第三方。

3. 一方和其技术人员在履行合同过程中所获得或接触到的任何保密信息，另一方有义务予以保密，未经其书面同意，任何一方不得使用或泄露从他方获得的上述保密信息。

六、税费

1. 中华人民共和国政府根据其税法对委托方征收的与执行本合同或与本合同有关的一切税费均由委托方负担。

2. 中华人民共和国政府根据中国税法和中华人民共和国政府与咨询方国家政府签订的避免双重征税和防止偷逃所得税的协定而向咨询方课征的各项税费均由咨询方支付。委托方依据本国的税法有义务对根据本合同而应得的收入按比例代扣一定的税费并代向税务机关缴纳，在收到税务机关出具的关于上述税款税收单据后，委托方应毫不迟延地转交给咨询方。

3. 中华人民共和国以外所发生的与本合同有关和履行本合同的各项税费均由咨询方承担。

七、保证

1．咨询方保证其经验和能力能以令人满意的方式富有效率且迅速地开展咨询服务，其合同项下的咨询服务由胜任的技术人员依据双方接受的标准完成。

2．如果咨询方在其控制的范围内在任何时候、以任何原因向委托方提供本合同附件一中的工作范围内的服务不能令人满意，委托方可将不满意之处通知咨询方，并给咨询方_____天的期限改正或弥补，如咨询方在委托方所给的期限内改正或弥补，所有费用立即停止支付直到咨询方能按照本合同规定提供令人满意的服务为止。

3．咨询方的保证义务在本咨询服务经委托方最后验收后或最后一批款项支付后的_____月到期。

八、技术咨询报告的归属

1．所有提交给委托方的技术咨询报告及相关的资料的最后文本，包括为履行技术咨询服务范围所编制的图纸、计划和证明资料等，都属于委托方的财产，咨询方在提交给委托方之前应将上述资料进行整理归类和编制索引。

2．咨询方可保存上述资料的复印件，包括本合同第五条所指的委托方提供的资料，但未经委托方的书面同意，咨询方不得将上述资料用于与本咨询项目之外的任何项目。

九、转让

未经另一方事先书面同意，无论是委托方或是咨询方均不得将其合同权利或义务转让或转包给他人。

十、违约和合同的解除

1．如果由于咨询方的责任，技术咨询报告不能在本合同第4条规定的交付期内交付，咨询方应按下列比例向委托方支付迟延罚金：

A．第一至第四周，每周支付合同总价的百分之_____；

B．第五至第八周，每周支付合同总价的百分之_____；

C．从迟延的第九周起，每周支付合同总价的百分之_____；在计算违约金时，不足一周按一周计。

2．迟延交付的违约金总额不得超过合同总价的百分之_____。迟延交付违约金的支付并不免除咨询方交付技术咨询报告的义务。

3．对咨询方的下列违约行为，委托方可书面通知的方式全部或部分解除合同，并不影响其采取其他补救措施：

A．在本合同第四条规定的交付任何一项的技术咨询报告期限后_____天内仍不能交付部分或全部技术资料；

B．无法使技术咨询报告达到合同附件一规定的最低验收标准。对上述解除合同，咨询方应退还委托方已支付的所有金额，并按年利率百分之_____加付利息。

4．如果一方有下列行为，任何一方可书面通知对方全部或部分解除合同，并不影响其采取其他补救措施：

A．没有履行合同规定的保密义务；

B．没有履行合同规定的其他义务，轻微的违约除外，并在收到对方书面的通知后_____天内或双方商定的时间内对其违约予以弥补；

C．破产或无力偿还债务；

D．受不可抗力事件影响超过_____天。

十一、不可抗力

1．任何一方由于战争及严重的火灾、台风、地震、水灾和其他不能预见、不可避免和不能克服的事件而影响其履行合同所规定的义务的，受事故影响的一方将发生的不可抗力事故的情况以传真通知另一方，并在事故发生后十四天内以航空挂号信件将有权证明的机构出具的证明文件提交另一方证实。

2．受影响的一方对因不可抗力而不能履行或延迟履行合同义务不承担责任。然而，受影响的一方应在不可抗力事故消除后尽快以传真通知另一方。

3．双方在不可抗力事故停止后或影响消除后立即继续履行合同义务，合同有效期和／或有关履行合同的预定的期限相应延长。

十二、仲裁

1．凡因本合同引起的或与本合同有关的任何争议，均应提交_____仲裁委员会，按照申请仲裁时该会现行有效的仲裁规则在_____进行仲裁，仲裁裁决是终局的，对双方均有约束力。仲裁适用中华人民共和国法律。

2．除非另有规定，仲裁不得影响合同双方继续履行合同所规定的义务。

十三、语言和标准

1．除本合同及附件外，委托方和咨询方之间的所有往来函件，咨询方给委托方的资料、文件和技术咨询报告、图纸等均采用英文。

2．尺寸均采用公制。

十四、适用的法律

本合同的法律含义、效力、履行等均受中华人民共和国法律管辖。

十五、合同的生效及其他

1．本合同在双方授权代表签字后，如果需要，由各方分别向本国政府当局申请批准。双方应尽一切努力使合同在签字后30天内获得各自国家当局的批准，各方应立即将批准日期书面通知对方。最后一方的批准日期为本合同生效日期。

2．本合同有效期自合同生效之日起为 _____ 年。

3．本合同期满时，合同项下的任何未了的债权债务不受合同期满的影响。

4．本合同的附件为本合同不可分割的组成部分，与合同正文具有同等法律效力。如合同正文与附件有矛盾之处，合同正文内容优先。

5．所有对本合同的修订、补充、删减、或变更等均以书面完成并经双方授权代表签字后生效。生效的修订、补充、删减、或变更构成本合同不可分割的组成部分，与合同正文具有同等法律效力。

6．双方之间的联系应以书面形式进行，涉及重要事项的传真应随后立即以挂号信件或特快专递确认。

7．本合同用中英文两种文字写成，两种文字具有同等效力。本合同正本一式四份，双方各二份。

委托方（盖章）：_____　　咨询方（盖章）：_____

授权代表（签字）：_____　　授权代表（签字）：_____

_____年_____月_____日　　_____年_____月_____日

签订地点：_____　　签订地点：_____

第二十一节　技术服务要按合同办事

技术服务合同基本概念

技术服务合同是指当事人一方以技术知识为另一方解决特定技术问题所订立的合同。它不包括以常规手段或者为生产经营目的进行一般的加工、定作、修理、修缮、广告、印刷、测绘、标准化测试等订立的加工承揽合同、建设工程勘察、设计、施工、安装合同，这些合同亦需要专门的知识和技术，但不属于技术服务合同，而属于经济合同范畴。技术服务合同标的是指为完成特定技术问题所进行的科学技术服务活动；而经济合同的标的，是指完成特定的工作任务。

主要特征

技术服务合同具有以下特征：

1. 技术服务合同的主体即服务方一般是掌握一定专门科学知识，具有一定学历和专业技术职称的科学技术人员。服务方运用自己拥有的科技知识同时或先后为多家委托方重复提供本专业范围的技术服务，并取得相同成果。

2. 技术服务合同的客体即向委托方提供的技术服务是日常专业技术工作中反复应用的现有知识和经验，不包括专利技术和专有技术。

3. 技术服务合同是一种特殊的劳务关系合同。服务方利用自己拥有的技术知识、经验或信息为委托方完成某项工作，委托方按照规定检查验收并支付报酬。技术服务合同服务方一般是对现有知识、经验的反复运用，是一种知识传授，不存在探索未知领域的风险责任，不同于转让相对完整的产品技术和工艺技术的技术转让合同。

基本类别

根据我国技术合同的规定以及技术服务业的具体情况，技术服务合同一般可分为三类：技术辅助服务合同、技术培训服务合同、技术中介服务合同。

1. 技术辅助服务合同

技术辅助服务合同是指当事人一方运用自己的技术知识为委托方解决特定的专业技术问题所订立的合同。技术辅助服务合同又分为：产品设计合同、工艺编制合同、测试分析合同等等。

2. 技术培训服务合同

技术培训服务合同是指培训方为委托方指定的人员进行特定的技术培训和训练所订立的合同。

3. 技术中介服务合同

技术中介服务合同是指当事人一方运用自己的技术知识，为促成另一方与第三方订立技术合同而进行的介绍活动，并协助解决约定的问题而订立的合同。

写作要求

写作技术服务合同包括三部分内容，即合同首部、正文和尾部。技术服务合同的首部要写明合同名称、类别、合同编号和项目名称；委托方、服务方、中介方、合同登记机关名称并盖公章；合同签定日期、合同有效期限和起止时间。合同尾部要写明委托方、服务方、中介方名称、盖公章、负责人签名、地址、电话、账号、开户银行；鉴证单位和公证单位意见，负责人签名并盖公章、时间；合同正副本份数、留存和报送单位名称和份数。

正文是合同的主体部分，技术服务合同正文部分要写明如下主要条款：

1. 服务项目名称。

2. 服务项目内容、方式和要求。

3. 合同履行计划和进度。

4. 合同履行期限、地点和方式。

5. 工作条件和协作事项。

6. 价款或报酬及支付方式。

7. 服务项目的验收标准和方法。

8. 技术秘密范围和保密期限。

9. 服务成果的归属。

10. 违约金或者损失赔偿额的计算方法。

11. 违约责任。

12. 名词和术语的解释。

13. 当事人约定的其他事项。

注意事项

1. 签订技术服务合同时因具体情况不同，合同主要条款可适当增减。

2. 签订技术服务合同要遵守自愿平等、互惠有偿和诚实信用的原则；要遵守技术成果合理分享的原则。

3. 技术服务合同自当事人在合同上签名、盖章后合同成立，违约方应负责任。合同中应具体规定违约责任以及违约金或损失赔偿额的计算方法，免除不必要纠纷。

4. 技术服务合同如果由第三者做保证人，要由保证人和被保证人在合同上签名、盖章。

合同范本

技术服务合同

合同编号：

合同签订地：

项目名称：_____

委托方（甲方）：_____

服务方（乙方）：_____

合同有效期限：_____年_____月_____日至_____年_____月_____日

依据《中华人民共和国合同法》的规定，合同双方就_____项目的技术服务，经协商一致，签订本合同。

一、服务内容、方式和要求：

（属技术培训合同应当填写培训内容和要求、培训、计划、进度；属技术中介合同应当填写中介内容和要求）

二、工作条件和协作事项：_____

三、履行期限、地点和方式：_____

四、验收标准和方式：

技术服务或者技术培训按_____标准，采用_____方式验收，由_____方出具服务或者培训项目验收证明。

本合同服务项目的保证期为_____。在保证期内发现服务质量缺陷的，服务方应当负责返工或者采取补救措施。但因法定不可抗力、委托方使用、保管不当引起的问题除外。

五、报酬及其支付方式：

1. 本项目报酬（服务费或培训费）：_____元。服务方完成专业技术工作，解决技术问题需要的经费，由_____方负担。

2. 支付方式（按以下第_____种方式）：

（1）一次总付：_____元，时间：_____

（2）分期支付：_____元，时间：_____

（3）其他方式：_____元，时间：_____

六、违约金或者损失赔偿额的计算方法：

技术服务、技术培训、技术中介违反本合同约定，违约方应当按合同法规定，承担违约责任。

1. 违反本合同第_____条约定，_____方承担违约责任，承担方式和违约金额如下：_____

2. 违反本合同第_____条约定，_____方应承担违约责任，承担方式和违约金额如下：_____

七、争议的解决办法：

在合同履行过程中发生争议，双方应当协商解决。

当事人协商不成的，双方商定，采用以下第_____种方式解决。

1. 因本合同所发生任何争议，申请_____仲裁委员会仲裁；

2. 向原告所在地法院提起诉讼。

八、其他（含定金、财产抵押及担保等上述条款未尽事宜）：_____

九、争议解决的方式：协商解决，协商不成，可以向法院提起诉讼。

十、生效：

本合同经双方签字盖章生效。本合同一式四份，双方各执两份，具有同等效力。

甲方（签章）：   乙方（签章）：

法定代表人：   法定代表人：

委托代理人：   委托代理人：

电话：   电话：

日期：   日期：

第二十二节　涉外商品贸易要按合同办事

涉外商品贸易合同基本概念

涉外商品贸易合同也叫商品进出口合同，是指外贸进出口公司或具有外贸进出口权的国内厂商与国外厂商、客户就商品买卖签订的合同。进出口合同，是对外经济贸易活动的主体文书，是使买卖双方的权利和义务得到保障而付诸实现的法律形式。

主要特征

签订贸易合同是一种经济行为，也是一种法律行为。凡是合同都具备合法性、合意性、公平性和保证性等特点。但与一般合同比较，进出口合同还具有自身的明显特点，即它的涉外性、政策性和国际通用性。它的总体内容必须反映我国平等互利、互通有无的对外贸易方针。它的条款必须体现国家的国别地区政策，对签有贸易协定的国家，要按照协定，掌握平衡度。合同的各项条款，不仅要符合我国的法律，还应考虑到对方国家的有关法律规定。

基本类别

涉外商品贸易合同，以我进出口公司为卖方的，与国外客户就某一商品的买卖达成协议而签订的合同叫出口合同。又称销售合同。以我进出口公司为买方的，与国外商户就购买某一商品达成协议而签订的合同叫进口合同。又称购货合同。商品进出口合同又有两种形式。一种是正式的合同形式，一种是简化的合同形式——成交确认书（售货确认书和购货确认书）。正式书面合同为条款式合同，成交确认书则为表格式合同。交易数额大、交易条件比较复杂的商品买卖，一般采用正式书面合同形式。

写作要求

合同的主要内容就是正文部分的各项条款。为兑现商品，合同必须以条款的形：对交易商品和当事双方的权利和义务作出明确的规定。根据当事双方磋商谈判的一致意见，以书面条款的形式，在文字上给予明确的规定。它主要包括：商品的名称、数量、品质规格、单价、总价、交货装运、支付、检验、争议、索赔、仲裁等。

作为一份完整有效的商品进出口合同，一般分为三个组成部分，即首部（约首）、正文（本文）和尾部（约尾）。

1. 首部

这是合同的开头部分，包括名称、编号、订约日期和地点、订约当事人名称和地址双方法律关系，以及合同成立的依据。

2. 正文

这是合同的主体和中心部分。它具体规定双方的权利与义务，在文书中分作两部分表述：一是各项交易条件；一是一般条款。这两项具体包括商品名称、数量、规格、单价、总价、保险、装运、支付、检验、不可抗力、事件处理、索赔、仲裁等条款。

3. 尾部

包括使用文字、份数、效力、买卖双方签字等。

合同范本

涉外商品贸易合同

合同号码：××D-×xBNV

订约日期：199×年2月8日于上海

本合同由中国_____贸易中心（以下称为卖方）与日本进出口有限公司（以下称为买方）订立。兹经双方同意按照以下条款和关于农药残留量附件所规定的条件由卖方售出买方购进以下商品：

一、商品

中国圆粒褐色粳米1991年产。

二、数量

100，000吨，每吨1000公斤净重，允许有5%的多装或少装为租船需要由买方选择。

三、规格

破碎粒最高5%

破碎粒意指长度短于完善粒2/3的米粒（稻谷除外）

水分最高15.5%

全部杂质最高0.5%。

施花草籽最高0.009%

全部破损粒最高8%，最多可允许有1%的异色粒

总破损粒意指米粒而不是谷粒，破损原因有虫咬、水渍、热气、真菌和细菌等，包括带斑粒，黑斑粒，生锈粒，异色粒等。

异色粒指除稻谷外的表面黄色粒，黄褐色粒或褐色粒。

红色粒

红色粒指除稻谷外，米粒由红色或红紫色一层麦糠包着。

未成熟粒不超过15%

其他等级的米粒不超过10%

其他等级的米粒是指非属中国圆粒粳米。

四、单价

理舱（FOBS）每吨（1000公斤）558美元（其中包括每吨4.30美元的中国进出口商品检验局检验，抽验化验和航寄样品的费用。

五、总金额

55，800，000美元（伍仟伍佰捌拾万美元整）

六、装运期：

自199×年4月1日至199×年5月15日装100，000吨。

七、装运港和目的港：

自中国主要港口中一安全港的安全泊位，包括大连、天津、秦皇岛、营口、连云港、上海、张家港、镇江、南通、南京、芜湖和丹东港至日本港口，卖方可使用安全港的安全泊位，如果在南京和芜湖港装运数量超过5000吨以买方确认为准。

八、包装

单层新麻袋装，每袋净重约50公斤，双层线机器封口。

九、保险

由买方办理。

十、唛头

以买方唛头为准，买卖双方对商品规格达成一致意见后，再往麻袋上刷唛头，唛头及鉴定号码用墨水刷制。卖方接受在每个麻袋上贴标签指明大米产地和大米厂家的鉴定号码。

十一、装运条件

1. 允许分批装运。

2. 买方提供船舶以运输合同项下的粳米。

3. 装运期前10天买方通知卖方租定船舶的船名、船旗、船长国籍和预计到达装运港的时间。

4. 按港口习惯快速装货，不计滞期费和速遣费。如果船东要求空舱费，是由于实际装运数量少于上述合同规定的数量是卖方原因造成，该空舱费由卖方支付，卖方与买方之间进行处理。

5. 外代的手续费用由船东负责。垫舱物的费用由买方承担。

6. 如果买方在装运期限内未能提供船舶，那么买方将支付运输费用每推迟一星期按合同数量（不是部分按比例）每公吨1美元计算。

十二、熏蒸

不熏蒸。如果买方或其代理人认为装运港熏蒸有必要，那么指标熏蒸的费用由买方负担。

十三、付款

在装船开始前20天，买方开出以卖方为受益人的货物全部金额美元付款的不可撤销的，可转让的电汇偿付的即期信用证。交货数量和金额可有5%伸缩，每批货物装运后凭第一次提示的符合下列规定的货运单据到中国银行议付。该信用证在提单日后第15天在中国到期。

1. 全套卖方商业发票（一份正本，两份副本）。

2. 2/3可转让的清洁粳米已装船提单，注明运费到付，空白抬头空白背书。

3．中国商检局经对粳米品质、数量、重量、麻袋检验所出具的重量、品质和包装证书。

4．由中国动植物检疫所出具的植物检疫证书。

5．中国商检局的证书副本证明抽取寄送买方在中国指定人的船样代表。每批装运的全部货物与证书上吨数是一致的。

6．中国商检局和中国贸促会出具的产地证明。

7．中国商检局出具证书，证明装船的大米是新碾磨的，装运时未染虫害和抗菌素，桔青霉素和岛青霉素。

8．中国商检局出具证书证明，装运港仓库收到的粳米同装船前在碾米厂和／或内陆仓库收集样品来自同一批货。卖方提供中国商检局签发的从碾米厂／仓库抽样证书的副本。

9．中国商检局签发的农药残留量证书证明由中国商检局在装运前的抽样符合日本食品卫生法和日本食品代理关于农药分析及标准限量53个项目的清单所规定的农药残留量的标准。

10．托运人证书，包括商业发票和提单及其他单据各一份副本等。

十四、监装

买方或其代理人可参与大米的监装。

十五、品质和重量：

中国商检局证明在装运期和装运地的品质和重量根据其各自证书均作为最后依据。

十六、信用证修改：

买方根据合同条款开证。如发现信用证有任何不符之处，买方收到卖方通知后立即修改信用证，否则由于延期装运造成的任何损失由买方负责。

十七、不可抗力：

由于战争、水灾、暴雨、雪灾或其他不能控制的原因，卖方不能交货或不能如期交货，可以适当延期交货或者取消部分或全部合同，但卖方须用电报或电传通知买方并须于15天内以航空挂号信件向买方提交中国国际贸易促进委员会出具的此类事故的证明书。

十八、仲裁

合同当事人之间的任何争议如通过友好协商不能达成协议，应提交仲裁，仲裁在被告国进行。每一方各指定一名仲裁员，被指定的两个仲裁员选定第三者为首席仲裁员。如果向中国索赔，则由中国国际经济贸易仲裁委员会根据该会仲裁规则进行仲裁。仲裁委员会的裁决是终局性的，对双方都有约束力，仲裁费用由败诉方承担。

十九、本合同用中文和英文制作各两份正本，每一方持一份正本。

卖方　　　　　　　　　　　　　　　　　买方

中国××贸易中心　　　　　　　　　　　日本进出口有限公司

签字　　　　　　　　　　　　　　　　　签字

合同附件一

农药残留：

A. 农药残留量的检验。

由中国商检局和日本谷物检验协会共同在装船前对出口粳米的农药残留量进行检验。

检验费用，除额外的人工费、仓储费、轮船滞期费以外与检验有关的其他任何费用，由买方负担。

B. 退货、换货和撤销合同。

粳米品质良好，是指新碾出的，且没染虫害，并符合日本食品卫生法规定的农药残留量的标准。

如粳米规格不符，农药残留量与附件规定的标准不一致，将退货或换货。在卖方未能提供相符规格和标准（农药残留量）粳米的情况下买方保留撤销该批货物合同的权利。

C. 抽样分析农药残留量。

（1）在碾米厂和／或内陆仓库抽样。

a. 由中国商检局在碾米厂和／或内陆仓库按卖方选定的每1000～2500公吨粳米为一批货中抽取3公斤汇集起来成为样品。

b. 封样寄送买方在中国的指定人，随附还有中国商检局出具的证书，证明样品代表发往装运港出口日本的粳米的质量。

c. 粳米在装运港按照在碾米厂和／或内陆仓库抽样的货批存储在装运港，仍由卖方负责。

d. 卖方收到买方用电报或电传或传真发来的允许装船的确认书才开始装船。该确认书在获悉中国商检局和日本谷物检验协会会同分析即由买方发出。

（2）装船货样（船样）。

a. 装船货样指商检局在买方确认装船的样品中抽取混合成的样品。

b. 装船货样3公斤分成两份，经铅封寄发买方在中国的指定人，随寄的还有中国商检局出具的证书，证明船样代表每批装运的全部货物。

卖方	买方
中国××贸易中心	日本进出口有限公司
签字	签字

确认函：

XXD – XXBNV号　　　合同附件1　　　日期：　　年　　月　　日于上海

第二十三节　中外合资合作经营企业要按合同办事

中外合资合作经营企业合同基本概念

合资合作经营企业合同是中外合资经营企业合同与中外合作经营企业合同的合称。它是中外双方（或多方）当事人就兴办企业时依法订立的有关权利与义务的协议。具体地说，中外合资合作经营企业合同是由中国公司、企业或其他经济组织与一个或多个外国公司、企业、其他经济组织或个人经过商洽和谈判签订的、在中国境内共同设立合资合作企业的书面协议。

主要特征

1. 标的的特殊性。

合同的主体是中外合资企业，其标的是指具体的合资企业。

2. 法定的程序性。

中外合资合作经营企业合同是合资合作各方设立合资合作企业就相互之间权利和义务关系达成一致意见而订立的法律文件。合资合作企业的合同是成立合资合作企业的必要条件。合资合作企业是在申报项目建议书和可行性研究报告之后，合资各方认为该项目技术上、经济上可行，条件也已谈妥，并在签订协议书的基础上再正式签订的在中国境内成立的合资企业，其双方（或多方）签订的合同必须经中国政府批准方能生效。

3. 对内的保护性。

中外合资合作经营企业设在中国境内，是中国的法人；合同在不违反国际惯例的前提下以中国法律为基准，受中国法律的管辖和保护。

4．时效的长期性。

中外合资合作经营企业合同期限较长，一般都在10～20年，有的甚至长达几十年。

5．条款的复杂性。

中外合资合作经营企业合同是合资企业合营各方之间制定的表述各方责、权、利的法律文件。合同要写明合营各方共同投资的目的和各方的责任等；内容比一般单纯买卖合同内容庞杂得多。

写作要求

根据我国《中外合资经营企业法实施条例》的规定，中外合资合作经营企业合同应包括下列主要内容：合营各方的名称、注册国家、法定地址、法定代表的姓名、职务、国籍；合营企业名称、法定地址、宗旨、经营范围和规模；合营企业的投资总额、注册资本；合营各方的出资额、出资比例、出资方式、出资的缴付期限以及出资额欠缴、转让的规定；合营各方利润分配和亏损部分的比例；合营企业董事会的组成、董事名额的分配以及总经理、副总经理及其他高级管理人员的职责、权限和聘用办法；采用的主要生产设备、生产技术及其来源；原材料的购买和产品销售方式，产品在中国境内和境外销售的比例；外汇资金收支的安排；财务、会计、审计的处理原则；有关劳动管理、工资、福利、劳动保险等事项的规定；合营企业期限、解散及清算程序；违反合同的责任；解决合营各方之间争议的方式和程序；合同文本采用的文字和合同生效的条件。

合营企业合同的附件，与合营企业合同具有同等的效力。

条款式的中外合资合作经营企业合同，其写作格式可分为标题、正文、结尾三大部分。

1．标题

标题写在合同的开头正中间，要求写明合同的性质。如"中外合资经营企同"。

2．正文

包括合同的主要内容。采用条款式的写作形式。

第一章"总则"或"约因"，包括合同双方（或多方）单位名称，签约的依据、地点，中外合资合作经营企业的名称等。

第二章"合营各方"，主要写合营各方的法定地址，法定代表人的姓名、职务、国籍。

第三章"中外合资合作经营企业的建立"。

第四章"公司宗旨、生产目的、经营范围和规模"。

第五章"投资总额和注册资本"。

第六章"合资各方的权利和义务"。

从第三章开始，分章叙写经营各方协商取得一致意见的具体内容，包括：合营经营公司的建立；生产经营目的、范围、规模；投资总额与注册资本；合营各方的责任；不可抗转让；产品销售；董事会；经营管理机构；设备购买；筹备和建设；劳动管理；税务、财会、审计；合营期限；合营期满财产处理；保险；合同的修改、变更与解除；违约责任；不可抗力；适用法律；争议的解决；文字；合同生效及其他。

合同中的"章"是指一项内容。每章中可以有若干条款，但须与该章内容相关。

3. 结尾

结尾是各方代表的签字盖章。有的合同还有公证处机关代表的签章。公证机关是否参与，由合营各方商定。

合同范本

合资经营×××制冷有限公司合同

第一章　总则。

中国××对外经济技术合作公司和江苏××冰箱厂（以下简称甲方），和澳大利亚××公司和香港××公司（以下简称乙方），根据《中华人民共和国中外合资经营企业法》和有关法规，按照平等互利、友好合作的原则，双方愿以合资经营的方式，在中国规划建设并经营"中澳合资×××制冷有限公司"，特订立本合同。

一、本合同中下列所有名词，均赋予定义如下：

（一）"管理和生产系统"是指乙方用于生产、制造和开发××系列产品的系统。

（二）"董事会"是指根据本合同第二十六条所建立的合资公司董事会。

（三）"董事长"是指根据本合同第二十六条任命的董事会董事长。

（四）"副董事长"是指根据本合同第二十六条任命的董事会副董事长。

（五）"中国"是指中华人民共和国。

（六）"合同"是指甲、乙双方达成的本合资公司合同。

（七）"合同生效日"是根据本合同第六十四条规定的合同生效日。

（八）"总经理"是指合资公司由董事会根据本合同第三十三条任命的总经理。

（九）"副总经理"是指合资公司由董事会根据本合同第三十三条任命的副总经理。

（十）"合资公司"是指根据本合同第三条建立的法律实体，该实体是根据中国法律

规定建立的有限责任公司。

（十一）"月"是指公历月。

（十二）"甲方"是指本合同第二条所述的中国××对外经济技术合作公司和江苏××冰箱厂及其继承人和受让人。

（十三）"乙方"是指本合同第二条所述的澳大利亚××公司和香港××公司及其继承人和受让人。

（十四）"阶段1"是指合资公司营业执照签发日起，第1～6个月，连续6个月的时间阶段或由董事会决定的其他时间阶段。

（十五）"阶段2a"是指合资公司营业执照签发日起，第7—12个月，即阶段1最后一日的次日起连续6个月的时间阶段或由董事会决定的其他时间阶段。

（十六）"阶段2b"是指合资公司营业执照签发日起，第13—24个月，即阶段2a最后一日的次日起连续12个月的时间阶段或由董事会决定的其他时间阶段。

（十七）"产品"是指由合资公司开发、生产和销售的××系列或其他系列的产品，其中包括饮料机、制冰机和其他热交换设备。

（十八）"RMB"是指中国货币人民币。

（十九）"KLD"是指××系列的大散件和部件。

（二十）"K5000"是指由合资公司根据本合同开发、生产的K5000系列饮料机。

（二十一）"USD"是指美元。

第二章　合资经营双方。

二、本合同双方为：

甲方：

公司名称：中国××对外经济技术合作公司

注册国家：中华人民共和国

地址：北京××区××路58号

电话：

传真：

法定代表人：姓名：×××

职务：总经理

国籍：中华人民共和国

公司名称：江苏××冰箱厂

地址：江苏南京××区××路46号

电话：

传真：

法人代表人：×××

职务：厂长

国籍：中华人民共和国

乙方：

公司名称：澳大利亚××公司

注册国家：澳大利亚

地址：

电话：

传真：

法定代表人：×××

职务：总裁、董事长

国籍：澳大利亚

公司名称：香港××公司

注册国家：中国香港

地址：香港××道商业大厦

电话：

传真：

法定代表人：×××

职务：董事长

国籍：中国香港

第三章　合资公司的建立。

三、本合同有关文件，自中华人民共和国政府主管部门批准之日起30日内，合资公司以有限责任公司的形式在中国南京登记注册，领取营业执照。合资公司是中国的法人，受中国法律的管辖和保护。

四、合资公司的名称为"××制冷有限公司"（以下简称合资公司）。英文名称为××。

五、合资公司的总部在中国江苏省南京市。法定地址为：南京市××经济开发区内。

合资公司可根据今后生产和业务发展的需要，在中国其他地区以及第三国家设立分支机构或办事处。

六、合资公司的组织形式为有限责任公司。甲、乙双方以各自认缴的出资额对合资公司的债务承担责任。各方按其出资额在注册资本中的比例分享利润和分担风险和亏损。

第四章　合资公司宗旨、经营范围和规模。

七、合资公司的宗旨是，双方本着平等互利的原则，加强经济合作。利用乙方的先进技术和管理方法，生产和销售饮料机等系列产品，使之在质量、价格等方面具有国际市场竞争能力，提高经济效益，使投资双方均获得满意的经济利益。

八、合资公司的经营范围是：饮料机、制冰机和与之有关的热交换设备的生产和销售。

根据中国市场和国际市场的需要，研究开发其他产品，并经营上述产品所必需的有关业务。

初始产品是：K5000系列饮料机及生啤机产品。

九、合资公司的生产规模初步确定为K5000系列柜台式饮料机××台，（单班制，每周五个工作日）将来可根据市场需要和合资公司的经济效益情况，调整生产规模和增加新产品。

第五章　投资总额和注册资本。

十、合资公司投资总额为197万美元。甲、乙双方出资额共为138万美元，并以此作为合资公司的注册资本。

其中，甲方出资USD55.2万元（伍拾伍万贰仟美元），占注册资本总额的40%；其中：中国××对外经济技术合作公司USD34.5万元（叁拾肆万伍仟美元），占比例25%，江苏××冰箱厂USD20.7万元（贰拾万柒仟美元），占比例15%。

乙方出资USD82.8万元（捌拾贰万捌仟美元），占注册资本总额的60%。其中：澳大利亚××公司USD34.5万元（叁拾肆万伍仟美元），占比例25%。香港××公司USD48.3万元（肆拾捌万叁仟美元），占比例35%。

十一、合资双方出资方式为：甲方以美元现金和人民币出资，乙方以美元现金出资；其中人民币出资比例根据合资公司实际需要由董事会确定。汇价按当日中国国家外汇管理局公布的外汇牌价计算。

十二、甲、乙双方出资均分三期认缴：

第一期自营业执照签发之日起第1个月内，即阶段l的第1个月内认缴。

第二期自营业执照签发之日起第7个月内，即阶段2a的第1个月内认缴。

第三期自营业执照签发之日起第13个月内，即阶段2b的第1个月内认缴。

三期出资均按双方各自的出资比例认缴。甲、乙双方各期认缴的出资额分别为：

第一期，阶段1：

甲方：USD26.12万元（贰拾陆万壹仟贰佰美元）

其中：中国××对外经济技术合作公司USD16.3250万元

江苏××冰箱厂USD9.7950万元

乙方：USD39.1800万元（叁拾玖万壹仟捌佰美元）

其中：澳大利亚××公司USD16.3250万元

香港××公司USD22.8550万元

第二期，阶段2a：

甲方：USD11.1200万元（拾壹万壹仟贰佰美元）

其中：中国××对外经济技术合作公司USD6.9500万元

江苏××冰箱厂USD4.1700万元

乙方：USD16.6800万元（拾陆万陆仟捌佰美元）

其中：澳大利亚××公司USD6.9500万元

香港××公司USD9.7300万元

第三期，阶段2b：

甲方：USD17.9600万元（拾柒万玖仟陆佰美元）

其中：中国××对外经济技术合作公司USD11.2250万元

江苏××冰箱厂USD6.7350万元

乙方：USD26.9400万元（贰拾陆万玖仟肆佰美元）

其中：澳大利亚××公司USD11.2250万元

香港××公司USD15.7150万元

甲、乙双方应按合同规定的时间和数额，将其认缴的部分存入合资公司的外汇和人民币账户。

十三、甲、乙双方缴付出资额后，经合资公司聘请在中国注册的会计师验资，并出具验资报告，由合资公司董事长据此签发股权证书。

十四、任何一方不得以合资公司资产，或合资公司中本方出资的部分作抵押向银行贷款，用于合资公司以外的目的。

十五、合资经营期内，合资公司不得减少其注册资本。合资公司注册资本和投资总额的增加须经合资双方一致同意并经审批机构批准。

十六、合资公司任何一方，如将其部分或全部股份转让给合资公司之外的第三者，都须经另一方同意。一方转让股份时，另一方有优先购买权。

股份出让方向第三者转让部分或全部股份的条件，不得比向合资另一方转让的条件优惠。

十七、股份转让时，出让方应将其原有股权证书退还合资公司，合资公司将原件作废，并另向受让者出具新的股权证明书。

十八、任何违反本章各条规定的股份转让，均属无效。

十九、在股份转让过程中，对转让方的股份应支付的数额的任何争议，应根据本合同第七十五条的规定解决。

第六章　合资双方的责任和义务。

二十、甲方责任：

1. 协助办理为设立合资公司向中华人民共和国政府主管部门登记注册，申请领取营业执照等手续。

2. 协助合资公司向中国政府有关部门申请减免设备和材料进口关税、合资公司的营业税、所得税、产品出口关税等优惠条件，并办理各项有关手续。

3. 协助办理合资公司所需产品散件和原材料等的进口手续。

4. 协助合资公司解决国内采购设备、零部件和售后服务的有关问题。

5. 提供中国饮料机工业发展情况和中国饮料机市场信息。

6. 协助合资公司产品的国内销售。

7. 协助合资公司产品所需原材料、零部件的国内采购和产品的国产化。

8. 协助办理乙方工作人员的入境签证和长期工作许可证等手续。协助安排好乙方工作人员在中国的必要工作和生活条件。

二十一、乙方责任：

1. 确保向合资公司提供其技术和管理方法的最新资料。

2. 保证派人指导合资公司工厂主要生产设备安装、调试、试生产的技术指导工作。

3. 派人参加合资公司的筹建。

4. 协助合资公司解决生产所需进口原材料、零部件和售后服务的有关问题。

5. 提供国际饮料机工业发展情况和国际市场信息。

6. 协助合资公司开拓其产品的国际市场、包销其部分产品。

7. 负责合资公司员工的培训，协助办理在澳培训人员的入境手续，安排其在澳的工作和生活条件。

8. 协助合资公司实现其产品的国产化。

9. 协助合资公司办理国际灌装公司（如美国×××公司）认证的有关事宜。

合资双方在第二十、二十一条款下，为筹建合资公司而发生的初始费用，应在董事会批准、通过后由合资公司偿付。

合资双方一致同意，根据本合同的建议经营合资公司。

第七章 产品销售。

二十二、合资公司的产品销售立足国内国际两个市场，在占领中国市场的前提下，积极创造条件进入国际市场。合资公司将把产品外销放在优先地位，以达到合资公司的外汇收支平衡。

二十三、在合资公司产品质量达到国际标准，并得到国际灌装公司认证后，其外销比例不得低于产量的30%。

合资公司产品可通过下述渠道向国际市场销售：

（1）由合资公司直接向国际市场销售。

（2）由乙方负责包销或代理销售。

（3）委托其他公司代理销售。

二十四、为了实现合资公司产品在中国境内、外销售和必要的售后服务，经中国有关部门批准，合资公司可在中国境内、外设立销售前中后服务分支机构。

二十五、合资公司的产品商标由董事会确定。

第八章 董事会。

二十六、合资双方同意在本合同根据第六十四条所述条件生效后尽快组成董事会。董事会由7人组成，其中甲方委派3人，乙方委派4人。董事会设董事长1名，第一任董事长由甲方担任。副董事长1名，第一任副董事长由乙方担任。董事长、副董事长由甲、乙双方轮流担任，任期为两年，但经双方同意可以连任。正、副董事长和董事均需以书面委派。

二十七、董事会是合资公司的最高权力机构，决定合资公司的一切重大问题。

二十八、董事会对于下列重大问题应一致通过，方可作出决定：

（1）合资公司章程的修改。

（2）合资公司的终止、解散。

（3）合资公司注册资本的增加、股份转让。

（4）合资公司与其他经济组织的合并。

二十九、董事长是合资公司的法定代表人。董事长因故不能履行其职责时，可以书面形式临时授权副董事长或其他董事为代表。

三十、董事会一般每年召开一次会议。如有特殊情况经3/7以上的董事提议，可以召开董事会临时会议。

董事会会议由董事长主持。如董事会成员本人不能出席，可以书面委托代表出席。董事长本人不能出席并主持会议时，可以书面委托代表出席，但董事长会议由副董事长主持。

三十一、合资双方委派的董事任期两年，经继续委派可以连任。

三十二、董事会成员每人只有一个投票权。但当某一董事会成员同时是该董事会其他成员委托的代理人时，该董事会成员除了投自己的一票外，还可以代替上述的其他董事会成员投票。董事会讨论决定问题时，应本着友好协商的精神。董事会讨论的议程、内容，除了本合同第二十八条所列重大问题外，应取得5/7的董事同意方可作出决定。

董事会的决议须由董事长和副董事长和参加会议的董事共同签署方为有效。董事会决议应存入公司档案。

第九章　经营管理机构。

三十三、合资公司实行董事会领导下的总经理负责制。合资公司设总经理1名，副总经理1名或若干名（副总经理人数由董事会根据需要确定）。第一任总经理，由乙方人员推荐，第一任副总经理由甲方推荐。总经理、副总经理由董事会聘任，任期两年。如经董事会继续聘任，可以连任。

三十四、总经理执行董事会的决议，领导合资公司的日常生产和经营管理工作，并向董事会报告工作情况。副总经理协助总经理工作，当总经理不在时，由总经理书面委托副总经理代行总经理职责。

三十五、总经理处理重要问题时，应同副总经理协商，如正、副经理意见不同，总经理有权作出最后决定。副总经理可将反对意见以书面形式交总经理，并向董事会报告。

三十六、合资公司的生产、技术、供销、财务等部门负责人由总经理任免，副总经理附签。如正、剐总经理意见不同，总经理有权作出最后决定。副总经理可将反对意见以书面形式向总经理、董事会报告。

合资公司职工的招聘与解雇，由总经理或副总经理决定。

第十章　设备购买。

三十七、合资公司所需生产设备（见附件五）在保证生产要求和加工质量的前提下按照价格从优原则购置。

第十一章　税务、财务及审计。

三十八、合资公司应按照中华人民共和国有关法律的规定，缴纳各项税金。合资公司中外职工按《中华人民共和国个人所得税法》缴纳个人所得税。合资公司应根据中国法律有关规定，申请有关税款的减免。

三十九、合资公司的财务与会计制度，应根据中国有关法律和财务会计制度的规定，结合合资公司的实际情况制定，并报当地财政部门、税务机关备案。

四十、合资公司采用权责发生制和借贷记账法记账。一切凭证、账簿、报表用中文书写，同时使用英文书写。

四十一、合资公司采用人民币为记账本位币。对于外币存款、外币借款和以外币结算的往来款项，除应登记实际受付的外币金额外，还应按确定的汇率（根据当年度初中国国家外汇管理局公布的外汇牌价）折合为人民币记账。

因国家牌价汇率变动而发生的折合为人民币的差额，年终一次作为外汇兑换损益（兑汇损益）处理，列入当期损益。汇兑损益应以实现数为准。

四十二、合资公司的财务管理工作，包括资金收支、成本会议、会议审计，应由总经理监督。合资公司按月作出财务报表，报送股东各方，并报当地财政部门、税务机关备案。

四十三、每一会计年度的头3个月，应由总经理组织编制出上一会计年度的财务报告，包括合资公司的资产负债表、损益表和利润分配方案，提交董事会审查通过。

四十四、合资公司按照《中华人民共和国外商投资企业和外国企业所得税法》和《中华人民共和国外商投资企业法》缴纳所得税后的利润（简称税后利润）。

利润分配原则如下：

提取一定百分比的税后利润，作为合资公司的储备基金、发展基金和职工奖励及福利基金。提取比例由董事会确定。

从税后利润提取上述三项基金后的余额为可分配利润，如董事会确定分配，应按合资双方的出资比例进行分配。

合资公司前一年度亏损未弥补之前，不得分配利润。前一年度未分配的利润，可并入本年度利润分配。

四十五、合资公司的下列文件、证件、报表，应经中国注册的会计师验证和出具证明，方为有效：

（一）合资各方的出资证明书。

（二）合资公司的年度会计报表。

（三）合资公司清算的会计报表。

四十六、合资公司向合资各方、当地税务机关、企业主管部门和同级财政部门报送月度和年度会计报表。

第十二章　外汇。

四十七、合资公司的一切外汇事宜，均应按《中华人民共和国外汇管理暂行条例》和有关管理办法的规定办理。

四十八、合资公司从国家工商行政管理局领取营业执照后，应在中国银行或经国家外汇管理局（或其分局）同意的其他银行开立外汇存款账户和人民币存款账户。

合资公司的一切外汇收入，都必须存入其开户银行的外汇存款账户；一切外汇支出，都应从其外汇存款账户中支付。

四十九、合资公司在国外或港澳地区的银行开立外汇存款账户，应经国家外汇管理局（或其分局）批准，并向国家外汇管理局（或其分局）报告收付情况和提供银行对账单。

五十、合资公司在国外或港澳地区设立的分支机构，凡当地有中国银行的，应在当地中国银行开立账户。其年度资产负债表和年度利润表，应通过合资公司报送外汇管理局（或其分局）。

五十一、合资公司可根据《中国银行办理中外合资经营企业贷款暂行办法》，向中国银行申请外汇贷款和人民币贷款，其利润按中国银行公布的执行。合资公司如向国外或港澳地区的银行借入外汇资金，应向国家外汇管理局（或其分局）备案。

五十二、乙方在合资公司经营中所分得的利润可在适当的时候，通过有关银行汇出中国，甲方应协助乙方实现上述汇出。

五十三、合资公司的外籍职工和港澳职工的工资及其他正当收益，依法纳税后，其余部分可以向中国银行申请全部汇出。

五十四、合资公司的外汇收支一般应保持平衡。具体措施如下：

（一）增加产品出口创汇，力争产品出口达到产量的30%。

（二）在保证产品质量的前提下，提高国产化率，逐步将零部件的购置转向国内。

五十五、合资公司按下列次序支出其外汇：

（一）外籍职工、港澳职工的薪金、工资。

（二）合资公司进口的机器设备、原材料、零部件所需外汇支出。

（三）在中国境内购买某些物资应支付的外汇。

（四）乙方应分得的利润。

（五）合资企业解散时乙方按出资比例应分得的资金净额。

第十三章　工资和劳动管理。

五十六、合资公司职工的招收、招聘、辞退、辞职、工资、福利、劳动保险、劳动保护、劳动纪律等事宜，应按《中华人民共和国中外合资企业劳动管理规定》执行。

五十七、董事会根据总经理和副总经理的提议确定合资公司的职工总数。

合资公司的高级管理人员（正、副总经理），由甲、乙双方各自推荐，由董事会任命。

合资公司所需中国职工，由甲方推荐，公开招聘，经考试择优录用。

所有公司雇员在录用时，应由个人同合资公司签订劳务合同，并由总经理、副总经理批准。

五十八、合资公司的工资、奖励制度必须符合按劳分配、多劳多得的原则，由董事会确定具体管理办法。

五十九、合资公司中方一般职工的工资待遇，参照中国有关规定，根据合资公司具体情况由董事会确定。董事会将根据职工业务能力、技术水平的提高决定逐步增加工资。

外籍职工或港澳职工的工资标准参照乙方本国或本地区标准拟定。

中方高级职工薪金原则上与外方高级职员一致。

六十、合资公司应支付中方职工劳动保险，医疗费用，国家对职工各项补贴（包括职工住房补贴），按政府规定的比例计算。上述费用由合资公司工会或合资中方监督使用。

六十一、合资公司应加强对职工的业务、技术培训，建立严格的考核制度，使他们在生产、管理技能方面能够适应现代化企业的要求。

六十二、合资公司的外籍职工和港澳职工（包括其家属），需要经常出入中国国境的，应按照中国外交部和公安部的有关规定，申请所必须的签证（包括多次签证）。甲方应对此类事宜予以协助。

六十三、合资公司的外籍职工和港澳职工（包括其家属）均应遵守中华人民共和国有关法律和规定，并得到中国法律的保护。在其受雇佣期内，合资公司应负责安排上述人员适当的住所、医疗和交通等。

第十四章　合资经营期限。

六十四、本合同经甲、乙双方全权代表签署，报经政府主管部门批准之日起生效。

六十五、甲、乙双方同意合资公司的合资期限为本合同生效之日算起15年，如双方愿意续约，应于本合同期满前6个月，双方协商取得一致意见，签订延长合同，并办理有关手续。

六十六、有下列条件之一者，经任何一方提出，本合同可以提前终止。

1. 连续3年亏损而合资各方在此后6个月内又未能对本公司的扭亏为盈计划达成协议，致使合资公司无力继续经营时。

2. 遇有战争、自然灾害、政府原因等不可抗力的发生，致使合资公司无法继续经营时。

3. 任何一方严重违反本合同和公司章程，经指出，在3个月内仍不纠正，致使合资公司不能进行正常生产和经营时。

除上述情况外，任何一方如果单方提出终止合同，应向另一方赔偿由此而造成的经济损失。

六十七、合资公司合同期满或提前终止时，由董事会提出清算程序，组成清算委员会，对合资公司的财产、债权、债务进行清算。

清算委员会对合资公司的债务进行清偿后，其剩余财产按合资双方的出资比例进行分配。具体分配办法由董事会决定。

第十五章　保险、保密。

六十八、合资公司在经营期间，按常规和中国政府的有关规定办理财产保险。保险费由合资公司支付。

六十九、合资双方及合资公司雇员应对本公司的生产工艺技术、生产数据和重要技术经济情况严格保密，不得向任何第三者泄露。任何一方或个人违反本合同规定泄露上述秘密，应负责赔偿由此而引起的合资方和合资公司所遭受的经济损失。

第十六章　违约责任。

七十、任何一方未按本合同第五章的规定按期按数提交其出资额时，从逾期第1个月算起每逾期1个月，违约方应支付应缴出资额的5%的违约金给守约方。如逾期3个月仍未支付，除累计支付应缴出资额15%的违约金外，守约方有权按本合同第六十九条的规定终止合同，并要求违约方赔偿损失。

七十一、由于一方的过失，造成本合同及其附件不能履行或不能完全履行时，由过失方承担违约责任；如果是甲、乙双方的过失，根据实际情况，由双方分别承担各自的违约责任。

第十七章　不可抗力。

七十二、由于地震、台风、水灾、火灾、战争以及其他不能预见，并且对其发生和后果不能预防或不可避免的不可抗力事故，致使直接影响本合同的履行，或不能按约定的条件履行时，遇有上述不可抗力事故的一方应立即将事故情况利用传真通知对方，并应在15日内提供事故详情及合同不能履行，或部分不能履行，或需延期履行的理由的有效证明文件，此项证明文件应由事故发生地区的公证机构出具。按照事故对履行合同影响的程度，由甲、乙双方协商决定是否解除合同，或部分免除履行合同的责任，或者延期履行合同。对于由不可抗力所造成的损失，任何一方不得提出赔偿要求。

第十八章　适用法律。

七十三、本合同的订立、效力、解释、履行和争议的解决均受中华人民共和国法律的管辖。

第十九章争议的解决。

七十四、甲乙双方在执行本合同时所发生的一切争议，应通过友好协商妥善解决，如果经协商仍不能解决时，任何一方有权提请仲裁。仲裁在北京中国国际经济贸易仲裁委员会或第三国进行。此仲裁裁决是终局的，对争议双方都有约束力。仲裁费用由败诉方负担。

七十五、在解决争议期间，除双方有争议部分外，合资双方应继续履行本合同所规定的其他各项条款。

第二十章合同的修改和其他。

七十六、对本合同内容的一切修改、变动和补充，需经甲、乙双方协商一致，并由双方授权代表签署的书面文件确认。该文件为本合同不可分割的组成部分。

七十七、本合同的任何术语如果有悖于中华人民共和国有关法律，该术语应视为无效，并根据上述有关法律所规定的禁止或无效的程度，从合同中取消，合同中的其他条款不应受到影响。

七十八、本合同以中、英文书写，两种文本具有同等效力，上述两种文本如有不符，以中文本为准。本合同中、英两种文本各一式四份，甲、乙双方各执两份。

七十九、本合同于199×年×月×日在中国江苏省南京市签字。

甲方：中国××对外经济技术合作公司（签章）

代表：×××

江苏××冰箱厂（签章）

代表：×××

乙方：澳大利亚××公司（签章）

代表：×××

香港××公司（签章）

代表：×××

附件：（略）

第二十四节　中外技术转让要按合同办事

中外技术转让合同基本概念

中外技术转让合同，是中华人民共和国境内的公司、企业、团体或个人与中华人民共和国境外的公司、企业、团体或个人之间，就转让某项技术的使用权而签订的合同。

在中外技术转让合同中的供方必须是提供该项技术的合法拥有者，并保证所提供的技术完整、无误、有效，能够达到合同规定的目标。中外技术转让合同中所称的技术，一般包括：专利权或其他工业产权；以图纸、技术资料、技术规范等形式提供的工艺流程、配方、产品设计、质量控制以及管理等方面的专有技术、技术服务等。

主要特征

1. 标的的技术性。

中外技术转让合同签订的目的是为了引进和出口技术，抽象的技术作为合同标的物，这是它区别于其他涉外合同的根本所在。

2. 技术的完整性和先进性。

在国际间技术转让的前提是技术必须先进、转让必须完整。这里的先进性是以能达到预期的目标、能生产新产品、能提高产品质量和性能、增加产品科技含量和科技水平、能节约能源降低成本，最终扩大出口、增加外汇收入为衡量尺度的。无论买、卖（转让）技术，都必须保证其技术先进、实用、完整、有效。

3. 条款的复杂性。

中外技术转让合同除了一般的商业性、索赔、不可抗力、仲裁等条件外，还有硬件（指作为技术转让组成部分的机械设备）设备交易和软件（指无形的技术知识）许可证交易条件。它的内容庞杂，一般包括：专利权和其他工业产权；以图纸、技术资料、技术规范等形式提供的工艺流程、配方、产品设计、质量控制以及管理等方面的专有技术、技术服务等，因而条款更为复杂。

写作要求

中外技术转让合同一般应当包括下列内容：引进的技术的内容、范围和必要的说明，其中涉及专利和商标的应当附具清单；预计达到的技术目标，以及实现各该目标的期限和措施；报酬、报酬的构成和支付方式；合同期限；当事人的名称、注册国家、法定地址、授权代表的姓名和职务；合同签订的日期和地点。

（一）国家级中外技术转让合同的写法

国家级中外技术转让合同通常是由标题、正文、落款（签署）和附件组成的。

1. 标题

一般只写"中外技术转让合同"。

2. 正文

由开头、主体组成。

开头一般分为合同的前几项，包括"合同名称"、"签约时间与地点"、"合同当事人及法定地址"和"合同所涉及的关键名词的定义"等。该部分分为合同的自然条件或某种交待。

主体写签约的基本内容，包括："合同范围与内容"、"价格或许可证使用费"、"技术资料的交付"、"保证与索赔"、"税收"、"仲裁"、"不可抗力"等。

3. 落款

即双方签署。写双方公司名称、双方代表人姓名并盖章。

4. 附件

即对合同某些条文的具体说明、有关细节规定和各种技术资料等。

国家级中外技术转让合同，一般采用分条列款的方式行文。它没有鲜明的前言、主体和结尾划分。除了签署之外，合同所涉及的有关内容，一律用条款表述。

（二）地方级中外技术转让合同的写法

这类合同由标题、正文、签署和附件组成，标题、签署和附件与国家级合同没有大的区别，区别之处主要就在于其正文是由前言、主体和结尾组成的。

1. 前言

列出签订本合同的时间、双方单位名称、部分款项。

2．主体

以章和条款的形式表述，其内容与国家级合同无异。

3．结尾

除了要写国家级合同结尾部分的内容之外，还把"法定"地址放在了结尾之中。

合同范例

中外技术转让合同

一、合同名称。

专有技术转让许可证合同。

二、签约时间与地点。

本许可证合同于_____年_____月_____日在中国_____签订。

三、合同当事人及法定地址。

中华人民共和国_____进出口总公司（以下简称受方）为一方，_____国技术公司（以下简称供方）为另一方，同意就下列条款签订本合同（以下称本合同）。

（双方法定地址以及电报、电传号）

四、鉴于条款。

鉴于供方拥有设计、制造、安装_____产品的专有技术，供方是该项技术的合法所有者，愿将该技术转让给受方。

五、合同中所涉及的关键名词的定义。

本合同所用下述用语的定义是：

专有技术（Know－How）系指为制造_____产品所需的，为供方所掌握的一切知识、经验和技能，包括技术资料和不能形成文字的各种经验和技能。

技术资料系指上述专有技术的全部文字资料（或扼要说明资料的范围）。

合同产品系指受方根据本合同使用供方所转让的专有技术制造和销售的产品。

净销售价系指销售合同产品的发票金额扣除产品税、交易折扣以及因退货、拒收所引起的退款剩余的价款。

合同期限系指本合同生效日起算至第10年为止的期限。

六、合同范围与内容。

1．供方同意受方在中国设计、制造、使用和销售合同产品的专有技术（或专利技术）。在该地区受方享有利用该技术独占性制造产品和销售产品的权利（或这是一项非独占的许可证）。

2．供方负责向受方提供技术的研究报告、设计、计算、产品图纸、制造工艺、质量控制、试验、安装、调试、运行、维修等一切技术数据、资料（详见附件×）和经验，以便受方能实施制造产品（产品的型号、规格、技术参数详见附件×）。

3．供方负责自费派遣技术人员赴受方进行技术指导和参加_____的性能考核。（详见附件×）。

4．供方负责接受受方有关人员自费赴供方进行培训，使受方人员能掌握合同规定的上述技术（详见附件×）。

5．在合同有效期限内，受方在合同产品上有权使用属于供方所有的_____商标（或牌号）。

6．供方有责任（或同意）以最优惠的价格向受方提供为制造合同产品所必需的设备、测试仪器、原材料及零部件（或供方有责任帮助受方为实施制造合同产品所需的配套件，从第三方取得有关技术许可证，或者与第三方进行合作生产）。

七、价格或许可证使用费。

1．根据本合同规定，供方向受方提供的技术和技术服务等，受方应向供方支付的合同总价为_____万美元，其中：技术使用费_____美元；资料费_____美元；技术服务费_____美元。上述价格为固定价格。

2．受方有义务对根据许可证转让的技术支付下列费用：

（1）入门费_____美元。

（2）受方在合同有效期内应向供方支付常年提成费，其提成率为合同产品净销售价的3%。

八、技术资料的交付。

1．供方应按本合同附件_____的规定向受方提供技术资料。

2．供方用空运把技术资料送达中国_____机场。该机场在收到技术资料而在空运提单上加盖的印戳日期为技术资料的实际交付日期。受方将带有到达印戳日期的空运提单影印本一份寄送供方。

3．在技术资料发运后的24小时（或48小时）内，供方应将合同号、空运提单号与日期、资料项号、件数、重量、航班号用电报或电传通知受方，并将空运提单正本一份、副本两份和技术资料装箱清单三份航空邮寄给受方。

4．受方收到技术资料后发现不符本合同附件×的规定，包括在空运中丢失或损坏，应在30天内通知供方，说明所缺或损坏的资料，供方应在收到通知后立即（或30天内）免费补寄或重寄给受方。如果受方在收到技术资料后60天内没有提出资料不足或损坏的书面通知，即视为受方对技术资料验收。

5．技术资料使用文字为英文（或其他文字），计量单位为米制，技术资料所适用的标准为＿＿＿＿工业标准。

6．技术资料的包装要适应长途运输与搬运，防雨，防潮。每箱上应以英文标明下述内容：合同号（许可证合同编号US85001）、收货人（中国技术进出口公司＿＿＿＿分公司）、目的地（中国＿＿＿＿市机场）、毛重（＿＿＿＿公斤）、箱号（或件号）以及运输标志等。

九、交换改进技术及对技术资料的修改。

1．供方在合同有效期内改进和发展的技术资料，应免费提供给受方。受方改进和发展的技术也应按对等原则提供给供方，但改进和发展的技术所有权属于受方，对方不得去申请专利或转让给第三方。双方交换技术资料，均不附加任何限制。

2．供方提供的技术资料，如有不适合于受方生产条件的，供方有责任协助受方修改技术资料，并加以确认。

十、性能考核和验收。

1．在合同产品首批生产后，由双方根据本合同附件×的规定，共同进行产品性能考核。

2．经考核合同产品的性能符合本合同技术文件规定的技术指标，即通过验收，双方签署合同产品性能考核合格证明书，一式四份，每方各执两份。

3．如经考核，合同产品性能不符合本合同技术文件规定的技术指标时，双方应共同研究，分析原因，澄清责任。如责任在供方，供方应自负费用，采取措施，清除缺陷，缺陷消除后进行第二次考核。如第二次考核后仍不合格，供方应继续采取措施，消除缺陷，并进行第三次考核。如第三次考核仍不合格时，受方有权终止本合同。如果考核不合格责任在于受方，受方在供方协助下，采取措施，消除缺陷，并进行第二次或第三次考核。如第三次考核仍不合格时，则由双方协商如何再执行合同的问题。供方协助受方清除缺陷，派遣技术人员的交通和食宿费用由受方负担。

十一、保证与索赔。

1．供方保证按本合同附件×的规定提供给受方的技术资料是供方所掌握的最新资料，并保证向受方及时提供任何发展和改进的技术资料。

2．供方保证所提供的资料是正确的、完整的、清晰的和可靠的，与供方生产使用的技术资料完全一样。

3．供方应按本合同规定日期交付技术资料，如果未按规定日期交付资料，按下述比例向受方支付罚款：

（1）拖延1～4周，每周为本合同总价格（或技术使用费）的0.5%。

（2）拖延5～8周，为本合同总价格（或技术使用费）的1%。

4．供方向受方支付罚款并不解除供方继续交付技术资料的义务。

5．如果供方迟交技术资料超过6个月，受方有权终止本合同，此时供方应将受方已支付的金额，按年利＿＿＿＿＿＿％的利息，一并退还给受方。

6．如果合同产品考核验收三次仍不合格时，受方除有权终止合同外，受方还有权收回已付给供方的全部金额。并加年利＿＿＿＿＿＿％的利息。如果产品只有部分性能指标达不到合同的规定时，受方减少支付合同总价的＿＿＿＿％。

7．供方保证合同中转让的一切权利，包括制造、使用、销售以及其他有关技术的合法性，并保证不受第三方的指控。如发生第三方指控侵权，供方应负责与第三方的交涉，并承担法律上和经济上的一切责任。

十二、税收。

1．凡与执行本合同有关的一切税款，在受方国内的由受方负担，在受方以外的则均由供方负担。

2．供方因履行本合同而在中国境内取得的许可证使用费的收入，必须按中国税法（或按＿＿＿＿国与＿＿＿＿国的税收协定）纳税。

十三、仲裁。

1．因执行本合同所发生的或与本合同有关的一切争议，应通过双方友好协商解决。如协商仍不能解决时，应提交仲裁解决。

2．仲裁地点在瑞典的斯德哥尔摩，由斯德哥尔摩商会仲裁院根据该院的仲裁规则进行仲裁（或仲裁在被诉方的国家进行。如在中国由中国国际贸易促进委员会对外经济贸易仲裁委员会按该会仲裁程序暂行规则进行仲裁）。如在＿＿＿＿国则由＿＿＿＿仲裁协会按该会的仲裁规则进行仲裁。

3．仲裁裁决是终局的，对双方均有约束力。

4．仲裁费用，除仲裁另有规定外，由败诉方负担。

5．在仲裁过程中，除进行仲裁的部分外，本合同的其他部分应继续执行。

十四、不可抗力。

1．本合同的任何一方，由于战争、严重水灾、火灾、台风以及地震等不可抗力的事故，致使本合同不能执行时，可延迟履行本合同，延迟的期限相当于事故影响的期限。

2．发生不可抗力事故后，受不可抗力影响的一方，应在15天内以航空挂号信将有关当局出具的证明文件提交给另一方确认。

3．如不可抗力事故持续120天以上，双方应通过友好协商解决继续执行本合同的问题。

十五、合同的生效、期限、终止及其他。

1．本合同由双方代表于_____年_____月_____日在_____市签字。

签字后由各方分别向本国政府有关当局申请批准，争取在60天内获得批准，以最后批准的日期为合同生效日期。如签字后6个月仍得不到批准，双方有权撤销本合同。

2．本合同从生效日起_____年内有效，有效期满后合同自动失效。如合同期满前3个月内，经一方提出，另一方同意后可延长_____年。

3．本合同期满时，债务人对债权人未了债务应继续予以支付。

4．本合同条款的任何修改、补充，须经双方协商同意后授权代表签署书面文件，作为本合同的组成部分。

5．本合同附件一至附件_____，为本合同的组成部分，与合同正文具有同等效力。

6．本合同用中文和_____文两种文字写成，正本一式四份，具有同等效力，双方各执两份。

受方：   供方：

中国_____公司   _____国_____公司

代表：（签字）   代表：　　（签字）

（下列各附件略）

第二十五节　企业内部用工要按合同办事

企业内部用工合同基本概念

劳动用工合同是用工单位与劳动者之间订立的确立劳动关系、明确双方相互权利和义务的协议。

写作要求

劳动用工合同的格式由首部、正文和尾部组成。

1．首部

（1）标题，用工单位+文种。如"××××公司劳动用工合同书"。

（2）当事人，是指合同的双方当事人。用工单位的一方一般称为甲方，应标明其营业执照上核准的单位全称、性质、地址等；劳动者一般称为乙方，应写明其姓名、年龄、文化程度、地址、身份证号等。

2．正文

（1）在生产上应达到的数量指标、技师指标或应当完成的任务。

（2）试用期限，合同期限。

（3）生产、工作条件。

（4）劳动报酬、保险及福利待遇。

（5）劳动纪律。

（6）违反劳动合同者应承担的责任。

（7）双方认为需要规定的其他事项。

3．尾部

（1）落款。双方当事人签署，甲方加盖公章，承办人签章；乙方劳动者签章，并注明签订合同的日期。

（2）附注。有关补充事项。

合同范本

××市劳动合同制工人劳动合同书

甲方（招用单位）

名称：×××××××性质：×××

地址：××××××

乙方（被招收工人）

姓名：×××性别：×××年龄：×××

文化程度：×××地址：××××××

身份证号：×××××××××××××

甲方因生产（工作）需要，由×××劳动局（20××）××字第××号文件批准，经考试考核后，同意招收乙方为合同制工人。现双方根据《中华人民共和国劳动法》、国务院发布的《国有企业实行合同制的暂行规定》（以下简称《暂行规定》）和××省人民政府发布的贯彻《暂行规定》的实施意见和市政府补充意见，同意签订本合同，并达成协议条款如下：

一、工作的任务及工种。

乙方同意按甲方生产、工作需要，安排在×××，承担×××工作任务，为×××工种。

二、合同期、熟练期和试用期。

合同期从××××年××月××日起至××××年××月××日止，共××年。其中，熟练期从××××年××月××日起至××××年××月××日止。试用期从××××年××月××日起至××年××月××日止。合同期满，经双方同意，可以续订合同。

三、生产、工作条件。

为使乙方能顺利完成生产工作任务，甲方应根据国家有关职工的生产安全、劳动保护、卫生健康规定，为乙方提供必需的生产、工作条件，保障乙方的安全和健康。

四、劳动报酬、保险、福利和政治待遇。

1.劳动报酬：试用期间工资级别××××级，标准工资×××元；熟练期间工资级别××××级，标准工资×××元；熟练期满考核定为××××级，标准工资×××元。

乙方在试用期满后第一个月起，享受本人的标准工资×××元及工资性补贴。

2．保险福利待遇：甲、乙双方严格遵照《暂行规定》第四章、第五章和省政府实施意见第四条和第五条规定执行。乙方在合同期内因工伤残、因工死亡、因病死亡和患职业病，其待遇与甲方固定工相同。乙方在甲方工作期间的奖金、津贴、劳保用品、保健用品、粮油补贴、物价补贴等，其待遇与甲方固定工同工种一样对待。

3．政治待遇：乙方在甲方生产（工作）期间，与所在单位固定工享受同等的劳动、工作、学习、参加民主管理、参加工会、入党、入团、评劳模（先进生产者）等权利。

五、劳动纪律。

乙方必须自觉执行甲方单位生产、工作中的各种操作规程和各项规章制度，服从正常的组织调配，搞好生产，保证任务的完成。

六、合同的解除及责任。

1．乙方在合同期内出现《暂行规定》第十二条第（一）、（二）项之情况的，经查证属实，甲方可以解除合同。

2.乙方有违纪行为，甲方应本着教育为主、处罚为辅的原则，按照错误情节轻重可给乙方以行政处分或发出解除劳动合同的警告，限期改正。经教育、行政处分或发出解除劳动合同警告书仍然无效的，应当征求本企业工会的意见解除劳动合同。

3．乙方被除名、开除、劳动教养以及被判刑的，劳动合同自行解除。

4．乙方在下列情况下，甲方不得解除合同：

（1）劳动合同期限未满，又不符合《暂行规定》第二十条的。

（2）患有职业病或因工负伤并经医务劳动委员会确认的。

（3）患病或非因工负伤，在规定的医疗期内的。

（4）女工在孕期、产后及哺乳期间的。

（5）符合国家规定条件的。

5．在下列情况下乙方可以提出解除合同。

（1）经国家有关部门确认，劳动安全、卫生条件恶劣、无有效的保护措施、严重危害工人身体健康的。

（2）甲方不能按照合同规定支付报酬的。

（3）经甲方同意，自费考入中等专业以上学校学习的。

（4）甲方不履行劳动合同，或者违反国家政策、法规，侵犯工人合法权益的。

属于本项第（1）、（2）、（4）款之情况解除合同的，甲方应负责经济赔偿。

6．试用期满后，在合同期内任何一方解除劳动合同，必须提前一个月通知对方，方可办理解除劳动合同手续。甲方应报上级主管部门、所在地劳动行政部门备案。

7．乙方违反劳动合同，给甲方造成经济损失的，甲方有权根据后果和责任大小追究乙方的经济责任。

七、本合同未尽事宜或与国家政策规定不符之处按有关政策执行。

八、本合同涂改或代签无效。

本合同一式两份，甲乙双方各执一份。

合同签订时间：_____年_____月_____日

甲方签字盖章：   乙方签字盖章：

签证机关编号：　　　劳仲　　　字第　　　号

签证时间：　　　年　　　月　　　日

签证机关：　　　（盖章）

注：

1．常年性生产、工作岗位上招聘的劳动合同制工人的合同期限一般不得少于3～5年。

2．本合同期满，经双方同意续订合同，要重新办理合同签订、签证手续。

3．本合同中招聘单位与甲方签字盖章单位应与劳动部门下达的招工指标所指单位名一致。

第二十六节　国际劳务要按合同办事

国际劳务合同基本概念

国际劳务合同是劳务进出口过程中所制定的合同，是指提供方向需求方所在国输出劳务人员时，双方就有关输出劳务人员的权利义务和各有关事项达成一致意见的书面协议。这种"劳务"是劳动服务的简称。它是一种不以实物形式而以提供劳动形式满足他人某种需要并索取报酬的服务。这里的劳务是指本国科技人员、工人等派往需要的国家（地区），在合同期内从事相应的服务工作。它既指体力方面的劳动服务，又指智力方面的劳动服务，属于商品进出口贸易范畴。

劳务输出不论以哪种方式进行都须签订《劳务合同》。

主要特征

1. 标的的商业性。

国际劳务合同的标的是服务，劳务作为商品提供给需求方，是一种特殊的商品进出口贸易。

2. 较小的风险性。

劳务输出的交易双方建立的是雇佣关系。输出劳务的一方出卖的是劳动力、知识和技术，不承担风险。风险由雇主承担。

3. 平等性和保护性。

国际劳务合同无论是对雇主还是对劳务输出方都应是平等的，它的平等性表现在条款当中，各方的义务、责任、报酬待遇都应该公平合理。特别是对劳务输出方来说，远在异乡，可能还有语言障碍，工作和生活中会遇到很多困难。这就要求合同中详细地规定解决问题的办法和基本的保障措施，使劳务人员在发生问题时有法可依、有据可查。

写作要求

国际劳务合同的内容即合同条款。在劳务合同中，必须依据有关法规写明以下主要条款：

1．需求情况：包括派往人员的人数、要求条件、分配工种、技术要求等。

2．工作单位和工作期限。

3．法律手续及负担费用：业主保证及时为派往人员办理入境签证、居留证、劳动许可证等。

4．工资及补贴、往返旅费、日常交通费等。

5．工作制和工作时间、加班规定、节假日、带薪休假安排。

6．工作条件、食宿条件。

7．技术培训及操作指导。

8．医疗保健、劳保、保险。

9．工伤事故、病、亡故的处理办法。

10．解雇和中止合同遣送回国的条件（或不可抗力和意外事件）。

11．仲裁。

12．对派往人员遵守当地法律，尊重当地人民风俗习惯，遵守劳动工作制度的规定。

进出口劳务合同以条款式的格式为宜，以便逐条分步地叙写经双方协商达成一意见的内容。正文可分为三大部分：首部、本文和尾部。

1．首部

包括标题（这种条款式的劳务合同标题如没有特别的要求，一般如实写明"国际劳务合同"即可）、合同编号、订约日期、签约地点、合同双方单位名称并注明甲方和乙方、法定地址、电报电传号及前言。

2．正文

它是合同的具体内容。包括派遣人员的职责、条件；待遇及费用；双方责任；保险支付；派出人员的交换和解雇；仲裁；合同的生效和终止等合同议定的各项条款。每内容分为若干条款。条款可以编统一的顺序号，便于今后有争议时引证。

3．尾部

合同结尾包括合同份数、使用文字、附件标注、落款、日期。双方签字盖章。

合同范本

国际劳务合同

本合同由以×××先生为代表的依据××国法规存在的××私营有限公司（以下称甲方）与以×××先生为代表的依据中华人民共和国法规存在的中国××公司

（以下称乙方）于××××年×月×日在××共同签署。有效期无限长。双方就以下各标题的合作内容达成一致意见。

一、总则。

甲方负责承揽工程，乙方根据合同条款向甲方提供技术工人、工程技术人员。甲方向乙方支付报酬。为确保甲、乙双方的利益，双方应互相协作，认真执行合同。

二、甲方的权利和义务。

1. 甲方须提前两个月通知乙方下一阶段工作所需工人的预计数量，工种构成（注明木工、油工以及瓦工、架子工、钢筋工、结构工、抹灰工等的需求人数）。

2. 甲方有义务根据招聘需要和获得的签证数目确定第二条（1）款中提及的人数，且不得变动。

3. 乙方接到甲方发来的启程通知后，如由于甲方的要求，发生派遣日期的变更或取消派遣时，按下列办法处理：

（1）甲方必须提前×天通知正式派遣日期；如果甲方发出正式通知后派遣日期发生变化，甲方应按推迟的天数按××美元／人、日支付给乙方作为人员集结滞留费，直至劳务人员正式出发或取消原派遣任务。

（2）如果甲方正式发出派遣的书面通知，而后又因甲方原因而取消派遣，甲方将承担乙方为办理出国手续所发生的全部费用和工人出国前期费以及集结滞留费。

（3）因甲方政府拒绝为劳务人员发入境签证，应视为不可抗力，双方均不互相追究责任和损失赔偿。

（4）甲方负责办理乙方派出人员出入××国的签证、工作许可证以及在××国工作所需要的其他法律文件，并支付所有按合同期限回国的被派遣人员的回程国际机票费用。

（5）乙方派出的中国工人的所有工资将由甲方付给乙方驻××国代表，由乙方代表支付给工人。乙方有权每月从每个工人的月工资中扣除××美元，作为管理费。

（6）工人一到达××国，甲方应通过乙方代表预付每个工人××美元的生活零用费。此费用将从下个月的工资中扣除。

（7）办理中国出境手续的任何相关费用由乙方负担。办理进入和离开××国境和在××国内居住与工作等手续的任何相关费用由甲方负担。

（8）由于工伤事故造成雇员劳动能力丧失而必须就医或回中国治疗时，甲方将负责一切费用和花销，并发受伤雇员治疗期间的工资。若回中国治疗，则按保险赔偿处理。

（9）甲方应全部承担××国技术考试中心收取的技术考试费及有关部门收取的安全教育费和体检费。

（10）发现应聘工人擅离岗位时，甲方有权解雇该受聘工人并吊销其工作证。若甲方因此受到政府罚款，乙方将按实际罚款数额支付给甲方。

三、乙方的权利和义务。

1．乙方保证：按照甲方的要求，派送的全体人员能自愿有能力并胜任在××国的工作。乙方负责依据中华人民共和国的官方文件、书面或口头的资料以及必要的工作考核来选拔并派遣全部赴××国工作的人员。

2．乙方应向甲方提供应聘人员的书面材料，其中包括个人简历、工作履历、资格证书、婚姻状况和证明即将来××国工作的人员的能力和身体状况的医院体检记录。

3．乙方代表甲方向雇员发放由甲方事先签署的工作合同，并让雇员签字。乙方雇员在双方达成一致的、具体的工作和支付的条款管辖下，在双方一致同意的条件下从事工作。

4．乙方将为每组雇员配派专人管理，并就工作和雇佣关系等事宜与甲方进行联络。乙方有权在合同项下代表每一个工人。乙方应对雇佣工人的质量进行管理并承担责任。

5．为了使工人顺利离境，甲方应提前15天通知乙方所需人员的数量、工种、派遣日期。乙方承担雇员由中国赴××市的单程机票和机场费。

6．乙方派遣的工人必须服从甲方的安排，未经甲方许可，乙方工人不能直接或间接地参与其他的劳务或商务活动。

7．在雇员到达工作现场后的两个半月内，经双方确认由于雇员出国前已患有慢性疾病需被替换，则乙方负责派出替换人员并承担一切相应开支。此种慢性疾病必须由双方根据医生出具的雇员离开中国赴××国之前染病的证明共同确认。

8．遇有紧急情况或事件，乙方有责任到××国帮助协调甲方与工人之间的关系。这种情况下，甲方必须帮助乙方人员获得签证。并根据情况全部支付、部分支付或不支付其旅行费用。

9．在与甲方发生的任何行为中，乙方必须诚实负责，不得偏袒雇员。

四、工作时间与待遇。

1．雇员的法定工作时间为每天8小时，每周44小时，每月190小时。雇员赴××国的第一个月按计时支付工资，支付标准为：法定时间每小时×美元；如果在

××国公共节假日还需加班，乙方雇员的小时工资将加倍。自雇员赴××国的第二个月开始，按计件支付工资，支付标准由甲、乙双方另行商定。如果因某种原因导致无法执行计件工资，则依然按计时办法。执行计件工资时不存在加班补贴。月工资及每月的加班工资在下个月的头15天内发放。甲方免费提供给劳务人员的住宿不得低于在××国的外籍劳务的中等水平的标准。住宿包括免费提供的卧具和厨具，但食品由雇员自己购买，伙食费由雇员自己承担。

2．雇员的工资以美元结算。如果雇员到达××国30天或少于30天的时间内，由于不适合工作或不适应环境而被甲方解雇，则返程机票由乙方承担。此种不适合或不适应应由双方共同确定。如果双方发生分歧且无法达成一致，则请第三者（工程总包商或工地监理）裁决。如果雇员到达××国30天内，甲方不能证明其技术不合格，则此后直至雇用协议期满，甲方不得以技术不合格为由解雇雇员。

3．甲方作为雇主要为每个雇员办理工作时间的意外保险和受聘期间的医疗保险，工人上下班途中发生的意外亦属于该意外保险范围。根据××国有关法律规定应由雇员本人承担的工资所得税（约占工资的×%）由雇员本人承担。

4．雇员因工伤或赴××国30天以后患病（出国前已患慢性疾病情况除外），累计休假时间不超过15天，甲方照发计时工资；如超过15天仍然不能工作，需要回中国治疗，机票费由甲方承担。

5．甲方作为雇主，要为雇员提供从住地到现场的交通工具，此费用由甲方负担。如果雇员住在工地，甲方无须承担交通费用。

6．出于人道主义的考虑，雇员因个人原因如父母、配偶、子女发生不幸而被替换回国时，甲、乙双方平均负担必需费用。

7．雇员履约期为连续24个月，甲方应负责安排雇员合同期内的工作。如果因甲方原因致使雇员没有活干，只能在工地或住处等待，甲方应支付给雇员每小时×美元的工地待工费或每小时×美元的住地待工费，每天按8小时计算。如果待工时间持续达30天，雇员可要求回国，甲方应承担其返程机票并支付一个月的计时工资作为解雇津贴。

8．甲方负担履约期满回国的雇员××市至中国的机场费及航空保险费，此费用应在雇员回国前一星期支付。

五、仲裁。

凡因执行本合同所发生的或与本合同有关的一切争议，双方应通过友好协商解决；如果协商不能解决，应提交仲裁。仲裁在被诉方所在国进行。仲裁裁决是最终的。争议一经裁决，双方必须忠实履行，所发生的费用由败诉方承担。

六、合同的终止。

1. 本合同在双方签字后立即生效，只要双方同意保留其各项条款，此合同始终有效直至双方间全部遗留问题，包括财务问题处理完毕之日止。

2. 不论何时一方提出终止本合同，只要按合同受雇于甲方的仍在岗位工作的人员还未离开岗位，甲、乙双方仍然有责任遵守合同条款的约束。

3. 若一方想终止本合同，须至少提前30天向对方提出。

七、其他。

本合同以英文书写，一式四份，双方各持两份。

甲方：   乙方：

_____年_____月_____日   _____年_____月_____日

第二十七节 国际补偿贸易要按合同办事

国际补偿贸易合同基本概念

补偿贸易（有的国家也称对等贸易）和以后的租赁贸易同属于新型的贸易形式。是指一方在信贷的基础上，从国外另一方买进机器设备、技术、原材料、专利工业产权和各种服务等，约定在一定期限内，用其生产的产品或经双方商定的其他商品以及劳务，清偿贷款的一种贸易形式。其偿付方式大体有三种：直接产品补偿；间接产品补偿；用获得的部分收入补偿。国际补偿贸易合同就是指在这种贸易进行过程中所签订的、规定双方权利义务的书面协议。

主要特征

签订合同是一种经济行为，也是一种法律行为。凡是合同都具备合法性、合意性、公平性和保证性等特点。但与一般合同比较，补偿贸易合同还具有自身的明确特点，即它的补偿性、安全性。

1. 补偿性

这是它的最显著的特点。补偿贸易是一种设备进口和产品出口相联系的特殊的贸易形式。在整个贸易过程中，进口方以产品或其他办法作为补偿条件来偿还价款，故称为补偿贸易。

2．安全性

安全性是指进口方购入机器设备等，但由对方或银行提供信贷，或由出口方提供机器设备、技术、专利工业产权和各种服务，待项目建成投产后，用该项目所生产的产品或经双方商定的其他商品去清偿价款。它基本没有脱离货物与货物的交易范畴，在进口的同时约定出口作为相应的补偿形式。它对双方都是安全的。

写作要求

补偿贸易合同主要包括两个方面的内容：

1．引进设备或技术内容简介

如引进设备的补偿贸易合同，这部分一般包括引进设备的名称、数量以及其他辅助设备的名称。至于详细的机械设备的型号、规格、价格、包装、交货期限等，可在另订立的设备进口合同中列出。

2．补偿方式、形式说明

一般写明用什么商品出口来偿付引进的全部技术设备的价款。具体偿付商品的品种、规格、数量、价格、交货期限等内容，一般由双方另行签订补偿产品出口合同。

合同格式包括十一个部分，具体如下：

1．标题

标题由补偿贸易内容组成。例："海砂补偿贸易合同"。标题下一般还写合同号及订约日期。

2．当事人

写明签约双方当事人的名称及法定地址、双方在补偿贸易中的地位，即买方、卖方。也可以以甲方、乙方代称。

3．引言

写明缔约双方的宗旨、目的和愿望。

4．定义

在大、中型补偿贸易协议（合同）中，有些名词可能反复出现，为了简化文字，并明确其确切的含义，有的补偿贸易合同加列定义条款。

5．合同条款

要具体清楚地写明双方当事人的权利和义务，这是补偿贸易的总合同的中心内容。主要有：

（1）设备出口方出售设备及其零配件的名称、规格、数量、金额等。

（2）设备出口方应尽的购买对方产品的义务。写明回购或返销商品的名称、数量和金额。写明是签订方自己购买还是委托第三者购买。明确交货安排、价格、质量标准、返销形式有无地区限制。

（3）写明贸易的支付方式、信贷安排、贷款利息以及偿还方式等。

此外，有些权利和义务条款在补偿贸易单项合同中还须具体写明。

6. 保证、赔款与处罚条款

主要写明保证进出口商品的数量、质量、交货时间、支付义务等方面的条款。它规定在什么情况下可以要求赔偿，赔偿的额度多大等。

7. 合同的变更和解除条款

写明履行补偿贸易协议或合同的有效期及其终止合同的方式，以及合同由哪一级批准生效、批准时限等问题。

8. 适用法律条款

9. 不可抗力条款

写明不可抗力的范围和免除义务的范围及提交不可抗力的证据等。

10. 仲裁条款

写明贸易双方发生纠纷争议时应由哪方申请仲裁机构仲裁，根据何种仲裁规定仲裁，如何组成仲裁庭以及在何地仲裁等。

11. 结尾。

写明合同使用哪几种文字，何种文字为正本，以及合同包括哪些文件，有何附等。并写明签订合同的时间、地点、份数以及贸易双方最后签署等。

合同范本

补偿贸易协议

中国××国际贸易有限公司（以下简称CHITC）和丹麦查理国际贸易有限公司（以下简称DCITC）本着平等互利原则，经过友好协商同意以补偿贸易形式特订立本协议。

一、贸易标的。

1. DCITC向CHITC提供一套采用干法生产的、生产能力为日产4000公吨熟料水泥的成套设备，包括设备材料、技术文件、技术培训服务及两年正常生产用备品备件。具体各类设备材料行件之型号、品名、规格、数量、价格、包装、交货期等，由双方另行签订设备进口合同，作为本协议不可分割的附件（略）。

2．CHITC用DCITC提供的水泥设备所生产的熟料水泥偿付全部设备价款及利息。具体偿付商品之名称、品种、数量、价格、交货条件等，由双方另行签订补偿商品供货合同，作为本协议不可分割的附件（略）。

二、支付条件。

1．由CHITC和DCITC对开信用证，即由CHITC分期开出以DCITC为受益人的远期信用证，分期、分批支付全部设备价款；DCITC开出以CHITC为受益人的即期信用证，支付补偿商品的价款。

2．当DCITC支付货款不能相抵CHITC所开远期信用证的全额时，其差额部分由DCITC用预付货款方式在CHITC所开出的远期信用证到期前汇付CHITC，以使CHITC能按时支付所开出的远期信用证。由于CHITC开出的远期信用证的按时付款以DCITC开出的即期信用证及预付货款为基础，所以DCITC特此保证及时按合同规定开立信用证及预付货款。

三、偿还期限及办法。

1．CHITC在合同设备交换验收之日起5年内（即自本协议生效之日起满24个月），开始用熟料水泥偿还全部设备价款及利息。原则上每月偿还的金额是全部设备款项1．7%。CHITC可以提前偿还，但应在1个月前通知DCITC。

2．在CHITC用熟料水泥偿还成套设备价款期间，DCITC按本协议项下有关的补偿商品合同的规定，开出以CHITC为受益人的100%的即期不可撤销的可转让信用证。

3．双方商品均以丹麦克朗固定作价。DCITC提供的全套设备以及备品备件、技术资料、技术服务，用丹麦克朗作价。CHITC提供的熟料水泥为补偿商品时，则按签订合同时CHITC出口该货物的人民币记价，以当时人民币对丹麦克朗的汇率折合成丹麦克朗。

4．双方的利息计算按双方议定的年利息率为8.5%。CHITC所开立的远期信用证及DCITC所预付货款的利息由CHITC负担。

四、技术服务。

1．成套设备到达CHITC口岸后，由CHIT℃在厂房自行将设备安装，但在主要设备安装调试时，CHITC认为需要时，DCITC必须自费派遣技术人员进行现场指导，提供必要的技术服务，在此过程中，由于技术上的问题，所造成的损失由DCITC负责赔偿。

2．经双方协商，为完成此项工作，由DCITC派出8名技术人员，为期15天，在中国安装调试，期间的住宿、交通及参加调试、验收的劳务、水、电、气等一切费用均由CHITC承担。

3．双方代表共同确认验收合同标准。

五、附加设备。

在执行本协议过程中，如发现本协议项下的成套设备在配套生产时，还需增添新的设备或测试仪器，可由双方另行协商，予以补充的内容仍应列入本协议范围之内。

六、保险。

设备进口后由DCITC投保，设备所有权在付清货款发生转移后，如发生意外损失先由保险公司向投保人赔偿，再按比例退回CHITC已支付的设备货款。

七、税收与费用。

本补偿贸易项目中所涉及的一切税收与费用的交付，均按照中华人民共和国有关税收法律、法规办理。

八、保证与违约责任。

1．DCITC保证所供设备、技术是最先进的、最成熟的，其质量是优良、全新和可靠的；保证所供技术资料是完整的、正确的、清晰的；所派技术人员是有经验和称职的。

2．DCITC提供成套设备，工艺技术及备件的质量和性能如果达不到保证指标的规定，应按合同条款承担违约责任，赔偿CHITC的经济损失相当于设备价款的2%。

3．DCITC未按协议规定回购补偿商品应给予CHITC设备价款5%的罚款。

4．CHITC未按合同规定的品质、数量和交货期提供补偿商品时，应赔偿DCITC的经济损失相当于设备价款的2%。

5．由于一方过失造成本协议与其附件不能履行或不能完全履行，由有过失的一方承担违约责任；如属双方过失，根据实际情况，由双方分别承担各自应负的违约责任。

6．为保证本协议及其附件的履行，CHITC和DCITC双方相互提供履约的银行保证书。

九、履约保证。

为保证本协议及其附件的有效履行，CHITC和DCITC应分别向对方提供由各自银行出具的保证书予以担保。CHITC的担保银行为中国银行福州分行，DCITC的担保银行为丹麦哥本哈根汉斯银行。

十、合同的变更与解除。

1．对本协议及其附件的修改必须经CHITC与DCTTC双方签署书面协议，并报原审批机关批准才能生效，并成为本协议不可分割的一部分。

2．由于不可抗力，致使协议无法履行，可以提前申请终止，解除协议。

3．由于一方不履行协议规定的义务，或严重违反协议规定，造成另一方经济损失或无法达到协议规定的目的，视作违约方片面终止合同。对方除有权向违约一方索赔外，并有权按协议规定报原审批机关批准终止协议。违约方应赔偿对方的经济损失。

十一、适用法律。

本合同的订立、效力、解释、履行和争议的解决均适用中华人民共和国法律。

十二、不可抗力。

在本合同履行期间，由于严重的风灾、水灾、火灾、地震、战争以及其他不能预见，并对其发生和后果不能预防或避免的不可抗力事故，致使直接影响合同的履行或未能按约定的条件改造时，遭受事故一方应立即将事故情况电告对方，并在事故发生后15天内航寄当地公证机构出具有事故详情及其处理意见的有效证明文件给对方。双方协商根据事故对履行合同影响的程度决定是否解除合同或者免除延期履行合同或部分履行合同的责任。一旦不可抗力事故消失，各方应立即采取措施继续履行合同。如果双方达不成协议，则应提交仲裁解决。

十三、仲裁。

1．双方之间发生的与本合同有关的一切争议应通过友好协商解决；如果协商不能解决，应提交仲裁解决。仲裁在瑞典斯德哥尔摩商会仲裁院按其仲裁程序进行。

仲裁裁决是终局性的，对双方具有约束力。仲裁费用由败诉方负担。

2．仲裁期间除双方有争议还在进行仲裁的部分外，双方应继续履行合同项下各自的义务。

十四、协议生效及其他。

1．本协议由双方合法代表于199×年×月×日在福州签字。本协议及其附件均须经中华人民共和国审批机关批准，自批准之日起生效。本协议有效期为6年。

2．任何一方未得到另一方书面同意，不得将本协议项下的任何权利和义务分配、转让或转移给第三方，与履行本协议有直接或间接关系者除外。

3．本协议以中英文（英文略）书就，正本一式Ⅳ份，CHITC三份，DCITC一份。

4．CHITC与DCITC各方发送通知的方法，如用电报、电传通知时，凡涉及各方权利、义务的应随之以书面信件通知。

中国××国际贸易有限公司代表：（签字）

丹麦查理国际贸易有限公司代表：（签字）

（日期：199×年×月×日）

第二十八节 国际贸易代理要按合同办事

国际贸易代理合同基本概念

国际贸易代理合同是指委托方委托国外代理商代为推销某种商品，并支付代理佣金而签订的一种书面协议。

贸易代理是指货主和生产厂商及代理人，在规定的地区和期限内，将指定商品交由国外客商代销的贸易形式。授权代理人在一定范围内代表其向第三者进行商品买卖和处理有关事务。代理人在委托人授权的范围内之行为所产生的权利和义务，直接对委托人发生效力。代理商在代理业务中只是代表委托人招揽客户和订单、签订合同、处理委托人货物、收受货款和赚取佣金。在国际贸易中，许多业务是通过代理人进行的。如：销售、采购、运输、保险、广告、金融、诉讼等。

根据委托人授权大小，国际贸易代理合同可分为国际贸易总代理合同和国际贸易独家代理合同和一般代理合同三种。

主要特征

1．标的物的明确性。

国际贸易代理合同的标的物是具体的某一种商品。

2．代理的期限性和区域性。

代理行为是发生在合同规定的有效期限内和委托方指定的地区范围内。超越代理期限和指定地点的代理为无效代理。

3．条款内容的规定性。

国际贸易代理合同确定了委托人和代理人之间双方的权利和义务、代理人的职权范围等，而且由委托方明确规定代理商的保底代理任务、商品价格。

4．合同甲、乙方关系的特殊性。

国际贸易代理合同中的代理双方是一种委托和被委托的代销关系，不是商品的买卖关系。代理人仅赚取佣金但不负风险，其权力的大小也由委托人授权大小决定。

写作要求

国际贸易代理合同可分为国际贸易总代理合同、国际贸易独家代理合同和一般代理合同三种形式。它们的写作和内容不尽相同。这里独家代理合同和一般代理合同篇幅较短、内容也比较简单。

独家代理合同和一般代理合同是由约首、正文、约尾三个部分构成的。

1. 首部

包括合同名称，双方单位名称、地址，合同签订的依据和目的。

2. 正文

包括关键词解释、代理方式、代理人和委托人的职责、代理佣金标准、合同的终止和修改、适用法律、争议的解决、适用文字等。

3. 尾部

包括日期、落款、附件等。需要委托人和代理商代表签字盖章。

国际贸易总代理合同的结构也由首部、正文、尾部三部分构成。但它的正文一般采用条款式的形式写作。约首的有关内容（一般是授权）放入总则中。正文从第二条开始，包括总代理人职责、委托人职责、佣金、协议终止、修改、争议的解决、其他规定事项、适用文字等。内容庞杂的国际贸易总代理合同中的"条"也可以称为"章"，是指一项内容，相当于"段"。每章中可以有若干条款，但须隶属于该章内容。

合同范本

销售代理协议书

一、约因。

制造商姓名_____，其公司法定地址_____（简称制造商），同意将下列产品_____（简称产品）的独家代理权授予代理人（简称代理人），代理人姓名_____，其公司法定地址_____。

代理人优先在下列指定地区（简称地区）推销新产品：_____。

二、代理人的职责。

代理人应在该地区拓展用户，代理人应向制造商转送接收到的报价和订单。代理人无权代表制造商或签订任何具有约束的合约。代理人应把制造商规定的销售条款（包括装运期和付款）对用户解释。制造商可不受任何约束的拒绝由代理人转送的任何询价及订单。

三、代理业务的职责范围。

代理人是＿＿＿＿＿＿＿＿＿市场的全权代理，应收集信息，争取用户，尽力促进产品的销售。代理人应精通所推销该产品的技术性能。代理所得佣金应包括为促成销售所需费用。

四、广告和展览会。

为促进产品在该地区的销售，代理人应刊登一切必要的广告并支付广告费用。凡参加展销会需经双方事先商议后办理。

五、代理人对用户的财务责任。

代理人应采取适当方式了解当地订货人的支付能力并协助制造商收回应付货款。通常的索款及协助收回应付货款的开支应由制造商负担。

未经同意，代理人无权也无义务以制造商的名义接受付款。

六、用户的意见、代理人的作用。

代理人有权接受用户对产品的意见和申诉，及时通知制造商并关注制造商的切身利益为宜。

七、向制造商不断提供信息。

代理人应尽力向制造商提供商品的市场和竞争等方面的信息，每4个月需向制造商寄送工作报告。

八、保证不竞争。

代理人不应与制造商或帮助他人与制造商竞争，代理人更不应制造代理产品或类似于代销的产品，也不应从与制造商竞争的任何企业中获利。同时，代理人不应代理或销售与代理产品相同或类似的（不论是新的或旧的）任何产品。

此合约一经生效，代理人应将与其他企业签订有约束性的协议告知制造商。不论是作为代理的或经销的，此后再签订的任何协议均应告知制造商，代理人在进行其他活动时，决不能忽视其对制造商承担的义务而影响任务的完成。

本协议规定在此协议终止后的5年内，代理人不能生产和销售同类产品予以竞争，本协议终止后的1年内，代理人也不能代理其他类似产品，予以竞争。

所有产品设计和说明均属制造商所有，代理人应在协议终止时归还给制造商。

九、保密。

代理人在协议有效期内或协议终止后，不得泄露制造商的商业机密，也不得将该机密超越协议范围使用。

十、分包代理人。

代理人事先经制造商同意后可聘用分包代理人，代理人应对该分包代理人的活动负全部责任。

十一、工业产权的侵犯。

代理人应视察市场，如发现第三方侵犯制造商的工业产权或有损于制造商利益的任何非法行为，代理人应据实向制造商报告。代理人应尽最大努力并按照制造商的指示，帮助制造商使其不受这类行为的侵害，制造商将承担正常代理活动以外的此类费用。

十二、代理人独家销售权的范围。

制造商不得同意他人在该地区取得代理或销售协议产品的权力。制造商应把其收到的直接来自该地区用户的订单通知代理人。代理人有权按第十五条规定获得该订单的佣金。

十三、向代理人不断提供信息。

为促进代理活动，制造商应向代理人提供包括销售情况、价目表、技术文件和广告资料等一切必要的信息。制造商应将产品价格、销售情况或付款方式的任何变化及时通知代理人。

十四、技术帮助。

制造商应帮助代理人的雇员获得代理产品的技术知识。代理人应支付其雇员往返交通费及工资，制造商应提供食宿。

十五、佣金额。

代理人的佣金以每次售出并签字的协议产品为基础，其收佣百分比如下：

_____美元按_____%收佣

_____美元按_____%收佣

十六、平分佣金。

两个不同地区的两个代理人为争取订单都作出极大努力，当订单于某一代理人所在地，而供货之制造厂位于另一代理人所在地时，则佣金由两个代理人平均分配。

十七、商事失败、合约终止。

代理人所介绍的询价或订单，如制造商不予接受则无佣金。若代理人所介绍的订单合约已中止，代理人无权索取佣金，若该合约的中止是由于制造商的责任，则不在此限。

十八、计算佣金的方法。

佣金以发票金额计算，任何附加费用如包装费、运输费、保险费、海关税或由进口国家征收的关税等应另开发票。

十九、佣金的索取权。

代理人有权根据每次用户购货所支付的货款按比例收取佣金。如用户没有支付全部货款，则根据制造商实收货款按比例收取佣金，若由于制造商的原因用户拒付货款，则不在此限。

二十、支付佣金的时间。

制造商每季度应向代理人说明佣金数额和支付佣金的有关商务，制造商在收到货款后，应在30天内支付佣金。

二十一、支付佣金的货币。

佣金按成交的货币来计算和支付。

二十二、排除其他报酬。

代理人在完成本协议之义务时所发生的全部费用，除非另有允诺，应按第十九条之规定支付佣金。

二十三、协议期限。

本协议在双方签字后生效，协议执行1年后，一方提前3个月通知可终止协议。如协议不在该日终止，可提前3个月通知，于下1年的12月30日终止。

二十四、提前终止。

如第二十三条规定，任何一方都无权提前终止本协议。除非遵照适用的_____ _____法律具有充分说服力的理由方能终止本协议。

二十五、文件的归还。

协议期满时，代理人应将第十三条中所述及的由制造商提供的全部广告资料及所有文件归还给制造商。

二十六、存货的退回。

协议期满时，代理人若储有代理产品和备件，应按制造商指示退回，费用由制造商负担。

二十七、未完之商务。

协议到期时，由代理人提出终止但在协议期满后又执行协议，应按第十五款支付代理人佣金。代理人届时仍应承担履行协议义务之职责。

二十八、赔偿。

协议因一方违约而终止外，由于协议终止或未能重新签约，则不予赔偿。

二十九、适用法律。

本协议适用于制造商总部＿＿＿＿＿＿＿＿所在国之现行法律。

三十、仲裁。

因执行本协议而发生的任何争执应根据＿＿＿＿＿的法律＿＿＿＿＿仲裁解决。投诉方和被投诉方应各指定一名仲裁员，双方应提名一位公证人。

如两名仲裁员在30天内未能就提名一位主席达成协议，仲裁应有权提名第三名仲裁员为主席。仲裁所作出的裁决是终局的，对双方均有约束力。

三十一、变更。

本协议的变更或附加条款，应以书面形式为准。

三十二、禁止转让。

本协议未经事先协商不得转让。

三十三、留置权。

代理人对制造商的财产无留置权。

三十四、无效条款。

如协议中的一条或一条以上的条款无效，协议其余条款仍然有效。

本协议一式二份，双方各执一份。

制造商：　　　　　　　　　　　　　代理人：

签署地：　　　　　　　　　　　　　签署地：

日　　期：　　　　　　　　　　　　日　　期：

董事长：　　　　　　　　　　　　　总　　裁：

注：生产单位或生产企业委托中间商在任何地区或市场销售其全部产品，称销售代理商。在销售代理协议中应明确规定委托方和代理销售商的权利和义务。委托方授予代理销售商全权经营权利，在执行协议的期间内，不得再委托另外代理商销售同类产品。代理销售商在推销其商品时在一定时期内有一定的售价决定权并且在规定的时间内必须完成一定的销售额或销售量。除此之外，代理销售商还负责刊登商品广告、举办陈列展销，促进销售业务，其中按比例收取佣金。对于生产单位规模较小，资金有限而产品又有竞争能力的产品但又无销售渠道的生产企业宜采用这种方式将产品打入国际市场。

第二十九节 国际租赁贸易要按合同办事

国际租赁贸易合同基本概念

国际租赁合同是指承租人超越国界向出租人租赁所需的机械设备、交通工具等，并向出租人支付租金而签订的书面协议。

国际租赁是商品信贷与融资信贷相结合的新型国际经济合作方式。它是由出租人（外国银行信托机构或外国租赁公司）先垫付资金，根据承租人的要求从外国或本国制造商那里购进承租人所需的设备，并租给承租人使用。承租人则按照合同规定，分期以租赁费形式偿还信贷的本息和手续费。出租人在法律上拥有设备所有权，承租人拥有设备使用权。

主要特征

1. 合同条款的约束性。

签订国际租赁贸易合同是一种经济行为，也是一种法律行为。凡是合同都具备合法性、合意性、公平性和保证性等特点。这里的租赁主要是合同关系，合同对双方均有约束力，由法律给予保障。

2. 签约双方关系的特殊性。

国际租赁合同签约双方之间是一种租约关系，出租人在法律上拥有设备所有权，承租人拥有设备使用权。他们之间不是买卖关系，而是租约关系。

写作要求

租赁合同内容即为合同条款。主要由合同双方当事人、合同项目、有效期限、租金、交货与验收、双方的权利和义务、保险、争议的解决等项组合而成。

1. 合同双方。

合同中首先要明确出租人与承租人，即签订租赁合同的双方。

2. 合同项目。

合同应根据技术标准规格明确合同项目，包括类型、式样、号码、标记等，也可以根据说明书、样本、文件、图表等明确合同项目。

3. 合同有效期限。

合同中必须明确租赁期限，期限长短取决于商品和租赁的方式。短期租赁，最短期为一天；长期租赁，一般与国家规定的设备折旧周期相符合。

4. 合同应明确的支付条款。

对租金的形式、金额、支付期限等应在合同内明确规定。

5. 合同应明确租赁双方的权利与义务。

出租人的权利应明确的是：设备所有权属出租人，未经同意，不得将设备转让、迁移、出售、转租或抵押，出租人有权定期或随时检查设备；如承租人违约，有权索赔或收回设备。

出租人的义务应明确的是：按合同规定的时间，提供符合规格的设备给承租人，并承担设备的正常磨损和维修费用，为租用单位培训操作人员。

承租人的权利应明确的是：在合同有效期内有使用设备的权利；在出租人同意的条件下，可进行分租；合同期满后，有权选择购买，或以较低价格继续租用或退回设备，承租人还应有权对陈旧的设备要求更换新的或更完善的设备。

承租人的义务应明确的是：设备验收后应对设备安全负全部责任；按期交付租金；承担国内税金支付；负责保险；遵守操作规程，妥善使用；未经出租人同意，不能随便改动设备结构，或在设备上附加任何装置，或拆除有关附件。在设备租用期内，承租人应在设备上标注专门标签，注明设备所有者，以免被查封或充作抵押品。

国际租赁贸易合同以条款式的格式为宜，以便条分缕析地叙写经双方协商达成一致意见的内容。可分为三大部分：约首、本文和约尾。

1. 首部

包括标题（合同名称）、合同编号、订约日期、承租出租双方单位名称、地址、电报电传号及前言。

2. 本文

是合同的具体内容，即合同议定的各项条款。

3. 尾部

包括合同份数、使用文字、附件标注、落款、日期。最后双方签字盖章。

合同范本

融资租赁合同

（×）租业进字第号

出租方（甲方）：×××租赁有限公司

地址：

电话：

电报挂号：

银行账号：

承租方（乙方）：××××公司

地址：

电话：

电报挂号：

银行账号：

甲乙双方同意按照下列条款签订本融资租赁合同（以下简称"合同"），以资共同遵守。

一、合同依据和租赁物件。

1. 甲方依据乙方上级主管部门的批准并根据乙方租赁委托书的要求，购进或租进设备（以下简称租赁物件）出租给乙方使用。租赁物件的名称、规格、型号、数量和使用地点详见本合同附表第1项和第6项，该附表为本合同不可分割的组成部分。

二、租赁物件的所有权。

2. 在租赁期内附表所列租赁物件的所有权不属于乙方。乙方对租赁物件只有使用权，没有所有权。乙方不得在租赁期内对租赁物件进行销售、转让、转租、抵押或采取其他任何侵犯租赁物件所有权的行为。

3. 租赁物件在合同附表第6项规定的场所内使用。未经甲方书面同意，乙方不得加拆任何零部件或迁移安装地点。甲方（或甲方委托的代理人）有权检查租赁物件的使用和完好情况，乙方应提供一切方便。

4. 租赁期满后，本合同租赁物件可采取留购或续租的方式进行处理：

（1）留购

甲方同意按附表第12项所列的名义货价将租赁物件售与乙方。名义货价同最后一期租金一并支付。全部租金及名义货价付清后，该租赁物件的所有权即自动转归乙方。

（2）续租

甲方同意乙方对本合同的租赁物件进行续租，其续租租期，租金金额，租金交纳日期等租赁条件由甲乙双方在本合同期满前3个月内协商确定，并另订续租合同。

三、租金的计算和支付。

1．租金以租赁物件的总成本为基础计算。

租赁物件的总成本包括租赁物件的价款、海运费、保险费和融资利息（融资利息从甲方支付或甲方实际负担之日起计算）及银行费用等。总成本是甲方用外汇和人民币分别支付上述全部金额费用的合计额。

2．租金用美元额度支付时。

乙方应在签订租赁委托书后的30天内将本合同预计所需要的美元额度采用银行划拨的方式划入甲方在中国银行上海分行的美元额度账户。

租金用甲方向国外购进或租进租赁物件的价款或租金的同一货币计价。在每期对国外支付价款或租金时按国家主管部门规定的当日各种外汇对人民币的兑换价格（卖出价）折成人民币同乙方结算。乙方用人民币支付租金，由甲方通过中国银行上海分行向乙方托收。

3．租金直接用外汇支付时。

租金用租进或购进租赁物件的同一货币计价和支付。

每期租金，由乙方在规定的支付日期内直接汇入甲方在中国银行上海分行的账户。美元账号：××××××××；日元账号：×××××××××；德国马克账号：×××××××××。

4．租金用调剂美元支付时。

租金用甲方向国外支付租赁物件价款或租金的同一货币计价。在每期对国外支付租金的当日按中国银行的外汇牌价（卖出价）兑换成美元，并以国家主管部门规定的调剂美元价格由乙方结算人民币。乙方用人民币支付租金由甲方通过中国银行上海分行向乙方托收。

5．其他费用支付。

（1）进口关税和增值税或产品税，由甲方代乙方缴纳。乙方应于预定交货期前30天将估算税款汇至甲方并附寄海关出具的减税证明书正本，甲方不代乙方垫付税款。由于乙方逾期汇款或乙方未能按照担任海关减税证明而发生的海关罚款、未减税征收等责任，均由乙方自行负责并承担由此产生的一切费用及利息等。

（2）缴税后，甲方按实税款额同乙方结算，多退少补。

（3）国外运费、运输保险费、银行手续费和财产保险费均在第一期租金支付时一并收取。

4．国内转运费用由乙方直接支付。

四、租金的变更和罚款利息。

1. 在租赁期内，由于我国政府增减有关税项、税率及银行利率等因素必须变更租金时，甲方用书面通知乙方这种变更，提出新的实际租金，乙方承认这种变更。

2. 租赁物件的总成本与其概算租金不符时，甲方在租赁物件全部费用结清后，用书面通知乙方实际租金的金额，并以此金额为准对概算租金作出相应的变更。

3. 乙方延迟支付租金时，甲方按照延付时间继续计算利息外每日加收延付金额为0.03%的罚款利息。

五、租赁物件的交货和验收。

1. 租赁物件在附表第4项所列的卸货港（以下简称交货地点）由甲方（或其代理人）向乙方交货。因政府法令、不可抗力和延迟运输、卸货、报关等不属于甲方责任而造成租赁物件延迟交货时，甲方不承担责任。

2. 租赁物件运达安装或使用地点后，乙方应在30天内检查租赁物件，同时将签收盖章后的租赁物件的验收收据交给甲方。在租赁物件使用之日起30天内，乙方应向甲方交付一份对租赁物件的验收报告。

3. 如果乙方未按前项规定的时间办理验收，甲方则视为租赁物件在完整状态下由乙方验收完毕，并视同乙方已经将租赁物件的验收收据交付给甲方。

4. 如果乙方在验收时发现租赁物件的型号、规格、数量和技术性能等不符、不良或瑕疵等情况属于卖方的责任时，乙方应在接受后90天内从中国商品检验局取得商检证明并应立即将上述情况用书面通知甲方。

六、质量保证及事故处理。

1. 租赁物件的质量保证条件同甲方与卖方签订的购货合同中的质量保证相符，如果在质量保证期内发生质量问题属于卖方责任时甲方同意将购货合同规定的索赔权转让给乙方，并协助乙方办理索赔事宜。当需要卖方派人来华时，甲方负责办理外商来华的手续。

2. 在租赁期内，因乙方责任事故致使租赁物件遭受损失时，乙方应对此承担全部赔偿责任。

甲方根据与卖方签订的购货协议规定的有关条款协助乙方对外进行交涉，办理索赔事宜。

3. 如发生以上任何情况都不影响本合同的继续执行和效力。

七、租赁物件的使用、维修、保养和费用。

1. 租赁物件在租赁期内由乙方使用。乙方应负责日常维修、保养，使设备保持良好状态，并承担由此产生的全部费用。

2. 租赁物件在安装、保管、使用等过程中致使第三者遭受损失时，由乙方对此承担全部责任。

3. 租赁物件在安装、保管、使用等过程中发生的一切费用、税款，均由乙方负担。

八、租赁物件的损坏和毁灭。

1. 乙方承担在租赁期内发生租赁物件的毁损（正常损耗不在此限）和灭失的风险。在发生任何情况下，乙方均需按期交纳租金。

2. 在租赁物件发生毁损或灭失时，乙方应立即通知甲方，甲方可选择下列方式之一由乙方负责处理并承担其一切费用：

（1）将租赁物件复原或修理至完全能正常使用的状态。

（2）更换与租赁物件同型号、性能的部件或配件，使其能正常使用。

（3）当租赁物件灭失或毁损至无法修理的程度时，乙方应按附表第10项规定的预定损失金额，赔偿甲方。甲方随即将租赁物件（以其现状）的所有权及对第三者的权利（如有时）转交给乙方。

九、租赁物件的保险。

1. 按FOB或CIF条件交货时，由甲方办理租赁物件的进口运输保险手续。

2. 租赁物件自运抵乙方安装或使用地点之日起甲方向中国人民保险总公司投保财产险（保险期至本合同终结时为止），以应付自然灾害所引起的租赁物件的毁损风险。

3. 在租赁期间，如发生保险事故，乙方应该立即通知甲方和中国人民保险总公司上海分公司，并向甲方提供检验报告和有关资料，会同甲方向中国人民保险总公司上海分公司索赔。

本条各项保费均计入总租金，用外币支付，由乙方负担。

根据第八条应由乙方支付给甲方的款项，可以在保险赔偿金内减免抵偿。

十、租赁保证金。

1. 本合同一经签订乙方即向甲方支付附表第9项规定的租赁保证金，作为履行本合同的保证。

2. 租赁保证金不计利息，在租赁期满时归还乙方或抵最后一期租金的全部或一部分。

3. 乙方违反本合同任何条款时，甲方将从租赁保证金中抵扣乙方应支付给甲方的款项。

十一、违反合同时的处理。

1. 除本合同第四条所规定的条款外，未经对方书面同意，任何一方不得中途变更或解除合同。任何一方违反本合同将按国家颁布的经济合同法的有关条款处理。

2. 乙方如不付租金或违反本合同的任何条款时，甲方有权采取下列措施：

（1）要求乙方及时付清租金及其他费用的全部或一部分。

（2）终止本合同，收回或要求归还租赁物件，并要求乙方赔偿甲方的损失。

3. 租赁物件交货前，由于乙方违反本合同而给甲方造成的一切损失，乙方应负责赔偿。

4. 乙方如发生关闭、停产、合并、转产等情况，甲方可根据本条第1、2、3款的规定进行处理。

十二、经济担保。

1. 乙方委托本合同乙方的经济担保人，不论发生任何情况乙方未按本合同附表的要求支付租金时，乙方经济担保人将按《经济合同法》第十五条的规定承付乙方所欠租金。

十三、争议的解决。

1. 有关本合同的一切争议，甲乙双方及乙方的经济担保人应首先根据国家颁布的经济合同法等法规有关条款来解决。如不能解决时，提请有关经济法庭解决。甲乙方及乙方经济担保人都应服从其判决。

2. 甲方与外商签订的购货协议或租赁合同需要仲裁时乙方有责任提供必要的资料，并协助甲方对外进行交涉。

十四、甲方权力的转让和抵押。

甲方有权在租赁期间，将本合同规定的全部或一部分权利转让给第三者，或提供租赁物件作抵押，乙方对此无异议。

十五、本合同的附件。

1. 本合同的附件是本合同不可分割的组成部分，与本合同正文具有同等法律效力。本合同附件包括：

（1）租赁合同附表。

（2）租赁委托书及附表。

（3）租赁设备确认书。

（4）甲方购货合同副本（购货合同号）。

（5）乙方的经济担保人出具的租金偿还保证书。

十六、其他。

1. 本合同正本一式两份，自甲乙双方签字盖章后生效，双方各执一份正本为凭。合同副本除乙方经济担保人必持一份外，其他需要份数由双方商定。

2. 本合同内容的任何修改、补充或变更（除第四条外），须采用书面形式，经双方加盖公章后正式生效。本合同修改、变更部分应视为本合同不可分割的组成部分。

甲方：	乙方：
×××租赁有限公司	××××公司
代表人：（签字）	代表人：（签字）
地址：	地址：
电话：	电话：
电传：	电传：

第三十节　合同修改要按协议书办事

合同修改协议基本概念

合同修改是变更合同的行为。合同经双方签订必须履行，但在尚未履行或者尚未履行完之前，当事人可以通过协议修改或补充合同内容，变更其权利义务。

写作要求

合同修改协议书应写明以下内容：

1. 需要变更的原合同名和原合同条款。
2. 修改后的新条款。
3. 修改的经济损失的承担。
4. 修改时间。

合同范本

合同修改协议书

甲方_____与乙方_____原于_____年_____月_____日签订的第一号《_____》合同，现因_____，经双方协商同意，决定将其中条款：_____进行修改。因修改合同给_____方造成损失计_____元，由_____方

负责赔偿，赔偿金自_____年_____月_____日起至_____年_____
_____月_____日止分_____次付清，特此协议。

本协议双方签字盖章，并经鉴证机关审查证明后生效。协议书一式两份，由双方各执一份。

甲方：（盖章）　　　　乙方：（盖章）　　　　鉴证机关：（盖章）

代表人：（盖章）　　　代表人：（盖章）　　　鉴证人：（盖章）

　　　　　　　　　　　　　　　　　　　　　　　　年　　月　　日

第三十一节　解除（终止）合同要按协议书办事

解除合同的基本概念

合同的解除是指合同在履行完毕之前提前终止合同，使合同约束力归于消灭的行为。合同的解除有两种方式，一是协议解除，二是法定解除。而协议解除又有两种情况，一是原合同有解除条款，二是履行中达成新的协议。

写作要求

解除（终止）合同协议书应写明以下内容：

1. 需要解除合同的名称和情况（签订时间、编号等）。
2. 解除原因。
3. 解除的时间。
4. 损失的计算及责任承担人。

合同范本

合同终止协议书

甲方_____与乙方_____原于_____年_____月__
_____日签订的合字第_____号_____合同，现因_____
使_____方无法继续履行合同，经双方协商同意，该合同于_____年_____
月_____日予以解除终止。因解除合同给_____方造成损失计_____元，由_____

方负责赔偿。赔偿金自_____年_____月_____日起至_____年_____月_____日止分_____次付清,特此协议。

本协议由双方签字盖章后生效。协议书一式两份,由双方各执一份。

甲方:(盖章) 乙方:(盖章)

代表人:(盖章) 代表人:(盖章)

年 月 日

第三十二节 委托代理要按协议书办事

委托代理基本概念

我国法律规定,公民、企业都可以通过代理从事商业和其他行为。代理人在代理权限内,以被代理人的名义实施民事法律行为,被代理人对代理人的代理行为承担民事责任。委托代理可采用书面协议的形式确定双方的权利与义务,并应配合委托书。

写作要求

委托代理协议书一般包括以下内容:

1. 委托事由。
2. 委托代理权限。
3. 委托代理费用及支付。
4. 代理应尽的职责。
5. 委托期限。

合同范本

委托代理协议

(以下简称甲方)因_____案,委托××律师事务所(以下简称乙方)的律师出庭代理,经双方协议,订立下列各条,共同遵照履行:

一、乙方接受甲方的委托,指派_____律师作为甲方与_____一案的代理人。

二、乙方律师必须认真负责保护甲方合法权益，并按时出庭。

三、甲方必须真实地向律师叙述案情，提供有关本案证据。如果在接受委托后，发现甲方捏造事实，有弄虚作假的行为，乙方有权中止代理，依约所收费用不予退还。

四、如乙方无故中止履行合同，代理费全部退还甲方；如甲方无故中止，代理费不退回。

五、甲方委托乙方代理权限。

六、甲方应向乙方缴纳代理费及各项费用总计为_____元。

七、如一方要求变更合同条款，需再行协议。

八、本合同有效期限，应自签订之日起至本案终审止（判决、调解、案外和解及撤销诉讼）。

甲方：　　　　　　　　　　　　　　　乙方：××律师事务所

　　　　　　　　　　　　　　　　　　　年　　月　　日

第三十三节　项目投资要按协议书办事

项目投资协议书基本概念

项目投资协议书是投资者将其资金投入到某一项目中而与项目人达成的资金投入、项目、管理、分成、风险的书面协议。该协议实为联营协议。

写作要求

项目投资协议书应明确以下内容：

1. 项目名称及内容。

2. 投资的数额及时间。

3. 项目的组织与管理分工。

4. 项目的收益与风险约定。

5. 其他。

合同范本

项目合作协议书

甲方：×××公司

乙方：×××发展有限公司

为了拓展英语学习市场，双方共同合作组织出版杂志《××××》，现就《××××》项目的合作事项，达成以下协议，供双方共同遵守。

一、乙方负责组织《×××》（杂志形式，正式刊号，配书配盘或带）的出版工作，使《××××》符合读者的需求。乙方负责与×××出版和其他经销商合作将《××××》正式出版和销售。乙方负责《××××》的促销和宣传工作与经营工作。

二、对《××××》的组织出版与销售管理经营工作中，以乙方的名义对外开展一切业务工作。项目工作场地在乙方的办公室。

三、甲方投资《××××》项目捌拾万元整（￥800000元整），该投资于本协议签订后3天缴交给乙方。

四、乙方对项目进行投资。

五、甲方占本项目收益的55%，乙方占45%，双方共同承担风险。

六、项目收益分成为税后利润，即项目盈利扣除企业所得税后进行分配；其他所得税由各自缴付。利润分配的时间为每公历年的年终。

七、甲方保证乙方所投入的资金全部用于《××××》项目中，不得挪作他用。甲方委派一位出纳员负责项目的出纳工作。

八、甲方应如实出具《××××》资金运作情况报表，及盈利状况，不得作出虚假的陈述。上述报表和情况说明书甲方每年不少于一次向乙方提供和通报。

九、如果《××××》发行到每期_____册后，将要追加投资，甲方拥有优先投资权，收益和风险承担比例按本协议的有关条款执行。如果出版之后，《××××》市场反应不好而停刊，双方应及时对项目资金进行清算，并在停刊后6个月内将剩余的资金退回给甲方。

十、甲乙双方在履行上述协议中出现不能协商解决的纠纷，同意将纠纷交××市××区法院诉讼解决。

十一、本协议一式两份，双方各执一份，共具法律效力。

甲方：×××公司　　　　　　　　乙方：×××发展有限公司

代表：×××　　　　　　　　代表：×××

签约时间：××××年×月××日

签约地点：_____

第三十四节　出资人要按协议书办事

出资人协议书基本概念

出资人协议书实为股东协议书，它是出资人根据《中华人民共和国公司法》的规定，明确股东（出资人）出资的权利义务的书面合同。

写作要求

出资人协议书应写明以下内容：

1. 出资人姓名、住址。
2. 组建公司名称、经营范围。
3. 注册资金及出资人出资数额、期限。
4. 公司的解散和清算。
5. 违约责任。

合同范本

××会计师事务所出资人协议

第一章总则。

一、根据《中华人民共和国公司法》、《中华人民共和国注册会计师法》、《有限责任会计师事务所审批办法》及其他法律、法规、规章的有关规定，遵守平等自愿和友好协商的原则，全体出资人订立本协议，组建××会计师事务所（以下简称"事务所"）。

第二章名称、地址和性质。

二、事务所中文名称：

事务所英文名称：

三、事务所法定地址：

事务所邮政编码：

四、事务所的一切活动遵守国家的法律、法规及规章，事务所的合法权益受法律保护。

五、事务所的性质为具有法人资格、承担有限责任的会计师事务所。事务所以全部资产对外承担责任。出资人以其出资额为限对事务所承担责任。如果因业务约定涉及诉讼，需要承担赔偿责任时，首先由事务所购买的职业保险和风险基金承担，不足部分以事务所的资产承担。

第三章宗旨、目标和经营范围。

六、事务所的宗旨是，适应改革开放和建立社会主义市场经济体制的需要，充分发挥注册会计师在经济活动中的鉴证和服务作用，维护社会公共利益和投资者合法权益。

七、事务所的经营目标是，在政府和行业协会领导下，将事务所发展为具有一定规模和较高执业水平的会计师事务所，为社会经济发展作贡献。

八、事务所的经营范围是：

（一）审查企业会计报表，出具审计报告。

（二）验证企业资本，出具验资报告。

（三）办理企业合并、分立、清算事宜中的审计业务，出具有关的报告。

（四）办理法律、行政法规规定的其他审计业务，出具相应的审计报告。

（五）担任会计顾问，提供会计、财务、税务和其他经济管理咨询。

（六）其他法定业务。

第四章注册资本。

九、事务所注册资本总额为人民币_____元，由全体出资人共同投入。

十、出资人认缴的出资数额、比例和方式（略）。

十一、事务所成立一个月内，出资人应缴清出资额，并经其他会计师事务所验证。

十二、出资人自投资之日起两年内不得转让出资额，在事务所存续期间不得抽回出资额。

十三、事务所根据业务发展需要，按照本协议规定的程序报工商行政管理部门批准，可以增加或减少（不低于法定限额）注册资本，同时将有关资料报省级以上注册会计师协会备案。

第五章出资人。

十四、事务所的出资人是事务所的所有者，按照出资比例享有事务所章程规定的权利，承担事务所章程规定的义务，并以其出资额为限对事务所承担责任。

十五、出资人在事务所正常经营范围内的一切行为，由事务所承担民事责任；出资人从事超越授权而产生的民事责任，由该出资人自行承担。

十六、出资人的权利是：

（一）依照其所出资比例获得股利和其他形式的利益分配。

（二）参加出资人大会。

（三）依照其所持有的出资比例行使表决权。

（四）对事务所的经营行为进行监督，提出建议或者质询。

（五）依照法律、行政法规及章程的规定转让、赠与或质押其所持有的股份。

（六）依照法律、章程的规定获得有关信息。

（七）终止或者清算时，按其所持有的出资比例参加剩余财产的分配。

（八）法律、行政法规及章程所赋予的其他权利。

十七、事务所出资人的义务是：

（一）遵守事务所章程。

（二）依其所认购的出资比例和入股方式缴纳出资。

（三）除法律、法规规定的情形外，不得退资。

（四）法律、行政法规及章程规定应当承担的其他义务。

十八、新出资人应同时具备以下条件：

（一）取得中国注册会计师执业资格，并符合国家规定的其他条件。

（二）年龄在60周岁以下。

（三）事务所章程、协议规定的其他条件。

十九、新出资人加入时，如出资人大会认为必要，可对事务所资产进行评估，以确定新出资人出资额及权益性资本比例。

新出资人具有同等的地位，依照本章程享有权利、承担义务，并需对其加入前事务所的债务承担责任。

二十、出资人退股，应提前6个月提出书面申请，经管理委员会审议通过，并报经出资人大会代表3/4出资额的出资人书面同意。当发生下列情形之一时，出资人资格自动丧失。

（一）出资人死亡或被依法宣告死亡。

（二）出资人丧失民事行为能力。

（三）出资人被人民法院强制执行其所持有的事务所股东权益的全部份额。

（四）丧失出资人资格的其他情形。

除上述第（三）点所述情形外，丧失出资人资格者，由出资人大会决定处分其股东权益，退还出资人。

二十一、出资人有下列情形时，经管理委员会审议通过，并报出资人大会经代表3/4出资额的出资人书面同意，可以决议将其除名：

（一）未履行出资义务。

（二）被取消注册会计师资格。

（三）所持事务所股东权益份额的一部分被人民法院判决没收。

（四）因违反《中华人民共和国注册会计师法》的有关规定受到刑事、民事、行政处罚。

（五）因违反中国注册会计师执业规范有关规定，丧失职业道德，产生严重后果。

（六）有意违背章程的规定或严重违反事务所的规章制度，给事务所带来严重后果。

（七）因故意或者重大过失给事务所造成损失。

（八）其他严重损害事务所利益的情形。

因上述原因丧失出资人资格，由出资人决定并处分其股东权益，价款归原出资人所有；若给事务所造成损失的，事务所可追究其经济赔偿责任。

二十二、出资人因年龄或因健康原因不能执业时，经管理委员会审议，出资人大会表决批准，可以退休。

出资人退休时，以退休月份为结算月份，退还其在事务所享有的净资产份额，由事务所自其退休月份起5年内以现金平均分期支付。

第六章解散和清算。

二十三、有下列情形之一的，应当解散并依法进行清算：

（一）营业期限届满。

（二）出资人大会决议解散。

（三）因合并或者分立而解散。

（四）不能清偿到期债务依法宣告破产。

（五）违反法律、法规被依法责令关闭。

二十四、因有本节前条第（一）、（二）项情形而解散的，应当在15日内成立清算组。清算组人员由出资人大会以普通决议的方式选定。

因有本节前条（三）项情形而解散的，清算工作由合并或者分立各方当事人依照合并或者分立时签订的合同办理。

因有本节前条（四）项情形而解散的，由人民法院依照有关法律的规定，组织出资人、有关机关及专业人员成立清算组进行清算。

因有本节前条（五）项情形而解散的，由有关主管机关组织出资人、有关机关及专业人员成立清算组进行清算。

二十五、清算组成立后，管理委员会的职权立即停止。清算期间，不得开展新的经营活动。

二十六、清算组在清算期间行使下列职权：

（一）通知或者公告债权人。

（二）清理财产、编制资产负债表和财产清单。

（三）处理未了结的业务。

（四）清缴所欠税款。

（五）清理债权、债务。

（六）处理清偿债务后的剩余财产。

（七）代表参与民事诉讼活动。

二十七、清算组应当自成立之日起10日内通知债权人，并于60日内至少公告三次。

二十八、债权人应当在章程规定的期限内向清算组申报其债权。债权人申报债权时，应当说明债权的有关事项，并提供证明材料。清算组应当对债权进行登记。

二十九、清算组在清查财产、编制资产负债表和财产清单后，应当制定清算方案，并报出资人大会或者有关主管机关确认。

三十、财产按下列顺序清偿：

（一）支付清算费用。

（二）支付职工工资和劳动保险费用。

（三）交纳所欠税款。

（四）清偿债务。

（五）按出资人出资比例进行分配。

财产未按前款第（一）至（四）项规定清偿前，不分配给出资人。

三十一、清算组在清理财产、编制资产负债表和财产清单后，认为财产不足清偿债务的，应当向人民法院申请宣告破产。经人民法院宣告破产后，清算组应当将清算事务移交给人民法院。

三十二、清算结束后，清算组应当制作清算报告，以及清算期间收支报表和财务账册，报出资人大会或者有关主管机关确认。

清算组应当自出资人大会或者有关主管机关对清算报告确认之日起30日内，依法向登记机关办理注销登记，并公告终止。

三十三、清算组人员应当忠于职守，依法履行清算义务，不得利用职权收受贿赂或者谋取其他非法收入，不得侵占财产。

清算组人员因故意或者重大过失给债权人造成损失的，应当承担赔偿责任。

第七章违约责任。

三十四、本协议签署人必须严格履行本协议规定的义务，不得擅自变更或解除。

三十五、本协议签署人违反本协议规定的义务，经出资人大会决定，可强制剥夺其出资人资格，给其他出资人造成损失的，同时负有赔偿责任。

第八章附则。

三十六、本协议以中文书写。

三十七、本协议所称"以上"、"以内"、"以下"，均含本数；"不满"、"以外"不合本数。

三十八、本协议由管理委员会负责解释。

出资人签名：

签字日期：××××年×月×日

第三十五节 委托投资持股要按协议书办事

委托投资持股协议书基本概念

委托投资持股协议书是委托方将其在另一企业投资股份委托受托方持有并管理的一种协议。

写作要求

委托投资持股协议书一般应写明以下内容：

1. 委托内容。
2. 代理权限。
3. 双方的权利与义务。
4. 费用的支付。
5. 合同的变更与解除。
6. 保密条款。
7. 违约责任。

合同范本

武汉市××公司投资管理服务协议书

甲方（委托方）：武汉市××投资公司

乙方（受托方）：武汉市××资产经营公司

甲乙双方就甲方委托乙方代为其持股一事经过充分协商，达成一致意见，签订协议如下，以兹共同遵守：

一、委托内容。

1. 甲乙双方同意根据本协议条款的规定，甲方出资的人民币××万元，以乙方的名义投资到××公司作为股东的出资，占××公司注册资本总额的10%，享有××公司10%的股东权益，并以乙方自身的名义代甲方持有前述出资及其股东权益。

2. 甲乙双方同意，在甲方将该项股东权益转名给自己或转名给甲方指定的第三方之前，甲方委托乙方以乙方名义持有该项股东权益。甲乙双方同意，乙方代甲方持股的期限自本协议签订之日起至甲方完成退出××公司止。

二、被委托人的权限。

1. 乙方仅以其自身的名义将甲方之资金向已经确认的××公司出资并代甲方持有投资形成的股东权益，乙方对该出资形成的股东权益不享有任何收益权和处置权（包括但不限于股东权益转让、股东权益质押）。

2. 乙方可以其自身名义在"××公司"行使10%出资额的股东权利，行使表决权之前，应就表决事项事先征求甲方的意见，按照甲方的书面指示进行表决。乙方以股东身份行使表决权时，应按照甲方的书面指示及甲方出资占"××公司"注册资本10%的比例进行表决投票。

3. 乙方可以其自身名义委派10%的董事、监事等职，对董事会、监事会决议事项，若乙方自身作为股东的意见与代持股的甲方的书面指示不一致的，且无法兼顾甲乙双方意见时，乙方应在表决之前将自己对表决事项的意见告知甲方。在此情形下，甲方应同意按照乙方自己的意见进行表决。

三、甲方的权利和义务。

1. 甲方作为上述投资的实际出资者，对××公司享有实际的股东权利并获得投资收益。

2. 在委托持股期限内，条件具备时，甲方有权将该项股东权益转名到自己名下，或将该项股东权益转让给指定的第三方，届时涉及到的相关法律文件，乙方必须无条件同意，并无条件接受。在乙方代持股期间，因代持股产生的相关费用及税费由甲方承担；在将乙方代持股转名为以甲方名义持有或第三人持有时，产生相应的变更登记费用由甲方或第三方负担。

3．甲方应当按照本协议的约定，依时足额出资。

4．甲方以×××万元的出资额为限承担本协议项下投资的一切风险。

四、乙方的权利和义务。

1．乙方代甲方持有该10%的股权，乙方不收取任何报酬。

2．乙方应当将其收到的因该股东权益而产生的任何全部投资收益即现金股金或其他收益分配，全部转交给甲方。乙方于收到××公司分配的投资收益之日起×日内将甲方的投资收益划入甲方指定的银行账户。

3．乙方在收到涉及该项股东权益任何权利义务的会议通知或文件之日起2天内应及时将相应的文件材料交给甲方，甲方在收到文件之日起×个工作日内或召开股东会议前×日将其决定书面通知乙方。除本协议第××款规定外，乙方应按照甲方的书面指示行使权力，履行义务。

4．在履行本协议期间，乙方不得任意改变本协议确认的投资行为，不得处分该项股东权益及因该项股东权益而产生的所有财产。

5．乙方应当按照甲方的书面指示处理本协议约定的委托事务，如乙方认为为了甲方的利益需要变更甲方指示的，应当经甲方书面同意。

6．未经甲方事先书面同意，乙方不得转委托第三方持有甲方实际享有的该项股东权益。

五、费用的支付。

1．甲方每年支付10万元的投资服务，该费用于××××年×月×日和××××年×月×日各付5万元。

2．与代持股相关的投资项目的律师费、会计师费及资产评估费用，股东权益转让或上市或并购所发生的费用由甲方负担。与投资收益相关的政府收费和税收由甲方承担。甲方负担的上述费用，自发生该等费用之日起7日内甲方应将该等费用划至乙方指定的银行账户上。如果甲方不能按照上述日期划款的，乙方有权在甲方的投资收益、股权转让收益等任何收益中扣除。

六、保密条款（略）。

七、本协议的变更和解除（略）。

八、违约责任（略）。

九、争议解决（略）。

十、其他事项（略）。

甲方：武汉市××投资公司   乙方：武汉市××资产经营公司

（盖章）   （盖章）

法定代表人（签名）：   法定代表人（签名）：

              签约时间：_____

              地点：_____

第三十六节　公司投资（资产）权益转让要按协议书办事

公司投资（资产）权益转让协议书基本概念

公司投资权益转让协议书是指公司将其在另一企业的投资（出资、股份）转让给他人而与之签订的协议。

写作要求

公司投资权益转让协议书一般包括以下内容：

1. 原出资、股份、投资签订的合同名称、时间、地点、原出资组成的公司名称、住址。

2. 原出资额及占出资的比例。

3. 转让价、支付时间。

4. 法律手续的办理。

5. 债权、债务的处理。

6. 违约责任。

合同范本

××公司投资权益转让协议书

甲方：_____（转让方）

地址：

法定代表人：

联系电话：

开户银行：

银行账号：

乙方：_____（受让方）

地址：

法定代表人：

联系电话：

开户银行：

银行账号：

甲乙双方经平等协商，现就_____投资于_____项目的权益转让达成以下协议：

一、_____根据其与_____于_____

__年_____月_____日签订合同或协议，投资_____

_____元的_____项目，享有合同或协议约定的_____权

益。_____被_____人民法院宣告破产还债，_____

_____破产清算组全面接管了该破产企业，经清算组研究，并报请_____人民

法院审查同意，决定将_____项目中享有的权益_____

转让给乙方。转让价格为_____元。

二、乙方向甲方支付转让款的方式为_____（写明具体支付方式）。

三、本协议约定甲方的权利为_____（写明具体权利）。本协议

约定甲方的义务为_____（写明具体义务）。

四、本协议约定乙方的权利为_____（写明具体权利）；本协议

约定乙方的义务为_____（写明具体义务）。

五、本协议经甲乙双方签字后生效。协议生效后，甲乙双方应严格履行，一方

违约时，向对方支付转让款_____%的违约金。

本协议一式_____份，甲乙双方各执一份，交_____

__人民法院存档一份。

甲方签章：　　　　　　　　　　　　乙方签章：

法定代表人：　　　　　　　　　　　法定代表人：

委托代理人：　　　　　　　　　　　委托代理人：

_____年____月____日　　　　　_____年____月____日

第二章 有关合同管理的规定

第一节 如何管理合同

合同管理概述

合同是企业进行经济往来的桥梁，是企业实现其经济效益的法律手段。用好、管好合同，不仅是企业实现其效益的保证，也是企业加强企业法制建设、维护企业合法权益的需要。因此，合同管理办法是企业的重要的规章制度。

合同管理办法的主要内容包括合同的管理部门、合同管理制度、合同订立的程序、合同的履行监督、合同纠纷的处理、合同责任追究等。

合同管理要求

制定该办法的基本要求是要结合本企业的实际，按照合同法的要求，对合同管理的流程做出具体的规定。内容要求合法、客观、有操作性。

合同管理规定范本

_____公司合同管理办法

_____年_____月_____日发布（ ）法合管字第_____号

1. 目的。

为加强对本公司的合同管理，防范合同纠纷，维护公司的合法权益，根据合同法等法律法规的规定，制定本管理办法。

2. 管理组织。

公司合同管理实行由企业法律顾问室统一归口管理、各部门分级负责的管理体制。

法律顾问室是合同管理部门，法律顾问室主任是合同管理委员会主任。

3. 部门职责。

各部门负责与部门业务相关的合同的谈判、草签等工作。在双方签约前，主管部门要将合同正式文本送法律顾问室审查。

4．人员培训。

公司法律顾问室要做好各部门合同管理人员的业务培训，提高合同法律意识，学会正确签订合同，关注合同履行中的问题，把好合同签订关、履行关。

合同管理人员业务培训每年至少在10个学时。未经培训不得上岗。

5．合同订立前的准备。

各业务部门在订立合同前，应当将对方当事人基本情况以及合同性质、标的额、用途、经办人等基本情况以书面形式向法律顾问室备案。

业务部门在与对方谈判时，可以邀请公司法律顾问参加。

6．订立合同的程序。

（1）业务部门提出订立合同的要求，报法律顾问室备案。

（2）法律顾问室下达签订合同指导意见书。

（3）业务部门组织谈判，必要时法律顾问室派员参加。

（4）草签合同意向书。

（5）法律顾问室审查合同意向书，在确认基本可行的情况下，送交业务部门起草正式合同文本。

（6）法律顾问室对正式文本进行审查，认为符合法律规定，有利于企业经营的，审批同意；如果认为法律上有漏洞，应当要求业务部门补充修改，必要时，法律顾问可直接进行修改。

（7）将法律顾问签署意见的合同文本送交主管领导审核签批。

7．合同审查。

法律顾问室负责合同审查工作。

合同审查的内容包括：

（1）主体资格是否合法。

（2）代理人的授权委托文书是否具备。

（3）合同内容是否合法。

（4）合同条款是否完备。

（5）合同的违约责任是否清楚。

8．合同审查意见书。

法律顾问审查合同应以书面形式提出合同审查意见书。合同审查意见书应当列明如下事项：

（1）主送单位。

（2）对合同的审查意见，要求逐项写明。

（3）如无意见，应在法律顾问意见栏中写明无意见。

（4）审查人署名以及审查时间。

9. 合同文本的修改。

合同文本的内容修改原则上由经办人修改。经主管领导批准，也可以由法律顾问直接修改，但必须征得经办人的同意。如果经办人不同意，应由业务部门和法律顾问室共同报送主管领导裁定。

10. 合同的变更。

公司一方要求变更合同的，应当事先向法律顾问报告，并提出变更的意见；对方要求变更合同的，经办人接到对方通知后应立即报告法律顾问室，并会同法律顾问室提出处理意见。

变更后的合同或者变更协议应当报法律顾问室备案。

11. 合同的解除。

公司一方要求解除合同的，应当事先向法律顾问报告并说明解除合同的理由；对方要求解除合同的，经办人接到对方通知后应立即报告法律顾问室，并会同法律顾问室提出是否同意解除以及如何补救的措施。

12. 合同的履行。

合同一旦成立，经办人和部门领导应当做好合同履行工作。在合同履行过程中，要注意收集整理与履行相关的一切材料，并归档存查。

（1）涉及物资采购的合同，要注意对标的物的质量、数量的检查、验收，发现问题，及时向对方提出书面质询并要求对方答复。

（2）涉及支付贷款的，如果对方没有按合同规定的时间付款，应当及时书面通知并要求对方做出答复。

（3）涉及工程劳务的，要记载工程状况和劳务情况，并请对方签字确认。

（4）涉及时效中断的，应当要求对方做出复函。

13. 合同纠纷处理。

（1）合同发生纠纷，经办人和业务部门要及时报告法律顾问室。

（2）法律顾问室要将纠纷的情况记录存查，并安排法律顾问与经办人一同与对方协商处理。

（3）协商不成的，由法律顾问室负责按合同规定的解决纠纷的途径，寻求相应的补救措施。

（4）重大疑难案件，需要外聘律师的，由法律顾问室提出建议，报总经理决定。

（5）法律顾问室要随时掌握纠纷处理的进程，发现问题，及时报总经理决定。

（6）经办人要协助法律顾问室做好起诉、应诉和仲裁工作，并将与案件有关的全部资料移交给法律顾问室（各企业可根据自己的实际情况，做出相应的规定）。

（7）合同纠纷解决后，主办法律顾问要写出合同纠纷处理报告，送主管总经理。报告的主要内容包括案情、处理结果、责任分析、对责任人的处理建议等。

14. 合同管理的责任。

经办人或者主管部门领导在签订和履行合同过程中的过错造成公司经济损失的，要承担相应的责任：

（1）造成损失在10万元以下，对经办人给予口头警告，扣发本人1个月的奖金。

（2）造成损失在10万~50万元的，对经办人给予行政记过处分，并扣罚本人3个月的奖金；部门领导有责任的，给予警告，扣发当月奖金。

（3）造成损失在50万元以上的，对经办人给予行政记大过或者解除劳动合同，公司保留追究其经济责任的权利。部门经理给予撤职处分，并扣发1年的奖金。

15. 责任追究程序。

追究经办人和领导的责任的程序是：

（1）由法律顾问室提出责任追究意见书，意见书的主要内容包括：案情简要；公司的损失情况；责任人员的过错；责任依据；处理建议。

（2）总经理接到意见书后，应当组织相关部门的负责人讨论，责任人应到场介绍情况并对是否承担责任发表意见。

（3）根据会议讨论情况，并按照公司有关规定，做出相应决定。

（4）人力资源部根据决定起草相应的文件由总经理签发。

16. 本规定经公司董事会讨论通过，自_____年_____月_____日起施行。

第二节　如何管理合同印章

合同印章管理概述

合同印章是指合同专用章。设有分公司的总公司或者经营业务量大的公司本部，签订合同常常采用合同专用章的形式，由有关部门掌握使用而不是用公司的行政性印章。合同专用章是我们经常使用的企业印章。

由于公章代表企业行为，加盖了合同专用章，就等于承认了合同条款，就要受到合同的约束，因此，加强对合同印章的管理是企业的一项重要任务。合同印章管理办法就是要把合同专用章的刻制与使用的有关规范性要求明确，便于遵守执行，防止出现违章用章给企业造成损失的后果发生。

该规章的主要内容包括印章的管理部门、印章的刻制原则、印章的管理程序、使用印章的要求等。

写作要求

写作该规章要结合企业的实际情况，从有利于签订合同、有利于合同管理的原则出发，确定具体的规范内容。对于合同量小的公司企业来讲，可以将印章使用的内容规定在合同管理办法中，不一定要单独设立一个规章。

合同印章管理规定范本

_____公司合同印章管理办法

_____年_____月_____日发布（ ）法合印字第_____号

1. 为加强对全公司的合同管理，完善合同签订制度，制定本办法。

2. 合同专用章由公司法律顾问室管理。公司对外签订合同，均必须使用合同专用章。

3. 各分公司和有权对外签订合同的业务部门，可以向法律顾问室提出刻制合同专用章。合同专用章的样式由法律顾问室制定。

4. 合同专用章应设专人保管，经办人要使用合同专用章时，必须经主管领导批准。

5. 本公司共有合同专用章_____枚，对应单位如下：

（1）_____号章：公司本部，由公司法律顾问室保管；保管人：_____。

（2）_____号章：公司物资采购部，由物资采购部保管；保管人：_____。

6. 合同专用章必须是在签订合同时使用，不得将合同专用章用于非合同文书。

7. 不得在空白纸页上盖合同专用章。

8. 各单位每月向法律顾问室报送一次合同专用章使用情况。

9. 法律顾问室应定期或者不定期地检查合同专用章使用情况，对违反使用规定的行为，法律顾问室有权责令其改正；因此而给公司造成经济损失的，由法律顾问室提出处理意见，报总经理。必要时，可以收回合同专用章。

10．本办法自发布之日起施行。

第三节　如何进行合同授权委托管理

合同授权委托管理概述

授权委托制度是民事法律制度中的重要内容。公司的大量经济活动都是通过授权委托的形式完成的。公司的董事长作为法定代表人，是公司的合法的代表，有权对外从事全部的公司行为，并由公司承担法律后果。而其他员工都是根据法定代表人的授权进行相应的工作。在对外经济交往中，表明经办人的身份和权限主要就是看其授权委托书的内容，审查其是否有权代表公司从事相应的经济行为。对于公司管理来说，授权委托是一项法律活动，直接关系到公司的经济效果，因此，要有相应的管理办法，明确授权委托的有关问题，以维护公司的合法权益。

该规章的主要内容包括授权委托的管理部门、授权委托事项的分类及管理程序、对被委托人资格的审查和手续的办理、被委托人的责任等。

写作要求

制作该规章的基本要求是：明确主管部门和授权委托程序，能由管理部门直接办理的一些程序性授权可以由主管部门直接办理；涉及公司重大的决策问题，其授予的权利应有所限制。

合同授权委托管理规定范本

_____公司合同授权委托管理办法

_____年_____月_____日发布（　）法合委字第_____号

1．对外签订合同，需要办理授权委托手续的，适用本办法。

2．授权委托由法律顾问室归口管理。凡是程序性的授权，由法律顾问室决定；属于签订合同等实体性授权，由法律顾问室报经总经理批准后办理。（此条可以细化到具体事务）

3．授权委托办理程序：

（1）经办人向法律顾问室提出申请，申请内容包括申请人姓名、授权内容、授权期限、用途等（附件一）。

（2）法律顾问室根据经办人的申请，经审查符合条件的，办理授权手续；不符合条件的，应说明情况并要求经办人补充。

（可以增加对被委托人的资格审查的内容）

4．授权委托书应当编号登记，委托书由存根、正本两部分组成。存根留法律顾问室备查，正本交被委托人作为代理人的法律依据（附件二）。

5．被委托人在办理完委托事项后，应向法律顾问室提出工作报告。该工作报告的内容包括授权事项、办理情况、委托书是否收回或者交给对方等。该工作报告应附在授权委托书的存根上备查。

6．被委托人在办理具体委托事务时，如果确有必要从事授权以外的行为时，应当事先请示总经理，经总经理同意后方可进行；其委托手续可以后补。

7．如果被委托人未完成委托事项，或者超越委托权限签订了合同或者其他法律事务，应当及时向法律顾问室报告；法律顾问室要将情况写成请示，报总经理。

8．因被委托人的越权行为导致公司经济损失的，应当承担相应的法律责任。

9．法律顾问室应定期检查被委托人办理事务的情况，发现问题，要及时纠正，防止造成经济损失。

10.本办法经董事会讨论通过，由总经理发布施行。

11.本办法自_____年_____月_____日施行。

附件一

授权委托申请书

法律顾问室：

兹有我部门_____同志，因与_____公司洽谈_____项目（写明要做的事项），需要办理授权委托书，期限自_____年_____月_____日至_____年____月_____日。权限为谈判并签订合同。特此申请，请予办理。

_____公司_____部（负责人签字）

_____年_____月_____日

附件二

授权委托书

（　　）授字第＿＿＿＿＿＿号（存根）

兹授权＿＿＿＿＿＿（经办人）代表本公司就＿＿＿＿＿＿＿＿（具体事项）进行谈判，签订合同。有效期限为＿＿＿＿年＿＿＿＿月＿＿＿＿日至＿＿＿＿年＿＿＿＿月＿＿＿＿日。

被委托人：＿＿＿＿＿＿＿

办理人：＿＿＿＿＿＿＿

＿＿＿＿年＿＿＿＿月＿＿＿日

附件三

授权委托书（交被委托人）

兹授权＿＿＿＿＿＿（经办人）代表本公司就＿＿＿＿＿＿＿＿（具体事项）进行谈判，签订合同。此授权的有效期限为＿＿＿＿年＿＿＿＿月＿＿＿＿日至＿＿＿＿年＿＿＿＿月＿＿＿＿日。本公司对＿＿＿＿＿＿（经办人）的行为负责。

法定代表人：（印章）

＿＿＿＿＿＿有限责任公司（印章）

＿＿＿＿＿＿年＿＿＿＿＿＿月＿＿＿＿＿＿日

第四节　如何进行合同管理奖惩

合同管理奖惩概述

合同管理奖惩办法是为了调动员工的积极性、推进合同法制化管理、严肃合同责任、维护企业合法权益而制定的。奖惩的对象是企业的合同管理人员。原则上以鼓励为主，处罚为辅。凡是合同管理工作未出差错的，均应获得奖励；而在合同履行和合同纠纷处理中有重大过失或者故意而导致公司经济损失的，则要追究行政责任和经济责任。因此，要有这样一个规章，明确各方面的权利义务，做到有章可循。

该规章的主要内容包括规章的适用范围、对合同管理人员的业绩的考核、奖惩标的的设定、奖惩的程序等。

写作要求

制作要求是在起草该办法时，一定要结合本公司的实际情况，明确奖励与惩罚的具体条件和程序。

合同管理奖惩规定范本

_____公司合同管理奖惩办法

_____年_____月_____日发布（ ）法合奖字第_____号

1. 目的

为提高合同的履约率、维护企业的合法权益、调动合同管理人员的积极性，根据公司合同管理办法，制定本办法。

2. 适用范围

本办法适用于本公司的各级合同管理人员，包括法律顾问、专职和兼职合同管理员及部门领导。

3. 考核

（1）考核方式：以签订合同数和合同标的额作为考核指标。

（2）考核组织：由公司人力资源部作为考核管理部门，法律顾问室和财务部派人参加，组织考核小组，决定考核的有关问题。

（3）考核程序：对全体符合条件的合同管理员进行总体评价，然后通过无记名投票方式，确定其属于哪个档。

4. 奖励

（1）凡是在1年内签订合同总数在_____件以上或者合同标的额在_____万元以上，未发生纠纷争议的，都可获得公司颁发的优秀合同管理员的荣誉称号，并增加两个月的平均奖金。

（2）凡是签订合同的标的额在_____万元以上_____万元以下，未发生纠纷的，可增加1个月的平均奖金。

（3）本单位的合同管理基础考核总评分为全优的，对主管的合同管理人员奖励_____元。

5. 处罚

（1）凡是因经办人自身的过错造成签订的合同发生纠纷的，扣罚本人1个月的平均奖金。给公司造成经济损失的，公司保留追究经济赔偿的权利，并取消1年的评选资格。

（2）在诉讼或者仲裁过程中，不认真对待，导致该赢的未赢，该少赔的未少赔，参与处理的经办人应承担相应的责任。同时，取消评选资格。

6. 程序

对合同管理人员的奖惩程序是：由考核小组提出考核意见，符合奖励条件的，由人力资源部发文奖励；给予处罚的，则由总经理办公会议讨论决定，由人力资源部发文通知本人及全公司。

7. 附则

（1）本办法经董事会讨论通过，由总经理发布施行。
（2）本办法自发布之日起施行。

第五节 如何进行合同纠纷处理

合同纠纷处理概述

合同纠纷是指合同当事人在履行合同过程中发生的争议。对于企业来讲，纠纷是客观存在的。大多数纠纷都可以通过当事人互谅互让解决，少数纠纷可能要通过司法或者仲裁途径解决。不管是司法解决，还是仲裁解决、协商解决，都是解决纠纷争议的途径。为做好纠纷处理工作，企业应当有相应的管理办法。加强对纠纷处理管理，可以起到减少损失、规范行为的作用，有利于企业运用法律手段维护自己的合法权益。

规章的主要内容包括纠纷的管理部门、纠纷的登记与管理、起诉与应诉、证据的收集与提供、律师的聘用、案件的通报等方面。

写作要求

制定该规章的基本要求是要根据本企业的实际，确定合同纠纷的归口管理部门及其职责，明确纠纷的解决方式的多元性，便于法律顾问依据职权及时处理纠纷、提高办事效率。

合同纠纷处理规定范本

_____公司合同纠纷处理办法

_____年_____月_____日发布（ ）法合纠纷字第_____号

1. 目的

为维护本公司的合法权益，依法加强对公司的合同管理，根据公司的合同管理办法，制定本办法。

2. 管理

合同纠纷由公司法律顾问室统一管理。

3. 登记

（1）合同履行发生纠纷后，主办部门应当在3日内将合同编号、纠纷情况等通报公司法律顾问室。法律顾问室应当统一编号登记，并指定专人负责本案。

（2）案件登记后，法律顾问应在3日内通知原合同经办人，将有关材料送交法律顾问室。

4. 处理

合同纠纷分为对方不履行、己方不履行或者双方都有责任三种情况。根据不同情况，由负责本案的法律顾问提出处理意见。

（1）属于对方不履行合同或者不正确履行合同的，在对方违约行为发生后，法律顾问应当在两日内提出法律意见书，并由经办人以公司的名义起草致对方的信函，经总经理批准盖章后，以传真或者特快专递方式通知对方。并应取得对方收到信函的确认件。

（2）属于己方未能正确履行合同的，应当积极与对方联系，提出解决问题的建议，做好协调工作。同时，要注意收集相关证据，为应诉做好准备。

（3）对于双方都有责任的，要注意收集证据材料，做好起诉或者应诉的准备。

5. 时效

法律顾问一定要注意案件的诉讼时效，必须保证时效的有效性。

6. 起诉

对方违约给公司造成损失的，如果协商不成，则应做好诉讼的准备。经办人要根据法律顾问的要求，将相关材料交给法律顾问，由法律顾问决定是否聘请律师、向哪个法院提起诉讼、诉讼标的如何计算、证据材料如何组织等。

一旦进入诉讼程序，法律顾问直接出庭的，有关部门要予以积极配合；聘请外部律师的，由法律顾问与律师沟通，协助律师做好诉讼工作。

7．仲裁

根据合同中的仲裁条款，向仲裁机构申请仲裁的，由法律顾问负责起草申请书及组织相关材料证据。是否需要聘请律师，由法律顾问室决定。

8．应诉

公司作为案件的被告或者仲裁的被申请人时，法律顾问要做好应诉工作。在规定的期限内提出答辩状，不得无故拖延、延误胜机。答辩状要与经办人所在部门会签后报主管领导决定。但作为代理人的代理意见则由法律顾问室决定。

9．责任

因为法律顾问或者经办人的故意行为导致诉讼或者仲裁败诉的，法律顾问或者经办人应当承担相应的责任。

10．通报

案件审理过程中，一切重大事项均应及时向有关部门和主管领导通报，需要集体研究决定的事项要提出建议，由主管总经理决定研究的时间、地点和参加人员。一旦集体决定做出以后，法律顾问室必须执行。

11．本办法由公司董事会讨论通过，由总经理发布施行。

12．本办法自_____年_____月_____日起施行。

第六节　如何进行合同监督检查

合同监督检查概述

对合同进行监督检查，有利于促进全公司合同管理工作的健康发展。同时通过检查活动，提高有关人员的合同法律意识，加强对合同的管理，防止因合同存在的问题而导致的经济损失。因此，合同监督检查办法对于大公司来讲，特别重要。

该规章的主要内容包括合同监督检查的主体、检查对象、检查内容、检查方式和程序、合同管理工作的评分标准等。各个公司的管理模式不同，其评分标准有粗有细。因此，具体开展检查工作可以根据具体情况做出相应的规定。

写作要求

制定该规章要求反映本公司的合同管理的现状。通常对大型企业、总分制公司或者有若干子公司的企业，应当制作比较具体和细致的管理办法，便于全公司对合同的管理。对于一些小型的能够直接管理的企业，可以直接明确对合同检查的一些基本问题，不宜规定太细。

合同监督检查规定范本

_____公司合同监督检查办法

_____年_____月_____日发布（ ）法合检字第_____号

1. 目的

为保证合同的正确履行，维护公司的权益，制定本办法。

2. 主管部门

公司法律顾问部是合同监督检查的主管部门，负责对全公司的合同进行监督检查工作。

3. 检查方式

合同监督检查分为常规性检查和临时性检查两种方式。每年1月和7月对上年度和上半年度的合同签订和履行进行检查。法律顾问部根据工作需要，可以随时对有关部门的合同情况进行检查。（检查方式多种多样，这里仅列两项，供参考）

4. 检查内容（根据公司的情况而定）

（1）合同签订情况。

（2）合同履行情况。

（3）合同执行中存在的问题。

（4）是否有隐含的纠纷情况。

（5）合同是否存在履行风险。

（6）法律顾问部认为需要了解的其他事项。

5. 检查程序

（1）全公司各单位应当在公司检查前开展合同自查自纠活动，发现问题，及时解决。总公司法律顾问部应当于检查前20日将检查的相关事项通知被检查单位。被检查单位接到通知后，应当做好相关资料的整理，并向检查组提供书面报告。

（2）检查组由法律顾问部的法律顾问任组长，相关部门的合同管理员参与。

（3）检查组通过听、看、问，充分了解被检查单位的合同管理情况，逐项打分。

6. 评分

（1）总分为100分。

（2）合同管理制度是否健全：10分。

评分标准：共分10项，每项目1分（具体项目略）。

（3）合同签订情况：10分。

评分标准：全部合同符合法律规定，条款齐全，得全分；查出有问题的，每个问题扣1分；五个问题不得分。

（4）合同履约率：10分。

评分标准：履约率99%～100%，10分；履约率95%～98%，6分；履约率90%～94%，5分；低于90%，不得分。

（5）合同纠纷情况：10分。

评分标准：没有纠纷10分；发生一件扣5分；发生两起纠纷则不得分。

（6）经济损失情况：20分。

评分标准：损失在10万元以内的，扣5分；损失在11万元～20万元的，扣10分；损失20万元以上的，不得分。

（7）合同档案：10分。

评分标准：档案符合标准的得全分；存在一项不合格扣1分；5项不合格不得分。

（8）合同台账：10分。

评分标准：台账清楚，不拖拉，得全分；迟延编台账，扣1分；有5项迟延，则不得分。

（9）合同授权委托：10分。

评分标准：办理符合规定的，得全分；有一件不符合规定，扣2分；5项不符合规定，不得分。

（10）其他评分项评分标准：略

（分值和评分，没有绝对的标准，各公司可以根据自己的需要自行设定）

7．奖励与惩罚

（1）总评分在80分以下的，为不合格；81～85分，为合格；86～90分，为良好；90分以上的为优秀。

（2）被评为优秀的，获得公司颁发的优秀合同管理单位称号；合同管理员为优秀合同管理员，除颁发证书外，奖励每人_____元。

（3）凡是总评分为不合格的，对主管领导扣除2个月的效益奖，对经办人扣1个月的奖金，并取消在下一年度评选资格。

8．总结

合同检查结束后，检查组要写出检查报告。经总经理批准后，印发全公司。

9．本办法自发布之日起施行。

第七节　如何进行合同档案管理

合同档案管理概述

合同档案管理是合同管理制度的组成部分，也是企业为维护自身的合法权益而采取的必要手段。通过对合同的档案管理，可以保存与合同有关的相关证据材料，一旦发生纠纷，可以及时运用档案记载的内容，依法维护公司的权益。

合同档案管理办法的主要内容包括档案的期限、档案管理部门、合同档案的归档与借阅、档案利用、档案管理责任等。

写作要求

制定该规章的基本要求是根据本企业管理的实际情况，规定合同档案的期限和管理程序，既要考虑到简便、实用，也要考虑到合理合法。由于合同档案不同于其他的档案，作为合同归口管理部门的企业法律顾问室也应当自己保存一份合同资料。因此，可以在办法中要求主办单位复印一套材料交法律顾问室。

合同档案管理规定范本

＿＿＿＿＿＿＿＿＿＿公司合同档案管理办法

＿＿＿＿＿年＿＿＿＿＿月＿＿＿＿＿日发布（）法合档案字第＿＿＿＿＿号

1. 总则

（1）为加强本公司的合同档案管理，根据公司合同管理办法的规定，制定本办法。

（2）合同档案的保存期限为5年，由公司档案处负责保管。

（3）公司法律顾问室作为公司的合同归口管理部门，也应当保存一份完整的合同档案资料。

2. 归档

（1）合同订立后，主办单位应将合同文本的复印件送档案处和法律顾问室各一份。同时应指定专人负责本合同的履行及相关资料的整理。

（2）合同履行完毕后10日内，主办单位应将全部合同资料整理成册，按照时间顺序先后编排，装订成册，正本送交档案处，并制作副本一份交法律顾问室。

（3）档案处和法律顾问室接收资料时应当出具收据。

3．档案借阅

（1）根据工作情况，需要查阅档案的，应当由查阅部门提出申请，报经主管总经理批准同意后，到档案处办理借阅手续。

（2）借阅档案原则上应在档案阅读室查阅，不得带出档案室。确有必要借带出档案室阅读的，应经主管领导批准后，方可带出。

4．诉讼与仲裁

（1）发生诉讼或者仲裁的合同，其合同档案中应附有诉讼或者仲裁的全部资料。

（2）诉讼或者仲裁文书应独立整理归档。为诉讼或者仲裁的需要，法律顾问室借用原件后应在10日内归还。如果不能按期归还，应说明理由并报经领导阅知。

5．责任

（1）主办单位未能按本办法第2.1、2.2条规定，办理归档手续的，对直接责任人扣发1个月的奖金。

（2）借阅档案人丢失档案的，根据情节可以给予警告、记过、记大过、开除、解除劳动合同的处理，并给予扣发3—12个月奖金的处罚。

6．实施

（1）本办法经董事会讨论通过后由总经理发布，修改时亦同。

（2）本办法自_____年_____月_____日起施行。

下 篇

用法律维权

　　我国社会经济的发展十分迅速，各企业之间的竞争也日益激烈。法律，正是企业在市场竞争中所必须遵循的一种基本规则。鉴于竞争的压力和市场的需要，企业中各类非法律专业人士必须懂得法律，企业的管理人员，承担决策、协调、执行、监督等经济管理职能，就更要掌握有关的法律知识。只有懂得法律，才能拿起法律的武器为企业的发展保驾护航，才能为企业的发展开拓出一片空间。

第一章　企业管理者必知的法律常识

第一节　法律基本知识

法与法律的概念

　　法是国家按照统治阶级的利益和意志制定或者认可的，并由国家强制力保证实施的行为规范的总称。法的目的在于维护有利于统治阶级的社会关系和社会秩序，是统治阶级实现其统治的重要工具。

　　法律通常有广义和狭义之分。广义的法律与法同义，泛指所有的法律规范性文件；狭义的法律是专指全国人大及其常委会制定的规范性文件。这里的法律是指狭义上的法律，是我国法的主要形式之一。其法律效力仅次于《宪法》。按照法律规定的机关及调整的对象和范围不同，法律可分为基本法律和一般法律。

　　基本法律有《刑事诉讼法》、《行政诉讼法》等。

　　一般法律是由全国人民代表大会制定或修改的，规定和调整除由基本法律调整以外的，涉及国家和社会生活某一方面的关系的法律，如《商标法》、《产品质量法》、《国家赔偿法》等。

　　法律是依据《宪法》的原则和规定制定的，其地位低于《宪法》，但高于其他的法律渊源。

我国的法律体系

　　我国的法律体系是指在宪法统率下不同法律部门组成的内在统一又相互联系的系统。我国的法律体系可以分为以下几个基本的法律部门：

　　1. 宪法

　　宪法是我国的根本大法，具有最高的法律效力，是我国法律体系的主导部门。它是规定我国社会制度，公民基本权利和义务，国家机关的地位、职权范围、组织和活动、经理人必备经济合同与法律知识原则以及其他有关国家宪政生活的基本问题的法律规范总称。

　　2. 民法

民法是调整平等主体的公民之间、法人之间、公民和法人之间的财产关系和人身关系的法律规范的总和。民法体系又可以分为总论、物权（包括所有权）、债权（包括合同）、人身权、亲属和继承五部分。

民法同行政法、刑法一样，是国家的基本法律部门之一。我国现行民法主要由《民法通则》和若干的单行民事法律所组成。这些单行的民事法律主要有《婚姻法》、《经济合同法》、《专利法》、《担保法》、《商标法》、《著作权法》、《继承法》等。其中，《民法通则》是我国民法的最主要的渊源，它具体规定了民事主体、民事法律行为、民事代理、民事权利、民事责任、民事诉讼时效、涉外民事关系的法律适用等制度。

3. 经济法

经济法是调整一定范围的社会经济关系的法律规范的总称。法律关系主体以国家机关、经济组织为主。

经济法部门是我国法学界近些年从民法和行政法部门中分离出来的，经济法规范没有一部统一的法典，而是散见于大量的经济法规之中。经济法包括：《公司法》、《合伙企业法》、《独资企业法》、《三资企业法》、《破产法》、《财政税收法》、《金融法》、《自然资源和能源法》、《环保法》、《票据法》、《证券法》、《产品质量法》、《消费者权益保护法》、《反不正当竞争法》、《统计法》、《会计法》、《审计法》等。

4. 刑法

刑法是关于犯罪和刑罚的法律规范。刑法调整的范围十分广泛，它是国家对严重破坏社会关系和社会秩序的犯罪行为定罪量刑的根据。

5. 行政法

行政法是调整国家行政管理活动中各种社会关系的法律规范。行政法包括一般行政法和特别行政法，内容包括国家行政管理体制，行政管理的基本任务、基本内容和原则，国家行政机关及权限、职责范围、活动方式和方法，国家公务员的选拔、使用、任免、奖惩等规定。

6. 诉讼法

诉讼法又称诉讼程序法，是有关各种诉讼活动的法律规范。诉讼法调整的对象是诉讼活动中产生的各种关系即司法机关、执法机关、当事人及其他诉讼参与人，为了解决权益争执，在起诉、申诉、审判、执法等诉讼活动中产生的相互关系。它从诉讼程序方面保证实体法的正确实施，保证实体权利、义务的实现。

一般说来，诉讼活动可以分为民事诉讼、行政诉讼和刑事诉讼。与之相适应，我国的诉讼法主要有《民事诉讼法》、《行政诉讼法》和《刑事诉讼法》。

7. 劳动法

劳动法是调整劳动关系的法律。它的内容包括用工制度和劳动合同的订立、变更及解除，工作时间和休假制度，劳动报酬和最低工资，劳动卫生和安全，劳动纪律和奖惩制度，劳动保险和社会福利，女工和未成年人的特殊保护，工会制度，劳动争议的处理等。

目前我国的劳动法规主要有《劳动法》、《工会法》、《安全生产法》等。

8. 环境法

环境法是关于保护环境和自然资源、防治污染和其他公害的法律规范的总称，通常指自然资源法和环境保护法。目前我国环境法规主要有：《环境保护法》、《森林法》、《草原法》、《水法》、《海洋环境保护法》等。

我国法律的效力体系

法律的效力体系是指由不同国家机关制定或认可的、以不同形式表现的、具有不同法律效力的规范性文件所构成的等级体系。法律是由国家制定或认可的，而国家在权力结构上又是一个具有纵向控制关系的等级体系。源于不同权力机关的规范性文件会冠以不同的称谓，具有不同的法律效力。在我国，现行法的效力体系（也可以说法律的渊源）主要包括：

1. 宪法

宪法在我国是由作为最高国家权力机关的全国人民代表大会依据严格的程序制定的，它规定了国家政治制度和社会制度的基本原则，具有最高的法律地位和法律效力，是国家的根本大法和其他一切形式的法律和法规的母法及其效力的终极渊源。其他一切形式的法律和法规都不仅最终渊源于它，而且不得与它相抵触、冲突。

2. 法律

法律是专指由全国人民代表大会及其常委会制定的规范性文件。由全国人民代表大会制定的称为基本法律，如刑法、民法、各种诉讼法、国家机关组织法等；由全国人民代表大会常务委员会制定的称为一般法律，即除基本法律以外的其他法律，比如商标法、文物保护法、环境保护法、食品卫生法等。此外，由全国人大及其常委会发布的各种规范性决议和决定，也属于我国法律的渊源和形式。基本法律和一般法律的地位和效力仅次于宪法，但又高于国家机关制定的其他规范性文件。

3. 行政法规和部门规章

行政法规在我国是由国家最高行政机关，即作为中央人民政府的国务院制定和颁布的。它是有关国家行政管理活动的各种规范性文件，一般采用条例、规定、办法等名称。行政法规的法律地位和效力在宪法和法律之下，但又高于地方国家机关制定的地方性法规和其他规范性文件。国务院所属各部、各委员会发布的决定、命令、指示、规章等，具有规范性的，称为部门规章，其法律地位要低于行政法规。

4．地方性法规和地方政府规章

地方性法规是指省、自治区和直辖市以及省级人民政府所在地的市和国务院批准的较大的市的人民代表大会及其常委会，在不同宪法、法律和行政法规相抵触的前提下所制定的规范性文件。地方性法规不仅在其名称的表现形式上有条例、规定、办法规则、实施细则等，而且在其效力的表现形式上也有多种类型。

此外，由特别行政区立法机关依据宪法的授权和特别行政区基本法所制定的规范性文件，作为单一制国家两种制度下的法律组成部分，也是我国地方性法规的特殊表现形式。

根据我国法律的规定，省、自治区和直辖市的人民政府可以根据法律、行政法规和本省、自治区、直辖市的地方性法规制定规章；省、自治区人民政府所在地的市和国务院批准的较大的市的人民政府也可以根据法律、行政法规和本省、自治区的地方性法规制定规章。这些都称为地方政府规章。

除省、自治区、直辖市以及省级人民政府所在地的市和国务院批准的较大的市的人民代表大会及其常委会，以及相应的人民政府所制定的规范性文件外，我国地方各级人民代表大会及其常委会、地方各级人民政府发布的具有规范性的决议、命令、决定，在学理上也应视作我国地方性法规和地方政府规章的渊源和形式之列。

应当注意的是，地方性法规和地方政府规章，只适用于各自的行政辖区而且不得与我国宪法、法律和行政性法规相抵触、相冲突。

5.有关国际条约

国际条约是两个或两个以上的国家之间通过谈判所缔结、加入或承认的关于相互之间在政治、经济、贸易、文化、军事、法律等方面的关系中权利和义务的协议。国际条约虽然不属于国内法的范畴，但我国参加的国际条约，国家作为签约的主体一方，就负有守约的法律义务。因此，国际条约同国内法一样，是有约束力的，应该视为我国法律的一种形式。

法律效力

法律效力可以分为四种，即对人的效力、对事的效力、空间效力、时间效力。

1．法律对人的效力

　　具体是指法律对谁有效力，适用于哪些人。根据我国法律，对人的效力包括对中国公民的效力和对外国人、无国籍人的效力两个方面。

　　2. 法律对事的效力

　　具体是指法律对什么样的行为有效力，适用于哪些事项。这种效力范围的意义在于：第一，告诉人们什么行为可以做、什么行为不能做。第二，指明法律对什么事项有效，规定不同法律之间调整范围的界限。

　　3. 法律的空间效力

　　具体是指法律在哪些地域有效力，适用于哪些地区。一般情况下，一国法律适用于该国主权范围所及的全部领域，包括领土、领水及其底土和领空，以及作为领土延伸的本国驻外使馆、在外船舶及飞机。

　　4. 法律的时间效力

　　具体是指法律何时生效、何时终止生效（或失效）以及法律对其生效以前的事件和行为有无溯及力。

　　（1）法律的生效时间主要有三种：自法律公布之日起生效；由该法律规定具体的生效时间；规定法律公布后符号一定条件时生效。

　　（2）法律终止生效，即法律被废止，是指绝对地使法律的效力消灭。它一般分为明示的废止和默示的废止两种。

　　（3）法的溯及力，也称法律溯及既往的效力，是指法律对其生效以前的事件和行为是否适用。如果适用，该法律就具有溯及力；如果不适用，该法律就没有溯及力。法律是否具有溯及力，不同法律规范之间的情况是不同的。

法律责任

　　法律责任是指法律所规定的违法行为人因违法所应承担的制裁性法律后果。法律责任与政治责任、道义责任等其他社会责任不同。法律责任的大小、范围、期限和性质，都是由法律明确规定的；法律责任的认定和实现，必须由国家专门机关通过法定程序进行，其他任何组织和个人均无此项权力；法律责任以国家暴力机器为后盾来保证其实现，具有国家强制性，其他社会责任则不存在国家强制性。

　　法律责任分为五种即违宪责任、民事责任、行政责任、经济责任和刑事责任。法律责任的认定和确定，必须依据以下几个原则：

　　1. 责任法定原则

　　法律责任必须在法律上有明确、具体的规定，当违法行为发生后，执法机关必须按照法律事先规定的性质、范围、程度、期限、方式，追究行为人的责任，设立新的强制性的义务，使其承受制裁性法律后果。任何实施或适用责任的主体都无权向任何一个责任主体实施和追究法律明文规定以外的责任，任何责任主体都有权拒绝承担法律无明文规定的责任，这是责任法定原则的基本含义和要求。责任法定原则是对责任擅断原则的否定，同时，就其逻辑必然性来说，责任法定原则也是反对法律的类推适用和比照适用的。

2. 责任自负原则

法律责任是针对违法者的违法行为而设置的，凡是实施了违法行为的人，必须承担法律责任，而且必须是独立承担责任。国家机关不得追究与违法行为人虽有血缘关系而无违法事实的人的责任。

3. 违法行为与法律责任相适应的原则

法律责任的性质、种类以及轻重应与违法行为及其危害结果的性质和状态相适应。具体说，就是有责必究，轻责轻究，重责重究；相同的行为追究相同的责任；数个违法行为要同时追究其责任。

4. 责任平等原则

按照法律面前人人平等的法治精神，在确认追究法律责任时，应该对责任主体不分种族、民族、性别、职业、社会出身、财产状况等，一律平等地追究责任，绝不允许任何组织和个人享有规避法律责任的特权，绝不允许同罪异罚、差别对待的特权现象的滋长。

5. 重在教育的原则

法律责任体系中，刑事责任具有明显的惩罚性，但民事责任大多具有救济性和补偿性。追究责任意味着责任主体在生命、财产、资格等利益上的丧失和付出，但对于除生命刑以外的各种责任形式来说，惩罚制裁并非最终目的。惩罚只是一种手段，其主要目的在于通过使责任主体承受利益丧失带来的痛楚，唤醒其善良意志和守法意识，教育其依法办事，妥当行使权力，忠实地履行义务。

法律制裁及其类型

实施了违法活动就要承受法律的制裁。

法律制裁是由特定的国家机关对违法者依其所应承担的法律责任而实施的强制性惩罚措施，它与违法行为和法律责任有密切的联系。法律制裁与法律责任是基于违法行为而产生的。法律制裁以确认违法行为为前提，是实现法律责任的重要方式。法律责任与法律制裁具有逻辑性联系，违法行为必须承担法律责任，而追究法律责任，一般都必须实施法律制裁。法律制裁旨在强制主体承担违法行为的后果，迫使侵害人付出或者丧失一定的利益，其目的在于恢复被侵害人的权利，治理越轨的法律关系，维护社会关系的正常运转。

根据违法行为和法律责任的性质不同，我国的法律制裁可分为以下四种：

1. 违宪制裁

违宪制裁是对违宪行为所实施的法律制裁，是具有最高政治权威的法律制裁。在我国，监督宪法实施的全国人大及其常委会是行使违宪裁决权的机关。承担违宪责任的主体主要是国家机关及其领导干部。违宪制裁措施主要有：撤销同宪法相抵触的法律、行政法规、地方性法规、行政规章；罢免国家机关的领导成员。

2. 行政制裁

行政制裁是国家行政机关对行政违法者所实施的法律制裁。行政制裁分为行政处分和行政处罚两种，行政处分是国家行政机关依照行政隶属关系，对违反行政法的行政机关工作人员所实施的行政制裁，有警告、记过、记大过、降级、撤职和开除六种形式；行政处罚是指由特定的行政机关对违反行政法律的公民、法人或者其他组织所实施的行政制裁。

3. 民事制裁

民事制裁是由人民法院依法给予民事违法行为者应承担的民事责任而进行的法律制裁，是适用范围最为广泛的法律制裁。民事制裁的形式主要有：停止侵害、排除妨碍、消除危害、恢复原状、返还财产、赔偿损失、支付违约金、更换、消除影响、恢复名誉等。

4. 刑事制裁

刑事制裁又称为刑罚，是指人民法院对触犯刑法，实施犯罪行为的人实施的法律制裁，是最为严厉的一种法律制裁。刑罚分为主刑和附加刑，主刑包括管制、拘役、有期徒刑、无期徒刑、死刑；附加刑包括罚金、没收财产和剥夺政治权利。

第二节　经济立法知识

法律在市场经济中的作用

法律在市场经济中具有绝对权威，它的作用主要体现在以下几个方面：

1. 引导作用

宪法和相关经济法规能够引导市场主体在追求利润最大化的同时，兼顾国家和社会的利益，实现公平与效益的目标；能够引导企业既遵循市场规则，又服从国家宏观调控，实现社会的均衡发展。

2．规范作用

法律可以规范市场主体和政府的行为，确立企业法人的独立主体地位；界定公司法人的产权；设定市场交易的一般规则；调整各类市场交易活动及其管理，等等。

3．保障作用

市场经济法律能够保障市场主体的平等地位、意志自由和正当权益，促使市场公平竞争，优化市场竞争环境，保护劳动者和消费者的合法权益，等等。

4．监控作用

法律除以自己的权威引导企业合法经营外，还能对企业行为进行外部监控、内部监控以及监督，以规范企业的行为。

经济法的体系

经济法体系是指对已有的或应有的经济法律、法规，按一定的逻辑关系建立起各个经济法部门，由各个经济法部门所组成的有机联系的经济法系统。

通常认为狭义的经济法包含以下内容：

1．市场主体方面的法律。包括公司法、国有企业法、集体经济组织法、私营企业法、合伙企业法、个人独资企业法、三资企业法等。

2．宏观调控方面的法律。包括产业结构调整法、计划、投资、国有资产管理法、财税法、金融法、自然资源法、环境法等。

3．市场规制方面的法律。包括反不正当竞争法与反垄断法、消费者权益保护法、产品质量法、房地产法等。

4．社会分配方面的法律。包括劳动法和社会保障法。

5．经济监督方面的法律。包括审计法、会计法、统计法以及经济司法等方面的法律。

我国经济立法的原则

法律原则是立法、执法和守法以及处理法律纠纷的依据和准则。法律原则是适用一切法律规范的准则。但是，各个法律部门又有适合于自身特点的基本原则，这些基本原则便成为各个法律部门立法、执法及司法活动中的指导思想和行为准则。

　　经济法的基本原则是指能够体现经济法本质和特征，适用于一切经济法律规范的具有高度概括性的指导思想，是经济立法、执法、司法活动中的准则。在无明文规定的情况下，经济法的基本原则可以成为执法和司法的重要依据。根据经济法的本质和特征以及各类经济法规的现实状况，对经济法的基本原则作如下归纳。

　　1. 保护各种经济主体合法权益的原则

　　在我国现有条件下，各种经济主体除了彼此地位独立、相互利益不同之外，还有经济性质的差别。每一经济主体都具有归属于某一经济性质的经济成分。在我国社会主义经济的发展过程中，不同经济成分经济主体的法律地位曾经是有差别的。例如：在计划经济体制下，公有制经济是社会经济的主体，起着主导和支配作用，而非公有制经济则是限制和改造的对象，在法律的保护上则是注重对前者的保护，而淡化后者的利益。在我国现阶段社会主义市场经济条件下，不同经济成分的存在尚是一个长期的过程，依照市场经济规则，只有不同经济成分的经济主体的法律地位平等，各自的合法权益得到同等的保护，才能建立起一个充满生机和活力的社会主义市场经济体制。因此，根据市场经济这一客观现实，经济法就将不同经济成分的经济主体合法权益的平等保护作为自己的一项基本原则，以促进各经济成分之间在社会主义的统一市场中展开公平竞争。

　　根据保护各种经济主体合法权益的原则，经济法应对各种财产所有权的性质、地位和作用予以确认和肯定，对多种经济成分经济主体的利益施以平等保护，并规定出相应的平等保护方法和对侵权行为的制裁措施，从而充分发挥各种经济成分在发展社会主义市场经济中的积极作用。

　　2. 市场机制与宏观调控相结合的原则

　　市场机制是指根据市场的供求关系调节生产和服务的机制。市场机制对于促进资源合理配置、满足人民生活需要、推动社会生产率的提高和技术进步等都具有重要作用。但是，市场机制又带有一定的自发性和盲目性，如果不对其加以适当控制，就可能会给社会造成极大浪费，损害民众利益，造成经济的无政府状态。因此，国家又必须要对市场进行必要的宏观调控，宏观调控是指国家为了实现社会经济总量的基本平衡，促进经济结构的优化，引导国民经济持续、快速、健康发展，对国民经济总体活动进行的调节和控制。通过这种调控，以控制经济总量和重大生产与消费比例关系的大体平衡，防止经济运行出现大的波动。经济法作为调整国民经济管理和协作关系的重要法律，理应将市场机制和宏观调控有机的结合作为自己的一项重要原则。

　　根据这一原则，经济法应对市场机制和宏观调控的性质、内容、手段以及相互结合的程度、方式和范围加以规范化、制度化和法制化，使得宏观调控不致影响市场机制作用的正常发挥，同时又为国家管理和适当干预经济提供一定的范围和空间，以避免盲目性和随意性。在实践中，应通过制定计划法，赋予国民经济各类计划相应的法律地位，来强化中央政府管理经济的权威性和规范性，加强计划的统一性和科学性；通过制定会计法、审计法、统计法、银行法来加强对统计、审计信贷的监督；通过制定市场管理法来加强对商品流通的管理；通过制定预算法、税法、国有资产管理法来进行社会再分配和人、财、物的合理使用；通过制定竞争法、价格管理法来规范市场行为等。

3. 经济组织本体利益与社会利益相结合的原则

经济组织的本体利益是指其自身的利益。经济关系的本质是物质利益关系，经济组织参与经济活动的根本目的就是为了实现自身的物质利益。因此，经济法应将各经济主体的自身利益保护放在重要位置。但是，任何经济活动都不是孤立的范畴，与社会利益有着密切关系，这不仅在于任何经济主体参与经济活动都要与其他经济主体发生利益关系，而且还在于任何经济活动都与经济活动参与者之外的主体有着密切的利益关系。在此情况下，经济法应在保护经济组织本体利益的同时，协调各类经济主体之间的利益关系和本体利益与社会利益的关系。

首先，各经济法律关系的主体利益应当协调一致，不能以损害某一方面的利益为代价来保护另一方面的利益。这不仅包括不同层次法律关系主体之间利益的保护和协调（如国家、地方、企业和个人），而且还包括同一层次的主体之间利益的保护和协调。

其次，各个经济组织的利益必须与社会利益一致。社会利益是指社会公共利益和社会整体利益。在这两者的结合上，现代法学理论和我国社会主义本质普遍强调，本体利益不得违背社会利益，在本体利益与社会利益发生冲突时，应以社会利益为优先。

因此，经济法亦应贯彻这一基本精神。实际上，我国现已颁布的《产品质量法》、《消费者权益保护法》、《反不正当竞争法》、《环境保护法》等都是保护社会利益、体现社会利益优先的立法表现。

4. 维护公平竞争原则

市场经济实质就是竞争经济。市场是商品交换的场所，有市场就有竞争。市场经以其竞争规律达到优胜劣汰，促进整个生产要素市场的合理流动，实现结构优化和资源合理配置的目的。但是，市场经济的竞争规律表明，有竞争就会有不正当竞争，不正当竞争是指市场经济主体在市场经济活动中，采取虚假、欺诈和其他违反商业道德的手段，损害国家、社会和竞争者的利益，扰乱经济秩序的行为。因此，经济法应将维护公平竞争，制止不正当竞争作为其一项基本原则。

公平竞争是指经济活动的参与者在生产经营中为获取更多经济利益，运用合法手段，在平等的市场条件和法律环境下展开的竞争性活动。经济法律规范应着力创造公平、自由的竞争环境，维护公平竞争的市场经济秩序，保证公平竞争在最大范围和最大程度上的实现。与此同时，公平竞争环境的维护实际是依赖反对不正当竞争行为加以实现的。经济法应将制止和反对不正当竞争行为作为其重要任务。

以上基本原则是相互联系、彼此补充的，共同指导着我国经济立法、执法和司法活动。

经济法与民法的区别和联系

1. 民法是调整市场经济关系的基本法

市场经济不同于自然经济和计划经济而与商品经济有着不可分割的联系。市场经济通过市场机制来配置社会资源，其特性就是要遵循市场规律，即要遵循价值规律、供求规律和竞争规律。这种本质反映到现象层面，就形成了市场主体的平等自主性、市场关系的契约性、市场活动的竞争性、市场体系和规则的统一性、市场范围的开放性和竞争结果的分化性六大特点。

与市场的以上本质特征相适应，民法原则本质地符合了市场经济的法律需求。恩格斯在考察了前资本主义和资本主义初期的商品经济关系后得出结论："民法准则只是以法律形式表现了社会的经济生活条件。"在现代国家中，民法就是"将经济关系直接翻译为法律准则"。市场以公开、公平、公正的竞争作为自己的特质，民法以主体平等、意志自由、等价有偿、诚实信用作为自己的基本原则，二者完全吻合。由此可见，民法作为市场机制基本的法律表现形式是商品关系的最佳选择，是由市场经济关系派生出来的最基本的法律需求，其授权性的规范要求和行为模式，本质地体现了市场经济固有的特点。

2. 经济法是克服市场经济内在缺陷的法律需要

市场本身有一种使供求趋于平衡的力量，能够使资源得到合理配置。但市场经济靠价值规律进行自发调节具有局限性、盲目性和分化性，此即所谓"市场失灵"。周期性的经济危机即印证了此点。二战后，世界各国均加强了对经济的宏观调控。国家从社会整体利益出发，对经济进行适当干预，这种经济思想在法律上得到表现，这就产生了经济法。

经济法以追求效益和公平的平衡为出发点，在尊重价值规律、私法自治的基础上，国家对经济作适当干预，以追求社会的整体利益和经济的稳定健康发展。它已成为现代市场经济国家不可缺少的法律手段，弥补了民法调整的不足。

3．经济法和民法的关系

经济法和民法都是我国市场经济条件下不可或缺的法律部门。它们共同服务于调整我国市场经济关系的任务，其目标是促进我国社会主义市场经济的健康、稳定、快速发展。这需要二者在不同的领域相互配合，相互制约，以发挥各自的积极作用。

作为不同的法律部门，经济法与民法有下列不同：

（1）主体不同。民法主体只限于公民和法人，经济法主体除公民和法人外，还包括企业法人的内部机构和其他经济主体。更重要的是，民法主体当事人之间的地位是平等的，经济法主体在参加经济调控关系时，它与当事人地位不一定是平等的。

（2）调整对象不同。民法主要调整流通领域中平等主体之间的经济关系，而经济法主要是调整生产领域中的经济调控关系。

（3）调整方法不同。民法是采取自愿、平等、等价有偿和诚实信用的原则调整经济关系，而经济法除了采取命令与服从的办法调整经济关系外，还采取命令与平等相结合的办法调整经济关系。

（4）作用不同。民法强调个人自治，体现的是个体本位；而经济法强调的是国家对宏观经济的干预，体现的是社会本位。

（5）制裁的方法不同。民法只采取民事制裁方法，而经济法则可以采取民事、行政和刑事相结合的制裁方法。

综上所述，经济法和民法都会对经济关系进行调整，分别发挥着各自的作用。我们日常所说的经济法往往包含了二者的内容。经理人作为经济关系的主体，对民法和经济法都应有一个基本的了解。鉴于本书的写作目的，本书中以后章节所称的经济法，除特殊指明外，是包含了民法和经济法在内的广义的经济法。

第二章　商务活动中常用的法律法规

第一节　企业法有关知识

作为企业管理者一定要知道自己所在企业的性质，了解与自己所在企业有关的法律法规，明确企业的经营范围及企业的权利和义务，了解企业应承担的法律责任，在法律法规的约束下，从事生产经营活动，才能确保企业向正确的方向前进。

1.1　企业法概述

我国现行企业法律制度

我国现行企业法律制度主要由以下几个部分组成：

1．公司企业法律制度

主要是《中华人民共和国公司法》及其相关法规。

2．全民所有制企业法律制度

包括《中华人民共和国全民所有制工业企业法》（1988年4月13日）、《全民所有制企业转换经营机制条例》（1992年7月23日）、《全民所有制工业企业承包经营责任制暂行条例》（1986年4月12日）、《全民所有制小型工业企业租赁经营暂行条例》（1988年5月18日）等。

3．集体所有制企业法律制度

包括《中华人民共和国乡村集体所有制企业条例》（1990年6月3日）、《乡镇企业组建和发展企业集团暂行办法》（1992年1月3日）、《中华人民共和国城镇集体所有制企业条例》（1991年9月9日）等。

4．私营企业法律制度

包括《中华人民共和国私营企业暂行条例》（1988年6月25日）及其施行办法（1989年2月1日）、《中华人民共和国合伙企业法》（1997年2月23日）、《中华人民共和国个人独资企业法》（1999年8月30日）、《中华人民共和国中小企业促进法》（2002年6月29日）等等。

5．三资企业法律制度

包括《指导外商投资方向暂行规定》（1995年6月27日）、《中华人民共和国中外合资经营企业法》（1979年7月1日）及其实施条例（1983年9月20日、1986年1月25日、1987年12月21日、2001年7月22日修订）、《中华人民共和国中外合作经营企业法》（1988年4月13日、2000年10月31日修订）及其实施细则（1995年9月4日）、《中华人民共和国外资企业法》（1986年4月12日、2000年10月31日修订）及其实施细则（1990年10月28日）等等。

6. 企业登记管理制度

包括《中华人民共和国企业法人登记管理条例》（1988年6月3日）及其施行细则（1988年11月3日）、《乡村集体所有制企业审批和登记管理暂行规定》（1990年7月20日）、《企业法人的法定代表人审批条件和登记管理暂行规定》（1990年11月20日）、《企业名称登记管理规定》（1991年5月21日）、《私营企业登记程序》（1991年7月20日）等等。

我国企业法的体系

我国现行企业法律制度由以下几个部分组成：

1. 公司企业法律制度

主要是《中华人民共和国公司法》及其相关法规。

2. 国有企业法律制度

包括《中华人民共和国全民所有制工业企业法》（1988年4月13日）、《全民所有制工业企业转换经营机制条例》（1992年7月23日）、《全民所有制工业企业承包经营责任制暂行条例》（1986年4月12日）、《全民所有制小型工业企业租赁经营暂行条例》（1988年5月18日）等。

3. 集体所有制企业法律制度

包括《中华人民共和国乡村集体所有制企业条例》（1990年6月3日）、《乡镇企业组建和发展企业集团暂行办法》（1992年1月3日）、《中华人民共和国城镇集体所有制企业条例》（1991年9月9日）等。

4. 私营企业法律制度

包括《中华人民共和国私营企业暂行条例》（1988年6月25日）及其施行办法（1989年2月1日）等。

5. 三资企业法律制度

包括《指导外商投资方向暂行规定》（1995年6月27日）、《中华人民共和国中外合资经营企业法》（1979年7月1日）及其实施条例（1983年9月20日、1986年1月25日1987年12月21日修订）、《中华人民共和国中外合作经营企业法》（1988年4月13日）及其实施细则（1995年9月4日）、《中华人民共和国外资企业法》（1980年4月12日）及其实施细则（1990年10月28日）等。

6. 企业登记管理制度

包括《中华人民共和国企业法人登记管理条例》（1988年6月3日）及其施行细则（1988年11月3日）、《乡村集体所有制企业审批和登记管理暂行规定》（1990年7月20日）、《企业法人的法定代表人审批条件和登记管理暂行规定》（1990年1 1月20日）、《企业名称登记管理规定》（1991年5月21日）、《私营企业登记程序》（1991年7月20日）等。

企业如何分类

1. 按照企业的资本构成、责任形式和企业在法律上的地位，可以把企业分为独资企业、合伙企业和公司，这也是世界上对企业类型的最通常的划分方法。随着我国社会主义市场经济体制的逐步建立，企业改革的进一步深化，我国也将把独资企业、合伙企业和公司作为我国企业的基本法定分类，目前，我国已颁布了《公司法》、《中华人民共和国合伙企业法》和《中华人民共和国独资企业法》。

（1）独资企业。企业由一个自然人投资，企业财产为投资人所有，投资人对企业债务负无限责任的企业。该类企业，从经济上分析，它由一个自然人独立出资，一般来讲，资本数额较少，企业规模较小，承受风险能力较差。由于上述情况，从组织上分析，其设立、终止的条件和程序比较简便，能很快地设立，也能因情况变化而迅速变更和终止；在法律上，它是由一个自然人独立出资；在经营管理上，出资人依法享有独立的经营自主权，所得利润归出资人独立享有，同时出资人要独立地承担无限责任。

（2）合伙企业。两个或两个以上的出资人为了实现共同的经济目的，根据合伙协议，共同出资，共同经营，共担风险，共享经济收益，对合伙企业债务负无限连带责任的企业。该类企业的财产由投资人（合伙人）所共有。合伙企业形成的基础及法律表现形式是合伙协议，合伙企业的生产经营活动由出资人共同经营，其收益按出资份额或者合伙协议约定共同分享，合伙人对合伙企业的债务承担无限连带责任。合伙企业虽是一种民事法律关系主体，一般情况下它不具备法人资格。

（3）公司。公司是依《公司法》设立的，以营利为目的的股份制企业法人。

公司是资本主义国家中企业组织形式中最重要的一种企业形态，它也是我国社会主义市场经济体制中一种重要的企业组织形式。

2．按经济类型对企业进行分类

这是我国对企业进行法定分类的基本做法。根据宪法和有关法律规定，我国目前有国有经济、集体所有制经济、私营经济、联营经济、股份制经济、涉外经济（包括外商投资、中外合资及港、澳、台投资经济）等经济类型，相应地我国企业立法的模式也是按经济类型来安排，从而形成了按经济类型来确定企业法定种类的特殊情况。它们是：

（1）国有企业。这是指企业的全部财产属于国家，由国家出资兴办的企业。在我国，国有企业的范围包括中央和地方各级国家机关、事业单位和社会团体使用国有资产投资所举办的企业，也包括实行企业化经营国家不再核拨经费或核发部分经费的事业单位及从事生产经营性活动的社会团体，还包括上述企业、事业单位、社会团体使用国有资产投资所举办的企业。

（2）集体所有制企业。这是指一定范围内的劳动群众出资举办的企业。它包括城乡劳动者使用集体资本投资兴办的企业以及部分个人通过集资自愿放弃所有权并依法经工商行政管理机关认定为集体所有制的企业。

（3）私营企业。这是指企业的资产属于私人所有，有法定数额以上的雇工的营利性经济组织。在我国这类企业由公民个人出资兴办并由其所有和支配，而且其生产经营方式是以雇佣劳动为基础，雇工数额应在8人以上。

（4）股份制企业。企业的财产由两个或两个以上的出资者共同出资，并以股份形式而构成的企业，我国的股份制企业主要是指股份有限公司和有限责任公司（包括国有独资公司）两种组织形式。某些国有、集体、私营等经济组织虽以股份制形式经营，但未按公司法有关规定改制规范的，未以股份有限责任公司或有限责任公司登记注册的，仍按原有所有制经济性质划归其经济类型。

（5）联营企业。这是指企业之间或者企业、事业单位之间联营，组成新的经济实体，独立承担民事责任，具备法人条件的联营企业；或者是企业之间或企业、事业单位之间联营，共同经营，不具备法人条件的，由联营各方按照出资比例或者协议的约定，以各自所有的或者经营管理的财产承担民事责任的企业。如果按照法律规定或者协议的约定负连带责任的，则要承担连带责任。

（6）外商投资企业。这类企业包括中外合资经营企业、中外合作经营企业和外资独资企业。

（7）港、澳、台投资企业。这是指港、澳、台投资者依照中华人民共和国有关涉外经济法律、法规的规定，以合资、合作或独资形式在大陆举办的企业。

（8）股份合作企业。这是指一种以资本联合和劳动联合相结合作为其成立、运作基础的经济组织，它把资本与劳动力这两个生产力的基本要素有效地结合起来，具有股份制企业与合作制企业优点的新兴的企业组织形式。

上述各类企业在我国《宪法》、《民法通则》中的有关条款中均有原则性规定，相应各类企业也均有专门的企业法律、法规对其进行规范。有一些企业随着经济体制改革的深化和社会主义市场经济体制的逐步建立，将逐渐完善、加强或者被现代企业制度的有关企业组织形式所取代，相应的法律制度也将废止，还有一些类型的企业立法不够健全，需要在实践中加以完备。我国企业分类的趋势是由按所有制分类逐步过渡到按资本构成、责任形式分类。

企业设立应具备的条件

根据我国企业法律、法规的规定，设立企业应当具备以下条件：

1. 有自己的名称

名称是企业的标记，是企业具有法律主体资格的必要条件。企业的名称必须符合法律的规定，才能依法获得登记。

2. 制定章程

章程是企业组织及其活动的基本规章，分别依照《公司法》、《中外合资经营企业法》等法律、法规的规定制定。特殊企业章程的主要内容由决定设立该企业的机关根据该企业的任务、职能、组织和级别等加以规定，并经国务院、有关地方政府或其他有关机关批准。设立非法人企业，可以不制定章程。

3. 有符合规定的数额与企业经营范围相适应的资金

如《中华人民共和国企业法人登记管理条例施行细则》（简称《企业法人登记细则》）规定，企业法人的注册资金最少不得低于3万元；《公司法》规定，有限公司的注册资本最低为10万元，股份公司的注册资本最低为1000万元，上市公司的注册资本最低为5000万元；1995年国家对外经济贸易合作部颁布的《关于设立外商投资股份有限公司若干问题的暂行规定》，要求外商投资股份公司的注册资本最低为3000万元；《商业银行法》规定，商业银行的注册资本最低限额为10亿元，城市合作商业银行的注册资本最低限额为1亿元，农村合作商业银行的注册资本最低限额为5000万元《保险法》规定，保险公司的注册资本最低限额为2亿元，等等。法人企业必须能够对企业的财产独立地承担民事责任；非法人企业则由其投资者对企业的活动承担民事责任。

4．有符合法律规定的组织机构和从业人员

如有限公司必须设董事会或一名执行董事，《私营企业暂行条例》规定私营企
的从业人员不得少于8人，等等。

5．有与企业的生产经营规模相适应的经营场所和设施

生产经营场所包括企业的住所和与生产经营相适应的处所。住所是企业的主要
办事机构所在地，是企业的法定地址。

企业的变更和终止

1．企业的变更

企业变更包括以下情况：

（1）企业合并。即两个以上的企业依法并为一个企业。合并的形式有两种：
一种是吸收合并；另一种是新设合并。吸收合并是指一个企业接纳其他企业加入本
企业，加入方解散并取消原企业法人或企业的资格，接纳方存续。新设合并是指一
个企业与其他企业合并，成立新的企业，原合并方解散，取消原企业法人或企业的
资格。

（2）企业分立。即一个企业依法分为两个以上的企业。分立的形式有两种：
一种是一个企业分出部分财产和业务另设企业，原企业存续；另一种是公司将全部
财产分别归入两个以上的新设企业，原企业解散。

（3）增设或撤销分支机构。

（4）住所变更。具体分为两种情况：一种是企业向异地迁移，登记机关和管
辖也可能随之变更；另一种是企业在同城、同一地区或同一登记机关管辖范围内的
地址变更。

（5）企业转业。即企业以新的经营范围代替原经营范围，企业名称须同时变
更。它不是经营范围在原有基础上的部分变更。

（6）企业组织形式变更。如由一般全民所有制企业改组为公司；有限公司转
变为股份公司等。

（7）企业其他登记事项变更。如企业名称变更、经营范围的部分变更，或者企
业的法定代表人、股东、发起人、经营方式、注册资金、经营期限的变更，等等。

企业变更必须遵守有关企业法的规定。如公司合并或分立，必须通知债权人，
并依《公司法》的规定进行公告；股份公司合并或分立的，还须经国务院授权的部

门或省级人民政府批准。企业变更符合法律规定的，应当在允许变更的条件成就之后30日内，或由主管部门或审批机关批准的，在批准后30日内，向登记机关办理有关登记。

2. 企业的终止

企业的终止即企业主体资格的消灭，也称企业的解散。可以由以下原因而解散：

（1）歇业。包括企业因章程中规定的事由发生，如经营的目的实现、经营期限届满；企业出资者或股东做出企业解散的决议，包括政府有关部门在其权限范围内决定撤销或解散某国有企业；企业因不可抗力发生，无法继续营业而解散等。另外，企业成立后满6个月未开始经营活动或者停止经营活动满1年的，视同歇业，由登记机关依法予以注销。

（2）依法被撤销。包括企业因从事违法活动，被工商行政管理机关或卫生、环境、质量技术监督等主管部门责令解散，吊销其营业执照。

（3）依法被宣告破产。企业解散，经向登记机关办理企业注销登记而终止或消灭。企业被核准注销后，由登记机关吊销其企业法人营业执照或企业营业执照，撤销注册号，收缴执照的正、副本和企业公章，将注销情况通知其开户银行，并进行公告。

法人和企业法人

1. 法人

法人是具有民事权利能力和民事行为能力，依法独立享有民事权利和承担民事义务的组织。法人的民事权利能力和民事行为能力，始于法人成立，终于法人终止。法人作为民事法律关系的主体，是与公民（自然人）相对应的，是依法成立的社会组织，是社会组织在法律上的人格化。

法人应当具备以下条件：

（1）依法成立。

（2）有必要的财产或者经费。

（3）有自己的名称、组织机构和场所。

（4）能够独立承担民事责任。

2. 法人的分类

根据法人设立的目的及其职能，《中华人民共和国民法通则》将我国法人划分为企业法人和非企业法人。

非企业法人是指不以营利为目的，主要从事非生产经营活动的法人，包括机关法人、事业单位法人、社会团体法人。

企业法人是指具有符合国家法律规定的资金数额、企业名称、组织章程、组织机构、住所等法定条件，能够独立承担民事责任，经主管机关核准登记取得法人资格的社会经济组织，我国的企业法人包括：全民所有制企业、集体所有制企业、内资有限责任公司、股份有限公司以及在中华人民共和国领域内设立的中外合资经营企业、中外合作经营企业和外资企业。

企业法人具有以下特征：

（1）具备企业法人的法定条件，经核准登记成立。

（2）是从事营利性生产经营活动的经济组织。

（3）独立承担民事责任。

全民所有制企业法人以国家授予其经营管理的财产承担民事责任；集体所有制企业法人以及公司以企业所有的财产承担民事责任；中外合资经营企业法人、中外合作经营企业法人和外资企业法人以企业所有的财产承担民事责任。

企业法人的法定代表人

根据法律、法规的有关规定，具备企业法人条件的企业，经国家授权的审批机关或主管部门审批和登记主管机关核准登记注册，其代表法人行使职权的主要负责人是企业法人的法定代表人。企业法人法定代表人的产生方式主要有任命、委派、选举、招聘及其他合法方式。非公司企业的法定代表人是依企业章程确立的厂长、经理、总经理、管理委员会主任等；公司企业的法定代表人为公司董事长。法定代表人应在国家法律、法规以及企业章程规定的职权范围内行使职权，履行义务，代表企业法人参加民事活动，对企业的生产经营和管理全面负责，并接受企业全体成员和有关机关的监督。

法定代表人在企业法人权利能力范围内的行为后果，直接由法人承担。企业法人有违法行为时，依照法律、法规的有关规定，除法人承担责任外，对法定代表人可以给予行政处分、罚款，构成犯罪的，依法追究刑事责任。

法定代表人的签字应向登记主管机关备案。法定代表人签署的文件或加盖企业法人公章的文件均是代表企业法人的法律文书。

企业法人的法定代表人一般不得同时兼任另一企业的法定代表人。因特殊需要兼任的，只能在隶属关系或投资关系的企业兼任，并由企业主管部门或登记机关从严审核。

要想成为企业法定代表人须具备以下条件：

（1）具有完全民事行为能力。

（2）有企业所在地正式户口或临时户口。

（3）具有管理企业的能力和有关的专业知识。

（4）从事企业的生产经营活动。

（5）产生的程序符合国家法律和企业章程的规定。

（6）符合其他有关规定的条件。

凡有下列情形之一的人员（除国家另有规定外），不得担任企业法人的法定代表人：

（1）因违法经营被吊销营业执照的企业原法定代表人，自决定吊销营业执照之日起未满3年的。

（2）因经营不善被依法撤销或宣告破产的企业的负有主要责任的法定代表人，自核准注销登记之日起未满3年的。

（3）刑满释放、假释或缓刑考验期满和解除劳教人员，自刑满释放、考验期满或解除劳教之日起未满3年的。

（4）因从事违法活动被司法机关立案调查，未结案的。

（5）各级机关（包括党的机关、国家权力机关、行政机关、审判机关、检察机关）在职干部和军队在职现役军人。

（6）国家法律、法规和政策规定不能担任企业领导职务的。

1.2 全民所有制工业企业与全民所有制工业企业法

全民所有制工业企业

全民所有制工业企业是指生产资料属于全民所有，依法自主经营、自负盈亏、独立核算的商品生产和经营单位。其根本任务是根据国家计划和市场需要，发展商品生产，创造财富，增加积累，满足社会日益增长的物质和文化生活需要。同其他全民所有制企业相比，全民所有制工业企业是从事工业生产经营活动，为社会生产工业产品或提供工业性服务的企业。

全民所有制工业企业法

全民所有制工业企业法是调整国家管理全民所有制工业企业和全民所有制工业

企业内部生产经营管理活动中发生的经济关系的法律规范的总称。1988年4月13日第七届全国人民代表大会第一次会议通过的《中华人民共和国全民所有制工业企业法》（以下简称《工业企业法》），1992年7月23日国务院发布的《全民所有制工业企业转换经营机制条例》（以下简称《转换经营机制条例》），是我国目前调整全民所有制工业企业经济关系的主要法律规范。上述法律、法规不仅专门适用于全民所有制工业企业，而且其原则还适用于全民所有制交通运输、邮电、建筑安装、商业、外贸、物资、农林、水利等企业。

全民所有制工业企业的经营权

作为具有独立法人资格的生产经营实体，《工业企业法》和《转换经营机制条例》赋予全民所有制工业企业广泛的生产经营自主权，具体表现为：

1．生产经营决策权

企业根据国家宏观计划指导和市场需要，有权自主做出生产经营决策，生产产品或为社会提供服务。

2．产品、劳务定价权

除国务院和省级政府物价部门管理的个别日用工业消费品和少数生产资料由政府定价外，其余产品价格和企业提供加工、维修、技术协作等劳务价格，企业可以自主定价。

3．产品销售权

除法律另有规定或国家明令禁止在市场上销售的产品外，企业可以在全国范围内自主销售本企业生产的指令性计划以外的产品，以及完成指令性计划后的超产产品。

4．物资采购权

企业对指令性计划供应的物资，有权要求与生产企业或其他供货方签订合同；企业对指令性计划以外所需的物资，有权自主采购和进行物资调剂。企业有权拒绝执行任何部门和地方政府以任何方式为企业指定指令性计划以外的供货单位和供货渠道。

5．进出口权

没有进出口经营权的企业，可以在全国范围内自主选择外贸代理企业，并有权参与同外商的谈判。有进出口经营权的企业，在获得进出口配额、许可证等方面与外贸企业享有同等待遇。企业根据国家规定，可以自主使用留成外汇和进行外汇调剂；可以在境外承揽工程，进行技术合作或者提供其他劳务；可以进口自用的设备和物资；可以自主使用自有外汇安排业务人员出境。

6．投资决策权

企业有权依法以留用资金、实物、土地使用权、工业产权和非专利技术等向国内的企业、事业单位投资，购买和持有其他企业的股份。经政府有关部门批准，还可以向境外投资或在境外开办企业。企业遵照国家产业政策，以留用资金和自行筹措的资金从事生产性建设，能够解决建设和生产条件的，由企业自主决定立项，报政府有关部门备案。

7．留用资金支配权

企业在保证实现企业财产保值、增值的前提下，有权自主确定税后留用利润中各项基金的比例和用途，报政府有关部门备案。

8．资产处置权

除法律、法规另有规定外，企业根据生产经营需要，对一般固定资产，可以自主决定出租、抵押或有偿转让；对关键设备、成套设备或重要建筑物可以出租，经政府主管部门批准也可以抵押、有偿转让。企业处置生产性固定资产所得收入，必须全部用于设备更新和技术改造。

9．联营、兼并权

企业有权与其他企业事业单位进行法人型、合伙型和合同型联营。企业按照自愿有偿的原则，可以兼并其他企业，并报政府主管部门备案。

10．劳动用工权

企业有权自主招工，决定用工形式，实行合理的劳动组合。企业有权依照法律、法规和企业规章，解除劳动合同，辞退、开除职工。

11．人事管理权

企业自主行使人事管理权，对管理人员和技术人员可以实行聘用制和考核制。除法律另有规定外，企业中层和副厂级行政管理人员，由厂长（经理）按国家规定任免或提请政府主管部门任免。

12．工资、奖金分配权

企业的工资总额依照政府规定的工资总额与经济效益挂钩办法确定。企业在相应提取的工资总额内，有权自主使用、自主分配工资和奖金，确定适合本企业情况的工资形式和奖金分配办法。

13．内部机构设置权

企业有权决定内部机构的设立、调整和撤销，决定企业的人员编制。企业有权拒绝任何部门和单位向企业摊派人力、物力、财力。企业可以向审计部门或者政府有关部门控告、检举摊派行为，要求其做出处理。

全民所有制工业企业的经营责任

《转换经营机制条例》第三章以"企业自负盈亏的责任"为标题，具体规定了全民所有制工业企业的经营责任，综合起来，可概括为以下几个方面：

（1）分配责任制度。企业必须建立分配约束机制和监督机制。分配的原则是：企业工资总额增长幅度必须低于本企业经济效益（依据实现利税计算）增长幅度；企业职工实际平均工资增长幅度必须低于本企业劳动生产率（依据净产值计算）增长幅度。企业必须根据经济效益的增减，决定职工收入的增减。工资总额的确定与调整，应报政府有关部门审查批准。

（2）工资储备基金制度。企业每年应从工资总额的新增部分中提取不少于10%，建立企业工资储备基金，由企业自主使用。工资储备基金累计达到企业一年工资总额的，不再提取。

（3）财务管理责任制度。企业应强化财务管理，严格执行国家财政、税收和国有资产管理的法律、法规，建立资产负债和损益考核制度，编制财务会计报告，进行财产盘点、审计，做到账实相符，不得造成利润虚增或虚盈实亏，确保企业财产保值、增值。

（4）经营性亏损处理制度。《转换经营机制条例》第27条、第28条、第29条规定了企业亏损处理制度。企业由于经营管理不善造成经营性亏损的，厂长、其他厂级领导和职工，应当根据责任大小，承担相应责任。对政策性亏损的企业，在给予价格放开、补贴或其他方式补偿后，仍然亏损的，按经营性亏损处理。实行承包和租赁经营责任制的企业，未完成上缴利润，或拖欠租金，达不到经营总目标的，应从各自所掌握的自有资金中抵补。

（5）奖励制度。《转换经营机制条例》第26条规定：企业连续三年全面完成上交任务，并实现企业财产增值的或者亏损企业的新任厂长，在规定期限内，实现扭亏增盈的目标的，政府主管部门对厂长或者厂级领导给予相应的奖励，奖金由决定奖励的部门拨付。

全民所有制工业企业的经营责任制形式

《工业企业法》规定，企业根据政府主管部门的决定，可以采取承包、租赁等经营责任制形式。目前，我国调整企业承包、租赁经营关系的主要法规有：《全民所有制工业企业承包经营责任制暂行条例》（国务院1988年2月22日发布）和《全民所有制小型工业企业租赁经营暂行条例》（国务院1988年6月5日发布）。

1. 承包经营责任制

承包经营责任制，是在坚持企业全民所有制的基础上，按照所有制与经营权相分离的原则，以承包经营合同形式，确定国家与企业的责权利关系，使企业做到自主经营、自负盈亏的经营管理制度。承包经营责任制的主要内容是：包上交国家利润，包技术改造任务，实行工资总额与经济效益挂钩。包上交国家利润的方式有：

（1）上缴利润递增包干。

（2）上缴利润基数包干，超收分成。

（3）微利企业上缴利润定额包干。

（4）亏损企业减亏（或补贴）包干。

（5）国家批准的其他形式。

实行承包经营责任制，必须由企业经营者代表承包方与发包方签订承包经营合同。发包方是人民政府指定的有关部门，承包方是实行承包经营的企业。承包期限一般不得少于3年。

2. 租赁经营责任制

租赁经营责任制，是在不改变企业全民所有制的条件下，实行所有权与经营权的分离，国家授权单位为出租方将企业有期限地交给承租方经营，承租方向出租方支付租金并按照合同规定对企业实行自主经营的经营管理制度。租赁经营可以采取的形式有：

（1）个人承租，即一个人承租经营企业。

（2）合伙承租，即2至5人合伙承租经营企业。

（3）全员承租，即本企业全体职工承租经营企业。

（4）企业承租，即一个企业承租经营另一个企业。

（5）国家允许的其他租赁经营形式。

实行租赁经营责任制，出租方与承租方必须订立租赁经营合同。出租方为企业所在地政府委托的有关部门，承租方为承租经营企业者。租赁合同期限每届为3～5年，承租方不得将企业转租。

违反全民所有制工业企业法的法律责任

1. 政府和政府有关部门违反工业企业法的法律责任

《工业企业法》第61条规定，政府和政府有关部门侵犯企业依法享有的经营管理自主权，向企业摊派人力、物力、财力，要求企业设置机构或规定机构编制人数的，企业有权向做出决定的机关的上一级机关或政府监察部门申诉。接受申诉的机关应于接到申诉之日起30日内做出裁决并通知企业。

2. 企业违反工业企业法的法律责任

企业违反《工业企业法》的有关规定，未经政府或政府主管部门审核批准和工商行政管理部门核准登记，以企业的名义进行经营活动的，责令停业，没收违法所得。企业向登记机关弄虚作假，隐瞒真实情况的，给予警告或处以罚款；情节严重的，吊销营业执照。企业因生产、销售质量不合格的产品，给用户和消费者造成人身、财产损害的，应当承担赔偿责任；构成犯罪的，对直接责任人员依法追究刑事责任。

3. 企业和政府有关部门领导干部违反工业企业法的法律责任

企业领导干部滥用职权，侵犯职工合法权益，情节严重的，由政府主管部门给予行政处分。滥用职权，假公济私，对职工进行报复陷害的，依法追究刑事责任。企业和政府有关部门领导，因工作过失，给企业和国家造成较大损失的，由政府主管部门或有关上级机关给予行政处分。玩忽职守，致使企业财产、国家和人民利益遭受重大损失的，依法追究刑事责任。

4. 有关单位和个人违反工业企业法的法律责任

阻碍企业领导干部依法执行职务，未使用暴力、威胁方法的，由企业所在地公安机关依照《中华人民共和国治安管理处罚条例》的规定处罚。以暴力、威胁方法阻碍企业领导干部执行职务的，依法追究刑事责任。扰乱企业的秩序，致使生产、营业、工作不能正常进行，尚未造成严重损失的，由企业所在地公安机关依照《中华人民共和国治安管理处罚条例》的规定处罚；情节严重，致使生产、营业、工作无法进行，造成严重损失的，依法追究刑事责任。

1.3 集体所有制企业与集体所有制企业法

集体所有制企业

集体所有制企业，是指由劳动群众集体占有生产资料、共同劳动并实行按劳分配的社会主义经济组织。集体所有制企业法，是调整集体所有制企业在国民经济活动中所发生各种经济关系的法律规范的总称。其主要法律规范有：《乡村集体所有制企业条例》（以下简称《乡村企业条例》）、《城镇集体所有制企业条例》（以下简称《城镇企业条例》）以及《乡镇企业法》，成为规范我国城乡集体所有制企业的组织行为的法律依据。

城镇集体所有制企业法的主要规定

《城镇集体所有制企业条例》共设九章30条，包括有：总则，集体企业的设立、变更和终止，集体企业的权利和义务，职工和职工（代表）大会，厂长（经理），财产管理和收益分配，集体企业与政府关系，法律责任及附则，其主要规定有：

1. 城镇集体所有制企业的性质

城镇集体所有制企业，按照《城镇企业条例》规定，是指财产属于劳动群众集体所有、实行共同劳动、在分配方式上以按劳分配为主体的社会主义经济组织。它包括城镇的各种行业、各种组织形式的集体所有制企业。

2. 城镇集体企业的组织机构

（1）城镇集体企业职工（代表）大会是集体企业的权力机关。规定集体企业的职工是企业的主人，依照法律、法规和集体企业章程行使管理企业的权力。集体企业依照法律规定实行民主管理，职工（代表）大会是集体企业的权力机关，由其选举和罢免企业管理人员，决定经营管理的重大问题。条例还具体规定了职工（代表）大会可以依法行使制订、修改章程；选举、罢免、聘用、解聘厂长（经理）、副厂长（副经理）；审议厂长（经理）提交的各项议案，决定企业经营管理的重大问题等六项职权。

（2）城镇集体企业实行厂长（经理）负责制。规定集体企业实行厂长（经理）负责制，厂长（经理）对企业职工（代表）大会负责，是集体企业的法定代表人，厂长（经理）由企业职工代表大会选举或招聘产生。其条件和行使职权、职责，条例均有具体规定。

乡村集体所有制企业法的主要规定

《乡村集体所有制企业条例》共设八章45条，规定有：总则，企业的设立、变更和终止，企业的所有者和经营者，企业的权利和义务，企业的管理，企业与政府有关部门的关系，奖励与处罚及附则等，其主要规定有：

1. 乡村集体所有制企业的性质

乡村集体所有制企业，按照《乡村企业条例》规定，是指由乡（含镇）村（含村民小组）农民集体举办的企业。实际上就是泛称乡镇集体企业而言，它包括除农业生产合作社、农村供销合作社、农村信用合作社以外的所有由乡村农民集体举办的企业。乡村集体所有制企业，依其性质，为我国社会主义公有制经济的组成部分。

2. 乡村集体企业的所有者和经营者

乡村集体企业财产属于组建该企业的乡或者村范围内的全体农民集体所有，由乡或者村的农民大会（农民代表会议）或者代表全体农民的集体经济组织行使企业财产所有权。企业实行承包、租赁制或者同其他所有制企业联营的，企业财产的所有权不变。企业所有者依法行使决定企业的经营方向、经营形式、厂长（经理）人选或者选聘方式，依法决定企业税后利润在其与企业之间的具体分配比例，以及做出关于企业分立、合并、迁移、停业、终止、申请破产等决议的权利，并负有应当为企业的生产、供应、销售提供服务、尊重企业自主权的义务。实行承包或者租赁制的企业，企业所有者应当采取公开招标方式或招聘、推荐等方式选择或确定符合法律规定条件的经营者。企业经营者是企业的厂长（经理）。企业实行厂长（经理）负责制，厂长（经理）对企业全面负责，代表企业行使职权。

3. 乡村集体企业的管理

《乡村企业条例》对乡村集体企业的管理做出明确的规定：

（1）民主管理。规定企业职工有权参加企业民主管理，有对厂长（经理）和其他管理人员提出批评和控告的权利；企业职工（代表）大会有权对企业经营管理中的问题提出意见和建议，评议、监督厂长（经理）和其他管理人员，维护职工合法权益。

（2）劳动管理。在用工制度上，规定企业招用职工应当依法签订劳动合同，实行灵活的用工制度和办法，并不得招用童工；对技术要求高的企业，应当逐步形成专业化的技术职工队伍；对从事高度危险作业的职工，必须依照国家规定向保险公司投保，有条件的应参照有关规定实行职工社会保险。在分配制度上，规定企业应当兼顾国家、集体和个人的利益，合理安排积累与消费的比例，对职工实行各尽所能、按劳分配的原则，并实行男女同工同酬。对于企业发生的劳动争议，规定可以参照《国营企业劳动争议处理暂行规定》处理。

（3）财务管理。规定企业税后利润，留给企业的部分不应低于60%，由企业自主安排，主要用作增加生产发展基金，进行技术改造和扩大再生产，适当增加福利基金和奖励基金；企业税后利润交给企业所有者的部分，主要用于扶持农业基本建设、农业技术服务、农业公益事业、企业更新改造或发展新企业。

城镇集体企业的法律地位和权利义务

设立城镇集体企业，必须具备设立企业法人的各项条件，报省级政府规定的审批部门批准，并经工商行政管理部门核准登记。城镇集体企业依法成立，即取得法人资格，享有法律赋予的权利，并承担相应的义务。国家保护城镇集体企业的合法权益。

城镇集体企业在法定范围内享有下列权利：

1. 对其全部财产享有占有、使用、收益和处分的权利，有权拒绝任何形式的平调。

2. 有权自主安排生产经营活动。

3. 除国家规定由物价部门和有关主管部门控制的价格外，有权自行确定产品、劳务的价格。

4. 有权依照国家规定与外商谈判并签订合同，提取和使用分成的外汇收入。

5. 有权依照国家规定确定本企业的经济责任制形式、工资形式和奖金、分红办法。

6. 有权享受国家政策规定的各种优惠待遇。

7. 有权吸收职工和其他企业事业单位、个人集资入股，有权与其他企业事业单位联营，或向其他企业事业单位投资，持有其他企业的股份。

8. 有权按照国家规定决定本企业的机构设置、人员编制、劳动组织形式和用工办法，有权录用和辞退职工，有权奖惩职工。

在享受权利的同时，城镇集体企业还应当履行下列义务：

1. 遵守国家法律、法规，接受国家计划的指导。

2. 依法缴纳税金和费用。

3. 依法履行合同。

4. 改善经营管理，提高经济效益。

5. 保证产品质量和服务质量。

6. 贯彻安全生产制度，落实劳动保护和环境保护措施。

7. 做好企业内部的安全保卫工作。

8. 维护职工合法权益，尊重职工民主管理权利。

9. 加强对职工教育，提高职工素质。

1.4 私营企业与私营企业法律规定

私营企业的法律特征

依据《私营企业暂行条例》的规定，私营企业是指企业资产属于私人所有，雇工8人以上的营利性经济组织。其主要特征是：

（1）私营企业的投资者须符合法定人数要求。规定除独资企业投资者为1人外，合伙企业为2人以上，有限责任公司为2~50人。

（2）私营企业的全部资产应归私人所有，其权利主体应为自然人。此点有别于国有企业和集体企业。

（3）私营企业须雇工在8人以上。此点有别于个体工商户，规定个体工商户要求收学徒或请帮工都不得超过7人。

（4）私营企业须是营利性经济组织。其从事商品生产经营活动的目的是为了营利，使之不同于非营利的社会组织。

（5）私营企业的投资者既是所有者又是经营者。其生产资料的所有与占有、经营的统一使经营目的与利益直接联系，能够最大限度地调动其积极性。

私营企业的种类和法律地位

根据《私营企业暂行条例》的规定，我国的私营企业分为独资企业、合伙企业和有限责任公司三种形式。

1. 私营独资企业

是指一个人投资经营的企业。独资企业投资者对企业债务负无限责任，即投资者对企业债务的责任不以其出资额为限，当企业财产不足以清偿债务时，还要以属于投资者的其他全部财产来进行清偿。私营独资企业不具有法人资格。

2. 私营合伙企业

是指两人以上按照协议投资，共同经营、共负盈亏的企业。私营合伙企业应当有书面协议。合伙人对企业债务负无限连带责任，债权人可以请求合伙人中任何一人或数人直至全体清偿全部债务，合伙人中某一人或数人清偿全部债务后，有权向其他合伙人追偿他们应承担的债务。私营合伙企业不具有法人资格。

3. 私营有限责任公司

是指投资者以其出资额为限对公司负责，公司以其全部资产对公司债务承担责任的企业法人。私营有限责任公司的投资者仅以自己投资的那部分资产对公司承担责任，而不涉及其他财产，公司以其全部资产独立地承担债务责任。私营有限责任公司依法取得法人资格。

无论是具有法人资格的私营企业，还是不具有法人资格的私营企业，其合法权益均受到法律保护，它们在对外经济往来中，与集体企业、国有企业享有平等的地位。

私营企业法

私营企业法是调整国家管理私营企业和私营企业内部生产经营管理中发生的经济关系的法律规范的总称。1988年6月25日国务院发布的《中华人民共和国私营企业暂行条例》（以下简称《私营企业暂行条例》），是目前调整私营企业经济关系的基本法规。该条例自1988年7月1日起施行。1989年2月1日，国家工商局公布《私营企业暂行条例施行办法》。此外，我国宪法、其他法律法规中也有一些调整私营企业经济关系的法律规范。

私营企业的设立

1．设立主体

可以申请开办私营企业的人员有农村村民，城镇待业人员，个体工商户经营者，辞职、退职人员，国家法律、法规和政策允许的离休、退休人员和其他人员。

2．设立条件

申请开办私营企业应具备的法定条件为：①有与生产经营和服务规模相适应的资金和从业人员；②须有固定的经营场所和必要的设施；③须符合国家法律、法规和政策规定的经营范围。

3．经营范围

规定私营企业可以在国家法律、法规和政策规定的范围内，从事工业、建筑业、交通运输业、商业、饮食业、服务业、修理业和科技咨询等行业的生产经营，但不得从事军工、金融业的生产经营，不得生产经营国家禁止经营的产品。

4．设立程序

私营企业无主管部门，因此规定申请开办私营企业必须持有关证件向企业所在地工商行政管理机关办理登记，经核准发给营业执照后，始得营业。

私营企业的管理

1．私营企业的劳动管理

规定私营企业招用职工必须按照平等自愿、协商一致的原则，以书面形式签订劳动合同，确定劳动者与私营企业双方的权利义务，并应向当地劳动行政管理机关备案。

2．私营企业财务和税收管理

规定私营企业必须按照国家财务会计法规和税务机关的规定，健全财务会计制度，配备财务人员，建立会计账簿，编送财务报表，严格履行纳税义务，接受税务机关的监督检查。并具体规定私营企业厂长（经理或董事长）工资水平、生产发展基金的提留比例和使用范围，以及税务登记、企业所得税、投资者个人收入和税后利润分配所得依法纳税等方面内容。

私营企业的登记

1．登记的主管机关

申请开办私营企业，申请人应当向企业所在地县、市、区工商行政管理机关办理登记。

2．申请人范围

依法可开办私营企业的人员有：农村村民、城镇待业人员；个体工商户经营者；辞职、退职人员；离退休科技人员；停薪留职科技人员；企事业单位离退休人员；符合国家规定的党政机关、团体离退休人员。

3．申请人应提交的材料

申请人应向企业所在地工商行政管理机关提交以下材料：申请书；申请人身份证明，如待业证明、辞职或退职证明等证明申请人身份的证件；场地使用证明，如房产证明；资金证明；与拟雇用者签订的协议或雇工意向书；其他有关材料，如从事国家有专项规定的行业或品种的生产经营，应提交有关部门的审批文件。

4．登记

有关工商行政管理机关接到申请人的申请后，应依法进行审查。对符合开业条件的，准予登记，并由主管局长签字盖章后，核发营业执照。经核准发给营业执照后，私营企业成立，才能开始在核准登记的范围内进行营业活动。

私营企业的权利和义务

1．私营企业的权利

《私营企业暂行条例》规定，私营企业投资者对其财产依法享有所有权，其财产可以依法继承。私营企业在生产经营活动中还享有以下权利：

（1）名称专用权。

（2）自主经营权。

（3）人事决定权。

（4）工资制度和利润分配形式决定权。

（5）依法定价权。

（6）专利、注册商标申请权。

（7）私营企业有权依法同外商举办中外合资经营企业、中外合作经营企业承揽来料加工、来样加工、来件装配，从事补偿贸易。

2．私营企业的义务

私营企业在生产经营活动中应当履行下列义务：

（1）遵守国家法律、法规和政策。

（2）依法纳税。

（3）服从国家有关机关的监督管理。

1.5 个人独资企业法

个人独资企业的概念及法律特征

个人独资企业是指依法在中国境内设立，由一个自然人投资，财产为投资人个人所有，投资人以其个人财产对企业债务承担无限责任的经营实体。

1．个人独资企业的法律特征

（1）由一个自然人投资，其财产为投资人个人所有。

（2）投资人以其个人财产对企业债务承担无限责任。这是个人独资企业区别于其他企业的一个重要的标志。

（3）依照个人独资企业法设立。中国的个人独资企业须依照中国法律设立，并且必须依照个人独资企业法设立。

（4）个人独资企业须在中国境内设立。中国个人独资企业的住所地应在中国，因此，它必须在中国境内设立。

2．个人独资企业的法律地位

（1）个人独资企业有自己的名称和住所。个人独资企业以其主要办事机构所在地为其住所。

（2）个人独资企业有相对独立的财产。《个人独资企业法》第5条规定，国家依法保护个人独资企业的财产。

（3）个人独资企业可以以自己的名义享有权利、承担义务。如个人独资企业可依法申请贷款，取得土地使用权，并享有法律、行政法规规定的其他权利；并且规定，任何单位和个人不得违反法律、行政法规的规定，以任何方式强制个人独资企业提供财力、物力、人力。同时，《个人独资企业法》还规定，个人独资企业可以以自己的名义承担与履行义务。如个人独资企业从事经营活动必须遵守法律、行政法规，遵守诚实信用原则，不得损害社会公共利益；个人独资企业应当依法履行纳税义务。

个人独资企业法

个人独资企业法是调整个人独资企业在设立、组织、活动、变更和解散过程中发生的经济关系的法律规范的总称。我国曾在《私营企业暂行条例》中对个人独资企业即私营独资企业作了专门规定，1999年8月30日第九届全国人民代表大会常务委员会第十一次会议通过并于2000年1月1日起施行的《中华人民共和国个人独资企业法》（简称《个人独资企业法》）是调整个人独资企业经济关系的基本法律。

《个人独资企业法》只适用于个人独资企业，不适用于具有独资特点的全民所有制企业，不适用于国有独资公司及外商独资企业。

个人独资企业的设立条件和设立程序

1. 个人独资企业的设立条件

根据《个人独资企业法》的规定，个人独资企业是指依照本法在中国境内设立，由一个自然人投资，财产为投资人个人所有，投资人以其个人财产对企业债务承担无限责任的经营实体。

设立个人独资企业应当具备下列条件：

（1）投资人为一个自然人。这是个人独资企业与其他类型企业的重要区别。

（2）有合法的企业名称。企业名称是本企业与其他企业相区别的标志，必须符合国家有关规定。

（3）有投资人申报的出资。按照鼓励发展、方便设立的原则，个人独资企业的设立条件没有规定最低注册资本的要求，仅要求投资人有自己申报的出资。

（4）有固定的生产经营场所和必要的生产经营条件。这是个人独资企业存续与经营的基本物质条件。至于生产经营场所和生产经营条件的规模、数量等则根据个人独资企业的不同情况来确定。

（5）有必要的从业人员。

2. 个人独资企业的设立程序

申请设立个人独资企业，应当由投资人或者其委托的代理人向个人独资企业所在地的登记机关提交设立申请书、投资人身份证明、生产经营场所使用证明等文件。委托代理人申请设立登记时，应当出具投资人的委托书和代理人的合法证明。从事法律、法规规定须报经有关部门审批的业务，还应提交有关部门的批准文件。

个人独资企业设立申请书应当载明下列事项：

（1）企业的名称和住所。

（2）投资人的姓名和居所。

（3）投资人的出资额和出资方式。

（4）经营范围。

个人独资企业设立申请书是个人独资企业设立时的重要文件，工商登记管理机关通常据此审查以决定是否给予批准。个人独资企业申请书的内容应当能够反映出投资人的基本状况和个人投资企业的基本状况。企业的名称是企业识别的重要标志。

企业的住所，是指企业主要办事机构所在地。投资人的姓名主要是用于识别投资人，投资人的姓名通常以投资人的居民身份证为准。投资人的居所，是指投资人居住的地方，它可以是自然人暂时居住的处所，也可以是自然人长期居住的处所。投资人的出资，通常包括投资人的出资总额、出资方式和出资期限等。出资方式，包括货币出资、实物出资、工业产权出资和专有技术出资等。经营范围是确定企业作为经济组织的权利能力的重要依据。企业的经营范围可以一业为主，兼营他业。个人独资企业应当在核准注册的经营范围内从事经营活动。

工商行政管理机关应当在收到设立申请文件之日起15日内，对符合规定条件的，予以登记，发给营业执照；对不符合规定条件的，不予登记，并应当给予书面答复，说明理由。营业执照的签发日期，为个人独资企业成立日期。

个人独资企业的投资人

1. 个人独资企业投资人的条件

投资人的条件，是指法律所确定的不得成为个人独资企业投资人的条件。《个人独资企业法》第16条规定："法律、行政法规禁止从事营利性活动的人，不得作为投资人申请设立个人独资企业。"

营利性是企业与其他社会组织相区别的重要特征。因此，凡是法律、行政法规禁止从事营利性活动的人，均不得成为企业的投资人，以防止国家公权与私权的相互勾结，损害国家和社会利益。目前，我国相关法律、行政法规禁止从事营利性活动的人有：

（1）法官。

（2）检察官。

（3）人民警察。

（4）国家公务员。

2．投资人的权利

（1）所有权。作为独资企业的投资人，对独资企业的财产依法享有所有权。而且，有关权利还可依法进行转让或继承。

（2）管理权。如果投资人善于管理，可以自己管理独资企业事务；如果投资人太忙或者缺乏管理经验，也可以聘请一位经理作为"管家"，代替投资人管理企业。

（3）申请贷款、取得土地使用权的权利。如果投资人想发展壮大自己的独资企业，首先遇到的难题可能会是资金问题。这好解决，依照个人独资企业法投资人可以以独资企业的名义申请贷款。如果投资人的企业越办越大，地盘小了，投资人还可以以企业的名义依法取得土地使用权。

（4）设立分支机构的权利。独资企业可以在外地设立分支机构。设立分支机构，由投资人或者其委托的代理人向分支机构所在地的登记机关申请登记，领取营业执照。分支机构经营过程中的一切民事责任由设立该分支机构的个人独资企业承担。

3．投资人的义务

个人独资企业是一种"老板一人说了算"的企业。正是因为这一点，法律为投资人规定了一些义务。这些义务要求投资人在一定的限度内"说了算"。

（1）责任形式。投资人以其个人财产对企业责任承担无限责任。即使个人独资企业解散了，原投资人仍须对个人独资企业存续期间的债务承担偿还责任。如果投资人在申请企业设立登记时明确以其家庭共有财产作为个人出资的，应当依法以家庭共有财产对企业债务承担无限责任。

（2）停业限制。投资人在登记机关登记成立独资企业后，必须在六个月内开门营业；同时，开业后，或其他原因不得已要解散的，投资人必须对独资企业进行清算；同时，必须在清算前15日内书面通知独资企业的债权人，要他们向投资人申报债权，如果无法通知债权人，则应当在报纸或其他地方发布公告，让债权人尽量知道清算的消息。个人独资企业解散，必须按照独资企业法规定的顺序清偿债务。

第一顺序，是偿还所欠职工工资和社会保险费用；第二顺序是缴纳所欠税款；最后是偿还其他债务。另外，投资人在对自己的独资企业进行清算期间，不得转移、隐匿企业财产，不得开展与清算目的无关的经营活动。

个人独资企业的事务管理方式

个人独资企业投资人可以自行管理企业事务，也可以委托或者聘用其他具有民事行为能力的人负责企业的事务管理。

投资人委托或者聘用他人管理个人独资企业事务，应当与受托人或者被聘用的人签订书面合同，明确委托的具体内容和授予的权利范围。

受托人或者被聘用的人员应当履行诚信、勤勉义务，按照与投资人签订的合同负责个人独资企业的事务管理。投资人对受托人或者被聘用的人员职权的限制，不得对抗善意第三人。所谓善意第三人是指，第三人在与合作企业的交易中，没有从事与合作企业的部分人员串通损害合作企业利益之行为。

投资人委托或者聘用的管理个人独资企业事务的人员不得有下列行为：

（1）利用职务上的便利，索取或者收受贿赂。

（2）利用职务或者工作上的便利侵占企业财产。

（3）挪用企业的资金归个人使用或者借贷给他人。

（4）擅自将企业资金以个人名义或者以他人名义开立账户储存。

（5）擅自以企业财产提供担保。

（6）未经投资人同意，从事与本企业相竞争的业务。

（7）未经投资人同意，同本企业订立合同或者进行交易。

（8）未经投资人同意，擅自将企业商标或者其他知识产权转让给他人使用。

（9）泄露本企业的商业秘密。

（10）法律、行政法规禁止的其他行为。

违反个人独资企业法应承担的法律责任

《个人独资企业法》第5章具体规定了投资人违反个人独资企业法应承担的法律责任：

1. 投资人违反本法规定，提交虚假文件或采取其他欺骗手段，取得企业登记的，责令改正，处以5000元以下的罚款；情节严重的，并处吊销营业执照。

2. 投资人违反本法规定，使用的企业名称与其在登记机关登记的名称不相符合的，责令限期改正，处以2000元以下的罚款。

3. 投资人涂改、出租、转让营业执照的，责令改正，没收违法所得，处以3000元以下的罚款；情节严重的，吊销营业执照。

伪造营业执照的，责令停业，没收违法所得，处以5000元以下的罚款。构成犯罪的，依法追究刑事责任。

4. 个人独资企业成立后无正当理由超过6个月未开业的，或者开业后自行停业连续6个月以上的，吊销营业执照。

5. 违反本法规定，未领取营业执照，以个人独资企业名义从事经营活动的，责令停止经营活动，处以3000元以下的罚款。

6. 个人独资企业登记事项发生变更时，未按本法规定办理有关变更登记的，责令限期办理变更登记；逾期不办理的，处以2000元以下的罚款。

7. 个人独资企业及其投资人在清算前或清算期间隐匿或转移财产，逃避债务的，依法追回其财产，并按照有关规定予以处罚；构成犯罪的，依法追究刑事责任。

8. 投资人违反本法规定，应当承担民事赔偿责任和缴纳罚款、罚金，其财产不足以支付的，或者被判处没收财产的，应当先承担民事赔偿责任。

1.6 合伙企业与合伙企业法

合伙企业的特征

合伙企业，是指依照本法在中国境内设立的由各合伙人订立合伙协议，共同出资、合伙经营、共享收益、共担风险，并对合伙企业债务承担无限连带责任的营利性组织。合伙企业具有以下特征：

1. 由各合伙人组成

一个合伙企业至少有两个以上的合伙人，至于合伙企业由多少合伙人组成，我国《合伙企业法》没有对此做出明确的限制。

2. 合伙企业的成立以订立合伙协议为法律基础

合伙企业从法律上讲，属于人合性质。就是说，合伙本质上是人的结合而不是资本的结合。合伙的信用基础是全体合伙人而不是合伙财产。因此，合伙企业的建立，必须由各合伙人协商一致，订立合同。没有合伙协议，就不可能成立合伙企业。

3. 合伙企业的内部关系属于合伙关系

所谓合伙关系，就是共同出资、共同经营、共享收益、共担风险的关系。尽管不同合伙企业所依赖已成立的合伙协议有很大差别，但是在这四个基本问题上都遵循着共同的准则。

4. 合伙人对合伙企业债务承担无限连带责任

合伙企业的团体人格与合伙人的个人人格紧密联系，合伙企业的债务，归根结底是合伙人的债务。所以，当合伙企业的财产不足清偿其债务时，合伙人应当以自己的个人财产承担该不足部分的清偿责任。

合伙企业法

合伙企业法是指规范合伙企业合伙关系的专门法律，即《中华人民共和国合伙企业法》（简称《合伙企业法》）。该法由第八届全国人民代表大会常务委员会第24次会议于1997年2月23日通过，自1997年8月1日起施行。

该法规定的合伙企业，仅限于以自然人为合伙人的企业，不包括企业法人之间的合伙型联营。

设立合伙企业的条件

《合伙企业法》第8条规定，设立合伙企业，应当具备以下条件：

1. 有两个以上的合伙人，并且都是依法承担无限责任者。
2. 有书面合伙协议。
3. 有各合伙人实际缴付的出资。
4. 有合伙企业的名称。
5. 有经营场所和从事合伙经营的必要条件。

合伙协议

1. 合伙协议的形式

合伙协议必须采用书面形式，口头约定不能构成合伙协议。

2. 合伙协议的内容

根据《合伙企业法》第13条规定，合伙协议必须载明：合伙企业的名称和主要经营场所的地点；合伙目的和合伙企业的经营范围；合伙人的姓名及住所；合伙人出资的方式、数额和缴付出资的期限；利润分配和亏损分担办法；合伙企业事务的执行；入伙与退伙；合伙企业的解散与清算；违约责任。另外，合伙协议还可以载明合伙企业的经营期限和合伙人争议的解决方式。

3. 合伙协议的生效

合伙协议经全体合伙人签名、盖章后生效。合伙协议生效后，合伙人依照合伙协议享有权利和责任。

合伙企业的设立登记程序有哪些

合伙企业的设立登记，应按如下程序进行：

1．登记机关

工商行政管理机关是合伙企业登记机关。国务院工商行政管理部门主管全国的合伙企业登记工作。市、县工商行政管理机关负责本辖区的合伙企业登记。

2．申请人

设立合伙企业应当以全体合伙人为申请人。但是，按照规定，申请合伙企业登记的具体事务，应当由全体合伙人从他们当中指定的代表或者他们共同委托的代理人负责办理。代表的指定或者代理人的委托，应当采用书面形式。

3．登记事项

合伙企业的登记事项包括：合伙企业的名称、经营场所、经营范围、经营方式和合伙人的姓名及住所、出资额及出资方式。其中，经营范围应载明经准登记的生产经营项目和商品类别。经营方式包括自产自销、代购代销、来料加工、来样加工、来件装配零售、批发、批零兼营、客运服务、货运服务、代客储运、装卸、修理服务、咨询服务等合伙企业如果确定了执行事务的合伙人或者设立分支机构，登记事项中还应当提包括执行事务的合伙人或者分支机构的情况。

4．应提交的文件

申请设立合伙企业，应当向企业登记机关提交下列文件：

（1）全体合伙人签署的合伙申请书；

（2）全体合伙人的身份证明；

（3）全体合伙人指定的代表或者共同委托的代理人的委托书；

（4）合伙协议；

（5）出资权属证明；

（6）经营场所证明；

（7）国务院工商行政管理部门规定提交的其他文件。

法律、法规规定设立合伙企业须报经审批的，还应当提交有关批准文件。合伙协议约定或全体合伙人决定，委托一名或者数名合伙人执行合伙事务的，还应当提交全体合伙人的委托书。

5．登记发照

企业登记机关自收到申请人提交的符合规定的全部申请文件之日起30日内，做出核准登记或者不予登记的决定。符合《合伙企业法》规定条件的，予以登记，发给营业执照；对不符合规定条件的，不予登记，并应当给予书面答复，说明理由。

合伙企业营业执照签发之日，为合伙企业的成立日期。

合伙企业的财产

1. 合伙企业财产的构成及性质

合伙企业存续期间，合伙人的出资和所有以合伙企业名义取得的收益均为合伙企业的财产。也就是说，合伙财产由两部分构成：

（1）合伙人出资的财产。

（2）合伙人出资财产的增值。

合伙企业的合伙财产，属于共有财产的性质。

合伙财产的共有，属于共同共有。对合伙财产的占有、使用、收益和处分，均应当依据全体合伙人的共同意志。因此，合伙企业的财产只能由全体合伙人共同管理和使用。在合伙企业存续期间，除非有法定事由，合伙人不得要求分割合伙财产。这里所说的法定事由，指合伙人退伙。

2. 合伙企业财产的管理与使用

合伙企业财产依法由全体合伙人共同管理和使用。具体表现形式为：

（1）在合伙企业存续期间，合伙人向合伙人以外的人转让其在合伙企业中的全部或部分财产份额时，须经其他合伙人一致同意，在同等条件下，其他合伙人有优先受让的权利。作为合伙人以外的人依法受让合伙企业财产份额后，经修改合伙协议即成为合伙企业的合伙人。新的合伙人依照修改后的合伙协议享有权利，承担责任。

（2）在合伙企业存续期间，合伙人之间可以转让在合伙企业中的全部或者部分财产份额，但应该通知其他合伙人。

（3）在合伙企业存续期间，合伙人以其在合伙企业中的财产份额出质（出质，即把自己所有的资金与权力交付出去作为抵押）的，须经其他合伙人一致同意。否则，出质行为无效，或者作为退伙处理；因此给其他合伙人造成损失的，还应依法承担赔偿责任。

（4）在合伙企业存续期间，除依法退伙等法律有特殊规定的外，合伙人不得请求分割合伙企业财产；也不得私自转移或者处分合伙企业财产。但是，为了保护第三人的利益，如果合伙人私自转移或者处分合伙企业财产的，合伙企业不得以此对抗不知情的善意第三人。

3. 合伙企业财产的分割、转让及出资

除法律另有规定外，合伙企业清算前，合伙人不得要求分割合伙企业的财产。

合伙企业存续期间，经其他合伙人的一致同意，合伙人可以向合伙人以外的人转让其在合伙企业中的全部财产份额。在同等条件下，其他合伙人有优先受让的权利。经全体合伙人同意，合伙人以外的人依法受让合伙企业财产份额的，经修改合伙协议，即成为合伙企业的合伙人，依照修改后的合伙协议享有权利和承担责任。合伙人之间转让在合伙企业中的全部或者部分份额的，无须征得其他合伙人的一致同意，但应当通知其他合伙人。

合伙人以其在合伙企业中的财产份额出质的，须经其他合伙人一致同意，否则，出质的行为无效，或者作为退伙处理；由此给其他合伙人造成损失的，依法承担赔偿责任。

4．合伙人对合伙企业财产的权利和义务

（1）合伙人对合伙企业财产的权利包括：

①根据合伙企业财产权利内容的不同享有共有权或共用权。合伙人对各合伙人以其现金或财产的所有权所作的出资，以及合伙企业以自己的名义取得的现金或财产享有共同所有的权利；对于合伙人以他物权所作的出资，以及合伙企业在经营期间利用他物权所获得的收益，合伙人享有共同使用的权利。

②共同支配权。合伙人对合伙企业财产的转让和处分决定，必须经过全体合伙人的同意，不得擅自转让或处分。

③利益分配权。每个合伙人对于合伙企业在经营过程中的利润，均享有分配的权利。

（2）合伙人对合伙企业财产的义务包括：

①合伙人应当按照合伙协议约定的期限、数额和方式缴纳各自认缴的出资。

②合伙企业存续期间，合伙人不得请求分割合伙企业的财产。

③合伙企业存续期间，合伙人不得擅自将其在合伙企业中的财产份额部分或全部地转让给他人。

④未经其他合伙人一致同意，合伙人不得以其在合伙企业中的财产份额向其他经济实体出资。

⑤禁止合伙企业中某一合伙人的债权人以该债权抵消其对合伙企业的债务。

⑥禁止合伙人的债权人代位行使合伙人在合伙企业中的权利。

合伙企业的利润分配

共享利润和共担风险，是合伙关系的基本准则。而共担风险体现在分配上，就是共负亏损。合伙企业的利润和亏损，由合伙人依照合伙协议约定的比例分配和分担；合伙协议未约定利润分配和亏损分担比例的，由各合伙人平均分配和分担。

合伙结算期到来时，合伙企业进行年度结算。在企业盈利的情况下，进行利润分配。利润分配的方案，应按照合伙协议规定的比例。合伙协议未规定比例的，全体合伙人可以就当年的分配比例做出一致同意的决定。但是，以决议确定当年分配比例的做法不为我国《合伙企业法》所认可。所以，在合伙协议无分配比例规定的情况下，只有两种处理办法：一种是按法定比例，即平均分配；一种是经全体合伙人协商一致，在合伙协议中补充规定分配比例。

合伙企业的分配比例有以下几种类型：

1. 固定比例，一般是平均分配，也可以是当事人商定的其他任何比例。

2. 资本比例，即按出资比例分配。

3. 混合比例，即先支付资本利率（资本利率可采用银行利率，也可以另行约定），然后按固定比例分配剩余利润。

在企业亏损的情况下，当事人应当按比例分担弥补亏损的责任。这种比例的确定方法，与以上所述的利润分配比例确定方法相同。一般说来，亏损分担的比例应当与利润分配比例相一致。但是，如果基于正当理由，在合伙协议中约定与利润分配比例不同的亏损分担比例，也是允许的。

无论采用何种比例，均不得违反利润共享和亏损共担的原则和公平原则。为此，合伙协议不得约定将全部利润分配给部分合伙人或者由部分合伙人承担全部亏损。

合伙企业的事务如何执行

1. 合伙企业事务的执行

合伙企业的事务执行，是指为了实现建立合伙企业的目的而进行的业务活动。合伙人执行企业事务是合伙人内部彼此之间应负的责任，因此它属于合伙企业内部关系的范畴。

（1）管理参与权与事务授权。

"共同经营"是合伙关系的一项基本准则。因此，合伙企业的全体合伙人，应享有同等的管理参与权。原则上，合伙企业的一切事务，应由全体合伙人共同决定。但是事实上，事无巨细都要经全体通过是很难做到的。各合伙人对执行合伙事务享有同等的权利，可以由全体合伙人共同执行合伙事务，也可以由合伙协议约定或者全体合伙人决定，委托一名或者数名合伙人执行合伙企业事务。执行合伙企业事务的合伙人，对外代表合伙企业。这里所说的"合伙企业事务"，应理解为合伙企业的全部日常事务。

　　需要注意的是，并非所有的合伙事务的决定权都可以被授予个别合伙人。合伙企业的下列事务必须经全体合伙人同意：

　　①处分合伙企业的不动产。

　　②改变合伙企业的名称。

　　③转让或者处分合伙企业的知识产权和其他财产权利。

　　④向企业登记机关申请变更登记手续。

　　⑤以合伙企业名义为他人提供担保。

　　⑦依照合伙协议约定的有关事项。《合伙企业法》第69条还规定，对于本法规定或者合伙人同意始得执行的事务，个别合伙人擅自处理，给合伙企业或者其合伙人造成损失的，应当承担赔偿责任。

　　在需要全体合伙人对合伙事务进行表决时，有关的表决规则，由全体合伙人以合伙协议或者全体一致通过的决议加以确定。实践中，一般是采用一人一票的办法，也可以采取按出资比例确定表决权的办法，或者全体合伙人认为适当的其他办法。关于表决制度，常见的做法是，对于日常事务的决议，实行多数决议制（过半数通过，或者以超过半数的其他比例通过）；对于重大事务，则实行全体合伙人一致通过的制度。

　　但是，法律规定必须经过全体同意的事务，必须实行一致通过的制度。

　　（2）知情权和监督权。

　　无论是全体合伙人共同执行事务，还是委托个别合伙人执行事务，各合伙人均有权随时了解有关合伙事务和合伙财产的一切情况，包括有权查阅账簿和其他业务文件。根据这一准则，合伙人为了解合伙企业的经营状况和财务状况，有权查阅账簿。

　　在委托个别合伙人执行合伙企业事务的情况下，其他合伙人应当尊重事务执行人的事务执行权。在委托事务执行人的情况下，其他合伙人不再执行合伙企业的事务。

　　不具有事务执行权的合伙人，擅自执行合伙企业的事务，给合伙企业或者其他合伙人造成损失的，依法承担赔偿责任。这样规定，有利于合伙事务的正常进行，符合全体合伙人的利益。

　　在委托事务执行人的情况下，不执行事务的合伙人享有对事务执行人的监督权。所以，不参加执行事务的合伙人有权监督执行事务的合伙人，检查其执行合伙事务的情况。这样规定，有利于维护全体合伙人的共同利益，同时也可以促使事务执行人更加谨慎和勤勉地处理合伙事务。

　　为保障合伙人对事务执行人的监督权，特别规定了事务执行人的报告义务，即事务执行人应当依照约定向其他不参加执行事务的合伙人报告事务执行情况以及合伙企业的经营情况和财务情况。

实际上，这种监督权是合伙人管理参与权在特定的情况下采取的一种形式。也就是说，事务执行人在其他合伙的监督下执行事务，本质上仍属于全体合伙人共同经营。所以，事务执行人执行合伙事务所产生的收益归全体合伙人，所产生的亏损或者民事责任，由全体合伙人承担。

（3）异议权和撤销权。

既然事务执行人的行为所产生的亏损和责任要由全体合伙人承担，那么，当事务执行人行为被认为有损于全体合伙人的利益时，不执行事务的合伙人就应该有权提出异议和加以制止，并于必要时撤销对他的事务授权。合伙协议约定或者经全体合伙人决定，合伙人分别执行合伙事务时，合伙人可以对其他合伙人执行的事务提出异议。提出异议时，应暂停该项事务的执行。如果发生争议，可由全体合伙人共同决定。被委托执行合伙企业事务的合伙人不按照合伙协议或者全体合伙人的决定执行事务的，其他合伙人可以决定撤销该委托。

（4）忠实义务。

由于合伙具有"人合"的性质，信任关系对于合伙的存续意义重大。所以，现代合伙法以"最高度之诚信"为维系合伙内部关系的指导原则。这一原则的基本精神，就是合伙人应当忠实于合伙事业和全体合伙人的共同利益。由此产生出一系列被称做"忠实义务"的行为准则，例如，以高度的谨慎执行合伙事务，提交真实账目，不隐瞒真实情况，不从事与合伙相竞争的业务等等。

2. 合伙企业事务执行后果的承担

执行合伙企业事务的合伙人，对外代表合伙企业，其执行合伙企业事务所产生的收益归全体合伙人，所产生的亏损或者民事责任，由全体合伙人承担。被聘任的合伙企业的经营管理人员在合伙企业授权范围内的行为后果，应由全体合伙人承担；超越合伙企业授权范围从事的经营活动，或者因故意或者重大过失，给合伙企业造成损失的，依法应承担赔偿责任。

合伙企业经营管理人员的聘任与监督

1. 经营管理人员的聘任

根据《合伙企业法》的规定，经全体合伙人同意，合伙企业可以聘任合伙人以外的人担任合伙企业的经营管理人员，管理合伙企业的日常事务。被聘任的合伙企业的经营管理人员在合伙企业的授权范围内履行职务，并享有相应的权利和承担相应的义务。

2. 对经营管理人员的监督

为了防止合伙企业聘任的经营管理人员滥用职权，《合伙企业法》规定合伙人对合伙企业经营管理人员事务的执行享有监督权。

合伙企业债务的偿还

1. 合伙人的连带清偿责任

合伙企业对其债务，应先以其全部财产进行清偿。合伙企业财产不足清偿到期债务的，各合伙人应当承担无限连带清偿责任。

（1）清偿标的，必须是到期债务。也就是说，未到期的债务，属于《合伙企业法》第39条的规定范围，其债权人不得依据该条规定请求清偿。

（2）清偿秩序，必须是先以合伙企业的财产清偿，只有当合伙财产不足清偿时，才由合伙人以其个人财产进行清偿。也就是说，当合伙企业财产能够清偿时，债权人不得向合伙人追索。不过，这里所说的"能够清偿"，是指具有现实的处分可能的财产。合伙人不能以合伙企业的某些无现实处分可能的财产，如位于境外的财产，无法收回的债权，无人愿意实施的专利权等等不存在为理由拒绝承担无限连带责任。

（3）合伙人的所有可执行财产，均可用于清偿。所谓执行财产，是指合伙人所有的个人财产中，除去依法不可执行的财产（例如，合伙人及其所抚养的家属的生活必需品，已设定抵押权的财产）后余下的部分。

（4）债权人可以向合伙人中的任何一人或数人请求清偿全部债务。例如，合伙企业有三名合伙人，在合伙企业财产不足清偿到期债务的情况下，债权人可以请求他们中的一人或二人清偿全部尚未清偿的债务。这时，被请求的合伙人应当以其可执行财产，满足债权人的清偿请求。

2. 合伙人之间的债务分担和追偿

以合伙企业财产清偿合伙企业债务时，其不足的部分，由各合伙人依照《合伙企业法》第32条第1款规定的比例，用其在合伙企业出资以外的财产承担清偿责任。这一规定，在重申合伙人对合伙债务负无限责任的基础上，明确了合伙人分担合伙债务的比例应当如何确定的问题。具体地说，就是应当以合伙企业分担亏损的比例为准。亏损分担比例的确定，适用《合伙企业法》第32条第1款的规定。

需要注意的是，合伙人之间的分担比例对债权人没有约束力。所以，债权人可以根据自己的清偿利益，请求全体合伙人中的一人或数人承担全部清偿责任，也可以按照自己确定的比例向各合伙人分别追索（例如，合伙人甲乙约定平均分担亏损，债权人请求甲支付债款的80%，乙支付20%）。如果合伙人实际支付的债务数额超过了他依照既定比例所应当承担的数额，则他有权就该超过部分，请求未支付或者未足额支付其应承担数额的合伙人给予补偿。《合伙企业法》第40条第2款规定，合伙人由于承担连带责任，所清偿数额超过其应当承担的数额时，有权向其他合伙人追偿。概括地说，合伙人的这种追偿权，应当具备以下条件：

（1）须追偿人已经实际承担连带责任，并且其清偿数额超过了他应当承担数额；

（2）须被追偿人未实际承担或者未足额承担其应当承担的数额；

（3）追偿的数额不得超过追偿人超额清偿部分的数额和被追偿人未足清偿部分的数额。

新合伙人如何入伙

1. 入伙的条件和程序

入伙，指合伙存续期间，合伙人以外的第三人加入合伙，从而取得合伙人资格。新合伙人入伙时，应当经全体合伙人同意，并依法订立书面入伙协议。订立入伙协议时，原合伙人应当向新合伙人告知原合伙企业的经营状况和财务状况。这里包括三项规则：

（1）新合伙人入伙，以全体合伙人一致同意为条件；未获一致同意的，不得入伙。

（2）新合伙人入伙，应当订立书面入伙协议；入伙协议应当以原合伙协议为基础，明确新合伙人的出资义务（包括出资形式、数额缴付时间等），新合伙人和入伙后有关事务执行、利润分配、亏损分担等事项的相应变更等。

（3）新合伙人入伙时，原合伙人应当就合伙企业的经营状况和财务状况履行告知义务和如实陈述义务。

2. 新合伙人的权利和责任

新合伙人入伙后，原则上应享有原合伙人同等的地位。但是，如果原合伙人愿意以更优越的条件吸引新合伙人入伙，或者新合伙人愿意以较为不利的条件入伙，按照当事人意思自治的原则，应予允许。所以，入伙的新合伙人与原合伙人享有同等权利，承担同等责任。但是，入伙协议另有规定的，从其规定。

新合伙人入伙条件中，最为重要的是对合伙企业的既往债务是否承担连带责任。对此，各国立法规定不一。入伙的新合伙人对入伙前合伙企业的债务承担连带责任；这是采用肯定说。这样规定的好处是有利于现有合伙关系的稳定和保护债权人，缺点是对合伙企业扩大规模有较大的限制作用。

退伙

退伙，即合伙人退出合伙，从而丧失合伙人资格。按照传统民法，合伙人之一退伙，合伙即告消灭。而现代民商法为维护合伙的团体人格，已抛弃此说，而以合伙人退伙为合伙的变更。

合伙人退伙，可分为两种情况：

第一声明退伙，退伙人通过向其他合伙人做出退伙的正式表示而退伙。

第二法定退伙，即合伙人基于法律规定的事由而退伙。

1.声明退伙

声明退伙，又称自愿退伙，是指合伙人基于自愿的意思表示而退伙。这种意思表示的形式，可以为事前协议（协议退伙），也可以为届时通知（通知退伙）。

关于协议退伙，合伙协议约定合伙企业的经营期限的，有下列情形之一时，合伙人可以退伙：

（1）合伙协议约定的退伙事由出现。

（2）经全体合伙人同意退伙。

（3）发生合伙人难于继续参加合伙企业的事由。

（4）其他合伙人严重违反合伙协议约定的义务。其中，第2项规定意味着，在合伙协议有约定经营期限的情况下，合伙人未经其他合伙人一致同意，不得以单方通知退伙。

关于通知退伙，合伙企业未约定合伙企业的经营期限的，在不给合伙企业事务执行造成不利影响的情况下，合伙人可以退伙，但应当提前30日通知其他合伙人。由此可见，法律以合伙人通知退伙有一定限制，即附有以下几个条件：

（1）须合伙协议未约定合伙企业的经营期限。

（2）须该合伙人的退伙不致给合伙企业中途业务执行造成不利影响。

（3）须提前30日通知其他合伙人。

这三个条件必须同时具备，缺一不可。

合伙人违反前两条规定，擅自退伙的，应当赔偿由此给其他合伙人造成的损失。

2. 法定退伙

法定退伙，是指合伙人因出现法律规定的事由而退伙。这种法定事由可分为两类：

（1）某种客观情况（当然退伙）。

（2）其他合伙人的决议（除名）。

当然退伙，合伙人有下列情形之一的，当然退伙：

（1）死亡或者被依法宣告死亡。

（2）被依法宣告为无民事行为能力的人。

（3）个人丧失偿债能力。

（4）被人民法院强制执行在合伙企业中的全部财产份额。

当然退伙的日期，为法定事由实际发生之日。

关于除名退伙（也称开除退伙），合伙人有下列情形之一的，经其他合伙人一致同意，可以决议将其除名：

（1）未履行出资义务。

（2）因故意或者重大过失给合伙企业造成损失。

（3）执行合伙企业事务中有不正当行为。

（4）合伙协议约定的其他事由。

对合伙人的除名决议应当书面通知被除名人。被除名人自接到除名通知之日起，除名生效，被除名人退伙。被除名人对除名决议有异议的，可以在接到除名通知之日起30日内，向人民法院起诉。

合伙人在什么情况下退伙受法律承认

退伙的效果，指发生退伙时退伙人在合伙企业中的财产份额和民事责任的归属变动。分为两类情况：一种是财产继承，即退伙人的财产份额和民事责任归属于退伙人的继承人；一种是退伙结算，即退伙人的财产份额和民事责任归属于退伙人本人。

1. 财产继承

这是在合伙人因死亡或被依法宣告死亡的，对该合伙人在合伙企业中的财产份额享有合法继承权的继承人，依照合伙协议的约定或者全体合伙人同意，从继承开始之日起，取得该合伙企业合伙人的资格。合法继承人不愿意成为该合伙企业的合伙人的，合伙企业就退还其依法继承的财产份额。合法继承人为未成年人的，经其他合伙人一致同意，可以在其未成年时由监护人代行其权利。

这里对继承人取得合伙人资格规定了三项条件：

（1）有合法继承权；

（2）有合伙协议的约定或者全体合伙人的一致同意；

（3）继承人愿意。

在欠缺第（2）项或者第（3）项条件时，继承人取得合伙人的财产份额，但不取得合伙资格，此时应按退伙结算的有关规定办理。

2. 退伙结算

除死亡或宣告死亡的情形外，合伙人退伙时，其财产和责任，应按退伙结算的规则办理。

合伙人退伙的，其他合伙人应当与该退伙人按照退伙时的合伙企业的财产状况进行结算，退还退伙人的财产份额。退伙时有未了结的合伙企业事务的，待了结后进行结算。

实践中，退伙结算主要包括两个方面：

（1）退还出资。

（2）按当时合伙企业的财产状况分享利润或分担亏损。

退还出资的方法，应由合伙协议约定或者全体合伙人决定，可以退还货币，也可以退还实物。如果退还实物可能影响合伙企业的正常运营，则以评估作价、退还货币为宜。

合伙人退伙以后，并不能解除对于合伙企业既往债务的连带责任。退伙人对其退伙前已发生的合伙企业债务，与其他合伙人承担连带责任。

合伙人出资份额如何转让

合伙人出资份额转让，可分为内部转让和对外转让两种。内部转让是其他合伙人为受让人的转让。对外转让是以合伙人以外的第三人为受让人的转让。在对外转让的情况下，存在着相当于新合伙人入伙的变更。在合伙人将其出资份额全部转让的情况下，则存在着相当于退伙的变更。不同的是，这些变更并不引起合伙财产的增加或减少。

由于对外转让会引起新合伙人的加入，必须经其他合伙人一致同意。而且，在这种情况下，其他合伙人享有同等条件下的优先受让权。

第三人经全体合伙人同意，受让取得合伙人的出资份额而成为新合伙人时，全体合伙人应当对合伙协议作相应的修改。新合伙人依照修改后的合伙协议享受权利和承担责任。

至于内部转让，由于不影响合伙企业的人合性质，不以其他合伙人同意为条件，只需通知其他合伙人即可。

此外，由于合伙人财产份额出质可能导致该财产份额依照担保法的规定发生权利转移，合伙人将自己在合伙财产中的财产份额出质的，需经其他合伙人的一致同意。未经其他合伙人一致同意，合伙人以其在合伙企业中的财产份额出质的，其行为无效，或者作为退伙处理，由此给其他合伙人造成损失的，依法承担赔偿责任。

合伙企业的解散和清算

1. 合伙企业的解散

合伙企业的解散是指合伙企业因某种法律事实的发生而使其民事主体资格归于消灭的行为。根据《合伙企业法》的规定，合伙企业有下列情形之一的，应当解散：

（1）合伙协议约定的经营期限届满，合伙人不愿继续经营。

（2）合伙协议约定的解散事由出现。

（3）全体合伙人决定解散。

（4）合伙企业已不具备法定人数。

（5）合伙协议约定的合伙目的已经实现或者无法实现。

（6）被依法吊销营业执照。

（7）出现法律、行政法规规定的合伙企业解散的其他原因。

2. 合伙企业的清算

所谓清算，是指依法对宣布解散的合伙企业的财产进行清理，收回债权，清偿债务，并最后分配所剩财产和分担债务的行为。合伙企业解散的，应当进行清算。《合伙企业法》规定的关于清算的程序规则如下：

（1）通知和公告。合伙企业解散后应当进行清算并通知和公告债权人。

（2）选任清算人。合伙企业解散，清算人由全体合伙人担任；未能由全体合伙人担任清算人的，经全体合伙人过半数同意，可以自合伙企业解散后15日内指定一名或数名合伙人，或者委托第三人担任清算人。如果在15日内未确定清算人的，合伙人或者其他利害关系人可以请人民法院指定清算人。

（3）执行清算事务。清算人在清算期间，应执行以下事务：

①清理合伙企业的财产，分别编制资产负债表和财产清单。

②处理与清算有关的合伙企业未了结事务。

③清缴剩余财产。

④清理债权、债务。

⑤处理合伙企业清偿债务后的剩余财产。

⑥代表合伙企业参加民事诉讼。

3. 财产清偿顺序

在清算过程中，合伙企业财产应当首先用于支付清算费用。随后，按如下顺序清偿：

①合伙企业有招用职工的，所欠职工工资和劳动保险费用。

②合伙企业在按上述顺序清偿后仍有剩余的，按合伙企业既定的利润分配比例进行分配。

合伙企业清算时，其全部财产不足清偿其债务的，由全体合伙人承担无限连带清偿责任。

4. 清算结束

在清算期间，如果全体合伙人以个人财产承担清偿责任后，仍不足清偿合伙企业的债务，应当结束清算程序。对于未能清偿的债务，由合伙人在今后继续承担连带清偿责任。债权人享有在清算结束后以原合伙人为连带债务人，继续请求清偿的权利。但是，如果债权人在连续五年内未向债务人提出清偿请求，则债务人的清偿责任归于消灭。

清算结束后，清算人应当编制清算报告，经全体合伙人签名、盖章后，在10日内向登记机关报送清算报告，办理合伙企业注销登记。

第二节　《公司法》有关知识

是不是任何公司都要设经理一职？有限责任公司中经理由谁聘任和解聘？经理的职责有哪些？经理主要对谁负责？法律对公司经理人有哪些要求？看完本章的内容，你就会有所了解。

2.1　《公司法》概述

什么是公司

1. 公司的基本特征

公司是指依法定条件和程序设立，以营利为目的，具有法人资格的经济组织。

公司具有以下基本特征：

（1）依法成立。只有依照法律规定的条件、方式、程序成立的经济组织，才能称为"公司"。

（2）以营利为目的。公司能够充分自主地行使法律赋予的各项权利，在国家宏观调控下，按照市场的需求组织生产经营，通过提高效益和劳动生产率来实现其资产的保值和增值。

（3）是企业法人的主要类型之一。公司是现代企业制度中的主要组织形式，随着社会主义市场经济的逐步完善，公司必将在我国经济生活中占据更加重要的地位。

（4）实行权责明确、科学管理、激励与约束相结合的内部管理体制。

2. 公司的种类

公司的种类，可以因不同的分类标准而作不同的分类。

（1）通常，人们是以股东对公司承担的责任形式的不同而加以分类。主要有以下四种：

①无限公司

无限公司，是指由两个以上的股东组成的，股东对公司的债务负连带无限责任的公司。其主要特点是，所有的股东都对公司承担无限责任；所有的股东都不能只以其对公司的出资额为限来承担公司的债务；所有的股东都对公司的债务承担连带责任。

②有限责任公司

有限责任公司，是指由一定人数的股东组成的，股东只以其出资额为限对公司承担责任，公司只以其全部资产对公司债务承担责任的公司。其主要特点是，所有的股东都是只以其对公司的出资额为限来对公司承担责任；公司只是以其全部资产来承担公司的债务；股东对超出公司全资产的债务不承担责任。

③两合公司

两合公司是指由一个或者一个以上的无限责任股东与一个或一个以上的有限责任股东所组成的公司。其主要特点是，股东之间的责任是不同的：有的股东只以其对公司的出资额为限来对公司承担责任，有的股东则是对公司承担无限责任。

④股份有限公司

股份有限公司，是指由一定人数以上的股东组成，公司全部资本分为等额股份，股东以其所认股份为限对公司承担责任，公司以其全部资产对公司债务承担责任的公司。其主要特点是：公司的全部资本分成等额股份；股东只以其所认的股份为限对公司承担责任；公司只以其全部资产来承担公司的责任。

以上四种分类，是公司最基本、最常见的分类。

在我国，按照《公司法》第2条规定："本法所称的公司是指依照本法在中国境内设立的有限责任公司和股份有限公司。"因此，在我国只能设立两种公司，即有限责任公司和股份有限公司，而不允许设立无限公司和两合公司。

（2）根据公司间的控制关系，公司可以分为母公司和子公司。

在法律上相互独立的公司彼此间可能存在某种特殊的控制与被控制关系。依照控制关系的存在依据，大致分为合同控制关系和资产控制关系两种。在企业集团问题上，因这两种控制关系而形成的企业或公司关系，均可纳入企业集团的范畴。但在《公司法》中这种控制关系仅指资产或股权控制关系。

在此种控制关系中，一方为母公司，另外一方为子公司。所谓的母公司是拥有一公司一定比例以上的股份并直接控制其经营的公司，有时也被称为控股公司。但在理论上，控股公司不同于母公司。控股公司有纯粹控股公司和混合控股公司两种基本形式。纯粹控股公司为仅以控制或持有其他公司股份为目的而设立的公司，这类控股公司并无其他设立目的。混合控股公司的设立目的并不在于控制或持有别的公司的股份，通常有其他类型的公司业务，对其他公司的控制系因设立宗旨以外的原因形成的。在国家管理制度中，纯粹控股公司原则上属于投资公司范畴，混合控股公司则属于母公司的范畴。

与母公司相对应的是子公司，也即其股份或资产受其他公司控制的公司。按照母公司对子公司的控制程度，子公司又分为全资附属子公司和非全资附属子公司。全资附属子公司为其资产或股份完全由母公司控制的子公司，即当母公司拥有子公司100%的股份时，该子公司就是全资附属子公司。在理论上，非全资附属子公司又有两种具体形式：一是参股公司，即该母公司持有子公司50%以上100%以下的股份；二是被参股公司，即该母公司持有子公司50%或50%以下的股份。但在实践中，纯粹按照确定的控股比例进行分类的做法未必妥当。对于股份分散程度较高的公司如股份公司而言，母公司持有子公司20%或30%，甚至10%的股份，就足以实现对子公司的实际控制。

母公司和子公司在法律上为相互独立的法人，但在经济上又可能结为一体，其相互之间因控制比例变动而产生的错综复杂关系，已经越来越多地受到理论界及实务领域的高度重视。在我国公司中，对于类似情况已经有所规定：如《公司法》规定公司对其他企业的投资不得超过其净资产的50%；收购上市公司的行为必须依法向有关监管部门和社会公众报告和披露；子公司不得收购母公司的股份等。除此以外，公司财务制度上还要求控股达到一定程度时使用合并会计报表等。

（3）根据公司管辖关系，公司可以分为总公司和分公司。

根据公司的管辖关系，具有管辖和被管辖关系的公司分别被称为总公司和分公司。所谓总公司，是指具有独立的法人资格，能够以自己的名义直接从事各种业务活动，并管辖所属分公司或非独立经营机构的公司，这种公司有时也称本公司。相应地，所谓的分公司是指受总公司管辖的，不具有独立法人资格的各种经营机构，通常仅限于以"分公司"命名的非独立经营机构。这是分公司与子公司，总公司与母公司之间的根本区别。

在我国以往的外贸公司体制中，分公司具有特定的含义。在我国外贸实践中，所谓的分公司是指仅在行业管理上隶属于总公司的公司。此类分公司是由总公司以外的投资者投资设立的，其业务和经营活动也基本是独立的，且分公司具有独立的法人资格。所以，总公司和分公司在外贸体制上和《公司法》意义上的含义完全不同。目前随着外贸体制的改革，关于外贸公司的分类标准正在逐渐接近《公司法》的分类。

《公司法》的修订及主要内容

《公司法》是调整公司在设立、组织、活动、变更和解散过程中发生的各种对内对外经济关系的法律规范的总称。

1. 我国《公司法》的修改过程

为了适应建立现代企业制度的需要，规范公司的组织和行为，保护公司、股东和债权人的合法权益，维护社会经济秩序，促进社会主义市场经济的发展，1993年12月29日，第八届全国人民代表大会常务委员会第5次会议通过了《中华人民共和国公司法》，并于当日公布，自1994年7月1日起施行。这是建国后第一部公司法。1999年12月25日第九届全国人民代表大会常务委员会第13次会议通过了《关于修改〈中华人民共和国公司法〉的决定》，对《公司法》进行了第一次修订；2004年8月28日第十届全国人民代表大会常务委员会第11次会议通过了《关于修改〈中华人民共和国公司法〉的决定〉，对《公司法》进行了第二次修正；2005年10月27日第十届全国人民代表大会常务委员会第18次会议对《公司法》进行第三次修订通过，并将修订后的《中华人民共和国公司法》公布，自2006年1月1日起施行。修订后的《公司法》共十三章，219条。其中对有限责任公司的设立和组织机构，有限责任公司的股权转让，股份有限责任公司的设立和组织机构，股份有限责任公司的股份发行和转让，公司董事、监事、高级管理人员的资格和义务，公司债券，公司财务、会计，公司合并、分立、增资、减资，公司解散和清算，外国公司的分支机构等法律责任作了较为详尽的规定。

2．我国现行公司法的主要内容

我国现行公司法的主要内容，既总结了我国股份制试点的经验，从中国实际出发，同时也借鉴西方国家公司法的立法经验，注意与国际惯例接轨。其主要内容包括：

（1）制定《公司法》的目的及适用范围。

（2）公司的性质和法律地位。

（3）公司的设立。

（4）公司的经营管理制度。

（5）股份有限公司的股份发行和转让。

（6）公司债券。

（7）公司的财务会计制度。

（8）公司的合并与分立。

（9）公司的破产、解散和清算。

（10）公司的法律责任。

2.2 有限责任公司

什么是有限责任公司

根据《公司法》的规定，所谓有限责任公司，是指股东以其出资额为限对公司承担责任，公司以其全部资产对公司的债务承担责任的企业。

1．设立有限责任公司的条件

设立有限责任公司，应当具备下列条件：

（1）股东在2个以上50个以下。

（2）股东出资达到法定资本最低限额，即以生产经营业为主的公司为人民币50万元，以商业批发为主的公司为人民币50万元，以商业零售为主的公司不少于人民币30万元，科技开发、咨询、服务性公司为人民币10万元。

（3）股东共同制定公司章程。

（4）有公司名称，建立符合有限责任公司要求的组织机构。

（5）有固定的生产经营场所和必要的生产经营条件。

2．有限责任公司的设立登记

设立有限责任公司，一般要经过以下三个阶段：

（1）申请名称预先核准。

设立有限责任公司，应当首先由全体股东指定的代表或者共同委托的代理人向公司所在地工商行政管理机关申请名称预先核准。申请名称预先核准，应当提交下列文件：

①有限责任公司的全体股东签署的公司名称预先核准申请书。

②股东的身份证明。

③工商行政管理机关要求提交的其他文件。

工商行政管理机关应在收到上述申请文件之日起10日内作出核准或驳回的决定，核准的应发给《企业名称预先核准通知书》。预先核准的公司名称保留期为6个月。预先核准的公司名称在保留期内，不得用于从事经营活动、不得转让。法律、行政法规规定设立公司须报经审批或公司经营范围中有法律、行政法规规定必须报经审批的项目的，可以以预先核准的公司名称报送审批。

（2）申请设立登记。

股东的全部出资经法定的验资机构验资后，由全体股东指定的代表或共同委托的代理人向工商行政管理机关申请设立登记。法律、行政法规规定设立有限责任公司必须报经审批的，应当自批准之日起90日内申请设立登记；逾期申请的，申请人应当报审批机关确认原批准文件的效力或者另行报批。申请时应提交下列文件：

①公司董事长签署的设立登记申请书。，

②全体股东指定代表或者共同委托代理人的证明。

③公司章程。

④具有法定资格的验资机构出具的验资证明。

⑤股东的法人资格证明或自然人身份证明。

⑥载明公司董事、监事、经理的姓名、住所的文件及有关委派、选举或者聘用的证明。

⑦公司法定代表人任职文件和身份证明。

⑧企业名称预先核准通知书。

⑨公司住所证明。

⑩法律、行政法规规定设立有限责任公司申报经审批的，还应当提交有关的批准文件。

（3）核准登记。

工商行政管理机关在收到申请人提交的全部申请文件后，应发给申请人《公司登记受理通知书》，并自发出该通知之日起30日内，作出核准登记或不予登记的决定。

核准登记的，应自核准登记之日起15日内通知申请人，发给《企业法人营业执照》；不予登记的，应当自作出决定之日起15日内通知申请人，发给《公司登记驳回通知书》，当事人对此决定可以申请行政复议或提起行政诉讼。

在设立登记中，还有下列事项需要注意：

①公司设立登记费按注册资本总额的1%缴纳。

②注册资本超过1000万元的，超过部分按0.5%缴纳。

③注册资本超过1亿元的，超过部分不再缴纳。有限责任公司需要领取《企业法人营业执照》副本的，每份收取工本费10元；因遗失、损坏等原因，需重新补（换）《企业法人营业执照》的，每份收取50元。

3. 有限责任公司的设立责任

有限责任公司设立时，由于股东未缴清股款或出资不实时，设立时的股东和未足额缴纳出资的股东应承担责任。我国《公司法》第28条规定："有限责任公司成立后，发现作为出资的实物、工业产权、非专利技术、土地使用权的实际价额显著低于公司章程所定份额的，应当由交付该出资的股东补交其差额，公司设立时的其他股东对其承担连带责任。"

4. 有限责任公司对资本的要求

有限责任公司股东的出资，形成公司的初始资本。各国对股东认购股份的数额及享有的股权有不同的规定。我国《公司法》规定，每个股东依其所认缴的出资额负责，股东依其所持有股份的多少行使表决权。

有限责任公司的注册资本依法可以增加或减少，但需要具备法定的条件并依法定程序进行。依我国《公司法》第38条规定，公司增加或减少注册资本，要由股东会作出决议，决议必须经代表2/3以上表决权的股东通过。《公司法》第46条规定，要由董事会制定公司增加或减少注册资本的方案。

有限责任公司股东的权利和义务

股东是公司的出资人。除法律、法规有禁止或限制的特别规定外，国家授权投资的机构或部门、企业法人、具有法人资格的事业单位和社会团体、自然人均可成为有限责任公司的股东。股东依法享有权利，并承担义务。

1. 公司股东享有的权利

《公司法》规定，公司股东作为出资者按投入公司的资本额享有所有者的资产受益、重大决策和选择管理者的权利。具体来讲，有限责任公司股东享有如下权利：

（1）有权参加或推选代表参加股东会，并按出资比例享有表决权。

（2）有权选举和被选举为董事会成员、监事会成员。

（3）有权依法转让出资。有限责任公司股东之间可互相转让出资。股东向股东以外的人转让出资时，必须经全体股东过半数同意；不同意转让的股东应当购买该转让的出资，如果不购买该转让的出资，视为同意转让。

（4）有权优先购买其他股东向非股东转让的出资。

（5）有权查阅股东会会议记录和公司财务会计报告。

（6）有权按照出资比例分取红利。

（7）有权优先认购公司新增的注册资本。

（8）公司终止后，有权依法分得剩余财产。

（9）公司章程规定的其他权利。

2. 有限责任公司股东的义务主要有：

（1）出资义务。股东是以所认缴的出资额为限对公司承担责任，因此，股东应当足额缴纳公司章程中规定的各自所认缴的出资额。股东不按照法律规定缴纳所认缴的出资的，应当向已足额缴纳的股东承担违约责任。股东缴纳出资后，公司应当向股东签发出资证明书。

（2）有限责任公司股东在公司登记后，不得抽回出资。

（3）出资填补责任。有限责任公司成立后，发现作为出资的实物、工业产权、非专利技术、土地使用权的实际价额显著低于公司章程所定价额，应当由交付该出资的股东补交其差额，公司设立时的其他股东对其承担连带责任。

有限责任公司的组织机构

1. 有限责任公司的股东会

有限责任公司的股东会由全体股东组成，是公司的权力机构，有权对公司的重大事项作出决议。

2. 有限责任公司的董事会

有限责任公司一般应设立董事会，董事会作为公司的意思表示机构，对外代表公司，作为公司的经营决策和业务执行机构，可以在法律规定必须由股东会行使的职权外，决定公司的有关事项，并负责执行股东会的决议。董事长是公司的法定代表人。

有限责任公司设立董事会的，其成员为3～13人。股东人数较少和规模较小的有限责任公司，可设1名执行董事，不设董事会。执行董事为公司的法定代表人。董事应由股东会选举产生，但两个以上国有企业或其他两个以上国有投资主体设立的有限责任公司，其董事会成员中应当有公司职工代表，公司职工代表由公司职工民主选举产生，董事每届任期由公司章程规定，但每届任期不得超过3年，任期届满，可以连选连任，董事任期届满前，股东会不得无故解除其职务。有限责任公司董事会设董事长1人，可以设副董事长1～2人，董事长、副董事长的产生办法由公司章程规定。

3. 有限责任公司的经理

有限责任公司的经理负责公司日常经营管理工作。经理由董事会聘任或解聘，对董事会负责，依法行使职权。

4. 有限责任公司的监事会

监事会是公司经营活动的监督机构。经营规模较大的有限责任公司，设立监事会，其成员不得少于3人。监事会应在其组成人员中推选一名召集人。监事会由股东代表和适当比例的公司职工代表组成，具体比例由公司章程规定。股东代表由股东会选举产生，职工代表由公司职工民主选举产生。股东人数较少和规模较小的有限责任公司，可以设1～2名监事。董事、经理及财务负责人不得兼任监事。监事的任期每届为3年，任期届满，可以连选连任。

一人有限责任公司

一人有限责任公司，是指只有一个自然人股东或者一个法人股东的有限责任公司。根据《公司法》规定，一人有限责任公司的注册资本最低限额为人民币10万元。股东应当一次足额缴纳公司章程规定的出资额。

一个自然人只能投资设立一个一人有限责任公司。该一人有限责任公司不能投资设立新的一人有限责任公司。一人有限责任公司应当在公司登记中注明自然人独资或者法人独资，并在公司营业执照中载明。

国有独资公司

国有独资公司，是指国家单独出资、由国务院或者地方人民政府委托本级人民政府国有资产监督管理机构履行出资人职责的有限责任公司。

国有独资公司不设股东会，由国有资产监督管理机构行使股东会职权。国有资产监督管理机构可以授权公司董事会行使股东会的部分职权，决定公司的重大事项，但公司的合并、分立、解散、增减注册资本和发行公司债券，必须由国有资产监督管理机构决定。其中，重要的国有独资公司合并、分立、解散、申请破产的，应当由国有资产监督管理机构审核后，报本级人民政府批准。

国有独资公司设经理，由董事会聘任或者解聘。经理依照《公司法》第50条规定行使职权。经国有资产监督管理机构同意，董事会成员可以兼任经理。

国有独资公司是一种特殊的有限责任公司，《公司法》对其组织机构的设置作了如下规定：

（1）国有独资公司不设股东会。在国有独资公司中，由国家授权投资的机构或国家授权的部门，授权公司董事会决定公司的重大事项，行使股东会的部分职权；公司的合并、分立、解散、增减资本和发行公司债券，必须由国家授权投资的机构或国家授权的部门决定；国有独资公司转让资产，必须依照法律、行政法规的规定，由国家授权投资的机构或国家授权的部门办理审批和财产转移手续。

（2）国有独资公司必须设立董事会，成员为3~9人。董事会每届任期为3年。董事会设董事长1人，可以视需要设副董事长。董事会成员中应有职工代表，由公司职工民主选举产生。董事长是公司的法定代表人，董事长由国家授权投资的机构或国家授权的部门从董事会成员中指定。

（3）国有独资公司设经理，由董事会聘任或解聘。经理依照《公司法》关于一般有限责任公司经理职权的规定行使职权。

（4）国有独资公司监事会主要由国务院或者国务院授权的机构、部门委派的人员组成，并有公司职工代表参加。监事会成员不得少于3人。

2.3 股份有限公司

股份有限公司

1. 股份有限公司的特征

股份有限公司是指符合法定人数的发起人按照公司法所规定的法定程序，通过向公众发行股票来筹集其全部注册资本，而且其全部资本分成等额股份，股东依其所认购的股份为限对公司承担责任，公司依其全部资产对公司的债务承担责任的企业法人。其中，股票可以在股票交易所上市交易的股份公司，又称"上市公司"。

股份有限公司的主要特征是：

（1）应当有2人以上200人以下为发起人，其中须有半数以上的发起人在中国境内有住所。

（2）全部资本分成若干等额股份，股东以其所认购的股份数额为限对公司承担责任，并确定其权利的大小，公司以其全部资产为限对公司的债务承担责任。

（3）公司股份体现为股票形式。股票是一种有价证券，可在股票市场上发行和流通。

（4）公司具有较严密的内部组织机构。公司的股东大会、董事会、监事会分别行使公司重大事项决策权、经营管理权和监督权。

公司的议事规则及办事程序均有明确规定。组织机构较充分地体现了所有权与经营权分离的原则。股份有限公司是典型的合资公司，公司信用完全建立在资本的基础上。它具有其他公司形式所不具备的优势，一是可以吸收社会上的闲散资金，融资能力强；二是股份可以自由流动，较大程度上分散了投资人的投资风险。

2．股份有限公司的设立条件

根据《公司法》规定，设立股份有限公司，应当具备下列条件：

（1）发起人符合法定人数。依我国《公司法》规定，发起人至少应为5人，其中须有过半数以上在中国境内有住所；国有企业改建为股份有限公司的，发起人可少于5人，但应当采取募集设立方式。

（2）发起人认缴和社会公开募集的股本达到法定资本最低限额。根据我国《公司法》的规定，股份有限公司注册资本的最低限额为人民币1000万元，在公司存续期间，公司资本不得随意更改，如需增减，必须严格按法定程序进行。

（3）股份发行、筹办事项符合法律规定。

（4）发起人制定公司章程，并经创立大会通过。

（5）有公司名称，建立符合股份有限公司要求的组织机构。

（6）有固定的生产经营场所和必要的生产经营条件。

3．股份有限公司的设立程序

（1）设立筹备。发起人为申请设立股份有限公司应做的筹备工作主要包括：

①发起人在协商一致的基础上签订设立公司的协议，草拟公司章程，制作设立申请书、可行性研究报告、招股说明书等重要报批文件。

②原国有企业改组为公司的，应对原国有企业的债权债务进行清理，委托具有法定资格的资产评估机构和验资机构，进行资产评估和验资，界定原国有企业的净资产权。

（2）设立申请和审批。发起人完成设立公司的筹备工作后，可共同委托一个发起人办理设立公司的申请手续。被委托人应当向国务院授权部门或省级人民政府提交设立公司的协议书、申请书、可行性研究报告、公司章程草案、资产评估报告等重要报批文件，由国务院授权部门或省级政府审查确定是否批准。

（3）筹集资本。设立股份有限公司，可以采取发起设立和募集设立两种设立方式：

①发起设立是指发起人认购公司应发行的全部股份而设立公司的方式。以发起设立方式设立股份有限公司的，发起人以书面形式认足公司章程规定发行的股份后，应即缴纳全部股款，以实物、工业产权、非专利技术或土地使用权作价出资的，应当依法办理产权转移手续。

②募集设立是指发起人只认购公司应发行股份的一部分，其余部分向社会公开募集而设立公司的方式。以募集设立方式设立股份有限公司的，发起人认购的股份不得少于公司股份总数的35%，其余股份应当向社会公开募集。发起人向社会公开募集股份时，必须向国务院证券管理部门递交募股申请，经批准后，必须公告招股说明书，并制作认股书。

（4）选举公司组织机构或者召开创立大会。

①以发起设立方式设立股份有限公司的，发起人交付全部出资后，应当选举董事会和监事会，形成公司组织机构。

②以募集设立方式设立股份有限公司的，在公司发行股份的股款缴足后，发起人应当在30日内主持召开公司创立大会，创立大会由认股人组成。发起人应当在创立大会召开15日前将会议日期通知各认股人或予以公告。创立大会应有代表股份总数1/2以上的认股人出席，方可举行。

创立大会的职权是：审议发起人关于公司筹办情况的报告；通过公司章程；选举董事会、监事会成员；对公司设立费用进行审核；发生不可抗力或经营条件发生重大变化直接影响公司设立的，可以作出不设立公司的决议。创立大会对上述事项作出决议，必须经出席会议的认股人所持表决权的半数以上通过。

（5）申请设立登记。

①以发起设立方式设立股份有限公司的，在公司组织机构选举产生后，由董事会向公司登记机关报送设立公司的批准文件、公司章程、验资证明等文件，申请设立登记。

②以募集设立方式设立股份有限公司的，董事会应于创立大会结束后30日内向公司登记机关申请设立登记。公司登记机关自接到股份有限公司登记申请之日起30日内作出是否登记的决定。对符合《公司法》规定条件的，予以登记，发给公司营业执照；对不符合《公司法》规定条件的，不予登记。公司营业执照签发日期为公

司成立日期。公司成立后，应当进行公告。

股份有限公司的组织机构

股份有限公司的组织机构同有限责任公司的组织机构基本相同，即设有股东大会、董事会、监事会、经理。只是这些机构的职权有些不同。

1. 股份有限公司的股东大会

股东大会是公司的最高权力机关，公司的一切重大事宜都必须由股东大会做出决议。

股份有限公司的股东人数众多，除少数当选董事会或监事者外，没有直接参与公司事务的机会，这一点不同于有限责任公司的股东人数少、且均有直接参与公司经营的机会，所以《公司法》明确规定股份有限公司必须设股东大会，作为股东对公司重大事项表示意见的权力机关，一切有关公司的重大事项均由股东组成的股东大会作出决议。股东大会不是股东代表大会，应由全体股东组成。

股东大会的职权与有限责任公司股东会的职权基本相同。唯一的差别是，有限责任公司的股东向股东以外的人转让出资时，须由股东会作出决议。而在股份有限公司，股东可以依法自由转让出资，不须经股东大会批准。

股东大会的形式分为年会和临时会两种。年会（又称普通股东会）是指依照法律规定每年必须至少召集一次的全体股东会议；临时会（又称特别股东会）是指依据需要由董事、监事或拥有一定比例以上的股份的股东依实际情况临时召集的不定期的全体股东会议。我国《公司法》第104条规定有下列情形之一的，应当在两个月内召开临时股东大会：

（1）董事人数不足本法规定的人数或者不足公司章程所定人数的2/3时。

（2）公司未弥补的亏损达股本额的1/3时。

（3）持有公司股份10%以上的股东请求时。

（4）董事认为必要时。

（5）监事会提议召开时。

股东大会会议的召集人应为董事长。

2. 股份有限公司的董事会

董事会是公司的常设机关和执行业务机关。董事会的组成人员是由股东大会选举产生，必须向股东大会负责。董事会成员中可以有公司职工代表。依我国《公司法》规定，股份有限公司董事会成员为5～19人，董事应由股东大会选举产生。董事任期由公司章程规定，每届任期不得超过3年。

依我国《公司法》规定，董事会会议的召集人应为董事长。董事会议的决议应有1/2以上的董事出席，并经全体董事的过半数通过。

董事会的职权主要包括：负责召集股东大会，并向股东大会报告工作；执行股东大会的决议；决定公司的经营计划和投资方案；制定公司的年度财务预算方案、决算方案、利润分配方案和弥补亏损方案、公司增加或减少注册资本的方案以及发行公司债券方案；拟订公司合并、分立、解散的方案；决定公司内部管理机构的设置；聘任或解聘公司经理；根据经理的提名，聘任或者解聘公司副经理、财务负责人；决定其报酬事项；制定公司的基本管理制度；申请公司设立登记，选举董事长、副董事长；申办发行新股的手续等。

3. 股份有限公司的监事会

监事会是股份有限公司必设的监察机关。依我国《公司法》规定，监事会成员不得少于3人，由股东代表和适当比例的公司职工代表组成。其中职工代表的比例不得低于1/3，具体比例由公司章程规定。监事的任期每届为3年，任期届满，可以连选连任。

监事会的职权主要包括：检查公司的财务；对董事、经理执行公司职务时违反法律、法规或者公司章程的行为进行监督；当董事和经理行为损害公司的利益时，要求董事和经理予以纠正；提议召开临时股东大会等。

4. 股份有限公司的经理

经理是股份有限公司对内负责日常经营管理、对外代表公司的代理人。依我国《公司法》规定，经理由董事会聘任或解聘。经董事会决定，董事会成员可以兼任经理，但监事不得兼任经理。

经理的职权主要包括：主持公司的生产经营管理工作，组织实施董事会决议及公司年度经营计划和投资方案；拟订公司内部管理机构设置方案及公司的基本管理制度；制定公司的具体规章；提请聘任或解聘公司副经理、财务负责人；聘任或解聘除应由董事会聘任或者解聘以外的管理人员；公司章程和董事会授予的其他职权。

股份有限公司的股东和股份

1. 股份有限公司的股东

股东是指股份都在公司的股份持有人。股东可以是发起人，也可以是接受他人股份转让之人，股东可以是自然人、法人、国家。

发起人在公司成立时转为股东，享有股东权，承担相应的义务。如果公司不能设立时，发起人应承担如下责任：

（1）连带认缴股款。股份有限公司采取募集设立，其创立会召开时，公司应发行的股份尚未认足，或第三人已认购而又撤回者，由发起人连带缴纳。

（2）连带负责赔偿。发起人在公司设立过程中，由于其过失而致使公司受到损害的，全体发起人对公司负连带赔偿责任。

（3）连带负担公司设立费用。

（4）连带责任返还股款及利息。公司不能成立时，对认股人已经缴纳的股款，发起人负返还股款并加算银行同期存款利息的责任。

（5）发起人与公司对第三人的连带赔偿。发起人在公司设立过程中，对于公司设立业务的执行，如违反法律规定造成对第三人的损害，应与公司作为连带债务人对第三人负连带赔偿责任。

股份有限公司必须于本公司或其代理机构中置备股东名册，记载股东姓名或者名称及住所、所持股份、股票编号、取得股份的日期等事项。

2．股份有限公司的股份

股份有限公司的股份是以股票为表现形式的，体现股东权利义务的，按等额划分的公司资本构成单位。股票是股份有限公司签发的、证明股东持有公司股份的重要有价证券。股票是股份的表现形式，股东按持有股票表明的股份数享有权利，承担义务。

股份有限公司股票的上市

1．股票上市应具备的条件

依照《公司法》第152条的规定，股份有限公司申请其股票上市必须符合下列条件：

（1）股票经国务院证券管理部门批准已向社会公开发行。

（2）公司股本总额不少于人民币5000万元。

（3）开业时间在3年以上，最近3年连续盈利，原国有企业依法改建设立的，或者《公司法》实施后新组建成立，其主要发起人为国有大中型企业的，可连续计算。

（4）持有股票面值达人民币1000元以上的股东人数不少于1000人，向社会公开发行的股份达到股份总数的25%以上。公司股本总额超过人民币4亿元的，其向社会公开发行股份的比例为15%以上。

（5）公司在最近3年内无重大违法行为，财务会计报告无虚假记载。

（6）国务院规定的其他条件。

但是，属于高新技术的股份有限公司，公司发行新股申请股票上市的条件，由国务院另行规定。

2. 股票上市的程序

具备了股票上市所需条件之后，股份有限公司申请股票上市，还应遵循以下程序：

（1）申请上市。股份有限公司申请其股票上市交易，应报国务院或国务院授权的证券管理部门批准，依照有关法律、行政法规的规定报送有关文件。

（2）审批。国务院或国务院授权的证券管理部门对符合法定条件的股票上市申请予以批准，对不符合法定条件的申请，不予批准。

（3）公告股票上市报告。股票上市申请被批准后，被批准的上市公司必须公告其股票上市报告，并将申请文件存放在指定地点供公众查阅。

（4）股票上市。经批准的上市公司的股票依照有关法律、行政法规上市交易。经国务院证券管理部门批准，公司股票还可以到中国境外上市。

上市公司有下列情形之一的，由国务院证券管理部门决定暂停其股票上市：

（1）公司股本总额、股权分布等发生变化不具备上市条件。

（2）公司不按规定公开其财务状况或者对财务会计报告作虚假记载。《公司法》规定，上市公司必须按照法律、行政法规的规定，定期公开其财务状况和经营情况，在每会计年度内半年公布一次财务会计报告。

（3）公司有重大违法行为。

（4）公司最近3年连续亏损。

其中，上市公司有第（2）、（3）项所列情形之一，经查实后果严重的，或者有第（1）、（4）项所列情形之一，在限期内未能消除，不具备上市条件的，由国务院证券管理部门决定终止其股票上市。上市公司决议解散、被行政主管部门依法责令关闭或者被宣告破产的，由国务院证券管理部门决定终止其股票上市。

法律对公司董事、监事及经理有什么要求

《公司法》对公司董事、监事和经理的主要要求有：

1. 有下列情形之一的，不得担任公司的董事、监事、经理：

（1）无民事行为能力或者限制民事行为能力。

（2）因贪污、贿赂、侵占国家财产、挪用国家财产或者破坏社会主义经济秩

序，被判处刑罚，执行期满未逾5年，或者因犯罪被剥夺政治权利，执行期满未逾5年。

（3）担任破产清算的公司、企业的董事或者厂长、经理，对该公司、企业的破产负有个人责任的，自该公司、企业破产清算完结之日起未逾3年。

（4）担任因违法被吊销营业执照、责令关闭的公司、企业的法定代表人，并负有个人责任的，自该公司、企业被吊销营业执照之日起未逾3年。

（5）个人所负数额较大的债务到期未清偿。

公司违反上述规定选举、委派董事、监事或者聘任经理的，该选举、委派或者聘任无效。

2. 国家公务员不得兼任公司的董事、监事、经理。

3. 董事、监事、经理应当遵守公司章程，忠实履行职务，维护公司利益，不得利用在公司的地位和职权为自己谋取私利。董事、监事、经理不得利用职权收受贿赂或者其他非法收入，不得侵占公司的财产。

4. 董事、经理不得挪用公司资金或者将公司资金借贷给他人。董事、经理不得将公司资产以其个人名义或者以其他个人名义开立账户存储。董事、经理不得以公司资产为本公司的股东或者为其他个人债务提供担保。

5. 董事、经理不得自营或者为他人经营与其所任职公司同类的营业或者从事损害本公司利益的活动。从事上述营业或者活动的，所得收入应当归公司所有。董事、经理除公司章程规定或者股东会同意外，不得同本公司订立合同或者进行交易。

6. 董事、监事、经理除依照法律规定或者经股东会同意外，不得泄露公司秘密。

7. 董事、监事、经理执行公司职务时违反法律、行政法规或者公司章程的规定，给公司造成损害的，应当承担赔偿责任。

2.4 债券与股票

债券与股票的区别

债券与股票都是公司筹集资金的方法，都是有价证券，都可以在证券市场上流通、转让。这是债券和股票的相同之处，它们的区别主要有：

（1）主体的法律地位不同。债券持有人为公司的债权人，无权参与公司经营管理；股票持有人为公司股东，有权参与公司经营管理。

（2）效益不同。债券持有人按固定的利率分利息，并且债券到期日，公司要归还本金；股票持有人从公司利润中分取股利，分取的多少与盈利多少成正比。

（3）承担的风险不同。无论公司是否盈余，都要按固定利率支付债券利息，并且到期要归还本金，公司解散清算时，债券也先于股票得到清偿，因此债券是一种风险较小的投资；股利只在公司盈利时才能分取，并且股利率不固定，股票只能转让，不能退股，因此股票是风险较大的投资。

什么是公司债券

1. 公司债券的特征

债券是指企业或政府向社会公众筹集资金而向出资者出具的债券凭证。公司债券是指公司依照法定程序发行、约定在一定期限还本付息的有价证券。

公司债券具有如下特征：

（1）公司债券发行主体只限于股份有限公司、国有独资公司和两个以上的国有企业或两个以上的国有投资主体设立的有限责任公司。

（2）公司债券须依照法定程序发行。

（3）发行公司债券筹集的资金，必须用于审批机关批准的用途，不得用于弥补亏损和非生产性支出。

2. 公司债券的分类

根据不同的标准，公司债券可划分为：

（1）记名债券与无记名债券。

在公司债券上记载债权人姓名或名称的为记名债券；不记载债权人姓名或名称的为无记名债券。

（2）可转换债券与不可转换债券。

可转换债券是在发行公司债券的基础上，附加了一份期权，并允许购买人在规定的时间范围内将其购买的债券转换成指定公司的股票，从而成为公司股东的债券。不可转换债券是不能转换为债务公司的股票的债券。《公司法》规定，上市公司经股东大会决议可以发行可转换为股票的公司债券。公司发行可转换债券的，除具备发行债券的条件外，还应当符合股票发行的条件，并应当报请国务院证券管理部门批准。公司应当按其转换办法向债券持有人换发股票，但债券持有人对转换为股票或不转换为股票有选择权。

（3）有担保债券和无担保债券。

有担保债券是公司为债权人提供了还本付息的担保；无担保债券则没有提供还

本付息的担保。

公司债券的发行

1. 公司债券的发行条件

按照《公司法》有关规定，股份有限公司、国有独资公司和两个以上国有企业或其他两个以上国有投资主体投资设立的有限责任公司，为筹集生产经营资金，可以依法发行公司债券。

为了保护债权人利益，发行公司债券必须符合一定条件。主要有：

（1）股份有限公司的净资产额不低于人民币3000万元，有限责任公司的净资产额不低于人民币6000万元。

（2）累计债券总额不超过公司净资产额的40%。

（3）最近3年平均可分配利润足以支付公司债券1年的利息。

（4）筹集的资金投向符合国家产业政策。

（5）债券的利率不得超过国务院限定的利率水平。

（6）国务院规定的其他条件。

但是，凡有下列情形之一的，不得再次发行公司债券：

（1）前一次发行的公司债券尚未募足的。

（2）对已发行的公司债券或者其债务有违约或者延迟支付本息的事实，且仍处于继续状态的。

2. 公司债券的发行程序

公司债券要依法定程序发行，我国《公司法》第163～166条规定了发行公司债券的程序：

（1）由公司的权力机关作出决议。股份有限公司、有限责任公司发行公司债券，由董事会制定方案，股东会作出决议；国有独资公司发行公司债券，应由国家授权投资的机构或者国家授权的部门作出决定。

（2）报请国务院证券管理部门批准。公司董事会向国务院证券管理部门申请批准发行公司债券，应提交下列文件：①公司登记证明；②公司章程；③公司债券募集办法；④资产评估报告和验资报告。

（3）公司公告公司债券募集办法。

（4）发行公司债券、募集资金。

可转换公司债券的发行条件

依照国务院证券委员会1997年3月25日发布实施的《可转换公司债券管理暂行办法》的规定，可转换公司债券的发行、上市、转换股份及其相关活动，应当遵循公开、公平、公正和诚实信用的原则。可转换公司债券在转换股份前，其持有人不具有股东的权利和义务。可转换公司债券可以依法转让、质押和继承。

上市公司发行可转换公司债券，应当符合下列条件：

（1）最近3年连续盈利，且最近3年净资产利润率平均在10%以上，属于能源、原材料、基础设施类的公司可以略低，但不得低于3%。

（2）可转换公司债券发行后，资产负债率不高于70%。

（3）累计债券余额不超过公司净资产额的40%。

（4）募集资金的投向符合国家产业政策。

（5）可转换公司债券的利率不超过银行同期存款的利率水平。

（6）可转换公司债券的发行额不少于人民币1亿元。

（7）国务院证券委员会规定的其他条件。

可转换公司债券采取记名式无纸化发行方式。发行可转换公司债券，发行人必须公布可转换公司债券募集说明书。

可转换公司债券的发行，应当由证券经营机构承销，证券经营机构应当具有股票承销资格。承销方式由发行人与证券经营机构在承销协议中约定。

可转换公司债券的最短期限为3年，最长期限为5年。

前一次发行的债券尚未募足的，或是对已发行的债券有延迟支付本息的事实，且仍处于继续延期支付状态的，不得发行可转换公司债券。

上市公司发行的可转换公司债券，在发行结束6个月后，持有人可以依据约定的条件随时转换股份。可转换公司债券到期未转换的，发行人应当按照可转换公司债券募集说明书的约定，于期满后5个工作日内偿还本息。

公司的公积金和公益金

1. 公司的公积金

公积金又称储备金，是公司不作股利分配，提留备用的净利润。公积金根据其提取有无强制性和其来源，可以分为法定公积金、任意公积金和资本公积金：

（1）法定公积金。它是由法律规定必须提取的公积金。公司在分配当年税后利润时，应当提取利润的10%列入法定公积金。法定公积金累计达公司注册资本的50%以上的，可不再提取。

（2）任意公积金。它是由公司自行决定提取的公积金，是否提取及提取比例，都由公司股东会作出决议。

（3）资本公积金。它是来源于公司利润以外的收益。包括：公司以超过股票面额的价格发行股份所得溢价款，公司接受捐赠以及按规定应列入资本公积金的其他收入。

公司公积金用于弥补亏损、扩大公司生产经营或转增公司资本。

2．公司的公益金

公司分配当年税后利润时，应当提留利润的5%～10%列入法定公益金。公益金用于本公司职工的集体福利。

我国《公司法》第177条具体规定了公司税后利润的分配顺序，即公司税后利润必须依法分配，其顺序为：

（1）如果公司上一年度有亏损的，应当用当年利润弥补上一年度的亏损。

（2）提取法定公积金。

（3）提取法定公益金。

（4）经股东会决议，可以提取任意公积金。

（5）分配股利。

有限责任公司按股东的出资比例进行分配；股份有限公司按股东持有的股份比例进行分配。如果公司违法进行分配，必须将违法分配的利润退还公司。

第三节　《中小企业促进法》有关知识

一个国家的经济要强大，不仅要有走向成功的大企业，也要有成功的小企业。在一些不存在规模经济的商业、服务业等行业中，中小企业往往是主体，中小企业大部分以劳动密集型技术为主，对解决文化、技术低的人员的就业作用更为突出。中小企业能灵活进行生产经营，根据市场需求及时对生产做出调整。中小企业在市场经济中发挥着自己的独特作用。

3.1　中小企业概述

关于对中小企业予以财政支持的规定

根据《中华人民共和国中小企业促进法》（以下简称《中小企业促进法》）第

2条规定："本法所称中小企业，是指在中华人民共和国境内依法设立的有利于满足社会需要，增加就业，符合国家产业政策，生产经营规模属于中小型的各种所有制和各种形式的企业。"

2002年6月29日第九届全国人大常委会第二十八次会议审议通过的《中小企业促进法》是中国第一部关于中小企业的专门法律，这部法律在2003年1月1日起正式实施。

对中小企业的财政支持，是指中央财政和地方财政对中小企业的支持，具体就是：中央财政预算应当设立中小企业科目，安排扶持中小企业发展专项资金；地方人民政府应当根据实际情况为中小企业提供财政支持。

关于中小企业发展专项资金的规定

中小企业发展专项资金，是指由国家财政拨款、财政部统一管理的，为促进中小企业服务体系建设、开展支持中小企业的工作、补充中小企业发展基金而设立的专项资金。顾名思义，专项资金就是要专款专用，不能改变其性质和用途而挪作他用。中小企业发展专项资金应定向用于扶持中小企业的发展，一定要加强管理力度，防止挤占、挪用、截留、滞留、转贷、虚报、瞒报等违规操作行为，严格审计，切实用好专项资金，促进中小企业健康有序地发展。

根据《中小企业促进法》第11条的规定，中小企业发展专项资金主要用于四个方面：

1. 促进中小企业服务体系的建设。
2. 开展支持中小企业的工作。
3. 补充中小企业发展基金。
4. 扶持中小企业发展的其他事项。

中小企业的发展基金

1. 中小企业发展基金的组成

根据《中小企业促进法》第12条的规定，中小企业发展基金由下列资金组成：

（1）中央财政预算安排的扶持中小企业发展专项资金。

（2）基金收益。

（3）捐赠。

（4）其他资金。

与此同时，国家通过税收政策，鼓励对中小企业发展基金的捐赠。捐赠作为一种不求回报的奉献行为，理应受到鼓励和提倡，并给予必要的优惠，其中最主要的优惠就是税收方面的优惠。企业捐赠财产的，可以依照有关法律、法规的规定享受企业所得税方面的优惠；个人捐赠财产的，可以依照有关法律、法规的规定享受个人所得税方面的优惠；境外捐赠的物资，可以依照有关法律、法规的规定减征或者免征进口关税和进口环节的增值税。

2. 中小企业发展基金的使用

根据《中小企业促进法》第13条规定，国家中小企业发展基金用于扶持下列中小企业的事项：

（1）创业辅导和服务。

（2）支持建立中小企业信用担保体系。

（3）支持技术创新。

（4）鼓励专业化发展以及与大企业的协作配套。

（5）支持中小企业服务机构开展人员培训、信息咨询等项工作。

（6）支持中小企业开拓国际市场。

（7）支持中小企业实施清洁生产。

（8）其他事项。

中小企业发展基金的设立和使用管理办法由国务院另行规定。

什么是风险投资

《中小企业促进法》第17条规定：国家通过税收政策鼓励各类依法设立的风险投资机构增加对中小企业的投资。

风险投资，是指由职业金融家投入到新兴的、迅速发展的、有巨大竞争潜力的企业中的一种权益资本。通俗地说是指投资人将风险资本投资于新近成立或快速成长的新兴公司（主要是高科技公司），在主动承担技术风险、市场风险和财务风险的前提下，为融资人提供长期股权投资和增值服务，培育企业快速成长，数年后再通过上市、兼并或其他股权转让方式撤出投资，取得高额投资回报的一种投资方式。因此，风险投资不是单一的金融投资，而是集资金融通、企业管理、科技和市场开发等诸多因素于一体的综合性经济活动。从投资行为的角度来讲，风险投资是把资本投向蕴藏着失败风险的高新技术及其产品的研究开发领域。从运作方式角度讲，是指由专业人才管理下的投资中介向特别具有潜能的高新技术企业投入风险资本的过程，也是协调风险投资家、技术专家、投资者的关系，利益共享、风险共担的一种投资机制。风险投资既是双赢，也是双方承担风险，充分体现了风险投资业高风险、高收益的特点。

我国目前风险投资机构可以分为五大类，即各级政府出资的、民间出资的、境外出资的、上市公司出资的和金融系统出资的（以证券公司为主），它们是我国风险资本市场的主力军。

3.2 关于中小企业的相关规定

政府对中小企业的创业扶持

中小企业在我国国民经济中占有重要地位，是我国经济中不可缺少的组成部分。与大企业相比，中小企业具有规模小、竞争和创新意识强、经营灵活的特点。它在促进市场竞争、增加就业机会、方便群众生活、推进技术创新、推动国民经济发展和保持社会稳定等方面起到了大企业不可替代的重要作用。因此政府对中小企业进行扶持尤其在创业上进行扶持十分必要。

为此，《中小企业促进法》第三章规定：

（1）政府有关部门应当提供信息咨询、场所设施支持和特殊人员创业扶持及引导就业。

（2）国家在税收政策上支持和鼓励中小企业的创立和发展。

（3）对失业人员创立的中小企业和吸纳失业人员达到法定要求的中小企业、高新技术中小企业、在少数民族及贫困地区等特殊地区创办的中小企业、安置残疾人员的中小企业实行税收优惠。

（4）地方人民政府应当为创业人员提供政府咨询和信息服务。

（5）企业登记机关应当依法为设立中小企业提供较好服务，禁止违法收费。

（6）国家鼓励中小企业创办中外合资、中外合作经营企业。

（7）国家鼓励依法以工业产权或者非专利技术等投资参与创办中小企业。

关于对中小企业金融支持的规定

对中小企业金融支持，是指各金融机构应努力改进金融服务，转变服务作风，增强服务意识，提高服务质量，为中小企业融通资金提供形式多样、产品丰富的金融服务。

根据《中小企业促进法》第15条规定，各金融机构应当对中小企业提供金融支持，努力改进金融服务，转变服务作风，增强服务意识，提高服务质量；各商业银行和信用社应当改善信贷管理，扩展服务领域，开发适应中小企业发展的金融产品，调整信贷结构，为中小企业提供信贷、结算、财务咨询、投资管理等方面的服务；国家政策性金融机构应当在其业务经营范围内，采取多种形式，为中小企业提供金融服务。

关于鼓励中小企业技术创新的规定

《中小企业促进法》第四章是有关国家鼓励中小企业技术创新的规定，主要内容是：

1. 国家制定政策鼓励中小企业按照市场需要，开发新产品，采用先进的技术、生产工艺和设备，提高产品质量，实现技术进步。中小企业技术创新项目以及为大企业产品配套的技术改造项目，可以享受贷款贴息政策。

2. 政府有关部门提供政策支持，推进建立各类技术服务机构、生产力促进中心和科技企业孵化基地，为中小企业提供技术信息、咨询和转让服务，为中小企业产品研制、技术开发提供服务，促进科技成果转化，实现技术、产品升级。

3. 国家鼓励中小企业与研究机构、大专院校开展技术合作、开发与交流，促进科技成果产业化，积极发展科技型中小企业。

关于国家鼓励中小企业开拓市场的规定

《中小企业促进法》第五章关于国家鼓励中小企业开拓市场的规定的具体内容有：

1. 国家鼓励和支持大企业与中小企业建立以市场配置资源为基础的、稳定的原材料供应、生产、销售、技术开发和技术改造等方面的协作关系，带动和促进中小企业发展。

2. 国家引导、推动并规范中小企业通过合并、收购等方式，进行资产重组，优化资源配置。

3. 政府采购应当优先安排向中小企业购买商品或者服务。

4. 政府有关部门和机构应当为中小企业提供指导和帮助，促进中小企业产品出口，推动对外经济技术合作与交流。国家有关政策性金融机构应当通过开展进出口信贷、出口信用保险等业务，支持中小企业开拓国外市场。

5. 国家制定政策，鼓励符合条件的中小企业到境外投资，参与国际贸易，开拓国际市场。

6. 国家鼓励中小企业服务机构举办中小企业产品展览展销和信息咨询活动。

第四节 《合同法》有关知识

企业的生产经营涉及方方面面，与其他的相关产业进行合作是必然的，在与其他企业的合作中，签订合同是双方合作的开始。懂得签订合同是经理的必修课。经理必须有一些合同法的常识，以免在经济交往中由于合同的问题使许多本来可以避免的损失发生。有时，一个合同的失误能够直接导致一个企业的破产。所以，任何人都不能忽视合同问题。

4.1 《合同法》基础知识

什么是合同

合同一旦签订就具有了一定的法律效力。经理人在签订合同时，首先要知道什么是合同，合同有怎样的法律特征，合同应具备哪些条款才能产生法律效力。

合同又称契约，是当事人之间设立、变更、终止某种权利义务关系的协议。在合同概念之下，可以容纳财产、身份、行政、劳动等不同性质的多种法律关系。《合同法》中所指的合同，是平等主体的自然人、法人，其他组织之间设立、变更、终止民事权利义务关系的协议。而同属民事法律领域的婚姻、收养、监护等有关身份关系的协议，以及其他法律性质的协议，适用其他法律的规定。

根据我国合同法的规定，合同具有以下法律特征：

1. 合同是平等主体之间的民事法律关系。

2. 合同是多方当事人的法律行为。

3. 合同是从法律上明确当事人间特定权利与义务关系的文件。

4. 合同是具有相应法律效力的协议。合同依法成立、发生法律效力之后，当事人各方都必须全面正确履行合同中规定的义务，不得擅自变更或者解除。如果当事人不履行合同中规定的义务，要依法承担违约责任。对方当事人可通过诉讼、仲裁，请求强制违约方履行义务，追究其违约法律责任。

《合同法》的特征

《合同法》是调整平等主体之间商品交换关系的法律规范的总称，它调整合同的订立、效力、履行、变更和解除、终止、违约责任等合同关系。

合同法具有以下特征：

（1）《合同法》强调主体平等、自愿协商、等价有偿的原则。这些原则是商品交换的基本原则。

（2）《合同法》贯彻契约自由的原则。在合同法中，主要是通过任意性法律规范调整合同关系。政府对当事人通过合同关系进行的经济活动的干预，被严格限制在合理的范围之内。

（3）《合同法》从动态的角度为当事人提供财产关系的法律保护。合同法调整商品交换关系，即调整动态的财产流转关系。

我国的合同立法是在改革开放初期由计划经济体制向有计划的商品经济体制转轨过程中开始的。继《民法通则》为调整合同关系作了原则性规定外，还先后颁布了《经济合同法》（1981年颁布，1993年作了修改）、《深圳经济合同法》（1985年）和《技术合同法》（1987年），以及大量单行法规和条例。这些都极大地促进了我国经济体制改革的进行，促进了我国社会主义市场经济的培育和发展。

1999年3月15日，第九届全国人民代表大会第二次会议通过了《中华人民共和国合同法》并于1999年10月1日施行。

《合同法》的基本原则

《合同法》的原则，是指其效力贯穿于整个《合同法》制度和规范之中的根本准则，是指导合同立法、合同司法和进行合同活动的带有普遍指导意义的基本行为准则。概括起来看，我国《合同法》的基本原则有：

（1）平等原则。平等原则是指地位平等的合同当事人，在权利义务对等的基础上，经充分协商达成一致，以实现互利互惠的经济利益目的的原则。当事人法律地位一律平等，是民事法律的一项基本原则，也是合同法的基本原则之一。《合同法》第3条规定，合同当事人的法律地位平等，一方不得将自己的意志强加给另一方。这一原则包括以下内容：一是合同当事人的法律地位一律平等；二是合同当事人的权利义务对等；三是合同当事人应当协商一致，一方不得将自己的意志强加给对方，更不得以强迫、胁迫等手段签订合同；四是合同主体的合法权益平等地受法律保护。

（2）自愿原则。合同自愿原则表现为合同当事人依法享有自愿订立合同的权利。自愿原则体现了民事活动的基本特征，是民事关系区别于行政法律关系、刑事法律关系特有的原则。民事活动除了法律强制性的规定以外，一律由当事人自愿约定。《合同法》第4条规定，当事人依法享有自愿订立合同的权利，任何单位和个人不得干预。自愿原则贯穿于合同活动的全过程：第一，订不订合同，由合同当事人按照自己的意思自主决定；第二，与谁订立合同，由当事人自己选择对方当事人；第三，合同的内容由当事人在不违法的情况下自愿约定；第四，当事人可以协议变更合同内容；第五，当事人可以协议解除合同；第六，当事人可以约定违约责任，在发生争议时，可以自主地选择解决争议的方式；第七，当事人有权对合同的形式如口头形式、书面形式、公证形式等作出选择。

（3）公平原则。根据《合同法》第5条规定，当事人应当遵循公平原则确定各方的权利和义务。公平原则要求合同当事人之间的权利义务要公平合理，要大体上平衡，强调一方给付与对方给付之间的等值性，合同上的负担和风险的合理分配。一是要求当事人在订立合同时，要根据公平原则确定双方的权利义务，不得滥用权力、不得欺诈、不得假借订立合同恶意进行合谋；二是根据公平原则确定风险的合理分配；三是根据公平原则，确定违约责任。

（4）诚实信用原则。《合同法》第6条规定，当事人行使权力、履行义务应当遵循诚实信用原则。当事人应当诚实守信，善意地行使权力、履行义务，不得有欺诈等恶意行为。在法律、合同未作规定或规定不清的情况下，要依据诚实信用原则来解释法律和合同，来平衡当事人间的利益关系。

（5）合法原则。《合同法》第7条明确规定，当事人订立、履行合同应当遵守法律、行政法规，尊重社会公德，不得扰乱社会经济秩序，损害社会公共利益。

4.2 合同的签订

订立合同时要注意哪些问题

1. 保证问题

保证是指合同当事人以外的第三人（保证人）以自己的名义担保一方当事人（被保证人）履行合同，当被保证人不履行合同时，由保证人承担责任的一种法律制度。保证的方式有三种：一是由保证人和债务人订立保证合同；二是保证人单方向债权人递交担保书；三是保证人在主合同上表明同意担保的意思并签字盖章。在各种经济合同中，保证是经常使用的一种担保方式，尤其是借款合同一般都有保证条款。

（1）怎样选择保证人。设立保证的目的是为了担任合同的履行，当被保证人不履行合同时，由保证人承担责任。因此，作为合同的保证人必须具有担保的能力。

（2）订立保证。必须经过保证人的同意，债务人选定保证人时，还要征得债权人同意，并要有保证人明确表示保证的意思。保证人单独向债权人出具保函时，要明确其保证的内容，并签字盖章。如果仅是提供被保证人的情况或者介绍某单位去签订合同，不是法律意义的保证。这一点在实践中往往引起混淆，应注意区别，以免上当。

（3）保证范围的确定。保证人具体保证什么，是保证合同的全部还是保证合同的一部分，还要由三方协商一致，并在合同中写明确。实践中，有些合同的保证范围含糊其辞，只写"由保证人负责监督付款"，或者"如借款人到期不还，由我单位负责从借款人账户扣还"，这种写法实际上还没有明确保证人的责任，难免引起纠纷。

在签订合同时要注意：①保证的生效时间要与主合同生效的时间相一致，如果合同签订后要办理公证、签证或报经上级批准才生效的，那么保证的生效期限也应在办理有关手续后才开始计算，主合同生效日期改变的，应征得保证人同意。②保证的有效期限应与主合同的有效期限相一致，如果约定以保证为合同成立条件的，那么须保证条件成熟时，主合同才生效。

2. 抵押问题

抵押是指合同中的债务人或第三人将自己所有的或者经营管理的一定财产提供给债权人作为抵押物的一种担保。抵押与保证不同，保证是一种人的担保，而抵押则是物的担保。当债务人不履行债务时，抵押权人有权依照法律规定将抵押物折价，或者将抵押物变卖，从中优先受偿。因此，抵押在担保合同履行上比保证更有可靠性。

抵押既可以作为一种合同形式存在，也可以作为合同中一项条款，但无论以何种形式，它都是原合同的从合同，而不是独立存在的合同。订立抵押条款时，一般应注意如下几个问题：

（1）抵押人可以是合同中的债务人，也可以是第三人，但必须是对抵押物享有财产所有权或者经营管理权的人。集体企业、私营企业以及公民个人将自己所有的财产提供抵押，一般可以自行决定。联营企业、股份制企业要将其财产提供抵押，一般要经投资各方或董事会同意。国有企业的财产抵押有一定限制，根据《全民所有制工业企业转换经营机制条例》第5条的规定，企业对一般固定资产可以自主决定抵押，而对于关键设备、成套设备或者重要建筑物的抵押，要经过政府主管部门批准，否则，抵押无效。这要求当事人在签订合同时，要注意区分财产的所有制性质及财产的类别，不能随便用国有的重要固定资产提供抵押。

（2）抵押物可以是动产，也可以是不动产，但必须是依法可以流转的财产。

（3）抵押成立后，抵押权人即对该抵押物享有担任物权，抵押人不能再将该财物另行抵押他人，否则，重复的抵押无效。抵押物由抵押人保管时，抵押人要想将抵押物转让他人，必须经抵押权人同意，不然，抵押权人对该抵押物享有偿索权；抵押物在抵押权人保管时，抵押权人也不能擅自将该抵押物再抵押给他人。

3．定金问题

定金是一方当事人为了保证合同的履行，在订立合同时，给付对方一定数额的货币定金作为合同的担保形式之一，既可以作为合同成立的法律证据，又能担保合同的履行，不履行合同时，违约方就要受"定金罚则"的制裁。因此，定金是经常使用的担保形式。在实践中，怎样订立定金条款呢？

（1）明确定金的适用范围。根据合同法规定，当事人可以向对方给付定金，但这并不是说所有的合同都要给付定金。财产保险合同、借款合同、建筑安装工程承包合同、供用电合同、货物运输合同等按其性质是不需要或者不宜给付定金的。而农副产品购销合同、建设工程勘察设计合同、加工承揽合同以及工矿产品购销合同等则可以由双方当事人在合同中约定给付定金。

（2）定金数额的约定。定金也有法定和约定两种，凡合同条例规定了给付定金标准的属于法定定金，如《建设工程勘察设计合同条例》对定金的最高限额规定为勘查费的30%，当事人给付定金只能在30%限额以下。法律、法规允许当事人自行约定定金的，则由当事人协商约定。

4．预付款问题

预付款是一方当事人按合同约定，在合同签订后预先给付对方一定数额的货币。合同履行后，预付款可以折抵货款或酬金；如果合同不履行，预收货款的一方应如数退回预收的货款及利息。有几个问题应引起合同签订人的注意。

（1）正确认识预付款的利弊。在某种情况下，当事人为了购买市场紧缺的原材料、产品，预付一部分货款，的确奏效。然而，预付款的大量使用，给诈骗犯罪分子提供了可乘之机，一些诈骗分子正是利用预付款这一手段，通过签订合同，骗取预付款，根本不打算履行合同，一旦预付款到手就挥霍用尽，或逃之夭夭，以致不少企业单位上当受骗，落得个钱货两空，损失惨重。签订合同时，应吸取教训，不要随便约定预付款，即使有的合同的确需要预付款，也要谨慎从事，以防上当受骗。

（2）预付款的适用范围。一般情况下，预收预付货款是不允许的。

（3）要注意区分预付款与定金。预付款的预先给付与定金的预先给付在表面上有相同之处，但两者又有原则的区别：

①性质不同。定金是保证合同履行的担保措施，而预付款仅是一种预先给付，不具有担保性质。

②法律后果不同。凡订立定金的，给付定金的一方不履行合同，无权请求返还定金，接受定金的一方不履行合同则应双倍返还定金。而预付款在合同不能履行时，预收的一方应如数退还预收的货款及利息，而不论是预付方违约，还是预收方违约，也不论是合同有效还是无效，预付款都应返还，而且不是双倍返还。

③适用范围不同。对于定金，除几种合同按其性质不需要给付的外，其他合同一般都可以约定给付定金，而对于预付款则有较多限制，一般不允许预收预付。

④预付的数额也有所不同。预付款可以是合同总金额，也可以是其中的一部分，而预付定金则限制在一定数额之内。

此外，定金可以在合同生效前给付，以证明合同的成立，而预付款必须是在合同生效后才给付对方。因此，在签订合同时，要注意区分预付款和定金，属定金的就明确写上定金，属预付款的则写明是预付款，不要混用，以免双方发生纠纷。

5. 合同纠纷的解决方式问题

合同纠纷的解决有协商解决、调解解决、仲裁解决和诉讼解决等方式，协商或调解是最先采用的方式，当协商或调解解决不了时，是仲裁还是审判，还可以依合同的约定。《民事诉讼法》第111条第2项规定："依照法律规定，双方当事人对合同纠纷自愿达成书面仲裁协议向仲裁机构申请仲裁的，不得向人民法院起诉，告知原告向仲裁机构申请仲裁。"

对合同纠纷是仲裁解决还是诉讼解决，当事人可在合同上约定：凡约定仲裁条款的，发生纠纷时只能申请仲裁，不得向法院起诉；相反，没有约定仲裁条款的，可以向法院起诉。

因此，合同纠纷是提交仲裁还是向法院起诉，当事人的约定起到决定作用，签订合同时要格外注意。

除了约定仲裁条款外，当事人还要以在合同中约定合同纠纷的管辖法院，即协议管辖。如果双方订立了协议管辖条款，发生纠纷时，当事人就可按合同的约定到双方选定的法院起诉，而不受一般地域管辖的限制，即协议管辖优先，这对于预防合同纠纷的管辖争议很有意义。

在订立协议管辖条款时，应注意下列问题：

①选择管辖的法院必须是合同履行地、合同签订地、被告所在地、原告所在地以及标的物所在地之内的某一法院，超出这一范围的选择无效。

②协议管辖不能违背专属管辖和级别管辖的规定。

③协议管辖应是明确的、具体的，不确定的协议管辖等于没有选择，发生纠纷时就要按法定管辖来确定管辖权。

6. 合同的签字盖章及有关手续

合同双方当事人就主要条款协商达成一致，合同即告成立。但签订合同双方当事人就合同主要条款达成一致意见并不能使合同立即发生法律效力，还需要签字、盖章、批准、公证、签证等手续。这些签约手续无论是对合同生效，还是对合同履行以及合同纠纷的处理，都是不可忽视的重要环节。

（1）合同的签字盖章。

合同条款议定后，必须由双方当事人在合同书上签字并加盖单位公章，合同才生效。签字盖章是当事人完全同意合同条款的意思所表示的法律凭据，凡没有签字盖章的合同，对双方当事人没有约束力，任何一方都可以提出修改意见，一旦签字盖章后，合同便发生法律效力。因此，签字盖章是签订书面合同的必要手续。

在实践中，签字盖章一般应注意如下几个问题：

第一，在签字盖章前，应对合同文本进行最后的审查把关。通过审查发现有不合理之处，及时与对方协商修改，待修改后再签字盖章。审查合同文本时，应多征求有关业务主管的意见，必要时交单位法律顾问或请律师代为审查。业务人员在外协商达成的合同，不要忙于签字盖章，最好先拿回本单位交法定代表人审查，然后再决定是否签字盖章，这对于预防签约上当受骗是至关重要的。

第二，合同的签字人应是单位的法定代表人和委托代理人（即经办人），不具备法人资格的企业由其代表人签字。在代订合同的情况下，代理人应有法定代表人的授权委托书，或者其他授权委托的证明，否则应由法定代表人亲笔签名。

第三，合同的盖章可以是单位的公章，也可以是合同专用章，但不能加盖单位的内部职能科室的印章，只有公章和合同专用章才能对外。在盖章问题上，特别要注意三点：①所加盖的公章或合同专用章的单位名称应与合同当事人的名称完全一致；②单位公章或合同专用章是单位对外进行活动的重要凭据，不得借用，如借用其他单位的合同专用章或者公章签订合同，该合同属无效合同，出借单位和借用人要对该无效合同的法律后果负连带责任；③为防止代理人滥用代理权，越权签订合同，一般应采取先订合同后盖章的办法，不要随便将盖有公章的空白合同书交代理人，否则，合同签订人用加盖公章的空白合同书签订的合同都要单位承担责任。

（2）合同的公证和签证。

如果合同双方当事人在合同中约定要办理公证或签证手续后合同才生效，那么，办理公证或签证手续便是合同生效的必要条件。双方当事人应按合同的约定到公证机关办理合同的公证手续或到有关签证部门办理合同签证。如果合同有保证人的，办理公证或签证时，应通知保证人一同前往办理，经过公证或签证的合同应一式几份，其中公证或签证部门保存一份，各方当事人分别保管一份。

（3）报经有关主管部门批准的合同。

凡是法律、法规规定须由主管部门批准才能签订的合同，必须报经批准才能签订，否则签订的合同是无效的。

合同的分类

合同的分类有助于当事人正确地理解法律，订立和履行合同；有助于正确地适用法律，处理合同纠纷；还可对合同法律的完善起到促进作用。根据不同的标准，可将合同分为不同的类别。通常，对合同作如下分类：

（1）有名合同与无名合同。

根据法律是否对合同规定有确定的名称与调整规则，合同分为有名合同与无名合同。有名合同是立法上规定有确定名称与规则的合同，又称典型合同。如《合同法》在分则中规定的买卖合同、赠与合同、借款合同、租赁合同等各类合同。无名合同是立法上尚未规定有确定名称与规则的合同，又称非典型合同。这种分类的意义在于两种合同的法律适用不同。对有名合同可直接适用《合同法》中关于该种合同的具体规定。对无名合同则只能在适用《合同法》总则中规定的一般规则的同时，参照该法分则或者其他法律中最相类似的规定执行。

（2）单务合同与双务合同。

根据合同当事人是否互相享有权利、负有义务，可将合同分为单务合同与双务合同。单务合同是指仅有一方当事人承担义务的合同，如典型的赠与合同。双务合同是指双方当事人相互享受权利、承担义务的合同，如买卖合同、承揽合同、租赁合同等这种分类的法律意义在于，因两种合同义务承担的不同，从而使它们的法律适用不同，如单务合同履行中不存在同时履行抗辩权等问题。

（3）有偿合同与无偿合同。

根据合同当事人是否为从合同中得到的利益支付代价，可将合同分为有偿合同与无偿合同。有偿合同是指当事人为从合同中得到利益要支付相应代价的合同，如买卖合同。无偿合同是指当事人不需为从合同中得到的利益支付相应代价的合同，如典型的赠与合同。

（4）诺成合同与实践合同。

根据合同是自当事人意思表示一致时成立，还是在当事人意思表示一致后，仍须有实际交付标的物的行为才能成立，可将合同分为诺成合同与实践合同。诺成合同是在当事人意思表示一致时即告成立的合同。实践合同是在当事人意思表示一致后，仍须有实际交付标的物的行为才能成立的合同。通常，确认某种合同属于实践合同除须根据商务惯例外，还应有相应法律规定。

（5）主合同与从合同。

根据合同是否须以其他合同的存在为前提而存在，可将合同分为主合同与从合同。主合同是无须以其他合同存在为前提即可独立存在的合同。从合同是必须以其他合同的存在为前提才可存在的合同，如保证合同。从合同不能独立存在，所以又称附属合同。主合同的成立与效力直接影响从合同的成立与效力。

（6）要式合同与不要式合同。

根据法律是否要求合同必须符合一定的形式才能成立，可将合同分为要式合同与不要式合同。要式合同是必须按照法律规定的特定形式订立方可成立的合同。不要式合同是法律对合同订立未规定特定形式的合同。通常，合同除有法律特别规定者外，均属不要式合同。

如何确定合同的条款

合同的条款就是合同的内容，即合同中经双方当事人协商达成一致、规定双方当事人权利义务的具体条文。合同的主要条款就是合同一般应当具备的条款，也称必要条款，是履行合同与承担责任的基本依据。《合同法》第12条规定，合同的内容由当事人约定，一般包括以下条款：

1. 当事人的名称或者姓名和住所

这是对合同主体的规定，同时也是一个合同必备的条款。当事人是合同的主体，当事人是自然人的，要写明该自然人的姓名和住所；当事人是法人或其他组织的，要写明其名称和住所。

2. 标的

标的是合同当事人权利义务所指向的对象。标的是合同成立的必要条件，也是一切合同都要具备的条款。没有标的就失去了订立合同的必要性，合同就无法成立。

合同中的标的物可能是指某一具体的特定物，也可能是指某种种类物。合同标的可以是货物，如买卖合同、租赁合同中的标的；也可以是行为，如服务合同的标的；可以是智力成果，如技术转让合同、专利许可合同中的标的等。

3．数量

数量是合同标的具体化，标的的数量直接确定了当事人双方权利与义务的大小和程度。数量是以数字和计量单位来衡量标的的尺度。没有数量，合同也不能成立。

4．质量

质量是标的的内在素质和外观形态的综合指标，包括标的名称、品种、规格、型号、等级、技术要求、物理和化学成分、性能等。

5．价款或报酬

价款或报酬是标的的价金，也是一方取得标的所支付的代价。价款是取得财产的一方当事人向另一方当事人支付的货币，如买卖合同中的货款、租赁合同中的租金等。

报酬是根据合同取得劳务或工作成果的一方当事人向另一方当事人支付的货币，如运输合同中的运输费。

6．合同的履行期限

合同的履行期限是指合同中规定的当事人履行自己的义务，如交付标的物、支付价款或报酬、履行劳务、完成工作成果等的时间界限。合同的履行期限直接关系到合同义务完成的时间，也是确定合同能否按时履行或者迟延履行的客观依据。

7．履行地点和方式

履行地点是当事人履行合同义务和接受合同履行的地点。履行方式是指当事人采用什么样的方式和手段来履行合同规定的义务。

8．违约责任

违约责任是指当事人一方或双方不履行合同或者不适当履行合同，依照法律的规定或者按照当事人的约定应当承担的责任。违约责任的规定是保证合同履行的主要条款。

9．解决争议的方法

解决争议的方法是指合同争议解决的途径，对合同条款发生争议时的解释和法律适用等。解决争议的主要途径有：当事人双方通过协商和解；由第三人进行调解；通过仲裁解决；通过诉讼解决。

合同何时成立和生效

合同的成立是指当事人就合同的内容协商一致，权利义务关系确定下来，合同关系产生，合同对双方当事人具有约束力。根据《合同法》的规定，承诺生效，合同就生效。所以，合同成立的地点和时间就是承诺生效的时间和地点。

《合同法》第32条规定，当事人采用合同书形式订立合同的，自双方当事人签字或盖章时合同成立。

《合同法》第33条规定，当事人采用信件、数据电文等形式订立合同的，可以在合同成立之前要求签订确认书，签订确认书时合同成立。本条的规定是源于我国原来的涉外经济合同法的规定。这个规定将确认书作为合同成立的条件。实践中，订立合同使用确认书需要具备以下条件：一是当事人是采用信件、数据电文形式订立合同；二是经一方当事人在合同成立之前提出。因为将签订确认书作为合同成立的条件，所以当事人必须在合同成立以前提出，否则合同一成立就没有确认的必要了；三是具备了上述条件，再签订确认书，合同即告成立。

采用合同书等书面形式订立合同，由双方当事人签字或盖章，是我国企业间订立合同的一般方式，我国法律、行政法规对此也有规定。

合同的成立与合同的生效是两个不同的概念。合同成立是指双方当事人对合同条款经过协商达成一致，合同的成立是指合同订立过程的完成、要约承诺阶段的结束。而合同生效是指已经成立的合同当事人之间产生一定的法律约束力。合同的成立只是解决合同是否存在的问题，合同存在，但是不一定具有法律约束力。

依法成立的合同，自成立时生效，是对合同生效时间的一般规定，即如果没有法律、行政法规的特别规定和当事人的特别约定，合同成立的时间就是合同生效的时间。

缔约过失责任

缔约过失责任是指合同当事人在订立合同过程中，因违反法律规定、违背诚实信用原则，致使合同未能成立，并给对方造成损失，而应承担的损害赔偿责任。

当事人在订立合同过程中，担负遵守关于订立合同的法律规定、遵循诚实信用原则的义务。如果当事人违背了上述义务，致使合同未能成立，并且给对方造成经济损失，应承担相应的损害赔偿责任。

《合同法》第42条规定：当事人在订立合同过程中有下列情形之一，给对方造成损失的，应当承担损害赔偿责任：

1. 假借订立合同，恶意进行磋商。
2. 故意隐瞒与订立合同有关的重要事实或者提供虚假情况。

3. 有其他违背诚实信用原则的行为。

《合同法》第43条规定："当事人在订立合同过程中知悉的商业秘密，无论合同是否成立，不得泄露或者不正当地使用。泄露或者不正当地使用该商业秘密给对方造成损失的，应当承担损害赔偿责任。"

合同法中的代理问题

当事人依法可以委托代理人订立合同。《合同法》就合同订立过程中有关代理问题的处理，作出了规定。

1. 限制民事行为能力人订立的合同，经法定代理人追认后，该合同有效，但纯获利益的合同或者与其年龄、智力、精神健康状况相适应而订立的合同，不必经法定代理人追认。

2. 行为人没有代理权、超越代理权或者代理权终止后以被代理人名义订立的合同，未经被代理人追认，对被代理人不发生效力，由行为人承担责任。

3. 行为人没有代理权、超越代理权或者代理权终止后以被代理人名义订立合同，相对人有理由相信行为人有代理权的，该代理行为有效。

4. 法人或者其他组织的法定代表人、负责人超越权限订立的合同（含担保合同），除相对人知道或者应当知道其超越权限的以外，该代表行为有效，合同成立有效。

5. 无处分权的人处分他人财产，经权利人追认或者无处分权的人订立合同后取得处分权的，该合同有效。

什么是无效合同

下面是一个无效合同的实例：

申诉人和被诉人于1987年3月8日签订了"合资经营OMEGA实业有限公司合同"及"蛋白糖APM甜味剂技术投资合同"，1987年6月27日深圳市人民政府批准了上述合同。

合同规定：

1.合资公司注册资本为130万美元，甲方（申诉人）占70%，乙方（被诉人）占30%。合资经营期限为十年。

2. 出资方式：甲方以91万美元现金出资；乙方以技术作价13万美元和现金26万美元出资。全部现金分二期缴足，第一期自领取营业执照之日起两个月内，甲方出资现金46万美元，乙方出资现金13万美元。第二期双方缴足各自其余部分的现金投资。

3．甲方负责协助合资公司办理建厂报批等事宜，乙方负责提供完整可靠的蛋白糖APM生产技术，培训合资公司技术人员在规定期限内完成公斤级产品和吨级产品的试生产。

开始洽谈项目时，被诉人曾明确表示不可能以现金出资，申诉人承诺由其寻找第三方替被诉人出现金投资。为此双方酝酿签订一个"关于合资经营OMEGA实业有限公司合同的补充协议书"，但因在利润划分等问题上存在分歧，"协议书"始终未能最终定稿。在这种情况下，申诉人和被诉人签订了上述合同并向市政府报批。

1987年7月25日合资公司经批准注册成立。申诉人依期投入46万美元，被诉人在合资公司内进行蛋白糖试生产。后双方在合资公司的经营管理上产生分歧，申诉人未再投入第二期资金，被诉人则始终未投入任何现金。

1988年10月4日申诉人向仲裁委员会提交仲裁申请，认为被诉人未按期出资构成根本违约，要求终止合同，赔偿申诉人经济损失。申诉人同时提出保全的请求。被诉人答辩认为，被诉人未能如期出资，是因为受了申诉人的欺骗，是由于申诉人违背了由其解决现金出资来源的承诺，造成规避法律行为的责任应由申诉人承担。被诉人要求澄清事实、分清责任，再赔偿经济损失。

仲裁庭认为：本案合同的关键是出资问题，但双方当事人在签订合同前后的一系列行为和事实表明双方在签订合同时都清楚知道，被诉人不具有以现金出资的能力，合同中订立的关于被诉人现金出资的条款根本不可能得到履行；双方也无意履行该条款规定的义务；合同中订立的上述条款并非双方当事人真实意思的表示，而是为了使合同表面上符合法律的规定，蒙骗合同审批机关，使合同获得批准。

合同签订时，双方当事人的真实意图和行为，是由申诉人找第三方替被诉人履行合同中规定的现金出资义务，这种做法本身违背《中外合资经营企业法》和《深圳经济特区技术引进暂行规定》的有关规定。

根据上述两点，"合营合同"及"技术投资合同"的签订违反中国法律的规定，应为无效合同，从签订之日起即为无效，双方当事人无权据此提出请求。双方当事人对合同的无效均负有责任，应各自承担损失。

仲裁庭作出以下裁决：

1．合资公司应予解散。

2．合资公司的全部资产，包括现金、存款、债权和实物归申诉人所有，合资公司的一切债务由申诉人偿还。申诉人应根据中国法律的有关规定，妥善处理合资公司解散的有关事宜。

3. 被诉人没有向合资公司投入任何现金和实物，其专有技术并未扩散，也未产生利润，被诉人不参加合资公司财产的分配。

4. 本案仲裁费，由双方各半分担。

结合以上案件，我们具体了解了什么是无效合同，满足什么条件就属于无效合同。

无效合同，是指已经订立，但因违反法律、行政法规规定的生效条件而不发生法律效力，不具有法律约束力的合同。合同的无效，分为合同的全部无效与合同的部分无效两种情况。合同虽由当事人自愿订立，但不得危害国家和社会公共利益，如果危害国家和社会公共利益，是绝对不允许的，国家要主动干预。《合同法》第52条规定，有下列情形之一的，合同无效：

1. 一方以欺诈、胁迫的手段订立合同，损害国家利益。

2. 恶意串通，损害国家、集体或者第三人利益。

3. 以合法形式掩盖非法目的。

4. 损害社会公共利益。

5. 违反法律、行政法规的强制性规定。

凡是有以上情形之一的合同，都是无效的。

合同无效分为整个合同无效和部分无效。合同部分无效的，不影响其他部分的效力，其他部分仍然有效。无效合同自开始时就没有法律约束力。合同无效，不影响合同中独立存在的有关解决争议方法条款的效力。有过错的一方应当赔偿对方因此所受到的损失。

什么样的合同可以撤销

合同法规定，下列合同可以变更或者撤销：

1. 因重大误解订立的。重大误解是指当事人对合同的性质、对方当事标的物的种类、质量、数量等涉及合同后果的重要事项存在错误认识，违背其真实意思表示订立合同，并因此受到较大损失的行为。但是，对订立合同后能否得到经济利益，商业风险大小而产生的错误认识，不属于重大误解。

2. 在订立合同时显失公平的。这里讲的是"显失公平"，而不是有点不公平，而且是"订立合同时"显失公平。从事商贸活动总是会有风险的，总是有的赚有的赔，这是正常的。在履行中产生的风险，不属于这个范围，要把显失公平与正常的风险加以区别。

3．一方以欺诈、胁迫的手段或者乘人之危，使对方在违背真实意思的情况下订立的合同。

可撤销合同与无效合同是不同的，无效合同是损害了国家、社会公共利益，可撤销合同是对一方当事人显失公平。因此，在程序、后果等方面，是不完全一样的。可撤销合同与无效合同不同的是：

1．可撤销合同必须由当事人提出，变更还是撤销当事人可以选择。

2．提出的当事人负有举证责任。是否是重大误解，是否显失公平，对方是否采取欺诈、胁迫手段或者乘人之危，请求人要举证。

3．由人民法院或者仲裁机构作出裁决。在作出裁决前，该合同还是有效的。裁决对合同内容予以变更的，按裁决履行，如果被撤销，那么自始没有法律约束力。

4．撤销权的行使有一定期限。具有撤销权的当事人自知道或者应当知道撤销事由之日起一年内没有行使撤销权，或者知道撤销事由后明确表示或者以自己的行为放弃撤销权的，撤销权消灭。

4.3 合同的履行

合同的履行是合同法中一个极为重要、关键的问题。当事人所以要订立合同，是为了实现一定的目的。合同的订立是很重要的，因为要设立、变更、终止当事人的权利、义务，但这些权利、义务的实现，只有通过履行才能达到。

为了合同能够得到很好履行，合同法对合同的履行问题专门作了规定。履行合同应当遵守以下原则：

1．全面、适当履行。当事人应当按照约定全面履行自己的义务，包括履行义务的主体、标的、数量、质量、价款或者报酬以及履行的方式、地点、期限等，都要按合同的约定全面履行。

2．遵循诚实信用的原则。在订立合同时，要诚实信用，在履行合同义务时，也要强调诚实信用，要守信用，要善意，双方当事人要互相协作，只有这样，合同才能更好地履行。合同法规定，当事人应当遵循诚实信用原则，根据合同的性质、目的和交易习惯履行通知、协助、保密等义务。

3．公平合理，促使合同履行。为了合同能够很好履行，在订立合同时要尽量想得周到、订得具体，如果订立合同时对有些问题没有约定，或者约定的不太明确，怎么办？总的原则是，应当加以补救，不要因此而妨碍合同的履行。首先是由当事人协议补充，不能达成补充协议的，按照合同有关条款或者交易习惯确定。如果还不能确定怎么办，对此种情况，《合同法》根据公平合理的原则，专门作了规定：

（1）质量要求不明确的，按照国家标准、行业标准履行；没有国家标准、行业标准的，按照通常标准或者符合合同目的的特定标准履行。

（2）价款或者报酬不明确的，按照订立合同时履行地的市场价格履行；依法应当执行政府定价或者政府指导价的，按照规定履行。

（3）履行地点不明确，给付货币的，在接受货币一方所在地履行；交付不动产的，在不动产所在地履行；其他标的，在履行义务一方所在地履行。

（4）履行期限不明确的，债务人可以随时履行，债权人也可以随时要求履行，但应当给对方必要的准备时间。

（5）履行方式不明确的，按照有利于实现合同目的的方式履行。

（6）履行费用的负担不明确的，由履行义务一方负担。

4．不得擅自变更。合同订立后在履行过程中，有时会发生需要变更的情况，怎么办？为了保障依法成立合同的严肃性，根据当事人自愿的原则，一方当事人不得擅自变更或擅自将权利义务转让。

如果需要变更或者转让时，要取得对方当事人同意，并且不得违背法律、行政法规强制性的规定。

同时履行抗辩权和后履行抗辩权

同时履行抗辩权，又称不履行抗辩权，是指在双方合同中，没有先后履行顺序的，当事人应当同时履行，一方在对方履行之前有权拒绝其履行要求，一方在对方履行债务不符合约定时有权拒绝其相应的履行请求。我国《合同法》第66条规定："当事人互负债务，没有先后履行顺序的，应当同时履行。一方在对方履行之前有权拒绝其履行要求。一方在对方履行债务不符合约定时，有权拒绝其相应的履行要求。"

后履行抗辩权，是指在双方合同中，有先后履行顺序的。我国《合同法》第67条规定："当事人互负债务，有先后履行顺序，先履行一方未履行的，后履行一方有权拒绝其履行请求。先履行一方履行债务不符合约定的，后履行一方有权拒绝其相应的履行要求。"

什么是不安抗辩权

不安抗辩权，又称拒绝权，是指在双方合同中应当先行履行债务的当事人在有确切的证据证明后序履行债务的当事人在缔约后出现足以影响其对待给付的情形下，可以中止履行合同并有条件地解除合同的权利。

我国《合同法》第68条规定：应当先履行债务的当事人，有确切证据证明对方有下列情形之一的，可以中止履行：

1．经营状况严重恶化。

2．转移财产、抽逃资金，以逃避债务。

3．丧失商业信誉。

4．有丧失或者可能丧失履行债务能力的其他情形。

当事人没有确切证据中止履行的，应当承担违约责任。

《合同法》第69条规定："当事人依照本法第68条的规定中止履行的，应当及时通知对方。对方提供适当担保时，应当恢复履行。中止履行后，对方在合理期限内未恢复履行能力并且未提供适当担保的，中止履行的一方可以解除合同。"

什么是撤销权

1．撤销权及其行使

撤销权是指当债务人实施减少其财产的行为而危及债权人的债权实现时，债权人为保全自己的债权，请求法院予以撤销的权利。债权人的撤销也是债权人保全债权的措施之一，其目的在于防止因债务人的责任财产减少而危及债权人的债权实现。债务人与第三人之间所建立的处分财产的法律关系，一般与债权人无关，这是由债的相对性所决定的。但是，如果债务人与第三人之间建立债的关系，系出于损害债权人利益的目的，则就有违反民法的诚实信用原则，属于权利的滥用，此时债权人得行使撤销权，以保全自己的债权。

债权人行使撤销权时，应注意以下问题：

（1）撤销权的行使主体为债权人。债权人的撤销权由债权人行使。如果债权人为多数人，则债权人可以共同行使撤销权，也可以由每一个债权人独立行使撤销权。但是，无论由谁行使撤销权，其结果都对全体债权人的利益发生效力。

（2）撤销权的行使应以诉讼方式为之。由于撤销权的行使与第三人有重大利害关系，因此，债权人的撤销权须由债权人以自己的名义依诉讼方式而行使。

（3）撤销权的行使以保全全部债权为必要限度。债权人行使撤销权的目的在于保全所有债权人的一般债权。因此，债权人行使撤销权的范围应以全体债权人的债权额为限，而不限于行使撤销权的债权人的债权额。如果对债务人的一个或数个行为行使撤销权就足以保全全部债权的，则债权人不得再请求撤销债务人的其他行为。

2. 撤销权消灭的情形

《合同法》规定，有下列情形之一的，撤销权消灭：

（1）具有撤销权的当事人自知道或者应当知道撤销事由之日起一年内没有行使撤销权。此"一年"时效为不变期间，不适用诉讼时效中止、中断或者延长的规定。

（2）具有撤销权的当事人知道撤销事由后明确表示或者以自己的行为放弃撤销权。

什么是代位权

代位权是指当某一债权人怠于行使其对第三人的权利而危及全体债权人的债权实现时，其他债权人为了保全自己的债权，得以自己的名义代位行使属于该债权人权利的权利。

代位权是债权人的一项权利。债权人在行使代位权时，应当符合下列要求：

1. 代位权的行使主体是债权人的全体债权人

代位权是债权人所享有的一项权利，只能由债权人行使。如果债权人有多个，则各个债权人都可以行使代位权。当然，如果一个债权人已就某项债权行使了代位权，则其债权人就不得就该项权利再行使代位权。

2. 债权人应以自己的名义行使代位权

债权人在行使代位权时，应当以自己的名义为之，而不能以全体债权人的名义行使。由于债权人代位权具有管理权的性质，因此，债权人应尽善良管理人的注意义务，如不得擅自处分债权人的权利等。如果债权人违反注意义务给其他债权人造成损失，应对其他债权人负赔偿责任。

3. 债权人行使代位权以保全债权为必要限度

债权人行使代位权的范围，以有保全债权为其必要限度。在必要范围内，债权人可同时或依次代位行使债权人的数项权利。但是，如果债权人就某一项权利行使代位权已满足清偿其债权的需要，则不得再对债权人的其他权利行使代位权。

什么是债权让与

债权让与，是指不改变合同的内容，债权人通过与第三人订立合同将债权的全部或部分移转于第三人。

债权让与可分为全部让与和部分让与。在全部让与时，受让人取代原债权人成为合同关系的新债权人，原债权人脱离合同关系；在部分让与时，受让人作为第三人将加入到原合同关系之中，与原债权人共同享有债权。

债权让与须符合下列要件方能有效：

1. 须有有效存在的债权，且债权让与不改变债权的内容

债权的有效存在，是债权让与的基本前提。以不存在的或无效的债权让与他人，或者以已经消灭的债权让与他人，即为标的不能，其让与行为无效。

2. 债权的让与人与受让人须就债权让与达成合意

债权让与是让与人与受让人意思表示一致结果，是一种双方的民事法律行为，因而其有效的前提是必须具备民事法律行为的有效要件。

3. 让与的债权须具有可让与性

根据我国《合同法》第79条的规定，下列债权不得让与：

（1）根据合同性质不得转让的债权。如雇佣合同、委托合同中受雇人、受托人享有的债权。

（2）按照当事人约定不得转让的债权。

（3）依照法律规定不得转让的债权。

4. 债权的让与须通知债务人

《合同法》第80条第1款规定：债权人转让权利的，应当通知债务人。未经通知，该转让对债务人不发生效力。

5. 须遵守法律规定的形式

我国《合同法》第87条规定：法律、行政法规规定转让权利应当办理批准、登记等手续的，应当办理批准、登记等手续，否则，债权让与行为无效。

违约责任的承担

违约责任即违反合同的民事责任。依法成立的合同，对当事人具有法律约束力，当事人应当按照合同的约定履行自己的义务。如果不履行义务或者履行义务不符合约定，当事人就要承担违约责任。《合同法》第107条规定："当事人一方不履行合同义务或者履行合同义务不符合约定的，应当承担继续履行、采取补救措施或者赔偿损失等违约责任。"同时，《合同法》第110条规定："当事人一方不履行非金钱债务或者履行非金钱债务不符合约定的，对方可以要求履行，但有下列情形之一的除外：

1. 法律上或者事实上不能履行。

2. 债务的标的不适于强制履行或者履行费用过高。

3. 债权人在合理期限内未要求履行。"

关于赔偿损失的范围，《合同法》第113条规定："当事人一方不履行合同义务或者履行合同义务不符合约定，给对方造成损失的，损失赔偿额应相当于因违约所造成的损失，包括合同履行后可以获得的利益，但不得越过违反合同一方订立合同时预见到或者应当预见到的因违反合同可能造成的损失。"

第五节　金融法律有关知识

外部资金是企业维持和扩大再生产不可缺少的条件。企业经理必须着手去解决外部资金问题。要取得外部资金，就必须通过银行获得信贷资金，这就不可避免地要与金融界打交道，想办法取得金融界的有力支持，获取企业发展所需的资金。这样，企业的发展规模才能更好地壮大起来。与金融界打交道，懂得基本的金融知识是必须的。

5.1　账户管理法律知识

经理人应着重了解的金融法律知识

近年来，我国金融法制建设取得重大进展，目前逐步建立了以《中国人民银行法》为核心，其他法律、行政法规和规章为主体的多层次的金融法律体系。依据其效力层次，可以分为以下几类：

1. 金融法律

包括《中国人民银行法》、《商业银行法》、《保险法》、《票据法》、《证券法》、《担保

法》以及《刑法》中的有关内容，等等。

2. 国务院发布的金融法规、决议和命令

包括《中国人民银行货币政策委员会条例》《储蓄管理条例》《金银管理条例》《现金管理暂行条例》《借款合同条例》《股票发行与交易管理暂行规定》《国家货币出入境管理办法》《外汇管理条例》《非法金融机构和非法金融业务活动取缔办法》《金融违法行为处罚办法》，等等。

3. 中国人民银行发布的命令、指示和规章

包括《贷款通则》《货币发行管理制度》《关于审批金融机构若干问题的通

知》《同业拆借管理试行办法》《商业汇票办法》《信贷资金管理暂行办法》《银行账户管理办法》《异地托收承付结算办法》，等等。

以上金融法律、法规涉及银行、货币、票据、证券、信托、保险等诸多方面，面对如此众多的金融法规，经理人很难一一掌握，但了解一些重要而经常用到的金融法则是至关重要的。经理人应着重了解以下金融法规：《中国人民银行法》、《商业银行法》、《票据法》、《保险法》、《证券法》、《担保法》、《刑法》、《现金管理暂行条例》、《外汇管理条例》、《贷款通则》及其有关法律。

银行账户的管理

加强账户管理是维护正常结算秩序的基础，是加强信贷、结算监督和现金管理的重要措施之一。根据《银行账户管理办法》的规定，银行账户的管理包括两个方面的内容：

1. 人民银行的管理

人民银行对账户的管理包括以下几个方面：

（1）负责协调、仲裁银行账户开立和使用方面的争议，监督、稽核开户银行的账户设置和开立，纠正和处罚违反账户管理办法的行为。

（2）核发开立基本存款账户的开户许可证。人民银行对存款人开立基本存款账户的，负责核发开户许可证，如果存款人需要变更基本存款账户的，亦必须经人民银行审批同意。存款人因开户银行严格执行制度、执行纪律转移基本存款账户的，人民银行不对其核发开户许可证。

（3）受理开户银行对存款人开立和撤销账户的申报。各银行对存款人开立、撤销账户，必须及时向人民银行报告。根据规定，开户银行对基本存款账户的撤销，一般存款账户、临时存款账户、专用存款账户的开立或撤销，应于开立或撤销之日起7日内向人民银行当地分支机构申报。人民银行将运用计算机建立账户管理数据库，加强账户管理。

2. 开户银行的管理

开户银行对账户的管理包括：

（1）依照规定对开立、撤销账户严格进行审查，对不符合开户条件的，坚决不予开户。

（2）正确办理开户和销户，建立、健全开销户登记制度。

（3）建立账户管理档案。

（4）定期与存款人对账。

（5）及时向人民银行申报存款人开立和撤销账户的情况。

银行账户管理的基本原则

根据《银行账户管理办法》的规定，银行账户管理遵守以下基本原则：

1. 一个基本账户原则

即存款人只能在银行开立一个基本存款账户，不能多头开立基本存款账户。存款人在银行开立基本存款账户，实行由中国人民银行当地分支机构核发开户许可制度。

2. 自愿选择原则

即存款人可以自主选择银行开立账户，银行也可以自愿选择存款人开立账户。任何单位和个人不得强制干预存款人、银行开立或使用账户。

3. 存款保密原则

即银行必须依法为存款人保密，维护存款人资金的自主支配权。除国家法律规定和国务院授权中国人民银行总行的监督项目外，银行不代任何单位和个人查询、冻结、扣划存款人账户内存款。

不同存款形式账户的设置与开户条件

1. 基本存款账户的设置与开户条件

基本存款账户是指存款人办理日常转账结算和现金收付的账户。存款人的工资、奖金等现金的支取，只能通过本账户办理。

（1）基本存款账户的当事人资格条件。

根据《银行账户管理办法》第13条的规定，下列存款人可以申请开立基本存款账户：企业法人；企业法人内部单独核算的单位；管理财政预算资金和预算外资金的财政部门；实行财政预算管理的行政机关、事业单位；县级（含）以上军队、武警单位；外国驻华机构；社会团体；单位附设的食堂、招待所、幼儿园；外地常设机构；私营企业、个体经济户、承包户和个人。

（2）基本存款账户开立所需的证明文件。

根据《银行账户管理办法》第17条规定，存款人申请开立基本存款账户，应向开户银行出具下列证明文件之一：当地工商行政管理机关核发的《企业法人营业执照》或《营业执照》；中央或地方编制委员会、人事、民政等部门的批文；军队军以上、武警总队财务部门的开户证明；单位对附设机构同意开户的证明；驻地有关部门对外地常设机构的批文；承包双方签订的承包协议；个人居民身份证和户口簿。

（3）基本存款账户开立的程序。

存款人申请开立基本存款账户的，应填制开户申请书，提供规定的证件，送交盖有存款人印章的印鉴卡片，经银行审核同意，并凭中国人民银行当地分支机构核发的开户许可证，即可开立该账户。

2. 一般存款账户的设置与开户条件

一般存款账户是指存款人在基本存款账户以外的银行借款转存、与基本存款账户的存款人不在同一地点的附属非独立核算单位开立的账户。存款人可以通过本账户办理转账结算和现金缴存，但不能办理现金支取。

（1）一般存款账户设置的条件和所需证明文件。

根据《银行账户管理办法》第14条和第18条规定，下列情况的存款人可以申请开立一般存款账户，并须提供相应的证明文件：在基本存款账户以外的银行取得借款的单位和个人可以申请开立该账户，并须向开户银行出具借款合同或借款借据；与基本存款账户的存款人不在同一地点的附属非独立核算单位可以申请开立该账户，并须向开户银行出具基本存款账户的存款人同意其附属的非独立核算单位开户的证明。

（2）一般存款账户设置的程序。

存款人申请开立一般存款账户的，应填制开户申请书，提供相应的证明文件，送交盖有存款人印章的印鉴卡片，经银行审核同意后，即可开立该账户。

3. 专用存款账户的设置与开户条件

专用存款账户是指存款人因特定用途需要开立的账户。

（1）专用存款账户设置的条件和所需的证明文件。

根据《银行账户管理办法》第16条和第20条规定，存款人对特定用途的资金，由存款人向开户银行出具相应证明即可开立该账户。

特定用途的资金范围包括：①基本建设的资金；②更新改造的资金；③其他特定用途，需要专户管理的资金。

存款人须向开户银行出具下列证明文件之一：①经有关部门批准立项的文件；②国家有关文件的规定。

（2）专用存款账户开立的程序。

存款人申请开立专用存款账户，应填制开户申请书，提供相应的证明文件，送交盖有存款人印章的印鉴卡片，经银行审核同意后开立账户。

违反银行账户管理的处罚

根据《银行账户管理办法》和《违反银行结算制度处罚规定》，违反银行账户管理的行为人要受到应有的处罚。

1. 对存款人违反账户管理的处罚

存款人出租和转让账户的，除责令其纠正外，按规定对该行为发生的金额处以5%但不低于1000元的罚款，并没收出租账户的非法所得。

存款人违反规定开立基本存款账户的，责令其限期撤销账户，并处以5000~10000元的罚款。

2. 对开户银行违反账户管理的处罚

开户银行违反规定，对未持有开户许可证或已开立基本存款账户的存款人开立基本存款账户以及强拉单位开户的，要限期撤销，并对其处以5000~10000元的罚款。

开户银行违反规定，对一般存款账户的存款人支付现金或从单位开立、撤销账户之日起7日内未向人民银行申报的，对其处以2000~5000元的罚款。

3. 对人民银行违反账户管理的处罚

人民银行分支机构违反规定核发开户许可证的，由上级人民银行对其处以2000~5000元的罚款。

4. 对银行工作人员违反账户管理的处罚

银行工作人员违反规定，徇私舞弊、贪污受贿、纵容违法行为的，应当根据情节轻重，给予行政处分、经济处罚以及追究刑事责任。

5.2 信贷管理法律知识

信贷与信贷管理

信贷是指银行的贷款，即银行信贷。银行信贷是信用的一种形式，具体是指银行在国民经济中组织和分配资金的活动。银行信贷按主体不同，可分为中央银行的贷款和专业银行对各类客户的贷款两大类。

信贷管理，主要是指对信贷资金的管理。信贷资金指银行集中起来的、用于发放贷款的货币资金。信贷资金的管理就是信贷资金的组织、分配、调剂和监督。它通过信贷政策、原则、计划和制度的贯彻执行，正确处理银行与企业以及银行体系内部的存贷关系，从而达到信贷资金的广泛组织、合理分配和节约使用，发挥调节宏观经济的作用。

信贷管理分为银行系统内的管理和银行系统外的管理。

银行系统内部的管理，主要是处理好中国人民银行同专业银行、综合性银行之间的信贷关系，协调后两者的拆借业务。

银行系统外的信贷管理，主要是根据《银行管理暂行条例》有关存款、贷款、利率的管理原则，充分发挥专业银行、综合性银行及信用合作社对企业使用资金的调节作用，正确处理银行、信用社与企业、公民之间因存款、贷款而发生的权利义务关系。

我国现行的信贷管理制度是根据1984年10月中国人民银行制定的《信贷资金管理试行办法》确立的。1986年1月，国务院发布的《银行管理暂行条例》对信贷资金的管理，又作了专章规定，进一步强化了中央银行在信贷管理中的中心地位。

银行贷款的种类和原则

1. 银行贷款的种类

银行贷款，通常是指专业银行和信用社对各类客户的贷款。目前，贷款的种类主要有工业生产企业贷款、工业供销企业及物资部门贷款、商业贷款、中短期设备贷款和专项贷款、基本建设贷款、城乡集体及个体工商贷款、预购定金贷款、国营农业贷款、集体农业贷款、乡镇企业贷款、农村承包经营户贷款等。

2. 银行贷款的原则

贷款的原则，是指对各类客户发放贷款时，必须遵循的基本准则。它对贷款的投向、贷款条件、贷款用途、贷款额度、贷款方式和方法等起着制约作用。

具体说来，各类贷款必须严格遵循下列原则：

（1）贷款按计划择优发放原则。银行必须根据国家批准的信贷计划，按计划、合同、市场需要，区别产品"长线"、"短线"，企业经营好坏、信誉优劣、效益大小，择优发放贷款。

（2）贷款必须有物资保证的原则。银行要加强贷款的审查和监督。企业申请贷款，银行要测算企业的物资保证，在物资保证的范围内，掌握发放贷款；在贷款使用过程中，银行要定期检查企业物资保证的状况。

（3）贷款必须按期归还，区别计息原则。银行要根据不同的贷款对象、期限、用途，实行差别利率政策，按不同档次，区别计息，有所鼓励，有所限制。

（4）银行贷款自主的原则。任何单位和个人不得强令银行贷款。

贷款条件和信贷监督

1. 申请贷款的条件

银行享有贷款自主权，任何单位、任何个人都不得强令发放贷款，不得阻挠收回贷款。《银行管理暂行条例》规定："专业银行办理贷款应当严格遵守审批制度、责任制度，按照贷款政策和有关规定发放贷款，以及保证贷款安全和使用效益。"因此，银行有权审查申请贷款单位是否符合借款条件，并且有权监督检查贷款的使用情况。

借款单位申请贷款必须具备下列条件：

（1）必须经县以上主管部门批准设立，依法在工商行政管理部门登记并取得营业执照，或者持有主管部门的证明文件。

（2）必须实行独立经济核算。

（3）必须拥有规定的一定数额的自有流动资金和还款能力。

（4）必须在银行开立账户。

另外，每个借款单位，就同一种类贷款只能在银行的一个营业机构取得贷款，而不能同时在几个营业机构建立同种信贷关系。如果不具备上述条件，需要有符合法定条件的保证人，否则银行有权拒绝贷款。

符合借款条件的单位，根据经银行审查同意的借款计划，向银行提出贷款申请，银行和借款单位在平等互利、协商一致的基础上订立书面借款合同，信贷关系即成立。

2. 什么是信贷监督

信贷监督是指银行依据信贷法规对借款单位的经济活动所进行的监督和检查。

信贷监督对借款单位违反信贷管理制度的活动，通过信贷手段进行限制和约束。《银行管理暂行条例》规定："专业银行有权检查、监督贷款的使用情况，了解借款企业的计划执行、经营管理、财务活动、物资库存等情况。"银行发放贷款以后，应当着重检查借款单位是否按照规定的用途使用贷款，以保证专款专用；检查有无骗取贷款进行投机倒把或者其他非法活动；检查贷款的物资保证情况；检查贷款到期归还情况，督促和协助借款单位采取必要措施，以保证按期如数还本付息。发现借款单位违反规定使用贷款的，有权及时采取措施纠正，对其进行借贷制裁。

利率管理

利率是一定时期内利息额同存入或贷出本金的比率。有年利率、月利率、日利率之分。它是重要的经济杠杆，也是执行金融方针政策、调节信贷规模和信贷结构的重要手段。各种存款的最高利率和各种贷款的最低利率，由中国人民银行拟订，经国务院批准后，由中国人民银行统一管理。专业银行、其他金融机构、非金融部门都不得自定利率。但在中国人民银行总行规定的利率浮动幅度内，各专业银行总行才有一定的利率浮动权。

违反信贷管理法规的责任

1. 金融工作人员利用职务上的便利，以贷款谋私利的，应当追究其行政责任，并没收其非法所得。

2. 金融工作人员玩忽职守，造成贷款损失的，应当对直接责任人员追究行政责任。

3. 强令银行和其他金融机构发放贷款，造成贷款损失的，应当对直接责任人员追究行政责任和经济责任。

4. 借款单位不按国家法律和借款合同规定使用和归还贷款，或骗取贷款进行违法犯罪活动的，银行依法采取以下措施，对其实行信贷制裁：

（1）提高过期贷款利率。

（2）强调收回过期贷款的本息。

（3）提前收回用途不当的贷款。

（4）停止发放部分或全部贷款。

（5）追回已发放的贷款。

（6）封闭或处理库存物资及其他资产。

（7）对逾期归还的贷款，按日加处逾期归还部分总额万分之三的罚息。

5.3 结算管理法律知识

结算和结算管理体制

1. 什么是结算

结算是单位或个人之间由于商品交换、劳务供应和资金调拨等活动而发生的为清结债权债务关系的货币收付行为。结算按货币收付形式划分，有现金结算和转账结算两类。现金结算是直接使用现金的货币收付行为。转账结算是指不直接使用现金，而采用结算凭证通过银行将款项从付款单位账户划转到收款单位账户的货币收付行为。除根据国家现金管理办法所规定的范围可以用现金收付的经济往来外，都必须通过银行办理转账结算。由于转账结算不使用现金，故又称为"非现金结算"。通常所说的结算，主要是指转账结算。

转账结算是货币结算的一种形式，是银行的一项主要业务，也是各部门、各单位日常进行的一项经济活动，已成为货币结算中的主要形式。

我国过去一直实行"托收承付"的转账结算制度。从1989年4月1日起，又开始实行新的以票据为主的银行结算制度。

2. 结算的管理体制

结算管理体制是指银行系统内部管理结算业务的职权划分。我国银行转账结算体制，采取集中统一和分级管理相结合的体制。有关结算工作的基本原则、任务和结算方式，有关各方的权利责任，银行的收费标准，结算凭证的格式等，都由中国人民银行总行统一制定。各银行和其他金融机构对人民银行总行制定的结算办法、结算原则以及规定的结算纪律，必须严格执行，非经批准，不得自行变更。在集中统一的原则下，专业银行总行和中国人民银行各分行可以试行新的结算办法，但需事先报经人民银行总行批准。

什么是转账结算方式

转账结算方式是根据为生产流通服务的需要而产生的，不同的经济体制下有着不同的结算方式。因而当我国的经济体制从过去的产品经济转向有计划的商品经济，结算方式也进行了重大的改革，取消了付款委托书、国内信用证、保付支票、托收无承付及省内限额结算等不适应新的经济体制需要的结算方式，而将票据结算方式作为主要的新结算方式加以推广。根据1988年8月国务院办公厅转发的《中国人民银行关于改革银行结算的报告》，我国目前适用的结算方式有：委托收款结算、汇兑结算、票据结算、信用卡等形式。

1. 委托收款结算

委托收款结算是银行的一种传统结算方式，是收款单位向开户银行提供收款凭证，委托银行向付款单位收取款项的结算方式。这种结算方式不限于计划合同交易，只要能提供委托收款的有关证明，银行就予以办理；付款单位延期付款，银行不承担扣款责任；不受结算金额起点限制。它分为邮寄和电报划回两种。付款期为三天，索回期为两天。如果购货单位无款支付又不退还凭证的，则从发出通知的第三天起，处以委托收款万分之五但不低于5元的罚金，并暂停付款人委托银行向外办理结算业务，直到退还凭证为止。因此，它适用于多种经济交易、劳务供应和其他应收款项的结算，具有灵活和简便的特点。

2．汇兑结算

汇兑结算是付款单位或个人委托银行将款项汇给外地收款单位或个人的结算方式。它分为信汇和电汇两种。这是银行的传统业务。适用于单位和个人的各种款项的结算。个人要在汇入行提取现金的，在汇款凭证大写金额后注"现金"字样，在汇入行取款时要提交身份证，并盖章签字。其手续简便，划拨迅速，使用广泛，适用于单位和个人之间的资金划拨、清理归欠和往来款项以及自提自运的商品交易等的结算。

3．票据结算

票据分为汇票、本票和支票。推广使用票据结算是银行结算改革的方向。

票据结算具体可以分为以下几种方式：

（1）银行汇票。指汇款人将款项交存当地银行由银行签发给汇款人持往异地办理转账结算或支取现金的票据。银行汇票应正确填写，一律记名，汇款金额起点为500元，付款期为1个月。汇款人持银行汇票可以向填明的收款单位或个人办理结算。收款人为个人的，也可以持转账的银行汇票经背书向兑付地的单位或个人办理结算。在全国范围参加"全国联行往来"的银行机构都可办理。这种办法使用灵活，票随人到，兑付方便，凭票购货，钱货两清。个人可以签发填写"现金"字样的汇票，单位则不行。收款人为个人的汇票可背书转让一次。银行汇票和解讫通知应齐全、相符，一并使用，缺一不可。

（2）商业汇票。指收款人或付款人（或承兑申请人）签发、由承兑人承兑、并于到期日向收款人或背书人支付款项的票据，按其承兑人的不同，分为商业承兑汇票和银行承兑汇票。商业汇票在同地或异地均可使用，但必须以商品交易为基础，适用于先货后款或延期付款。它使商业信用从挂账信用变为票据化，经过承兑人承诺付款后，承兑人到期无条件支付。承兑期限由交易双方商定，一般3～6个月，最长不超过9个月。商业汇票一律记名，允许背书转让。

商业承兑汇票的付款人必须在到期前将票款足额交存开户行，到期付款人不足支付时，银行将退票，并处以票面额5%但不低于50元的罚款。如果承兑申请人持购销合同要开户银行担保签发银行承兑汇票，银行将按信贷政策的可能给予承兑，银行和申请人签订协议，银行将承兑汇票交申请人转让收款人，银行收票额1%，但不低于10元的手续费。到期前付款人存款不足支付，则由承兑总行垫支，而承兑总行立即执行扣款，每天还按不足部分金额的万分之五利率收取罚息。收款人需要资金时，可持未到期的承兑汇票向其开户银行申请贴现。贴现银行需要资金时，可持未到期的承兑汇票向其他银行转贴现。在人民银行开立账户的贴现银行可向人民银行申请再贴现。

（3）银行本票。指申请人将款项交存银行，由银行签发给其凭以办理转账结算或支取现金的票据。本票限在同城范围内使用，分不定额和定额两种，一律记名，允许背书转让，付款期为1个月。不定额银行本票的金额起点为100元。定额银行本票面额为500元、1000元、5000元和10000元。银行本票可以用现金买，也可以申请转账签发。

不定额本票由银行签发后，同时又承诺兑现，"见票即付，当场抵用"。出票人同时又是付款人。除投资银行不签发外，其他银行都可以签发。收款人持有"现金"字样本票，即可到银行兑付现金，单位收到本票，可进入银行账户。有些城市作了比较详细的规定，如上海市规定银行本票为不定额本票，起点为1000元，不挂失。

国务院颁布的《现金管理暂行条例》中规定企业单位不得拒收银行本票。所以，使用银行本票可以取代一部分现实货币，减少现金使用、流转。

（4）支票。分支票和定额支票两种。支票是银行存款人签发给收款人办理结算或委托开户银行将款项支付给收款人的票据。有现金支票和转账支票两类。现金支票可以转账，转账支票不能支取现金。支票限在同城范围内使用，一律记名。中国人民银行总行批准的地区转账支票可以背书转让，起点为100元，付款期为5天，背书转让的地区转让支票付款期为10天。我国有关法律规定，不能签发空头支票和远期支票，银行受理远期支票时"视同即期，可以支付"。无论是即期的支票还是远期的支票，当支付的支票账户上存款不足，均由付款行处以按照票面金额5%但不低于50元的罚款。支票上的印鉴如与预留银行账户上的印鉴不符，同样也要按上述标准罚款。另外，空白支票、转账支票不得挂失。

定额支票是收购单位将款项交付银行，由银行将其用于向农户支付收购农副产品款项的票据，不记名，不挂失，面额由银行规定。农户可以用定额支票向银行或信用社兑付现金、归还贷款、转存储蓄，可以用于交付农业税，支票承包金，还可以用于向当地商业供销社购买商品。农户持有的定额支票已超过结算期的，银行自签发之日起按定活两便储蓄计算利息。

4. 信用卡

信用卡是银行结算中一种新的结算业务，是适用于个人消费领域的信用工具。目前中国银行开办了长城信用卡，中国工商银行开办了牡丹信用卡等。

违反结算管理法规的责任

办理结算时，如果违反结算管理法规，相互拖欠货款，签发空头支票，出租、出借或转让银行账户等，银行有权依法对违反者实行结算制裁：

1. 强制扣款

对于单位不按法律或合同规定按期付款的，银行有权根据国家规定，从企业销售收入中，预留当月工资基金和大修理基金以后，按照以下顺序扣款：

（1）应当向税务机关交纳的税款。

（2）应当归还银行的到期贷款。

（3）应当偿还其他单位的贷款。

（4）应当上交国家财政的利润、基本折旧基金和其他收入。

2. 赔偿损失

对延付款项，银行应按规定为收款单位向付款单位计收赔偿金。

3. 处以罚款

对签发空头支票的单位，银行可以按票面金额的5%处以罚款。

4. 停止账户支付

对严重违反财经纪律，造成严重后果的单位，银行除实行上述制裁措施之外，可以停止其账户支付，特别严重的，可以取消银行账号。

关于信用卡的规定

1. 信用卡的挂失

信用卡持卡人发现信用卡遗失或被盗，应立即持本人身份证或其他有效证明，就近向发卡银行或代办银行申请挂失，按规定提供有关情况后，即可办理挂失手续。

信用卡办理挂失后，被冒用造成的损失，有关责任人按照信用卡章程的规定承担责任。如根据《中国建设银行龙卡章程》规定，龙卡持有人办理挂失手续后，持卡人应承担发卡行核准本人书面申请挂失止付生效前及生效后24小时内的该卡全部交易支出本金和应计利息。

2. 如何办理信用卡销户

持卡人还清透支本息后，有下列情形之一的，可以办理销户：

（1）信用卡有效期满45天后，持卡人不更换新卡的。

（2）信用卡挂失满45天后，没有附属卡又不更换新卡的。

（3）信誉不佳，被列入止付名单，发卡银行已收回其信用卡45天的。

（4）持卡人因故死亡，发卡银行已收回其信用卡45天的。

（5）持卡人要求销户或担保人撤销担保，并已交回全部信用卡45天的。

（6）信用卡账户二年（含二年）以上未发生交易的。

（7）持卡人违反其他规定，发卡银行认为应该取消资格的。

3．信用卡持卡人恶意透支应承担什么法律责任？

信用卡恶意透支是指持卡人以非法占有为目的，超过规定限额或规定期限，并且经发卡行催收无效的透支行为。

信用卡恶意透支是一种刑事犯罪行为。根据《刑法》第196条，信用卡恶意透支，数额较大的，处5年以下有期徒刑或者拘役，并处2万元以上20万元以下罚金；数额巨大或者有其他严重情节的，处5年以上10年以下有期徒刑，并处5万元以上50万元以下罚金；数额特别巨大或者有其他特别严重情节的，处10年以上有期徒刑或无期徒刑，并处5万元以上50万元以下罚金或者没收财产。

关于现金管理的规定

1．企业在什么范围内可以使用现金

按照《现金管理暂行条例》的规定，企业可在下列范围内使用现金：

（1）职工工资、津贴；

（2）个人劳务报酬；

（3）根据国家规定颁发给个人的科学技术、文化技术、体育等各种奖金；

（4）各种劳保、福利费用以及国家规定的对个人的其他支出；

（5）向个人收购农副产品和其他物资的价款；

（6）出差人员必须随身携带的差旅费；

（7）结算起点以下的零星支出；

（8）中国人民银行确定需要支付现金的其他支出。除上述可以使用现金的范围外，企业之间的经济往来应当通过开户银行进行转账结算。

2．国家对企业库存现金限额的规定

《现金管理暂行条例》授权开户银行按照该《条例》的规定核定企业的库存现金限额。根据该《条例》，开户银行应当根据实际需要，核定开户单位3～5天的日常零星开支所需的库存现金限额。边远地区和交通不便地区的开户单位的库存现金限额，可以多于5天，但不得超过15天的日常零星开支。

经核定的库存现金限额，开户单位必须严格遵守，需要增加或者减少库存现金限额的，应当向开户银行提出申请，由开户银行核定。

3. 国家对单位坐支现金的规定

坐支现金是指单位收现金不进入单位现金库存或者存入开户银行而直接从单位的现金收入中支付的行为。开户单位支付现金，可以从本单位现金库存中支付或者从开户银行提取，但不得从本单位的现金收入中直接支付（坐支）。需要坐支现金的单位，要事先报经开户银行审查批准，由开户银行核定坐支范围和限额。坐支单位必须在现金账上如实反映坐支金额，并按月向开户银行报送坐支金额和使用情况。

4. 单位收取现金应何时存入银行

开户单位收入现金应当于当日送存银行。当日送存确有困难的，由开户银行核定送存时间。

5. 对提取大额现金的规定

国家对大额现金支付实行登记备案制度。登记备案的范围仅限于机关、个体、企业、事业单位、其他经济组织和个体工商户以及外国驻华机构（开户单位）的大额现金支付，工资性支出和农副产品采购现金支出不在此限。

大额现金的数量标准由中国人民银行各省、自治区、直辖市分行根据当地开户单位正常、零星的现金支出的实际确定。

开户单位在提取大额现金时，要填写有关大额现金支取登记表格，表格的主要内容包括支取现金时间、单位、金额、用途等。

5.4 票据管理法律知识

什么是票据

1. 票据法和票据的概念

票据法是规定票据的种类、形式、内容和有关当事人权利、义务等法律规范的总称。票据则是无条件支付一定金额为基本效能的有价证券。即按法律规定的格式，载明收款人可于指定日期，不需给付任何代价，而向付款人支取款项的凭证。

2. 票据的特点、种类及作用

（1）票据具有以下特点：

①它是有价证券。票据是表示财产权的证券，因此票据须以一定的货币金额表示其价值。这种价值随票据的设立而取得，随票据的转让而转让。占有票据即占有票据的价值。票据权利的行使以提示票据为条件，以缴还票据、偿还票款为目的。

②它是没权证券。票据的权利义务，由票据的设立而产生。票据一经设立，票据的权利义务随之而确立。它的权利义务和原来凭以设立票据的契约关系相分离。票据经转让以后，持票人可不核实当事人之间有任何债务纠葛，可独立行使向付款人要求付款的权利。

③它是流通证券。票据可以通过背书、交付的方式把票据权利转让给他人，而无须民法的规定通知债务人后才能对债务人发生效力。如票据的持票人为正当持票人，他对票据所享有的权利可优于其前手。

④它是无因证券。票据根据一定的信用行为等原因而产生。因此，它的设立是固有的。但票据的流通是不问其产生的原因的，它在运动过程中只需要具备要式，票据债务人即须无条件支付。

⑤它是要式证券。票据作为债务支付凭证，必须具备必要的形式和内容。有的国家的票据法规定，缺少应记载的事项，票据无效。另外，表示在票据上的票据行为，如背书、承兑，也须符合法律规定。

2．票据的种类

目前各国通行的票据，主要有汇票、本票和支票3种。

汇票是指出票人向受票人开出的要求该受票人见票立即或在指定的日期内向受款人（或执票人）无条件支付一定金额的书面凭证。本票是债务人开出给全权人承诺到期偿还债务的信用凭证。支票是出票人签发的委托银行见票无条件付给指定人或持票人票面所载数额货币单位的书面凭证。

3．票据的作用

票据作为支付工具，可以代替现金进行债权债务的结算，从而可以不必点验大量现金，大大提高货币流通的效率。其次，它作为汇兑工具，可以避免远距离携带现金的不便和风险，收到安全可靠、节省费用和迅速简便的效果。此外，它作为信贷工具，远期票据可以起到调剂资金的暂时短缺，促进生产，发展经济的作用。

《票据法》对汇票的法律规定

1．汇票的要件

汇票的要件是指依据法律的规定，汇票必须记载的事项。主要有：

（1）必须注明类别名称及表明其为汇票的文字。要求汇票上必须注明汇票字样以与本票和支票相区别，也为了明确表明适用《票据法》中有关汇票的法律规定。

（2）无条件支付之命令。汇票是支付的命令，不是请求。汇票的支付必须是无条件的，不能以某一特定事件的发生作为付款的前提条件。如在汇票上写有："货物到达后付"或"如货物符合质量付"，在法律上就不承认它是汇票，因为这些都是付款的前提条件。

（3）载明一定的货币金额及付款人姓名和地址。

（4）出票人签字。

（5）出票日期和地点。列明出票日期可以确定汇票是否有效。例如日内瓦《统一汇票本票法》规定汇票出票后，1年内不作提示，汇票即告无效。出票日期又是某些汇票凭以确定到期日的依据。出票地点是凭以确定是国内汇票还是外国汇票的依据。如为外国汇票，它的有效性是根据出票地国家的法律来判定的。

（6）付款地点。汇票上的付款地一般都是付款人的营业场所或住址，但付款人在承兑汇票时，可以注明实际付款地点。

（7）付款期限。它可以是即期的，也可以是远期的。

（8）收款人姓名。

2．汇票的当事人

汇票的当事人主要有3个：

（1）出票人。在商品交易中的卖主一般是出票人。汇票必须由出票人本人或其授权签名。如汇票上出票人的签名是伪造的，汇票即失效。任何持有汇票的人不能对汇票有任何权利主张，任何对汇票的付款，亦不能作为债务的清偿。

（2）受票人或付款人。付款人是接受支付命令的人。汇票未承兑时，付款人对汇票并不负绝对付款的责任。但一经承兑，付款人就成为承兑人，负有到期无条件支付款项的义务。

（3）收款人或称受款人。通常就是出票人自己或其指定的银行或代理人，它是全权人。汇票上的收款人可以做成来人式或指示式。来人汇票无需背书，只要交付就能转让。任何持有来人汇票的人都是持票人。指示式或记名式是以某一特定人为收款人。在英美国家习惯使用的汇票中，收票人姓名后写有"或其指定人"，表示可以通过背书后转让。出票人制作汇票并签字后，将汇票交给受款人，受款人持票向受票人提示票据并要求受票人承兑或立即偿付票据上所载明的债务。

3．汇票的种类

汇票可以从不同角度进行分类，常见的有以下几种划分方法：

（1）从付款期限上划分，可分为即期汇票和远期汇票。即期汇票是指汇票一经持票人在合理时间内提出付款，付款人就应付款的汇票，亦即付款人见票后立即付款的汇票。这里所谓合理时间，各国根据习惯来解释，一般为6个月。远期汇票是指付款人见票后在一定期限或特定日期付款的汇票。

（2）从出票人分，可分为银行汇票和商业汇票。凡出票人和付款人均为银行者，称为银行汇票。而凡出票人和付款人是私人公司或商号者均为商业汇票。

（3）从是否跟附单据上分，可分为光票和跟单汇票。光票是指不附任何单据的汇票，或称无物资保证的信用工具，一般用于国际间资金转让和非贸易结算或在贸易结算中的小额汇款、找零之用。银行汇票多为光票。跟单汇票是指附有货物装运单据的汇票，包括货物提单、保险单、发票、商检证书等。这种汇票除汇票本身的信用外，尚有物资做保证，在国际贸易中则广泛使用。此外还可根据货币的种类分为本币汇票和外币汇票；根据出票地和付款地是否同属一个国家，分为国内汇票和外国汇票。

4．汇票的流通程序

按国际上通行规定，无论哪种汇票，从开出到款项的支付要经过出票、流通、提示、承兑、付款、退票、追索及贴现程序。

出票，是出票人开立汇票的行为，它包括开票和交付两个行为。开票是出票人按照汇票的要件和与付款人的约定开出汇票，并加上自己签名的行为。交付是出票人将其开出的汇票交给受款人的行为。汇票仅有开票行为而无交付行为，汇票无效，如无相反证明，持票人取得汇票应认为是通过交付的。

流通，即指汇票的转让行为。对标有"来人"字样的汇票，交付后可随意转让，直至最后的持票人向付款人提示付款为止。对指示式汇票须经背书或交付行为而转让。所谓背书是指持票人在汇票背面签名和背书日期或再加上受让人（被背书人）名字，并把汇票交给受让人的行为。经背书后，汇票收款权利便转让与受让人。汇票可经背书不断转让下去，对受让人来说，所有在他以前的背书人以及原出票人都是他的前手，都是他的债务人；对出让人来说，所有在他让与之后的受让人都是他的后手，即债权人。前手对后手负有担保汇票被承兑或付款的责任，故汇票背书越多越增加它的有效性和信用。

提示，是受款人或持票人将汇票提交受票人要求承兑和付款的行为。提示是受款人的义务。

承兑，是指当受款人提示远期汇票时，受票人表示愿意承担到期付款责任的一种在汇票上表示的行为，一般在汇票上记载承兑字样和承兑日期并签名。承兑有两种情况：一是承兑人对出票人的指示完全加以确认，称之为一般承兑。此时承兑人要在汇票上签名或在签名上面加上"已承兑"字样，并标明承兑日期，亦即见票日期。二是保留承兑，即指承兑人在承兑时，对汇票的到期付款加上某些保留条件，从而改变了出票人原来在汇票上的指示。在这种情况下应注意，持票人有权拒绝接受保留承兑，此时可把汇票作为拒绝承兑处理，即按退票规定处理。如果持票人接受了保留承兑，而事先既未取得出票人或背书人的授权，事后又未得到他们的同意，则持票人在汇票拒绝付款时，不能向他们行使追索权利。否则，事先授权或事后同意后，不能免除被追索。对于即期汇票来说，承兑与付款合一。

付款，是付款人接受汇票并支付款项，并将票据作为收据留存的行为。受票人付款后，受款人就在汇票上记载收到或收清字样并签名后向受票人交出汇票，汇票收款权利即告消灭。

退票，亦称拒付，是指付款人拒绝承兑或付款的行为。拒付后，受款人或最后持票人应找法定公证人做成拒绝证书，它是持票人行使追索权的法律依据。

追索，是指持票人在汇票遭拒付后，有权向所有的前手追索票款的行为。持票人可按照背书次序，依次向背书人或出票人追索，也可不按顺序向任何一个对汇票负有责任者追索。被追索者付清票款后，还可向他的前手再行追索直到出票人为止。

汇票的贴现，是指远期汇票的持票人在汇票到期前和承兑后要求银行、财务公司或其他任何愿意垫付资金的人，按照汇票金额扣除一定的利息后，提前垫款的一种资金融通行为。

5. 中国目前对国内汇票使用的规定

根据国务院办公厅1988年8月22日转发的《中国人民银行关于改革银行结算报告》中的规定，关于国内汇票使用的规定主要有以下内容：

（1）国内现行汇票主要为银行汇票和商业汇票。银行汇票是指银行向客户收妥款项后签发准其持往异地办理转账或支取现金的票据。商业汇票是指收款人或付款人签发，由承兑人承兑，并于到期日向收款人或持票人支付款项的票据。

（2）对银行汇票要求在全国、省内的通汇银行和京津冀等经济区域推广使用，并逐步在全国推广。取消银行签发汇票必须确定收款人和兑付银行的限制；允许一次背书转让；对需要支取现金的，改由签发银行审查，兑付银行付现；并加强内部管理和使用压数机，增强汇票的安全性。

（3）对商业汇票要求各企业单位在商品交易中积极推广使用，各银行要积极做好宣传组织工作和资金等方面的配套改革，办好银行承兑、贴现、转贴和再贴现；同时允许商业汇票背书转让。

此外，根据《商业汇票承兑贴现暂行办法》的规定，国内商业汇票必须以根据购销合同进行延期付款的合法的商品交易为基础，禁止签发无商品交易的汇票。商业汇票的出票人、收款人都必须是在银行开立账户的单位。商业汇票的期限，一般为3～6个月，最长不得超过9个月，特殊情况可适当延长。商业汇票除可向银行贴现外，现也允许背书转让。商业汇票可由执票人向付款人提出，付款人如同意，则在汇票上签章，成为商业承兑汇票。若银行应开户单位要求，同意在汇票上签章承兑，代负付款责任，称银行承兑汇票。承兑银行应与承兑申请人签订承兑契约，并收取承兑手续费。汇票经承兑后，承兑人即付款人负有到期无条件支付票款的责任。商业承兑汇票到期日付款人账户不足支付时，其开户银行应将汇票退给收款人，由收付双方自行处理。同时，对付款人应比照签发空头支票的规定，按票面金额处1%罚金。对银行承兑汇票到期日承兑申请人未能足额交存票款时，承兑银行除凭票向收款人或贴现银行无条件履行支付外，应根据承兑契约规定，对承兑申请人执行扣款，并对尚未扣回的承兑金额，按逾期贷款计收利息。收款人（执票人）需要资金时，可持承兑汇票向其开户银行申请贴现。银行按照信贷政策进行审查，对符合条件的，可按票面金额扣除从贴现日至汇票到期日的利息后，予以贴现。贴现银行（收款人）在收到付款人不足支付的商业承兑汇票的退票时，对已贴现的金额视同逾期贷款，向贴现人索回贴现款及逾期利息。

《票据法》关于本票的法律规定

1. 本票的一般内容

本票一般具备以下内容：注有"本票"字样；无条件支付承诺；收款人或指定人；出票人签字；出票日期和地点；付款期限；一定金额；付款地点。

2. 本票的当事人

本票有两个当事人，即出票人与收款人。出票人是付款人，亦即债务人；收款人是债权人。

3. 本票的种类

本票有商业本票和银行本票之分。商业本票也称一般本票，是指由公司或商店为出票人的本票，主要用于清偿出票人自身债务之用的票据。商业本票可以开成即期，也可以开成远期。出票人出票后立即付款的本票称为即期本票。出票人出票后于将来某一确定日期付款的本票称为远期本票。即期本票一般较少使用，有时由进口商签发给出口商，作为出口跟单托收时的资金单据。无期本票一般用于出口国银行对进口商发放的买方信贷，由进口商按还款计划签署分期付款的无期本票，由进口国银行加上保证后，交由贷款银行收执，作为债务凭证。银行本票是由银行为出票人签发的本票，也有即期和远期之分。

本票和汇票一样，起着支付工具和信贷手段的作用，法律上有关汇票的大多数规定，如出票人、背书保证、到期日付款、拒绝证书和追索权，也适用于本票。

4. 中国目前关于银行本票使用的规定

中国的银行本票是指银行向客户收妥款项后签发给其凭以办理结算的票据。按规定有定额和不定额两类。定额本票由中国人民银行统一印制和发行，专业银行代办发售和兑付。银行本票一律为记名，期限为一个月，允许背书转让。

《票据法》关于支票的法律规定

1. 支票的形式要件及主要当事人

支票一般要求具备以下内容：注明"支票"字样；无条件支付一定金额的文句；付款人姓名；付款人地点；出票日期及地点；出票人签名。

支票的主要当事人有出票人、付款人和收款人。

2. 支票的种类

支票按其不同特征可分为记名支票与不记名支票、划线与非划线支票和保付支票等种类。

记名支票也称指示支票，即写明收款人名称的支票。不记名支票也称来人式支票，即不写明收款人名称的支票。从支票使用的安全性考虑，现在主要是使用记名票。划线支票是指在支票上加划两条平行线的支票。划线支票一般都通过银行转账不能直接凭票支取现款，故又称转账支票。划线支票又可分为普通划线支票，即可任何银行代收转账的支票，其流通范围较广。特别划线支票是指必须由划线内指定的银行代收的支票，其流通范围受到限制。非划线支票是指支票上无两条平行线加于上者，也称开放支票。非划线支票的持票人可以持票向银行兑取现金，也可以通过其往来银行代收转账。保付支票，是指经付款银行在支票票面记载"保付"、"照付"或其他同义文字并盖章的支票。一经付款银行保付，银行便把票面金额从出票人、背书人的存款账内提出，另立专户，对执票人也就承担汇票承兑人的责任。出票人和背书人因此而免除票据上的义务。

3. 支票的出票人和持票人权利义务的特点

在国外，除了针对支票的特点制定《支票法》外，凡是适用于即期汇票的规定都可用于支票。但支票和汇票在出票人和持票人的权利义务方面有以下几点不同：

第一，汇票的出票人和付款人，一般虽亦为债权人与债务人关系，但汇票出票人开发汇票并不意味着出票人在付款人那里一定有存款。当汇票出票人开发的汇票遭到付款人的拒付，只负被追索的责任，不负其他法律上的责任，而支票上的出票人和付款人的关系是一种特定的债权人和债务人的关系，即存户和银行的关系。只有存户在他往来银行的账户里有足够的存款（或银行同意给予透支额度），他才能开发支票。否则，除负被追索的责任外，还要负法律责任，甚至刑事责任。

第二，即期汇票如不在合理时间内提示付款，付款人和出票人得以解除责任。支票的持票人如不在合理的时间内提示付款，出票人仍须对支票负责。只有因持票人的延迟提示而使出票人受到损失时，出票人才可对这部分的损失解除责任。

第三，支票的止付只能由出票人向付款人发出书面通知方为有效。

4. 我国关于支票使用的规定

在我国，支票是指银行的存款人签发给收款人办理结算或委托开户银行将款项支付给收款人的票据。支票的使用范围除以前规定在单位使用外，现规定要求要积极推广符合条件的个体经济户和个人使用支票。逐步扩大到城镇的周围地区和一些经济区域使用支票；先在上海、广州、武汉和沈阳等大城市试行支票背书转让，为适应电子化要求，支票采用单联式。此外要求大力推广收购农副产品使用定额转账支票。交售农副产品取得的定额转账支票，允许用于一次转让或购买商品，暂时不用按照定活两便储蓄利息。

有关涉外票据的法律规定

1. 什么是涉外票据

涉外票据是指出票、背书、承兑、保证、付款等行为中，既有发生在中华人民共和国境内又有发生在中华人民共和国境外的票据。涉外票据必须具有涉外因素。《票据法》对涉外票据涉外因素的规定，主要是从行为角度加以认定的，即出票、背书、承兑、保证、付款等行为中，只要有一项发生在境外，就被认定为是涉外票据。

2. 涉外票据的法律适用

（1）有关民事行为能力的法律适用。

《票据法》第97条对此规定了两种情况：一是在一般情况下，票据债务人的民事行为能力，适用其本国法律；二是票据债务人的民事行为能力，依照其本国法律为无民事行为能力或者为限制民事行为能力而依照行为地法律为完全民事行为能力的，适用行为地法律。

（2）有关出票时记载事项的法律适用。

这里的记载事项包括汇票、本票、支票各章中规定的出票时的绝对应记载事项、相对应记载事项和非法定记载事项等。《票据法》第98条规定了两种情况：一是汇票、本票出票时的记载事项，适用出票地法律；二是支票出票时的记载事项，适用出票地法律，经当事人协议，也可以适用付款地法律。

（3）有关背书、承兑、保证、付款行为的法律适用。

《票据法》第99条规定："票据的背书、承兑、付款和保证行为，适用行为地法律。"依此规定，上述四种行为可能会在汇票中出现，但对本票和支票而言，由于没有承兑制度，故不存在适用承兑行为地法律适用问题；对支票而言，由于没有保证制度，故也不存在保证行为地的法律适用问题。

（4）有关追索权行使期限的法律适用。

依照《票据法》第100条规定，票据追索权的行使期限，适用出票地法律。

（5）有关提示期限、拒绝证明的方式及出具期限的法律适用。

根据《票据法》第101条规定，上述问题适用付款地法律。

（6）有关票据丧失时保全票据权利程序的法律适用。

《票据法》第102条规定，票据丧失时，失票人请求保全票据权利的程序，适用付款地法律。

票据欺诈行为的法律责任

《票据法》第103条规定了7种票据欺诈行为的刑事法律责任问题。该7种票据欺诈行为是：

1. 伪造、变造票据。

2. 故意使用伪造、变造的票据。

3. 签发空头支票或者故意签发与其预留的本名签名式样或者印鉴不符的支票，骗取财物。

4. 签发无可靠资金来源的汇票、本票，骗取资金。

5. 汇票、本票的出票人在出票时作虚假记载，骗取财物。

6. 冒用他人的票据，或者故意使用过期或者作废的票据，骗取财物。

7. 付款人同出票人、持票人恶意串通，实施前六项所列行为之一的。

只要行为人实施上述行为之一，即构成犯罪，应依法承担刑事法律责任。根据《刑法》第177条和第194条的规定，对构成上述第一项行为的，处5年以下有期徒刑或者拘役，并处或单处2万元以上20万元以下罚金；情节严重的，处5年以上10年以下有期徒刑，并处5万元以上50万元以下罚金；情节特别严重的，处10年以上有期徒刑或者无期徒刑，并处5万元以上50万元以下罚金或者没收财产。对构成前述第二、三、四、五、六项行为，数额较大的，处5年以下有期徒刑或者拘役，并处2万元以上20万元以下罚金；数额巨大或者有其他严重情节的，处5年以上10年以下有期徒刑，并处5万元以上50万元以下罚金；数额特别巨大或者有其他特别严重情节的，处10年以上有期徒刑或者无期徒刑，并处5万元以上50万元以下罚金或者没收财产。付款人同出票人、持票人恶意串通，实施票据欺诈行为的，与出票人、持票人一起作为共犯，承担与之相应的刑事责任。

《票据法》第104条规定了行为人实施前述票据欺诈行为之一的，情节轻微，不构成犯罪的，依照国家有关规定给予行政处罚的问题。行政处罚是指国家行政机关对违反法律、国家行政管理法规的人所作的处罚。该等处罚主要有警告、罚金、罚款、没收非法所得、停止办理某项业务、停业整顿、吊销营业执照或经营许可证、拘留等。

行为人实施前述票据欺诈行为，给他人造成损失的，还应当承担民事赔偿责任。但被伪造签章者不承担票据责任。

5.5 外汇管理法律知识

逃汇及其处罚

逃汇是指境内机构或个人逃避外汇管理，将应该结售给国家的外汇私自保存、转移、买卖、使用、存放境外，或将外汇、外汇资产私自携带、托带或邮寄出境的行为。

逃汇的行为包括：

1.违反国家规定，擅自将外汇存放在境外的。

2. 不按照国家规定将外汇卖给外汇指定银行的。

3. 违反国家规定将外汇汇出或携带出境的。

4. 未经外汇管理机关批准，擅自将外币存款凭证、外币有价证券携带或者邮寄出境的。

5. 其他逃汇行为。

有上述行为之一的，由外汇管理机关责令限期调回外汇，强制收兑，并处逃汇金额30%以上5倍以下罚款；构成犯罪的，依法追究刑事责任。

非法套汇及其处罚

非法套汇是指境内机构或个人采取各种方式，私自向第二者或第三者用人民币或物资换取外汇或外汇收益，套取国家外汇的行为。

根据《外汇管理条例》规定，下列行为属于非法套汇行为：

1. 违反国家规定，以人民币支付或者以实物偿付应当以外汇支付的进口货款或者其他类似支出的。

2. 以人民币为他人支付其在境内的费用，由对方付给外汇的。

3. 未经外汇管理机关批准，境外投资者以人民币或者境内所购物资在境内进行投资的。

4. 以虚假或者无效的凭证、合同、单据等向外汇指定银行骗购外汇的。

5. 非法套取外汇的其他行为。

凡有上述行为之一的，由外汇管理机关给予警告，强制收兑，处以非法套汇金额30%以上3倍以下的罚款；构成犯罪的，依法追究刑事责任。

金融机构扰乱外汇管理秩序的处罚

1. 未经外汇管理机关批准，擅自经营外汇业务的，由外汇管理机关没收违法所得，并予以取缔；构成犯罪的，依法追究刑事责任。

2. 经营外汇业务的金融机构擅自超出批准的经营范围经营外汇业务的，由外汇管理机关责令改正，有违法所得的，没收违法所得，并处以违法所得1倍以上5倍以下的罚款；没有违法所得的，处10万元以上50万元以下的罚款；情节严重或者逾期不改正的，由外汇管理机关责令整顿或者吊销经营外汇业务许可证；构成犯罪的，依法追究刑事责任。

3. 外汇指定银行未按国家规定办理结汇、售汇业务的，由外汇管理机关责令改正，通报批评，没收违法所得，并处10万元以上50万元以下的罚款；情节严重的，停止其办理结、售汇业务的资格。

4. 经营外汇业务的金融机构违反人民币汇率管理、外汇存贷款利率管理或外汇交易市场管理的，由外汇管理机关责令改正，通报批评，有违法所得的，予以没收，并处违法所得1倍以上5倍以下的罚款；没有违法所得的，处10万元以上50万元以下的罚款；情节严重的，由外汇管理机关责令整顿或者吊销经营外汇业务许可证。

第六节　证券法有关知识

从当前资金市场情况看，发行股票、债券是企业募集资金的快速有效的方式。公司经理要想为企业创造更多的财富，就要了解证券法；熟悉债券、股票发行、交易中的规则；懂得合法交易。

6.1　证券法概述

什么是证券

证券是证明持有者享有一定权益的凭证的通称，是用来证明持有者按其所载取得相应权益的凭证。

就总体而言，证券可以分为两大类，即无价证券和有价证券。无价证券指证券本身不能是其持有者取得收入的凭证，如购物优惠券、储蓄卡、邮票、印花等；有价证券是指具有一定的票面金额，是其持有者取得一定所有权或者债权的证书，如股票、债券、金融票据等。有价证券又有广义和狭义之分。

广义的有价证券包括商品证券、货币证券和资本证券。商品证券主要包括提单、仓单等，受商品交易法调整；货币证券主要包括汇票、本票和支票，受票据法的调整。狭义的有价证券主要是指资本证券，受证券法调整。《中华人民共和国证券法》（以下简称《证券法》）所规范的证券就是狭义的证券，即包括股票、公司债券和国务院依法认定的其他证券，但不包括政府债券。

什么是证券法

1. 证券法的出台

在我国，广义的《证券法》是调整证券活动关系的法律规范的总称，除了《中华人民共和国证券法》以外，还包括调整证券关系的其他有关法律、行政法规、部门规章、地方性法规和规章，如《公司法》、《企业债券管理条例》、《关于股份有限公司境内上市外资股的规定》等。狭义的证券法即指证券法典，仅指1998年12月29日第九届全国人大第六次常委会上审议通过，并于1999年7月1日起施行的《中华人民共和国证券法》。

1998年12月29日，《中华人民共和国证券法》在第九届全国人大第六次常委会上审议通过，并自1999年7月1日起施行。这部法律历时八年，经多次审议、几易其稿，我国证券市场终于有了第一部基本大法。

《证券法》的出台从根本上结束了我国证券市场缺少法律、无法可依的历史。《证券法》分12章，214条，对我国证券的发行、交易、监管、上市公司收购、证券机构、法律责任等都作出了规定。它强调了"三公"原则，强调了对投资者利益的保护，因此对我国广大投资者，从长远来看也是一个利好消息。

2. 证券法的基本原则

《证券法》总则规定了我国证券发行和交易的基本原则，主要有以下几条：

（1）"三公"原则。即"证券的发行、交易活动，必须实行公开、公平、公正的原则"（第3条）。公开原则的核心是实现市场信息的公开化，即要求市场具有充分的透明度。公平原则的核心是要求证券发行、交易活动中的所有参与者都具有平等的法律地位，各自的合法权益能够得到公平的保护。公正原则则要求证券监管机构给被监管对象以公正的待遇。"三公"原则是保护投资者利益的基础。

（2）自愿、有偿、诚实信用的原则。即"证券发行、交易活动的当事人具有平等的法律地位，应当遵守自愿、有偿、诚实信用的原则"（第4条）。

自愿就是指当事人根据自己的意愿来参与证券的发行和交易活动。所谓有偿就是在证券发行、交易活动中，一方当事人取得另一方当事人的利益必须付出代价。诚实信用就是证券发行、交易活动中，必须诚实守信，不得欺骗他人，当事人之间、当事人与社会之间必须保持利益的平衡。

（3）禁止三大证券违法行为的原则。证券发行、交易活动中，必须遵守法律、行政法规；禁止欺诈、内幕交易和操纵证券市场等非法行为。

（4）分业经营管理的原则。由于我国目前证券市场不完善，为了便于管理，防止风险，《证券法》第6条规定："证券业和银行业、信托业、保险业分业经营、分业管理、证券公司与银行、信托、保险业务机构分别设立。"

（5）集中统一监管和自律管理相结合的原则。根据《证券法》的规定，国务院证券监督管理机构依法对全国证券市场实行集中统一监管。同时，依法设立证券业协会，实行自律性管理。

（6）审计监督的原则。这也是证券法的核心原则。由于证券业是一个重要的行业，需要保护广大投资者的合法权益，为此《证券法》第9条规定："国家审计机关对证券交易所、证券登记结算机构、证券监督管理机构，依法进行审计监督。"

证券市场的主体

证券市场是指证券发行与交易的场所。证券市场分为发行市场和流通市场。发行市场又称一级市场，是发行新证券的市场，证券发行人通过证券发行市场等已获准公开发行的证券第一次销售给投资者，以获取资金。证券流通市场又称二级市场，是对已发行的证券进行买卖、转让交易的场所。通过一级市场取得的证券可以到二级市场进行买卖，投资者可以在二级市场对证券进行不断的交易。

证券市场的主体主要有：

1．证券投资者

证券投资者是证券市场重要的主体，许多证券法律关系必须有证券投资者的参与才能形成。《证券法》规定了投资者的开户条件，即开立账户必须持有证明中国公民身份或者中国法人资格的合法证件。禁止法人以个人的名义开立账户，买卖证券。

《证券法》同时还规定了违反上述规定投资的法律责任。

2．证券公司

证券公司是指依照《中华人民共和国公司法》和《证券法》规定设立的，并经国务院证券监督管理机构审查批准的从事证券经营业务的有限责任公司或者股份有限公司。根据《证券法》第119条的规定，国家对证券公司实行分类管理，证券公司分为综合类证券公司和经纪类证券公司。

3．证券交易所

证券交易所是提供证券交易的场所。《证券法》第95条规定："证券交易所是提供证券集中竞价交易场所的不以营利为目的的法人。"因此，我国的证券交易所是会员制的非营利性法人。目前，我国有两家证券交易所，即1990年12月设立的上海证券交易所和1991年7月设立的深圳证券交易所。

4．证券登记结算机构

证券登记结算机构，是指为证券交易提供集中登记、托管与结算服务的不以营利为目的的法人。

5．证券交易服务机构

证券交易服务机构，是指根据证券投资和证券交易业务的需要依法设立的从事证券投资咨询、资信评估等证券交易服务业务的专业机构。根据《证券法》的规定，证券交易服务机构包括证券投资咨询机构、资信评估机构以及审计、法律、资产评估机构。

6. 证券业协会

根据《证券法》规定：证券业协会是证券业的自律性组织，是社会团体法人。证券公司应当加入证券业协会。协会的宗旨是，根据发展社会主义市场经济的要求，贯彻执行国家方针、政策和法规，发挥政府与证券经营机构之间的桥梁和纽带作用，促进证券业的开拓发展，加强证券业的自律管理，维护会员的合法权益，建立和完善具有中国特色的证券市场体系。中国证券业协会于1991年8月28日成立，总部设在北京。

中国证券业协会的会员分为团体会员和个人会员，团体会员为证券公司，我国《证券法》规定，证券公司应当加入证券业协会，个人会员只限于证券市场管理部门有关领导以及从事证券研究及业务工作的专家，由协会根据需要吸收。

证券业协会履行下列职责：

（1）协助证券监督管理机构教育和组织会员执行法律、行政法规。

（2）依法维护会员的合法权益，向证券监督管理机构反映会员的建议和要求。

（3）收集整理信息，为会员提供服务。

（4）制定会员应遵守的规则，组织会员单位从业人员的业务培训，开展会员间的业务交流。

（5）调解会员之间、会员与客户之间发生的纠纷。

（6）组织会员就证券业的发展、运作及有关内容进行研究。

（7）监督、检查会员行为，对违反法律、行政法规或者协会章程的，按规定给予纪律处分。

（8）国务院证券监督管理机构赋予的其他职责。

7. 证券监督管理机构

《证券法》规定："国务院证券监督管理机构依法对证券市场实行监督管理，维护证券市场秩序，保障其合法运行。"目前，证券监督管理机构就是中国证券监督管理委员会。

6.2 证券的发行与交易

证券发行的申请和审核

1. 证券发行的申请

证券发行，是指经批准符合条件的证券发行人，以筹集资金为目的，按照法定的程序将证券销售给投资者的行为。证券发行包括股票发行和债券发行。

根据《证券法》的规定：公开发行公司债券的，必须依照《公司法》规定的条件，报经国务院授权的部门审批。发行人申请审批时，必须提交《公司法》规定的申请文件和该部门规定的有关文件，主要包括公司登记证明、公司章程、公司债券募集办法、资产评估报告、验资报告等。

公开发行股票的，必须依照《公司法》规定的条件，报经国务院证券监督管理机构核准。发行人申请核准时，必须提交《公司法》规定的申请文件和该机构规定的有关文件，主要包括批准设立公司的文件、公司章程、经营估算书、发起人姓名、名称、认购股份数及验资证明、招股说明书、代收股款银行的名称及地址、承销机构名称及有关协议等。

2．证券发行的审核

国务院证券管理监督机构设立发行审核委员会，依法审核股票发行申请。该委员会由证券监管机构的专业人员和该机构外的专家组成，以投票方式对股票发行申请进行表决，提出审核意见。

国务院证券监督管理机构或者国务院授权的部门应当自受理证券发行申请文件之日起3个月作出是否批准发行的决定；不予核准或者审批的，应当作出说明。

国务院证券监督管理机构或者国务院授权的部门发现已经作出的决定不符合法律、行政法规规定的，应当予以撤销。撤销后，尚未发行证券的，停止发行；已经发行的，证券持有人可以按照发行价并加算银行同期存款利息，要求发行人返还。

股票的发行

下面是一则企业发行股票的实例：

某商业（集团）股份有限公司组建于1992年5月，公司成立后，效益连年攀升。1994年6月，经省人民政府批准公司增资430万元，其中向社会公开发行人民币优先股100万股，人民币普通股200万股。公司在报国务院证券管理部门批准后委托市建设信托股份有限公司代理发售股份。1994年6月25日，公司公布了招股说明书，对此次股份发行的目的、股票种类、发售地点、股东权益、股息分配等问题进行了说明。对人民币优先股主要说明了以下几点：

（1）本次发行人民币优先股票100万股，每股面值人民币100元，公司职工持身份证、工作证及单位介绍信前往认购的，每股售价100元，外单位及个人认购的，每股售价110元；

（2）股票由市建设信托投资股份有限公司代理发售，国内企、事业单位及国内居民均可认购；

（3）股票为记名式可转换参与累进优先股；

（4）认购股票的股东不享有选举、表决和被选举权，但凡认购1万股以上的股东除外；

（5）分配股息的顺序优先于普通股，凡认购本股票的股东每年可享有年股息率不低于16.5%的固定股息收入；

（6）内部职工认购的股票自1995年1月1日起全部转为普通股，享有本公司原有股份完全同等的权益；

（7）股份发售工作自1994年7月1日开始，到12月1日截止。

1994年12月1日，股票发行工作全部结束，公司共募集资金人民币527万元。

该公司此次发行股份有多处不符合法律规定，违背了股份发行中应遵循的公开、公平、公正、同股同权等原则。

下面我们就具体了解什么是股份发行，以及股份发行应遵循的原则。

股份发行是指股份有限公司或设立中的股份有限公司为了筹集公司资本而进行的出售和分配股份的法律行为。根据股份发行时公司所处的阶段不同，理论上将股份发行分为设立发行和新股发行两种。设立发行是对设立阶段填写了入股书的发起人或认股人，在股份有限公司登记成立后，即按其缴纳的股金向股东正式交付股票的活动。新股发行是股份有限公司成立后，为增加注册资本而出售或分派股份的活动。无论在何种情况下发行股份，都必须遵循公开、公平、公正的原则，必须同股同权、同股同利。另外，根据我国《公司法》规定，股票发行价格可以按票面金额，也可以超过票面金额，但不得低于票面金额。已超过票面金额为股票发行价格的，须经国务院证券管理部门批准，溢价发行股票所得的溢价款列入公司资本公积金。

股票上市的条件及程序

1. 股票上市的条件

根据《公司法》第152条及《证券法》的有关规定，股份公司申请其股票上市必须符合以下条件：

（1）股票经国务院证券监督管理机构批准已依法向社会公开发行。

（2）公司股本总额不少于人民币5000万元。

（3）开业时间在3年以上，最近3年连续盈利；原国有企业依法改建而设立的，或者《公司法》实施后新组建成立，其主要发起人为国有大中型企业的，可连续计算。

（4）持有股票面值达人民币1000元以上的股东人数不少于1000人，向社会公开发行的股份达公司股份总数25%以上；公司股本总额超过人民币4亿元的，其向社会公开发行的股份的比例为15%以上。

（5）公司在最近3年内无重大违法行为，财务会计报告无虚假记载。

（6）国务院规定的其他条件。

2．股票上市的程序

《证券法》规定："股份公司申请其股票上市交易，必须报经国务院证券监督管理机构核准，该机构也可以授权证券交易所核准。"股票上市交易必须经过下列程序：

（1）申请及核准。欲股票上市的公司应当向核准机构提出上市申请，并提交规定的文件。核准机构收到上市申请及有关文件后，审查后决定是否核准。

（2）安排上市。股票上市申请经核准后，其发行人应当向证券交易所提交核准文件和上述申请时提交的文件，证券交易所应当自接到这些文件之日起6个月内，安排该股票上市交易。

（3）公告有关文件和事项。上市交易申请经证券交易所同意后，上市公司应当在上市交易的5日前公告经核准的股票上市的文件，并将该文件置备于指定场所供公众查阅，同时还须公告有关事项，包括股票获准在证券交易所交易的日期、持有公司股份最多的前10名股东的名单和持股数额等。

暂停、终止股票上市

《公司法》第157条规定，上市公司有下列情形之一的，由国务院证券监督管理机构决定暂停其股票上市交易：

1．公司股本总额、股权分布等发生变化不再具备上市条件。

2．公司不按规定公开其财务状况，或者对财务会计报告作虚假记载。

3．公司有重大违法行为。

4．公司最近3年连续亏损。

《公司法》第158条还规定："上市公司有下列情况之一的，由国务院证券监督管理机构决定终止其股票上市交易："出现上述条款第（2）或者第（3）项情形经查实后果严重的；出现上述条款第（1）或者第（4）项情形在限期内未能消除的；公司决议解散、被行政主管部门依法责令关闭或者被宣告破产的。"

公司债券的上市

1. 公司债券上市的条件

《证券法》第52条规定公司申请其公司债券上市交易必须符合以下条件：

（1）公司债券的期限为1年以上。

（2）公司债券实际发行额不少于人民币5000万元。

（3）公司申请其债券上市时仍符合法定的公司债券发行条件。

2. 公司债券上市的程序

《证券法》规定："公司申请其发行的公司债券上市交易，必须报经国务院证券监督管理机构核准，该机构也可以授权证券交易所核准。"公司债券上市交易须经过下列程序：

（1）申请及核准。欲债券上市的公司应当向核准机构提出上市申请，并提交规定的文件。核准机构收到上市申请及有关文件后，审查后决定是否核准。

（2）安排上市。公司债券上市交易申请经核准后，其发行人应当向证券交易所提交核准文件和上述申请时提交的文件，证券交易所应当自接到这些文件之日起3个月内，安排该债券上市交易。

（3）公告有关文件。上市交易申请经证券交易所同意后，发行人应当在上市交易的5日前公告公司债券上市报告、核准文件及相关上市申请文件，并将该文件置备于指定场所供公众查阅。

3. 暂停、终止公司债券上市

《证券法》第55条规定公司有下列情形之一的，由国务院证券监督管理机构决定暂停其公司债券上市交易：

（1）公司有重大违法行为；

（2）公司情况发生重大变化不符合公司债券上市条件；

（3）公司债券所募集资金不按照审批机关批准的用途使用；

（4）未按照公司债券募集办法履行义务；

（5）公司最近2年连续亏损。

《证券法》第56条规定公司有下列情况之一的，由国务院证券监督管理机构决定终止其公司债券上市交易：出现上述条款第（1）或者第（4）项情形经查实后果严重的；出现上述条款第（2）、（3）或者第（5）项情形在限期内未能消除的。"此外，公司解散、依法被责令关闭或者被宣告破产的，由证券交易所终止其公司债券上市，并报国务院证券监督管理部门备案。

证券交易的对象及要求

1. 证券交易的对象

《证券法》规定："证券交易当事人依法买卖的证券，必须是依法发行并交付的证券。非依法发行的证券不得买卖。"因此，证券交易的对象首先必须是合法的证券。

《证券法》还规定："依法发行的股票、公司债券及其他证券，法律对其转让期限有限制性规定的，在限定的期限内，不得买卖。"这表明，合法发行但处于法定限制交易期间的证券仍然不能进行交易。有关限制交易的规定详见《公司法》、《证券法》。

2. 证券交易的要求

（1）必须现货交易。《证券法》规定："证券交易以现货进行交易。"

（2）禁止融资、融券活动。融资交易，是指投资者在缴纳一定数额的保证金之后，由证券公司垫付一定金额给投资者买卖证券的行为。融券交易，就是投资者在缴纳一定数额的保证金之后，由证券公司借给投资者证券并为投资者卖出的行为。

（3）为客户保密。客户开立的证券账户和资金账户是投资者进行证券交易的基础，账户中记载的各项内容属于投资者个人信息，应当得到保密，否则将会损害投资者的利益。

（4）合法收取费用。证券交易中，投资者、上市公司、证券公司按照规定缴纳相应的费用，但是收费必须合理，并公开收费项目、收费标准和收费办法。

我国《证券法》规定的内幕人员有哪些

根据我国《证券法》的规定，内幕人员包括7种类型：

1. 发行股票或者公司债券的公司董事、监事、经理、副经理以及有关的高级管理人员。这些人员都是公司的高级管理人员，他们承担着公司的管理职责，办理着公司的经营业务活动，是公司经营活动的决策参与者或是公司商业秘密的知情者，是公司内幕信息的第一知情者。

2. 持有公司5%以上的股份的股东。公司股东不仅享有资产受益权，而且还有重大决策权和选择管理者的权利。公司的重大决策和管理者的选择是公司内幕信息的范畴。由于公司是以股东所持股份的多少来行使权力的，因此投资人所持公司的股份还须达到一定的比例，才能起到控股的作用。由于公司股东较多，较分散，因此持有公司的股票达到5%，实际上已取得了对公司的控股地位。

3. 发行股票公司的控股公司的高级管理人员。

4. 由于所任公司职务可以获取公司有关证券交易信息的人员。在公司中有一些工作人员虽不是经理、监事一类高级管理人员，但由于工作职务的关系可接触到公司的内幕信息。如秘书、工程师、会计师、打字员等。

5. 证券监督管理机构工作人员以及由于法定的职责对证券交易进行管理的其他人员。如证券监督管理机构的工作人员，其他证券、审批、管理机构的人员。

6. 由于法定职责而参与证券交易的社会中介机构或者证券登记结算机构、证券交易服务机构的有关人员。

7. 国务院证券监督管理机构规定的其他人员。

我国《证券法》禁止的交易行为有哪些

1. 内幕交易行为

内幕交易又称内线交易或知情交易，是指知悉证券交易内幕信息的知情人员，利用内幕信息自己买卖证券，建议他人买卖证券，或者泄露内幕信息使他人利用该信息买卖证券，从中牟利或者避免损失的行为。内幕交易行为必然会损害证券市场的秩序，因此《证券法》明文规定禁止这种行为。

2. 操纵市场行为

操纵市场又称操纵行情，是指操纵人利用掌握的资金、信息等优势，采用不正当手段，人为地制造证券行情、操纵或影响证券市场价格，诱导证券投资者盲目进行证券买卖，从而为自己谋取利益或者转嫁风险的行为。

根据《证券法》的规定，操纵市场的行为包括：

（1）联合操纵或者连续交易。

即通过单独或者合谋，集中资金优势、持股优势或者利用信息优势联合或者连续买卖，操纵证券交易价格。

（2）相互委托。

即与他人串通，以事先约定的时间、价格和方式相互进行证券交易或者相互买卖并不持有的证券，影响证券交易价格或者证券交易量。

（3）虚买虚卖或自买自卖。

即以自己为交易对象，进行不转移所有权的自买自卖，影响证券交易价格或者证券交易量。

（4）以其他方式操纵证券交易价格。

以上这些操纵市场的行为必然会扭曲证券的供求关系，导致市场机制失灵，并会形成垄断，妨碍竞争，同时还会诱发过度投机，损害投资者的利益。

3．制造虚假信息行为

信息虚假是指证券市场主体及其工作人员以及其他相关人员，作出虚假陈述、信息误导，或者编造并传播虚假信息，影响证券交易的行为。为了使证券交易能够有序进行，《证券法》规定："禁止国家工作人员、新闻传播媒介从业人员和有关人员编造并传播虚假信息；各种传播媒介传播证券交易信息必须真实、客观，禁止误导；禁止证券交易所、证券公司、证券登记结算机构、证券交易服务机构、社会中介机构、证券业协会、证券监督管理机构及其工作人员，在证券交易活动中作出虚假陈述或者信息误导。"

4．欺诈客户行为

欺诈客户，是指在证券交易中，证券公司及其工作人员利用受托人的地位，进行损害投资者利益或者诱使投资者进行证券买卖而从中获利的行为。根据《证券法》的规定，欺诈客户的行为包括：

（1）违背客户的委托为其买卖证券。

（2）不在规定时间内向客户提供交易的书面确认文件。

（3）挪用客户所委托买卖的证券或者客户账户上的资金。

（4）私自买卖客户账户上的证券，或者假借客户的名义买卖证券。

（5）为牟取佣金收入，诱使客户进行不必要的证券买卖。

（6）其他违背客户真实意思的表示，损害客户利益的行为，如混合操作、保证收益或弥补损失等。

欺诈客户必然造成投资者利益的损害，最终将损害证券市场的健康发展。

5．其他禁止行为

在证券交易中，除了不得有上述行为外，《证券法》还规定了其他禁止从事的行为，主要有：禁止法人以个人名义开立账户买卖证券；禁止任何人挪用公款买卖证券；国有企业和国有资产控股企业不得炒作上市交易的股票等。

证券交易所、证券公司、证券登记结算机构、证券交易服务机构、社会中介机构及其从业人员对证券交易中发现的禁止的交易行为，应当及时向证券监督管理机构报告。

我国《证券法》规定的内幕信息指什么

在证券交易活动中，凡涉及公司的经营、财务或者对该公司证券的市场价格有重大影响的，尚未公开的信息，为内幕信息。包括下列各项：

1. 可能对上市公司股票交易价格产生较大影响，而投资者尚未得知的重大事件。包括公司的经营方针和经营范围的重大变化，公司的重大投资行为和重大的购置财产的决定等。

2. 公司分配股利或者增资的计划。

3. 公司股权结构的重大变化。

4. 公司债务担保的重大变更。

5. 公司营业用主要资产的抵押、出售或者报废一次超过该资产的30%。

6. 公司的董事、监事、经理、副经理或者其他高级管理人员的行为可能依法承担重大损害赔偿责任。

7. 上市公司收购的有关方案。

8. 国务院证券监督管理机构认定的对证券交易价格有显著影响的其他重要信息。

内幕交易应受什么处罚

内幕交易是指交易者以获取利益或者减少损失为目的，利用内幕信息进行证券发行、交易的活动。

根据我国《禁止证券欺诈行为暂行办法》第4条的规定，内幕交易行为主要有以下几种：

1. 内幕人员利用内幕信息买卖证券或者根据内幕信息建议他人买卖证券。

2. 内幕人员向他人泄露内幕信息，使他人利用该信息进行内幕交易。

3. 非内幕人员通过不正当的手段或者其他途径获得内幕信息，并根据该信息买卖证券或者建议他人买卖证券。

4. 其他内幕交易行为。

内幕交易行为是我国法律禁止的行为。如内幕人员及其他人员利用内幕信息进行内幕交易则应受到法律的处罚：

1. 内幕人员及以不正当手段或者其他途径获得内幕信息的其他人员进行内幕交易的，根据不同情况，没收非法获取的款项和其他非法所得，并处5万元以上15万元以下的罚款。

2. 内幕人员泄露内幕信息的，除按上述规定处罚以外，还应当依据国家其他有关规定追究责任。

3. 发行人在发行证券中有内幕交易行为的，根据不同情况，单处或者并处警告、责令退还非法所筹款项、没收非法所得、罚款、停业或者取消其发行证券资格。

什么是持股披露制度

持股披露制度是各国证券法用以规范市场内上市公司收购的主要措施，它要求投资者在持有上市公司股份的一定比例时或者达到该比例后持股量发生法定比例的增减变化时，必须向证券管理机关和社会公众披露持股情况。其目的在于防止出现操纵市场等行为，也使上市公司的其他投资者及时了解这些大宗股份买卖行为，对今后的投资作出决策。

1. 持有一定股份的披露

通过证券交易所的证券交易，投资者持有一个上市公司已发行的股份的5%时，应当在该事实发生之日起3日内，向国务院证券监督管理机构和证券交易所作出书面报告，通知该上市公司，并予以公告；在上述规定的期限内，不得再行买卖该上市公司的股票。

2. 持股比例增减的披露

投资者持有一个上市公司已发行的股份的5%后，通过证券交易所的证券交易，其所持该上市公司已发行的股份比例每增加或者减少5%时，应当在该事实发生之日起3日内，向国务院证券监督管理机构和证券交易所作出书面报告，通知该上市公司，并予以公告；在报告期限内和作出报告、公告后2日内，不得再行买卖该上市公司的股票。

协议收购的程序

1. 签订收购协议

收购人依照法律、行政法规的规定与被收购公司的股东签订收购协议进行股权转让。

2. 托管股票，存入资金

为履行协议，协议双方可以临时委托证券登记结算机构保管协议转让的股票，并将资金存放于指定的银行。

3. 报告与公告

签订收购协议后，收购人必须在3日内将该收购协议向国务院证券监督管理机构及证券交易所作出书面报告，并予以公告。在未作出公告前不得履行收购协议。

4. 收购完成后的事项和规定

这方面的规定与要约收购的规定相同。

要约收购的程序

《证券法》第81条规定："通过证券交易所的证券交易，投资者持有一个上市公司已发行股份的30%时，继续进行收购的，应当依法向该上市公司所有股东发出收购要约。"法定收购程序如下：

1. 报送收购报告书

发出收购要约前，收购人必须事先向国务院证券监督管理机构报送上市公司收购报告书，并将该报告书提交证券交易所。收购报告书应当载明下列事项：收购人的名称、住所；收购人关于收购的决定；被收购的上市公司名称；收购目的；收购股份的详细名称和预定收购的股份数额；收购的期限、价格；收购所需资金额及资金保证；报送上市公司收购报告书的公司所持有被收购公司股份数占该公司已发行的股份总数的比例。

2. 公告收购要约

收购人在报送上市公司收购报告书之日起15日后，公告其收购要约。收购要约的期限不得少于30日，并不得超过60日。在收购要约的有效期限内，收购人不得撤回其收购要约，需要变更收购要约的事项的，必须事先向国务院证券监督管理机构及证券交易所提出报告，经获准后予以公告。

3. 进行收购

收购要约公告后，在其有效期届满前，收购人应当按照收购要约规定的各项条件进行收购。收购要约的期限届满，收购人持有的被收购公司的股份数达到该公司已发行的股份总数的75%以上的，该上市公司的股票应当在证券交易所终止上市交易；收购人持有的被收购公司的股份数达到该公司已发行的股份总数的90%以上的，其余仍持有被收购公司股票的股东，有权向收购人以收购要约的同等条件出售其股票，收购人应当收购。

4. 收购完成后的事项

收购行为结束后，收购人应当在15日内将收购情况报告国务院证券监督管理机构和证券交易所，并予以公告；被收购公司不再具有公司法规定的条件的，应当依法变更企业形式。另外，收购人对所收购的股票在收购行为完成后的6个月内不得转让。

第七节　会计法有关知识

会计负责公司的财务工作，但作为公司的经理也要掌握一些财务法律知识，如果对财务知识一无所知，就无法深入了解公司的经济活动。

7.1　财务法律基本知识

如果你是主持公司日常工作的经理，就必须具备一定的财务知识，否则，你就无法带领团队去完成企业设立的营利目的。

我国的财会法律体系

我国的财务会计法律体系包括了财务和会计所有方面法律的庞杂体系，按照其规定可以分为法律、行政法规和规章制度。这一体系包含以下法律、法规：

1. 会计法律

指由全国人大及其常委会制定的规范性文件。目前我国会计法律有一部，即《会计法》，它是1985年1月27日制定，1993年12月19日八届人大常委会第1次会议第一次修订，1999年10月31日九届全国人大常委会第12次会议第二次修订的。另外，我国还有一部关于注册会计师方面的法律，即《注册会计师法》。

2. 行政法规

是指由国务院制定发布的法规。目前我国财会行政法规有《企业财务通则》、《企业会计准则》、《总会计师条例》、《会计人员职权条例》等。

3. 规章制度

是指国务院各部门如财政部发布的文件。目前我国财会规章制度有《会计基础工作规范》、《会计档案管理办法》以及十个分行业的财务制度和十三个分行业的会计制度。

我国《会计法》1999年10月31日经九届全国人大常委会第12次会议修订通过，已于2000年7月1日正式公布实施。该法共七章，52条。修改后的会计法，补充完善了会计核算和会计记账的基本制度和规则，强化了单位负责人对本单位会计工作和会计资料真实性、完整性负责的责任制，加强了会计人员的资格管理，强化了对会计活动的制约和监督，加大了对违法行为的处罚力度，适应了当前经济和财务管理的需要。

我国新《会计法》对经理人有何要求

我国新修订实施的《会计法》强化了单位负责人对本单位会计工作和会计资料真实性、完整性负责的责任制。第4条规定："单位负责人对本单位的会计工作和会计资料的真实性、完整性负责。"第28条规定："单位负责人应当保证会计机构、会计人员依法履行职责，不得授意、指使、强迫会计机构、会计人员违法办理会计事项。"

《会计法》还对单位负责人授意、指使、强迫会计人员违法办理会计事项和打击报复依法履行会计职责的会计人员及会计人员的违法行为规定了严格的法律责任：构成犯罪的，依法追究刑事责任；尚未构成犯罪的，由单位给予降级、撤职、开除的行政处分。

企业财务会计的基本要求

企业财务管理的基本要求是，建立健全企业内部财务管理制度，做好财务管理基础工作，如实反映企业财务状况，依法计算和缴纳国家税收，保证投资者权益不受侵犯。为此，企业应当在办理工商登记或变更登记之日起30日内，向主管财政机关提交企业设立批准证书、营业执照、章程等文件或者变更文件的复制件。企业必须做好各项财务收支的计划、控制、核算、分析和考核工作，依法合理筹集资金，有效利用企业各项资产，努力提高经济效益。

财务报告与财务评价的法律规定

1. 企业的财务报告

财务报告是反映企业财务状况和经营成果的书面文件，包括资产负债表、损益表、财务状况变动表（或者现金流量表）、附表及会计报表附注和财务状况说明书。

（1）资产负债表。

资产负债表是反映企业在某一特定日期财务状况的报表。资产负债表的项目，应当按资产、负债和所有者权益的类别，分项列示。

（2）损益表。

损益表是反映企业在一定期间的经营成果及其分配情况的报表。损益表的项目，应当按利润的构成和利润的分配，各项目分项列示，利润分配部分各个项目也可以另行编制利润分配表。

（3）财务状况变动表。

财务状况变动表是综合反映一定会计期间内营运资金来源和运用及其增减变动情况的报表。财务状况变动表的项目分为营运资金来源和营运资金运用。营运资金来源和营运资金运用的差额为营运资金增加（或减少）净额。营运资金来源分为利润来源和其他来源，并分项列出。营运资金运用分为利润分配和其他用途，并分项列示。

企业也可以编制现金流量表，反映财务状况的变动情况。现金流量表是反映企业一定会计期间现金收支情况的会计报表。

（4）财务状况说明书及其他。

财务状况说明书主要说明企业的生产经营状况、利润实现和分配情况、资金增减和周转情况、税金缴纳情况、各项财产物资变动情况、对本期或者下期财务状况发生重大影响的事项；资产负债表日后至报出财务报告以前发生的对企业财务状况变动有重大影响的事项；需要说明的其他事项。

2. 企业的财务评价

财务评价是企业总结、评价本企业财务状况和经营成果的活动。财务评价的依据是财务指标。主要包括：流动比率、速动比率、应收账款周转率、存货周转率、资本负债率、资本金利润率、销售利税率、成本费用利润率等。

企业进行会计核算的法律规定

《会计法》第10条规定，以下经济业务事项，应当办理会计手续，进行会计核算：

1. 款项和有价证券的收付。

2. 财务的收发、增减和使用。

3. 债券债务的发生和结算。

4. 资本、基金的增减。

5. 收入、支出、费用、成本的计算。

6. 财务成果的计算和处理。

7. 需要办理会计手续、进行会计核算的其他事项。

《会计法》第24条规定，公司、企业进行会计核算，除应当遵守会计核算的规定外，还应当遵守公司、企业会计核算的特别规定。第25条规定，公司、企业必须根据实际发生的经济业务事项，按照国家统一的会计制度的规定确认、计量和记录资产、负债、所有者权益、收入、费用、成本和利润。

同时，《会计法》第26条还规定，公司、企业进行会计核算不得有下列行为：

1．随意改变资产、负债、所有者权益的确认标准或者计量方法，序列、多列、不列或者少列资产、负债、所有者权益。

2．虚列或者隐瞒收入，推迟或者提前确认收入。

3．随意改变费用、成本的确认标准或者计量方法，虚列、多列、不列或者少列费用、成本。

4．随意调整利润的计算、分配方法，编造虚假利润或者隐瞒利润。

5．违反国家统一的会计制度规定的其他行为。

企业违反会计法应承担的法律责任

企业违反财会法应承担的责任是我国财会法律制度的重要组成部分，它是保护企业合法权益的有力工具。实践中，存在各种各样违反财会制度的行为，因此，以立法的形式明确法律责任，使财会制度真正成为维护国家和企业利益的有力法律武器，具有非常重要的现实意义。

1．企业违反财会法律制度的责任形式

法律责任形式主要有经济、行政、民事、刑事四种责任形式。但违反财会法的责任形式主要有经济、行政和刑事三种。

（1）经济处罚，在现行的经济法律、法规中，已经广泛地采用具有法律惩罚性质和经济处罚措施来制裁违反经济法规的单位和个人。经济处罚是针对单位和个人违反法律、法规应当承担的一种经济责任。经济责任的主要表现形式有：罚款、没收非法所得、责令缴纳滞纳金、扣发工资、扣发奖金等等，其中用的最普遍的是罚款和没收违法所得。

（2）行政责任，指国家行政机关依法对违反企业财会法律、法规的单位和个人给予的行政制裁，是由违法者承担的法律后果。行政责任主要有行政处分和行政处罚两种形式。

行政处分是国家机关和企事业单位对其所属工作人员依法进行的处分，主要形式有：警告、严重警告、记过、记大过、降级、降职、撤职、留用察看、开除公职等。行政处分主要是针对违法者个人而实施的。

行政处罚是国家特定机关对单位或个人违反有关法律而进行的处罚，主要形式有：警告、罚款、没收非法所得、责令停产停业、吊销营业执照和生产经营许可证等。

（3）刑事责任。对违反企业财会法律、法规，造成严重后果并构成犯罪的直接责任人员，必须由司法机关依法追究其刑事责任。刑事责任的形式主要有：主刑，包括管制、拘役、有期徒刑、无期徒刑和死刑五种；附加刑，包括罚金、没收财产、剥夺政治权利三种。

2. 企业违反财会法应承担的具体责任

（1）企业的责任。企业违反财会法律、法规和制度，使会计管理混乱，会计制度严重缺漏，造成国家和集体财产严重流失，国家机关可根据其违法情节分别给予罚款、责令停止整顿、吊销营业执照等经济和行政处罚。

（2）会计人员的责任。会计人员违反有关会计核算的规定，情节严重的，给予行政处分。伪造、变造、故意毁灭会计凭证、会计账簿的，给予行政处分；情节严重的，依法追究刑事责任；对明知是不真实、不合法的原始凭证予以受理，或者对明知是违反国家统一的财政制度、财务制度规定的收支给予办理，情节严重的，给予行政处分；给国家造成重大经济损失的，依法追究刑事责任。

（3）企业行政领导人的责任。企业行政领导人违反有关会计核算的规定，情节严重的，给予行政处分。伪造、变造、故意毁灭会计凭证、会计账簿，情节严重的，给予行政处分；给国家造成重大经济损失的，依法追究刑事责任；对依法履行职责的会计人员进行打击报复的，给予行政处分；情节严重的，依法追究刑事责任。

提供虚假财务报告罪

提供虚假财务报告罪，是指企业向股东和社会公众提供虚假的或者隐瞒重要事实的财务会计报告，严重损害股东或者其他当事人利益的行为。

企业中有关的主管人员和直接责任人员是本罪的主体。

企业的财务会计报告，是指由企业的业务部门或者委托的其他会计、审计机构按照国家的规定于每一年度的终了时制作的反映公司财务状况和经营成果的文件。根据《公司法》的有关规定，企业的财务会计报告应当包括以下财务会计报表及附属明细表：①资产负债表；②利润表；③现金流量表；④利润分配表；⑤财务情况说明书。

"虚假"或者"隐瞒重要事实"的财务会计报告，是指在财务会计报告的内容中编造或者虚构一些实际上不存在的情况，例如：不如实记载企业的实有资产和现实负债情况；虚报或隐瞒经营收益或亏损情况；不如实陈述企业的利润分配和年末利润节余情况；不如实说明会计处理方法的变更情况、变更原因以及对财务状况和经营成果的影响等。虚假的财务会计报告会使股东和社会公众对该企业的经营规模、经营方式、经营成果、资信状况、偿还债务的能力、企业发展的潜力等产生误解，从而可能使投资者蒙受严重损失。因此，企业向股东和社会公众提供虚假的或者隐瞒重要事实的财务会计报告属违法行为，严重损害股东或者其他当事人利益的，即构成本罪。

根据《刑法》第161条的规定，构成本罪的，对其直接负责的主管人员和其他直接责任人员，处以3年以下有期徒刑或者拘役，并处或者单处2万元以上20万元以下罚金。

7.2 相关财务制度

企业资金筹集的法律规定

企业资金包括资本金和企业借入资金（即负债）。

1. 资本金的筹集

设立企业必须有法定的资本金。资本金是指企业在工商行政管理部门登记的注册资金。资本金按照投资主体分为国家资本金、法人资本金、个人资本金以及外商资本金等。投资主体可以用货币投资，也可以用建筑物、厂房、机器设备或其他物料、商标权、专利权、专有技术、土地使用权等非货币形态的资产投资。投资主体用非货币形态资产投资的，应当委托会计师事务所进行资产评估，出具评估报告，经注册会计师签证，作为投资各方计算投资比例的依据。产权关系不明的，必须先行界定产权关系。

企业根据国家法律、法规的规定，可以采取国家投资、各方集资或发行股票等方式筹集资本金。投资者必须按照投资合同、协议履行出资义务，未按照投资合同、协议履行出资义务的，企业或其他投资者可以依法追究其违约责任。

企业在筹集资本金的活动中，投资者缴付的出资额超出资本金的差额（包括股票溢价）、法定财产重估增值以及接受捐赠的财产等，计入资本公积金。资本公积金可以依照有关规定，转增资本金。

企业对其所筹的资本金，依法享有经营权。在企业经营期限内，投资者除依法转让外，不得以任何方式抽回。法律、行政法规另有规定的，依其规定。

2. 借入资金（企业负债）

借入资金是企业筹集资金的另一重要途径。企业借入的资金应列为企业的负债。

企业的负债可分为长期负债和流动负债。长期负债是指偿还期限在一年或者超过一年的一个营业周期以上的债务，包括长期借款、应付长期债券、长期应付款项等。流动负债是指可以在一年内或者不超过一年的流动周期内偿还的债务，包括短期借款、应付短期债券、预提费用、应付的预收款项等。

长期负债的应计利息支出，筹建期间的，计入开办费；生产经营期间的，计入财务费用；清算期间的，计入清算损益。其中，与购建固定资产或者无形资产有关的，在资产尚未交付使用或者虽已交付使用但尚未办理竣工决算以前，计入购建资产的价值。流动负债的应计利息支出，计入财务费用。

有关流动资产的法律规定

流动资产是指可以在一年内或超过一年的一个营业周期内变现或者运用的资产，包括现金及各种存款、存货、应收及预付款项等。

1. 现金及各种存款

现金及各种存款按照实际收支和支出记账。企业应设置现金和银行存款日记账。按照业务发生顺序逐日逐笔登记。银行存款按照银行和信用机构的名称和账户进行明细核算。有外币存款业务的企业，还应分别就人民币存款和外币存款进行明细核算。

企业发生的外币业务，应当将外币金额折合为人民币记账，并登记外国货币金额的折合率。所有外币账户的增加减少，一律按国家外汇牌价折合为人民币记账。外币金额折合为人民币记账时，可按业务发生时的国家外汇牌价（原则上采用中间价）作为折合率，也可以按业务发生当月月初的国家外汇牌价作为折合率。月份终了，企业将外币账户的外币余额按照月末国家外汇牌价折合为人民币，作为外汇账户的期末人民币余额。调整后的各外币账户人民币余额与原账面余额的差额，作为汇总损益，列为当期财务费用。

现金的账面余额必须与库存数目相符；银行存款的账面余额应当与银行对账单定期核对，并按月编制调节表调节余额。

2. 存货

存货是指企业在生产经营过程中为销售或者耗用而准备的物资，包括材料、燃料、低值易耗品、在产品、半成品、产成品、协作件以及商品等。

各种存货应当按照实际成本记账。

（1）购入的存货，按买价加运输、装卸、保险等费用进行记账。运输途中的合理损耗、入库前的整理挑选费用和所缴纳的税金作为实际成本。但商业企业购入的商品可以按照买价和所缴纳的税金作为实际成本。施工等企业发生的采购保管费，可分配计入购入材料的实际成本。

（2）自制的存货，以制造过程中的各项实际支出作为实际成本。

（3）委托外单位加工完成的存货，以实际耗用的原材料或者半成品以及加工、运输、装卸和保险等费用作为实际成本；或以加工前商品的进货原价、加工费用和应负担的税金作为实际成本。

（4）投资主体的存货，按照评估并被确认的价值列账。

（5）盘盈的存货，按照同类存货的实际成本入账。

（6）接受捐赠的存货，按照捐赠实物的发票、报关单、有关协议以及同类实物的国内或者国际市场价格等资料而确定的价值入账。

（7）采用计划成本或定额成本方法进行日常核算的，应当按期结转其成本差异，将计划成本或者定额成本调整为实际成本。

各种存货发出时，企业可以根据实际情况，选择使用先进先出法、加权平均法、移动平均法、个别计价法等方法确定其实际成本。

低值易耗品和周转使用的包装物等，在领用后，可以一次或者分期摊入费用。

各种存货定期进行清查盘点。对于发生的盘盈、盘亏以及过时、变质、毁损等需要报废的，应当及时进行处理，计入当期损益。

3. 应收及预付款项

应收及预付款项包括：应收票据、应收账款、其他应收款、预付货款、待摊费用等。应收及预付款项应当按实际发生额记账，并按照往来户名、费用种类等设置明细账，进行明细核算。

企业按照国家规定，可以计提坏账准备金，发生的坏账损失，可以冲减坏账准备金。不提坏账准备金的，发生的坏账损失，计入当期费用。坏账损失是指因债务人破产或者死亡，及其破产财产或者遗产清偿后，仍然不能收回的应收账款，或者因债务人逾期未履行偿债义务超过三年仍然不能收回的应收账款。

各种应收及预付款项应当及时清算、催收、定期与对方对账核实。经确认无法收回的应收账款，已提坏账准备金的，应当冲销坏账准备金；未提坏账准备金的，应当作为坏账损失，计入当期损益。

有关固定资产的法律规定

固定资产是指使用年限在一年以上，单位价值在规定标准以上，并在使用过程中保持原来物质形态的资产，包括房屋及建筑物、机器设备、运输设备、工具器具等。

1．固定资产的记账，应当按取得时的实际成本记账

（1）在固定资产尚未交付使用或者已投入使用但尚未竣工决算之前发生的固定资产的借款利息和有关费用，以及外币借款的汇兑差额，应当计入固定资产价值；在此之后发生的借款利息和有关费用及外币借款的汇总差额，应当计入当期损益。

（2）外单位投入的固定资产，以评估或协议价值入账。

（3）接受捐赠的固定资产应按照同类资产的市场价格或者有关凭据确定固定资产价值。接受捐赠固定资产时发生的各项费用，应当计入固定资产价值。

（4）融资租入的固定资产应当比照自有固定资产核算，并在会计报表附注中说明。

（5）按国家规定对固定资产进行重新估价或出现企业兼并、联营、合营、租赁、承包、拍卖和清算等情况时，应进行重新估价。重估价值与账面价值的差额应作为权益调整项目列示，不列入损益。凡重估价值大于账面净值的，则借记"固定资产"账户，贷记"公积金"账户；凡重估价值小于账面净值的则做相反分录。

2．在建工程支出记账

在建工程支出是指为购建固定资产或者对固定资产进行技术改造在固定资产交付使用以前而发生的支出，包括工程设备、材料等专用物资，预付的工程价款，未完工程支出等。

在建工程支出应按实际支出记账，并在会计报表中单独列示。企业应在"在建工程"账户下按前述内容分设明细账户进行核算。

固定资产在购建过程中所发生的报废工程和其他损失是建设单位的非常损失，原则上向投资者报销，不应转给生产经营单位，即投资者作为减少产权处理。如无法减少产权的则应作为递延资产而分期摊销，列入损益处理。

3．固定资产的折旧

企业固定资产折旧应根据固定资产的原值、预计残值、预计使用年限或预计工作量，采用平均年限法或工作量法计算。如符合有关规定，亦可采用加速折旧法，即缩短折旧年限法。

企业计提折旧，不再采用专款专用原则，不建立专项基金和更新改造基金，因此也不冲减产权。在进行账务处理时，只编制一个会计分录，即借记"管理费用"等账户、贷记"累计折旧"账户。对固定资产简单再生产和扩大再生产的资金来源，企业必须从企业资金总体角度出发统筹安排解决，即根据经营期间的现金流程和经营的需要统筹安排使用资金。

4．固定资产清查

固定资产应当定期进行盘点清查，盘盈、盘亏、报废清理和变卖处理所发生的

损益应列作当期损益处理，不作所有者权益调整，这是从确保所有者权益完整的原则出发的。

对固定资产盘盈、盘亏，应当通过"待处理财产损益"账户核算，即盘盈时，按重置安全价值借记"固定资产"账户，按估计折，贷记"累计折旧"账户，按净值贷记"待处理财产损益"账户，经批准转销时，借记"待处理财产损益"账户，贷记"营业收入"账户；盘亏时，按已提折旧数借记"累计折旧"账户，按净值数借记"待处理财产损益"账户，按原价贷记"固定资产"账户。经批准核销时，借记"营业外支出"账户，贷记"待处理财产损益"账户。

无形资产、递延资产的法律规定

1. 无形资产

无形资产是指企业长期使用而没有实物形态的资产，包括专利权、非专利权、商标权、著作权、土地使用权、商誉等。

无形资产的计价：凡购入的无形资产，应按实际成本计价；接受投资取得的无形资产，应当按照评估或者合同约定的价格记账。自行开发的无形资产（如专利权等），应按开发过程中自试验成功开始直到取得专利权之日止实际发生的全部支出数记账。商誉除企业合并和接受投资等情况外，不得作价入账。

无形资产的摊销：各种无形资产按国家规定在受益期内分期摊销。摊销时按无形资产的性质、作用，分别不同情况计入"管理费用"账户，并直接冲减"无形资产"账户的账面价值。会计报表上以摊余价值列示。

2. 递延资产

递延资产是指不能全部计入当年损益，应当在以后年度内分期摊销的各项费用。包括开办费、租入固定资产改良或大修理工程、租入或典入一年以上房屋使用权和其他资产使用权等。

企业在筹建期内实际发生的各项费用，除应计入有关财产物资价值外，应当作为开办费入账。开办费应当在企业开始生产经营以后的一定年限内分期平均摊销。租入固定资产改良支出应当在租赁期内平均摊销。各种递延资产的未摊销余额应当在会计报表中列示。

有关对外投资的法律规定

对外投资是指企业的现金、实物、无形资产或购买股票、债券等有价证券方式向其他单位的投资，包括短期投资和长期投资。

1．短期投资

短期投资是指能够随时变现、持有时间不超过一年的有价证券以及不超过一年的其他投资。

有价证券就按取得时的实际成本记账。

当期的有价证券收益，以及有价证券转让所取得的收入与账面成本的差额，计入当期损益。

短期投资以账面余额在会计报表中列示。

2．长期投资

长期投资是指不准备在一年内变现的投资，包括股票投资、债券投资和其他投资。

向其他单位投出的资金，应按投出时的支付或确定的金额记账。

股票投资，应当按照实际支付的款项记账。实际支付的款项中含有已宣告发放的股利的，就将这部分股利金额列作应收款；实际支付的款项扣除应收股利后的差额，列作长期投资。

债券投资，按照实际支付的款项记账。实际支付的款项中含有应计利息的，应将这部分利息金额单独记账。

溢价或者折价购入的债券，其实际支付的价款与债券面值的差额，应当在债券到期前分期摊销。

债券投资存续期内的应计利息，以及出售收回的本息与债券账面成本及尚未收回应计利息的差额，应当计入当期损益。

长期投资应当在会计报表中分项列示。一年内到期的长期投资，应当在流动资产下单列项目反映。

企业对外投资分红的利润或者股利，计入投资收益。按照国家规定缴纳或者补交所得税后，计入企业应缴纳所得税后的利润。

有关成本和费用的法律规定

1．成本

直接为生产商品和提供劳务等发生的直接人工、直接材料、商品进价和其他直接费用，直接计入生产经营成本；企业为生产商品和提供劳务而发生的各项间接费用，应按一定标准分配计入生产经营成本。

成本计算一般应当按月进行。企业可以根据生产经营特点、生产经营组织类型和成本管理的要求自行确定成本计算方法。但一经确定，不得随意变动。

成本计算应当按实际发生额核算。采用定额成本或者计划成本方法的，应当合理计算成本差异，月终编制会计报表时，调整为实际成本。

2．费用

企业发生的销售费用、管理费用和财务费用，直接计入当期损益。

（1）销售费用包括销售产（商）品或者提供劳务过程中发生的应当由企业负担的运输费、装卸费、包装费、保险费、展览费、差旅费、广告费，以及专设销售机构的人员工资和其他经费等。

（2）管理费用包括由企业统一负担的公司经费、工会经费、职工教育经费、劳动保险费、待业保险费、董事会会费、咨询费、诉讼费、税金、土地使用费、土地损失补偿费、技术转让费、技术开发费、无形资产摊销、开办费摊销、业务招待费、坏账损失、上交上级管理费以及其他管理费用。

（3）财务费用包括企业经营期间发生的利息支出、汇总净损失、银行手续费等。

3．不属成本费用的支出

企业下列支出，不得列入成本费用：为购置和建造固定资产、购入无形资产和其他资产的支出、对外投资的支出；被没收的财物；各项罚款、赞助、捐赠支出；在公积金、公益金中开支的支出；国家规定不得列入成本费用的其他支出。

有关营业收入、利润及其分配的法律规定

1．营业收入

营业收入是企业在销售商品或者提供劳务等经营业务中实现的收入。

确认收入的实现一般有两个标志：一是商品已经发出，劳务已经提供；二是货款、劳务款已收到，或者已经取得货款的权利。这两个标志说明购销双方已正式办理购销手续，即发票、账单已提交购货单位，物权已经转移，并已收到货款或已获得索取货款的权利。按《企业会计准则》的规定，企业一般应当于发出商品、交付工程、提供劳务的同时收讫价款或取得索取价款的凭据时，确认营业收入。

采用分期付款结算方式的销售，可按合同约定的各期应收款项，或以本期实际收到相当于一个计量单位的分期销售价款，作为营业收入的实现。不足一个计量单位的已收款可暂作预收货款处理。

长期工程（包括劳务）合同，应根据合同规定的工程价款结算方式，按照完工进度或实际工作量确认营业收入。

为了计算当期损益，对本期收入实现数应加以正确计算，即从收入中减去销货退回、销货折扣和销货折让三项内容。除此之外，不得任意冲减收入。关于销货退回，在传统的会计处理中并不陌生。销货折扣，是指销售商品时按照购销双方的协议，销货方给予购货方早日偿付货款之优惠条件。销货折让，是指因商品品种、质量等原因而给予买方在销货价格上所作的让价。

各项营业收入在会计报表中报基本业务收入、其他业务收入分项列示；同时经营几种基本业务的企业，应按每种业务的营业收入列示；其他业务收入中占全部营业收入比重较大的，也可分别列示。

2. 利润

利润是企业在一定期间的经营成果，包括营业利润、投资净收益和营业外收支净额。营业利润为营业收入减去营业成本、期间费用和各种流转税及附加税费后的余额；投资净收益是企业对外投资收入减去投资损失后的余额；营业外收入减营业外支出后的余额。

企业发生亏损时，年度亏损，可以用下一年度的利润弥补；下一年度利润不足弥补的，可以在一年内用所得税前利润延续弥补。延续一年未弥补的亏损，用缴纳所得税后的利润弥补。

企业的利润按照国家规定作相应的调整后，依法缴纳所得税，缴纳所得税后的利润，除国家另有规定者外，按照下列顺序分配：

（1）被没收财物损失，违反税法规定支付的滞纳金和罚款。

（2）弥补企业以前年度亏损。

（3）提取法定公积金。法定公积金用于弥补亏损，按照国家规定转增资本金等。

（4）提取公益金。公益金主要用于企业职工的集体福利设施支出。

（5）向投资者分配利润。企业以前年度未分配的利润，可以并入本年度向投资者分配。

外币业务的法律规定

企业的外币业务是指以记账本位币以外的货币进行的款项收付、往来结算以及计价等业务。

企业以人民币为记账本位币。业务收支以外币为主的企业，可以选定某种外币作为记账本位币。

企业的各种外币项目（不包括按照调剂价单独记账的外币项目）的期末余额，

除国家另有规定者外，按照期末国家外汇牌价折合为记账本位币金额。国家外汇牌价折合为记账本位币金额与账面记账本位币金额的差额，作为汇兑损益，计入当期损益。

企业发生的汇兑净损益，筹建期间发生的，计入开办费，自企业投产营业起，按照不短于一年的期限分期摊（转）销，或者留待弥补企业生产经营期间发生的亏损，或者留待并入企业的清算损益；生产经营期间发生的，计入财务费用；清算期间发生的，计入清算损益。其中，与购建固定资产或者无形资产有关的，在资产尚未交付使用或者虽已交付使用但尚未办理竣工决算以前，计入购建资产的价值。

企业发生外币调剂业务时，外币金额按照调剂价折合为记账本位币金额与账面记账本位币金额的差额，作为汇兑损益，计入当期损益。

企业清算的法律规定

企业按照章程规定解散或者破产以及其他原因宣布终止时，应当成立清算机构，对企业财产、债权、债务进行全面清查，编制资产负债表、财产目录和债权、债务清单，提出财产作价依据和债权、债务处理办法，妥善处理各项遗留问题。

清算期间发生的清算机构人员工资、差旅费、办公费、公告费等，计入清算费用，由企业现有财产优先支付。

清算期间发生的财产盘盈或者盘亏、变卖，无力归还的债务或者无法收回的债权，以及清算期间的经营收入或者损失等，计入清算损益。

企业财产拨付清算费用后，按下列顺序清偿债务：

1. 应付未付的职工工资、劳动保险费。

2. 应缴未缴的国家税金。

3. 尚未偿付的债务。

如果在同一顺序内不足清偿的，按照比例清偿。

清算终了，企业的清算净收益，依法缴纳所得税。缴纳所得税后的剩余财产，按照投资者出资比例或者合同、章程规定进行分配。

第八节　税法有关知识

税收是国家财政收入的主要来源之一，纳税是企业应当承担的义务。公司经理要掌握税法基本知识，了解公司纳税的项目和额度，严格按照税法的要求进行纳税。

8.1　税法概述

什么是税法

　　税法是国家制定的用以调整国家与纳税人之间在征纳税方面的权利与义务关系的法律规范的总称。它是国家及纳税人依法征税、依法纳税的行为准则，其目的是保障国家利益和纳税人的合法权益，维护正常的税收秩序，保证国家的财政收入。它具有下列特征：

　　1.强制性

　　主要是指国家以社会管理者的身份，用法律、法规等形式对征收捐税加以规定，并按照法律强制征税。

　　2.无偿性

　　主要指国家征税后，税款即成为财政收入，不再归还纳税人，也不支付任何报酬。

　　3.固定性

　　主要指在征税之前，以法律的形式预先规定了课税对象、课税额度和课税方法等。

我国的税法体系

　　1.我国税法体系的完善与发展

　　从1994年开始，我国实行新的工商税制，重新制定颁布了一些新的实体性税法，此次税改的主要内容包括：

　　（1）流转税法以对商品的生产、批发、零售和进口实行全面的增值税为核心，设置了增值税、消费税、营业税、资源税等税种，增值税划分了一般纳税人与小规模纳税人，对一般纳税人实行凭发票扣税办法，由价内税改为价外税。

　　（2）所得税法的调整主要包括将原有的"国营企业所得税"、"集体企业所得税"、"私营企业所得税"合并为企业所得税，并在税率和税前扣除项目上作了较大幅度的调整与规范。原有的"个人所得税"、"个人收入调节税"、"城乡个体工商业户所得税"合并修订为新的"个人所得税"。作为此次税制改革的先导，1991年还将"中外合资经营企业所得税"、"外国企业所得税"合并为"外商投资企业和外国企业所得税"，迈出了统一企业所得税的第一步。

　　（3）其他税法的改进包括为合理调节土地增值收益，维护国家权益而增设的土地增值税，对固定资产投资方向调节税、印花税、土地使用税、耕地占用税等予以保留，对城市维护建设税、契税等予以修订，还计划开征证券交易税、遗产税与赠与税等。

实行新的实体税法体系后，利用增值税专用发票偷税、骗税的犯罪活动有所抬头，对新税法的实施和国家财政收入的稳定构成了严重威胁。为此，国家采取一系列法律措施，严厉打击利用增值税专用发票进行的税收犯罪活动。财政部、国家税务总局先后制定了《中华人民共和国发票管理办法》和《增值税专用发票使用规定》；1994年6月3日，最高人民法院、最高人民检察院联合发布《最高人民法院、最高人民检察院关于办理伪造、倒卖、盗窃发票刑事案件适用法律的规定》；1995年10月30日第八届全国人大常委会第16次会议公布《全国人民代表大会常务委员会关于惩治虚开、伪造和非法出售增值税专用发票犯罪的决定》；1997年3月14日八届人大五次会议修订的《中华人民共和国刑法》将有关涉税犯罪的内容归并为第三章第六节"危害税收征管罪"。同时税务机关与公、检、法机关密切配合，从重、从严、从快查处了一批大案要案，有力地震慑了犯罪分子，扼制住了利用增值税专用发票犯罪的蔓延趋势，保障了新税制的正常运行。

这次税制改革有两个主要特点：①仍以实体税法的改革为重心；②规范化得到加强。

2. 我国税法体系的基本结构

就税法的整体结构而言，税法体系包括宪法加税法典、宪法加税收基本法加各单行税法和宪法直接加各单行税法的三种模式，我国现行税法体系在宪法精神的指导下，直接由各单行税法构成。各单行税法之间是平行的，没有统领与被统领的关系。

其中，实体税法是现行税法体系的基本组成部分。在实体税法中，个人所得税与外商投资企业和外国企业所得税是税收法律，其他税种都是采用条例或暂行条例形式的税收法规：外商投资企业和外国企业所得税、城市房地产税、车船使用牌照税仅对外商投资企业和外国企业适用，城镇土地使用税、房产税、车船使用税、固定资产投资方向调节税、城市维护建设税、耕地占用税对外商投资和外国企业不适用。

构成我国程序税法体系主体的是《税收征收管理法》；构成我国税收处罚法的则是《税收征收管理法》中"法律责任"一章对税收违法的行政处罚和刑法中对"危害税收征管罪"设定的刑事法则；构成我国税收争讼法的是《中华人民共和国行政处罚法》、国务院颁布的《行政复议条例》和国家税务总局制定的《税务行政复议规则（暂行）》。

3. 我国现行税法体系共有多少种税

我国现行税收法律体系是在原有税制的基础上，经过1994年工商税制改革逐渐完善形成的。现共有22个（农业税已取消）税种，按其性质和作用大致分为六类：

（1）流转税类。包括增值税、消费税和营业税。主要在生产、流通或者服务业发挥调节作用。

（2）资源税类。包括资源税、城镇土地使用税。主要是对因开发和利用自然资源差异而形成的级差收入发挥调节作用。

（3）所得税类。包括企业所得税、外商投资企业和外国企业所得税、个人所得税。主要是在国民收入形成后，对经营者的利润和个人的纯收入发挥调节作用。

（4）特定目的税类。包括固定资产投资方向调节税、筵席税、城市维护建设税、土地增值税、耕地占用税，主要是为了达到特定目的，对特定对象和特定行为发挥调节作用。

（5）财产和行为税类。包括房产税、城市房地产税、车船使用税、车船使用牌照税、印花税、屠宰税、契税，主要是对某些财产和行为发挥调节作用。

（6）关税。主要对进出我国国境的货物、物品征收。

上述税种中的关税由海关负责征收管理，其他税种由税务机关负责征收管理。耕地占用税和契税，1996年以前一直由财政机关负责征收管理，1996年以后改由税务机关征收管理。

我国税法的主要内容

我国税收法规的内容，通常由纳税人、征税对象、纳税环节、纳税期限、税目、税率、税收减免以及违法制裁等要素构成。大多数单行税收法律、法规或者规章，都包含着以上几个基本内容。

（1）纳税人，又称纳税义务人或纳税主体。指税法规定的承担纳税义务的单位或个人。如我国关税中，纳税人是进出口货物的收发货人和进出境物品的所有人。

（2）征税对象，又叫征税客体，指税法规定应当征税的标的物或者特定行为。税法中所规定的征税对象，就是具体指明对什么东西征税，税法中规定了征税对象，按性质可分为流转额、所得额、财产价值额和特定行为四种。

（3）纳税环节，指税法根据税种和征税对象的特点，从有利于控制税源出发规定的应当纳税的环节。如产品的销售出厂环节是我国工商统一税中所规定的工业产品的纳税环节。

（4）纳税期限，指税法规定纳税人缴纳税款的期限。

（5）税目，指税法就每一税种规定的具体征税项目。税目是征税对象的具体化，明确界定征税的范围。列入税目的就要征税，反之，不能征税。

（6）税率，指税法规定的应征税额与征税对象之间的比例，它是计算税额的具体尺度。税率的高低，是衡量某种税种的税负轻重的依据。我国目前税法采用的税率形式，主要有比例税率、超额累进税率和固定税率三种。比例税率，是不分征税对象数额大小，只规定一个比例的税率。超额累进税，是把征税对象按数额划分为若干等级部分，对每一等级部分规定一个税率，而使一定数量的征税对象同时适用几个等级部分的税率。固定税率，是对征税对象的每一单位，直接规定固定的税率形式。

（7）税收减免，是指税法规定的对纳税人或征税对象给予照顾、支持的税收优惠措施。主要有免征额、减税和免税三种形式。免征额是征税对象中免予征税的数额；减税是减征一部分应征税；免税是免征全部应征税。

（8）违法制裁，指税法及有关法规规定的对纳税人违反税收法规的行为予以惩罚的措施。

企业办理税务登记和申请纳税的程序

1. 企业办理税务登记的程序

从事生产、经营的纳税人按下列方式办理税务登记。

（1）在领取营业执照之日起30天内，以书面形式向税务机关申请办理税务登记。

（2）如实填写税务登记表。填写税务登记表主要填写的内容有：①单位名称、法定代表人或者业主姓名及其居民身份证、护照或者其他合法证件的号码；②住所、经营地点；③经济性质；④企业形式、核算方式；⑤注册资金（资本）、投资总额、开户银行及账号；⑥生产经营范围、经营方式；⑦生产期限、从业人数、营业执照号码；⑧财务负责人、办税人员；⑨其他有关事项。另外，企业在外地设立分支机构或者从事生产、经营的场所，还应登记总机构名称、地址、法定代表人、主要业务范围、财务负责人。

（3）提供有关证件、资料。纳税人向税务机关填报税务登记表时，还应根据不同情况相应提供如下有关证件、资料：①营业执照；②银行账号证明；③有关合同、章程、协议书；④居民身份证、护照或者其他合法证件；⑤税务机关要求提供的其他有关证件、资料。

（4）领取税务登记证件。纳税人在填报了税务登记表，提供了证件和资料之后，经税务机关审核，符合规定的，要在税务机关收到所有书面的纳税申报内容的

30天内，到税务机关领取税务登记证。

2．企业办理纳税申报的程序

纳税人办理纳税申报时，要填写好有关报表，并提供有关证件和资料。要填写的有关报表的内容主要指纳税人、扣缴义务人的纳税申报或者代扣代缴、代收代缴税款报告表的主要内容，这包括：税种、税目，应纳税项目或者应代扣代缴、代收代缴税款项目，适用税率或者单位税额，计税依据，扣除项目及标准，应纳税额或者应代扣代缴、代收代缴税额，税款所属期限等。所要提供的有关证件、资料包括：财物、会计报表及其说明书；纳税有关的合同、协议书；外出经营活动税收管理证明；境内或者境外公证机构出具的有关证明文件；税务机关规定应当报送的其他有关证件、资料。

纳税人、扣缴义务人还要根据具体情况，进行纳税申报。

（1）纳税人、扣缴义务人必须在法律、行政法规规定的或者税务机关依照法律、行政法规的规定确定的申报期限内，到主管税务机关办理纳税申报或者报送代扣代缴、代收代缴税款报告表。

（2）扣缴义务人办理代扣代缴、代收代缴款报告时，应当如实填写代扣代缴、代收代缴款报告表，并报送代扣代缴、代收代缴税款的合法凭证及税务机关规定的其他有关证件、资料。

（3）纳税人、扣缴义务人按照规定的期限办理纳税申报或者报送代扣代缴、代收代缴税款报告表确有困难，需要延期的，应在规定的期限内向税务机关提出书面延期申请，经税务机关核准，在核准的期限内办理。

（4）纳税人、扣缴义务人因不可抗力，不能按期办理纳税申报或者报送代扣代缴、代收代缴税款报告表的，可以延期办理，但也应在不可抗力情形消除后立即向税务机关报告。税务机关应查明事实，予以核准。

（5）纳税人享受减税、免税待遇的，在减税、免税期间应当按照规定办理纳税申报。

（6）纳税人到税务机关办理申报有困难的，经税务机关批准，可以邮寄申报，邮寄申报以寄出地的邮戳日期为实际申报日期。

账簿、凭证管理的基本内容有哪些

《中华人民共和国税收征收管理法实施细则》规定，账簿是指总账、明细账、日记账以及其他辅助性账簿。账簿和凭证管理有以下几个基本内容：

从事生产、经营的纳税人必须依照税收征管法的有关规定，按照国务院财政、税收主管部门的要求，自领取营业执照之日起15天内设置账簿，自领取税务登记证件之日起15天内，将自己的财务、会计制度或者财务、会计处理办法报送税务机关备案；如果其财务、会计制度或者财务、会计处理办法与国务院或者国务院财政、税务主管部门有关税收的规定抵触的，依照国务院或者国务院财政、税收主管部门的有关税收的规定计算纳税；按照国务院财政、税务主管部门规定的保管期限保管账簿、记账凭证、完税凭证及其他有关资料不得伪造、变造或者擅自损毁。无特殊规定的，所有账簿、凭证要保存10年。

生产经营规模小，又确无建账能力的个体工商户，可以聘请注册会计师或经税务机关认可的财会人员代为建账和办理账务，或经县以上税务机关批准，按照税务机关规定，建立收支凭证粘贴簿、进货销货登记簿等。

采用计算机记账的，应当在使用前将记账软件、程序和使用说明书及有关资料报送主管税务机关备案，确保能够通过计算机正确、及时地征账。

偷税、抗税要受到哪些处罚

偷税，指纳税人采取伪造、变造、隐匿、擅自销毁账簿、记账凭证，在账簿上多列支出或者不列、少列收入，或者进行虚假的纳税申报的手段，不缴或者少缴应纳税款。抗税，指纳税人拒绝遵照税收法规履行纳税义务的行为。我国法律对偷税的处罚有一些具体规定。基本有：偷税数额占应纳税额的10%以上并且偷税数额在1万元以上的，或者因偷税被税务机关给予二次行政处罚又偷税的，处3年以下有期徒刑或者拘役，并处偷税额数额5倍以下的罚金；偷税数额占应纳税额的30%以上并且偷税数额在10万元以上的，处3年以上7年以下有期徒刑，并处偷税额数额5倍以下的罚金。企事业单位偷税数额和情况与前面相近，要相应地判处罚金，并对负直接责任的主管人员和其他直接责任人员，处3年以下有期徒刑或者拘役。

纳税人欠缴应纳税款，采取转移或者隐匿财产的手段，致使税务机关无法追缴欠缴的税款，数额在1万元以上不满10万元的，处3年以下有期徒刑或者拘役，并处欠缴税款5倍以下的罚金；数额10万元以上的，处3年以上7年以下有期徒刑，并处欠缴税款5倍以下的罚金。纳税人向税务人员行贿，不缴或者少缴应纳税款的，按照行贿罪追究刑事责任，并处不缴或者少缴的税款5倍以下的罚金。

扣缴义务人采取前款所列手段，不缴或者少缴已扣、已收税款，数额占应缴税额的10%以上并且数额在1万元以上的，处3年以下有期徒刑或者拘役，并处偷缴税数额5倍以下的罚金。

抗税者除由税务机关追缴其拒缴的税款外，依照关于惩治偷税、抗税犯罪的补充规定第5条第一款的规定处罚，情节轻微，未构成犯罪的，由税务机关追缴其拒缴的税款，处以拒缴税款5倍以下的罚款。以暴力方法抗税，致人重伤或者死亡的，按照伤害罪、杀人罪从重处罚，并依照关于惩治偷税、抗税犯罪的补充规定第6条第二款的规定处以罚金。以暴力、威胁方法阻碍税务人员依法执行职务的，依照刑法第157条的规定追究刑事责任；拒绝、阻碍税务人员依法执行职务未使用暴力、威胁方法的，由公安机关依照治安管理处罚条例规定处罚。

8.2 各相关税种

什么是增值税

增值税是对我国境内销售物或者提供加工、修理、修配劳务以及进口货物的单位和个人，就其取利的货物或就税务销售额以及进口货物金额计算税款，并实行税款抵扣制的一种流转税。

增值税法是指国家制定的调整增值税收缴纳权利义务关系的法律规范。现行增值税的基本规范，是1993年12月13日国务院颁布的《中华人民共和国增值税暂行条例》。

1. 增值税的税收优惠

增值税的税收优惠包括三个方面，即免税、起征点和出口退税规定。

（1）增值税的免税规定。

免征增值税的项目包括下列几项：

①农业生产者销售的自产农业产品，包括从事种植业、养殖业、林业、牧业、水产业生产的单位和个人销售的自身初级农业产品；

②避孕药品和用具；

③古旧图书，即向社会收购的古书和旧书；

④直接用于科学研究、科学试验和教学的进口仪器、设备；

⑤外国政府、国际组织无偿援助的进口物资和设备；

⑥来料加工、来件装配和补偿贸易所需进口的设备；

⑦由残疾人组织直接进口供残疾人专用的物品；

⑧销售自己使用过的物品，即除个体经营者以外的个人销售自己使用过的除游艇、摩托车、应征消费税的汽车以外的物品。

（2）增值税的起征点规定。

为照顾销售收入少、纳税能力弱的纳税人，增值税按销售额多少规定了起征点，该规定只限用于个人。

①销售货物的起征点为月销售额600～2000元；

②销售应税劳务的起征点为月销售额200～800元；

③按次纳税的起征点为每次（日）销售额50～80元。

以上起征点的规定，由国家税务局直属分局在规定的幅度内，根据实际情况，确定适用于本地区的具体起征点，并报国家税务总局备案。

（3）增值税的出口退税。

纳税人出口零税率的货物，向海关办理了出口手续后，凭出口报关单等有关凭证，可按月向税务机关申报办理该出口货物的退税。

2. 增值税专用发票管理

增值税专用发票是纳税人经济活动中的商业凭证，也是兼记销货方纳税义务和购货方进项税额的合法证明，它决定着增值税的正确计算和管理。

增值税条例规定，增值税专用发票仅限于增值税一般纳税人领购使用，增值税的小规模纳税人及非增值税纳税人不得领购使用。

增值税一般纳税人销售货物或应税劳务，应向购买方开具增值税专用发票，并在专用发票上注明销售额和销项税额。属于下列情形之一的，应该开具普通发票，不能开具增值税专用发票：

（1）向消费者销售货物或应税劳务。

（2）销售免税货物。

（3）销售报关出口的货物，在境外销售应税劳务。

（4）将货物用于非应税项目。

（5）将货物用于集体福利或个人消费。

（6）将货物无偿赠送他人。

（7）提供非应税劳务、转让无形资产或销售不动产。

另外，向小规模纳税人销售应税项目，也可以不开具增值税专用发票。

一般纳税人和小规模纳税人

1. 一般纳税人

增值税的纳税人主要是在我国境内销售或进口货物，提供加工、修理修配劳务

（以下简称应税劳务）的各类企业和个人。企业主要是国有企业、集体企业、私有企业、股份制企业及其他企业同时还包括外商投资企业和外国企业。按纳税人的生产经营规模及其财务制度是否健全，可分成一般纳税人和小规模纳税人。

增值税一般纳税人指的是年应纳增值税销售额，超过财政部规定的小规模纳税人标准的企业和企业性单位。符合下列条件的纳税人，都被认定为增值税一般纳税人：

（1）从事货物生产或提供应税劳务的纳税人，以及以从事货物生产或提供应税劳务为主，并兼营货物批发或零售的纳税人，年应纳增值税销售额在100万元以上的企业和企业性单位。

（2）从事货物批发或零售的纳税人，年应税销售额在180万元以上的企业和企业性单位。

（3）小规模纳税人会计核算健全，能准确核算并提供进、销项税额的企业和企业性单位也可以认定为一般纳税人，个体经营者会计核算健全，能够准确提供税务资料，报经国家税务总局直属分局批准，也可认定为一般纳税人。

2．小规模纳税人

小规模纳税人指的是经营规模较小，会计核算不健全的纳税人。一般纳税人和小规模纳税人划分的原则，不是以所有制性质为标准，关键是看其会计核算是否健全，是否以规范化的办法计征增值税：一般来说，大企业会计核算大多比较健全，小企业会计核算大多不健全，因此，会计核算是否健全以年销售额作为标准比较适合。另一方面，大企业的会计核算未必都健全，小企业的会计核算未必都不健全，因此，仅以年销售额作为标准是不行的，还必须辅之以定性标准，也就是由税务机关来审定纳税人会计核算是否健全：年销售额虽低，但会计核算健全，可以按一般纳税人对待；会计核算不健全的，年销售额尽管很高，也应作为小规模纳税人对待。小规模纳税人主要有以下四种：

（1）年销售额未超过小规模纳税人的标准，且会计核算不健全的纳税人。此类纳税人大多是较小的企业性业务单位。

（2）年销售额超过了小规模纳税人的标准，但会计核算不健全的纳税人。

（3）非企业单位，它们一般不经常发生应税行为。

（4）不经常发生应税行为的非增值税企业，主要是营业税企业。

小规模纳税人的标准有两个：

（1）从事货物生产或提供应税劳务的纳税人，销售货物或应税劳务年销售额在100万元以下。

（2）从事货物批发或零售的纳税人年销售货物的销售额在180万元以下的。

什么是企业所得税

企业所得税是每一个独立核算的企业必须缴纳的税种，它是针对在中国境内的内资企业的生产经营所得和其他所得征收的一种税。

实行独立核算的企业或组织均为企业所得税的纳税人。实行独立经济核算必须具备以下四个条件：按国家规定注册登记；在银行开设结算账户；独立建立账簿编制财务会计报表；独立核算盈亏。

企业所得税的征税范围，是纳税人在我国境内外的生产、经营所得和其他所得。生产、经营所得主要是指从事物质生产、交通运输、商品流通、劳务服务，以及经国务院财政主管部门确认的其他盈利事业取得的所得。其他所得主要是指股息、利息、租金、转让各类资产、特许权使用费及营业外收益等所得。

企业所得税一般税率为33%，特殊税率为18%和27%。对特殊税率的规定是：年应纳税所得额在3万元（含3万元）以下的企业，暂减按18%的税率征收所得税；年应纳税所得额在3万元以上、10万元以下（含10万元）的企业，暂减按27%的税率征收所得税。

企业所得税的税收优惠政策

企业所得税的税收优惠，是指国家根据经济和社会发展的需要，在一定的期限内对特定地区、行业和企业的纳税人就缴纳的企业所得税，给予减征或者免征的一种照顾和鼓励措施。税收优惠具有很强的政策导向作用，正确制定并运用这种措施，可以更好地发挥税收的调节功能，促进国民经济健康发展。但是，1994年税制改革以前，税收优惠存在着许多弊端：一是政出多门，随意性很大；二是造成名义税率与实际税率相差过大，税法的严肃性受到破坏，税收流失严重；三是造成互相攀比，不利于公平税负、促进竞争。为此，国务院批准的《工商税制改革实施方案》明确指出："除税法规定的减免税项目外，各级政府及各部门不能再开减免税的口子。"

新的企业所得税法对纳税人实行税收优惠政策：

（1）民族自治地方的企业，需要照顾和鼓励的，经省级人民政府批准，可以实行定期减税或者免税。

所谓民族自治地方，是指按照《中华人民共和国民族区域自治法》的规定，实行民族自治的自治州、自治县。

（2）法律、行政法规和国务院有关规定给予减税或者免税的企业，依照规定实行。

所谓法律、行政法规和国务院有关规定给予减税或者免税的，是指全国人民代表大会及其常务委员会制定的法律、国务院发布的行政法规以及国务院的有关规定确定的减税或者免税。

概括起来，企业所得税的法定减免税优惠主要包括以下内容：

（1）国务院批准的高新技术产业开发。国内的高新技术企业，可减至按15%的税率征收所得税；新办的高新技术企业，自投产年度起免征所得税2年。

（2）为了支持和鼓励发展第三产业（包括全民所有制工业企业转换经营机制举办的第三产业企业），可按产业政策在一定期限内减征或者免征所得税。即：

①对为农业生产的产前、产中、产后服务的行业，即乡村的农技推广站、水管站、林业站、畜牧兽医站、水产站、种子站、农机站、气象站以及农民专业技术协会、专业合作社，对其提供的技术服务或者劳务所取得的收入，以及其他各类事业单位开展上述技术服务或劳务所取得的收入，暂免征收所得税。

所谓对农村的为农业生产的产前、产中、产后服务的行业，主要是指提供技术推广、良种供应、植保、配种、机耕、排灌、疫病防治、病虫害防治、气象信息和科学管理，以及收割、田间运送等服务。

②对科研单位和大专院校服务于各业的技术成果转让、技术培训、技术咨询、技术服务、技术承包所取得的技术性服务收入，暂免征收所得税。

③对新办的独立核算的人事咨询业（包括科技、法律、会计、审计、税务等咨询业）、信息业、技术服务业的企业或经营单位，自开业之日起，第1年至第2年免征所得税。

其中信息业，主要包括：统计信息、科技信息、经济信息的收集、传播和处理服务；广告业；计算机应用服务，包括软件开发、数据处理、数据库服务和计算机的修理、维护。

④对新办的独立核算的从事交通运输业、邮电通讯业的企业或经营单位，自开业之日起，第1年免征所得税，第2年减半征收所得税。

⑤对新办的独立核算的从事公用事业、商业、物资业、对外贸易业、旅游业、仓储业、居民服务业、饮食业、教育文化事业、卫生事业的企业或经营单位，自开业之日起，报经主管税务机关批准，可减征或免征所得税1年。

⑥对新办的三产企业经营多种产业的，按其经营主业（以其实际营业额计算）来确定减免税政策。

所谓新办企业，一是指从无到有组建起来的。原有企业一分为几，改组、扩建、搬迁、转产、合并后继续经营，或者吸收新成员、改变领导关系、改变企业名称的，都不能视为新办企业；二是指1994年1月1日以后建立的。对于1993年年底以前建立的企业，其享受的减免税优惠尚未到期，而该项减免税优惠又属继续保留的，则其减免税期限应连续计算，直到到期为止。

（3）企业利用废水、废气、废渣等废弃物为主要原料进行生产的，可在5年内减征或者免征所得税。即：

①企业在原设计规定的产品以外，综合利用本企业生产过程中产生的、在《资源综合利用目录》内的资源做主要原料生产的产品的所得，自生产经营之日起，免征所得税5年。

②企业利用本企业外的大宗煤矸石、炉渣、粉煤灰为主要原料，生产建材产品的所得，自生产经营之日起，免征所得税5年。

③若是利用其他企业废弃的、在《资源综合利用目录》内的资源而新办的企业，经主管税务机关批准后，可减征或者免征所得税1年。

（4）在国家确定的革命老根据地、少数民族地区、边远地区、贫困地区新办的企业，经主管税务机关批准后，减征或者免征所得税3年。

（5）企业事业单位进行技术转让，以及在技术转让过程中发生的与技术转让有关的技术咨询、技术服务、技术培训的所得，年净收入在30万元以下的，暂免征收所得税；超过30万元的部分，依法缴纳所得税。

（6）企业遇有风、火、水、震等严重自然灾害，经主管税务机关批准，可减征或者免征所得税1年。

（7）新办的劳动就业服务企业，当年安置城镇待业人员超过企业从业人员总数60%的，经主管税务机关审核批准，可免征所得税3年。

劳动就业服务企业免税期满后，当年新安置待业人员占企业原从业人员总数30%以上的，经主管税务机关审核批准，可减征收所得税2年。

享受税收优惠的待业人员，包括待业青年、国有企业转换经营机制的富余职工、机关事业单位精简机构的富余人员、农转非人员和"两劳"释放人员。劳动就业服务企业从业人员总数，包括在该企业工作的各类人员，含聘用的临时工、合同工及离退休人员。

（8）高等学校和中小学校办工厂、农场自身从事生产经营的所得，暂免征收所得税；高等学校和中小学举办各类进修班、培训班的所得，暂免征收所得税。高等学校和中小学享受税收优惠的校办企业，必须是学校出资自办的、由学校负责经营管理、经营收入归学校所有的企业。下列企业不得享受对校办企业的税收优惠：

①将原有的纳税企业转为校办企业。

②学校在原校办企业基础上吸收外单位投资举办的联营企业。

③学校向外单位投资举办的联营企业。

④学校与其他企业、单位和个人联合创办的企业。

⑤学校将校办企业转租给外单位经营的企业。

⑥学校将校办企业承包给个人经营的企业。

享受税收优惠政策的高等学校和中小学的范围包括：教育部门所办的小学、中学、中等师范学校、企业学校和国家教委批准、备案的普通高等学校，以及中国人民解放军总部批准成立的军队院校，不包括电大、夜大等各类成人学校、企业举办的职工学校和私人办学校。

（9）对民政部门兴办的福利工厂和街道办的非中途转办的社会福利生产单位，凡安置"四残"人员占生产人员总数35%以上的，暂免征收所得税。凡安置"四残"人员占生产人员总数的比例超过10%未达到35%的，减半征收所得税。

享受税收优惠政策的福利生产企业必须符合下面条件：

①具备国家规定的开办企业的条件。

②安置"四残"人员达到规定的比例。

③生产和经营项目符合国家产业政策，并适宜残疾人从事生产劳动或经营。

④每个残疾职工都具有适当的劳动岗位。

⑤有必要的、适合残疾人生理状况的安全生产和劳动保护措施。

⑥有严格完善的管理制度，并建立了"四表一册"，即企业基本情况表、残疾职工工作安排表、企业职工工资表、利税分配使用报表、残疾职工名册。

（10）乡镇企业可按应缴税款减10%，用于补助社会性开支的费用，不再按照税前提取10%的办法。乡镇企业不包括乡镇企业与其他企业、事业单位合办的联营企业、股份制企业。

（11）国务院1993年批准到香港发行股票的9家股份制企业，暂且按15%的税率征收企业所得税。9家企业是：上海石化、青岛啤酒、昆明机床、北人印刷、马鞍山钢铁、广船国际、仪征化纤、东方电机、渤海化工。

（12）对纳入财政预算管理的13项政府性基金（收费），免征企业所得税。13项政府性基金（收费）是：养路费、车辆购置附加费、铁路建设基金、电力建设基金、三峡工程建设基金、新菜地开发基金、公路建设基金、民航基础设施建设基金、农村教育事业附加费、邮电附加费、港口建设费、民航机场管理建设费。

（13）对国有农业企事业单位从事种植业、养殖业和农业产品初加工业取得的所得，暂免征税。农业企事业单位与其他企事业单位组成的联营企业、股份制企业从事上述各业取得的所得，照章征税。对边境贫困的国有农场、林场取得的生产经营所得和其他所得，暂免征税。

（14）纳税人在境外遇有风、火、水、震等严重自然灾害，损失较大，继续维持投资、经营活动确有困难的；纳税人举办的境外企业或其他投资活动（如工种承包、劳务承包等），由于所在国（地区）发生战争或政治动乱等不可抗拒的客观因素造成损失较大的，应取得我政府驻当地使、领馆等驻外机构的证明，依法报经税务机关批准，对其境外所得给予1年减征或者免征所得税的照顾。

（15）对事业单位、社会团体的一部分收入项目免征企业所得税，具体是：

①经国务院及财政部批准设立和收取，并纳入财政预算管理或财政预算外资金专户管理的政府性基金、资金、附加收入等。

②经国务院、省级人民政府（不包括计划单列市）批准或省级财政、计划部门共同批准，并纳入财政预算管理或财政预算外资金专户管理的行政事业性收费。

③经财政部门核准不上缴财政专户管理的预算外资金。

④事业单位从其所属独立核算经营单位的税后利润中取得的收入。

⑤事业单位从主管部门和上级单位取得的用于事业发展的专项补助收入。

⑥社会团体取得的各级政府资助。

⑦按照省级以上民政、财政部门规定收取的会费。

⑧社会各界的捐赠收入。

⑨经国务院明确批准的其他项目。

（16）境外减免税处理。纳税人境外投资、经营活动按所在国（地区）税法规定获得的减免税，可由纳税人提供有关证明，经税务机关审核后，视同已交所得税进行抵免。

需要注意的是，企业所得税法中规定的减免税优惠措施，对一个企业可能会有减免税政策交叉的情况，在具体执行时，可选择适用其中一项最优惠的政策，但不能两项或者几项优惠政策累加执行。

企业全部被另一企业、单位承租，承租后重新办理工商登记。重新办理工商登记的企业不是新办企业不得享受新办企业减免税的政策规定。

第九节　劳动和社会保障法

　　一个企业的运行主要依靠员工，企业要按照劳动法的规定对员工负责，承担一定的义务。作为主持企业日常工作的经理，更要清楚企业和职工各自享有的权利和承担的义务，掌握了劳动法律的基本知识，才能妥善处理与员工的关系，尽量避免劳动纠纷的发生。

9.1 劳动法律知识

我国劳动法有哪些

　　劳动法有广义和狭义之分。广义劳动法是调整劳动关系和与劳动关系有密切联系的其他社会关系的法律规范的总称。狭义劳动法是指于1994年7月由全国人大颁布制定的《中华人民共和国劳动法》。为了让大家能较清楚地了解劳动法，下面从不同方面对劳动法中的一些主要法律法规进行介绍。

　　综合性的法律有：《宪法》就劳动者享有的劳动权、休息权、获得物质帮助权、接受教育权等作了全面的规定；《中华人民共和国劳动法》（以下简称《劳动法》）是我国调整劳动关系的基本法；此外还有《关于贯彻执行〈劳动法〉若干问题的意见》、《外商投资企业劳动管理规定》、《违反〈劳动法〉行政处罚办法》等等。

　　劳动合同与集体合同方面有：《国营企业实行劳动合同制暂行规定》、《全民所有制企业招用农民合同制工人的规定》、《劳动合同签证实施办法》、《违反和解除劳动合同的经济补偿办法》、《企业经济性裁减人员规定》、《违反〈劳动法〉有关劳动合同规定的赔偿办法》、《关于实行劳动合同制度若干问题的通知》、《集体合同规定》等等。

　　工资、工时与劳动保护方面有：《工资支付暂行规定》、《对〈工资支付暂行规定〉有关问题的补充规定》、《最低工资规定》、《国务院关于职工工作时间的规定》及其实施办法、《关于企业实行不定时工作制和综合计算工时制的审批办法》、《全国年节及纪念日放假办法》、《安全生产法》、《工伤认定办法》、《安全生产培训管理办法》、《安全评价人员资格登记管理规则》、《特种设备作业人员监督管理办法》、《女职工劳动保护规定》、《女职工禁忌劳动范围规定》、《未成年工特殊保护规定》等等。

就业促进和职业培训方面有：《就业登记规定》、《职业指导规定》、《职业介绍规定》、《职业教育法》、《就业训练规定》、《农村劳动力跨省流动就业管理暂行规定》、《职业培训实体管理规定》、《职业介绍服务规程》等等。

社会保险与福利方面有：《劳动保险条例》、《失业保险条例》、《国务院关于工人退休、退职的暂行办法》、《国务院关于企业职工养老保险制度改革的决定》、《国有企业职工待业保险规定》、《中华人民共和国职业病防治法》、《企业职工生育保险试行办法》、《国务院关于建立城镇职工基本医疗保险制度的决定》、《企业职工养老保险基金管理规定》等等。

此外还有：《劳动监察员管理办法》、《劳动保障监察体例》、《劳动监察准则》、《企业劳动争议处理条例》、《工会与劳动争议处理试行办法》等等。

什么是劳动合同

劳动合同是劳动者与用人单位确立劳动关系、明确双方权利和义务的协议。建立劳动关系应当订立劳动合同。

订立和变更劳动合同，应当遵循平等自愿、协商一致的原则，不得违反法律、行政法规的规定。

劳动者和用人单位有哪些权利义务

不同类型的用人单位，其具体的权利不尽相同。对不同类型的用人单位，都有专门的法律出台。一般来说，用人单位的权利主要包括下述几个方面：

（1）录用职工方面的权利。

（2）劳动组织方面的权利。

（3）劳动报酬分配方面的权利。

（4）劳动纪律方面的权利。

（5）决定劳动关系存续方面的权利。

我国《劳动法》第4条规定："用人单位应当依法建立和完善规章制度，保障劳动者享有劳动权利和履行劳动义务。"用人单位的义务主要有：

（1）必须执行劳动法规、政策和标准，接受国家劳动计划的指导，服从劳动行政部门和其他有关国家机关的管理和监督。

（2）必须支持工会依法开展各项活动，接受工会的监督。

（3）按法定和约定条件向劳动者及时支付劳动报酬的义务。

（4）保护职工在劳动过程中的安全和健康的义务。

（5）以保险、福利等方式为职工及其亲属提供物质帮助。

（6）适当使用劳动者。

（7）培训义务。

我国劳动法规定的劳动者的权利主要有以下几类：

（1）平等就业和选择职业的权利。

（2）取得劳动报酬的权利。

（3）休息休假的权利。

（4）获得劳动安全卫生保护的权利。

（5）接受职业技能培训的权利。

（6）享有社会保险与福利的权利。

（7）提请解决劳动争议的权利。

（8）其他权利。

劳动者的主要义务是遵守法律、法规和用人单位的规章制度以及劳动合同的约定，按时按质按量提供劳动的义务。

有关劳动合同的法律规定

1. 企业如何和劳动者订立劳动合同

《劳动法》第16条规定："劳动合同是劳动者与用人单位确立劳动关系、明确双方权利和义务的协议。建立劳动关系应当订立劳动合同。"企业在和劳动者订立合同时必须遵循协商一致的原则和平等自愿的原则，不得违反法律、行政法规的规定。

根据我国《劳动法》第19条的规定，劳动合同应具备以下条款：

（1）劳动合同期限；

（2）工作内容；

（3）劳动保护和劳动条件；

（4）劳动报酬；

（5）劳动纪律；

（6）劳动合同终止条件；

（7）违反劳动合同的责任。

在订立劳动合同时应注意，缺少上述规定必备条款中任何一项的劳动合同都不能成立。有的劳动合同由于某种特殊性，立法中特别要求其除了规定一般法定必备条款外，还必须规定一定的特别条款。企业亦可以与劳动者磋商，约定与具体工作条件相适应且不违法的条款。

在使用行政部门统一制定的规范劳动合同文本时，企业与劳动者也可以在协商的基础上进行部分修改、增加或删减，并在双方签字或盖章后合同成立。

2. 劳动合同无效的情形

违反法律、行政法规的劳动合同以及采取欺诈、威胁等手段订立的劳动合同属无效的劳动合同。无效的劳动合同，从订立的时候起，就没有法律约束力。劳动合同的无效由劳动争议仲裁委员会或者人民法院确认。

3. 劳动合同的变更

履行劳动合同过程中由于情况发生变化，经双方当事人协商一致，可以对劳动合同的部分条款进行修改、补充。劳动合同的未变更部分继续有效。

劳动合同的变更主要反映在4个方面：

（1）生产或者工作任务的增加或减少。

（2）劳动合同期限的延长或缩短。

（3）劳动者工种或职务的变化或变动。

（4）对劳动者支付劳动报酬的增加或减少。

4. 劳动合同的终止

劳动合同期满或者当事人约定的劳动合同终止条件出现，劳动合同即行终止。《劳动法》规定了劳动合同终止的两种情况：

（1）劳动合同期限届满，劳动合同即告终止。这主要是针对有固定期限的劳动合同和以完成一定的工作为期限的劳动合同而言的。

（2）当事人约定的合同终止的条件出现，劳动合同也告终止。劳动合同的这种终止属于约定终止。这种情况既适用于有固定期限和完成一定的工作为期限的劳动合同，也适用于无固定期限的劳动合同，劳动者在医疗期、孕期、产期和哺乳期内，劳动合同期限届满时，劳动合同的期限应自动延续至医疗期、孕期、产期和哺乳期满为止。

劳动合同终止，意味着劳动合同当事人协商确定的劳动权利和义务关系已经结束，用人单位应当依法办理终止劳动合同的有关手续。

5. 劳动合同的续订和解除

劳动合同期限届满，经双方协商一致，可以续订劳动合同。

　　劳动合同的解除是指劳动合同订立后，尚未全部履行以前，由于某种原因导致劳动合同一方或双方当事人提前中断劳动关系的法律行为。劳动合同的解除分为法定解除和约定解除两种。根据《劳动法》的规定，劳动合同既可以由单方依法解除，也可以双方协商解除。用人单位依据《劳动法》第24条、第26条、第27条的规定解除劳动合同，应当按照劳动法和劳动部《违反和解除劳动合同的经济补偿办法》支付劳动者经济补偿金。

企业单方面解除劳动合同应具备的条件

　　对于不符合企业要求的工作人员，用人单位有权解除劳动合同。对于用人单位单方面解除劳动合同的事由，《劳动法》规定了三种情况：

　　1. 用人单位可以随时、直接地通知劳动者解除劳动合同，无需履行任何法定手续和义务。《劳动法》第25条规定：劳动者有下列情况之一的，用人单位可以解除劳动合同：

　　（1）在试用期间被证明不符合录用条件的。

　　（2）严重违反劳动纪律或者用人单位规章制度的。

　　（3）严重失职，营私舞弊，对用人单位利益造成重大损害的。

　　（4）被依法追究刑事责任的。

　　2. 用人单位有权解除劳动合同，但要履行法定的手续并承担法定的义务。《劳动法》第26条规定：有下列情形之一的，用人单位可以解除劳动合同，但是应当提前三十日以书面形式通知劳动者本人：

　　（1）劳动者因病或非因工负伤，医疗期满后，不能从事原工作也不能从事由用人单位另行安排的工作的。

　　（2）劳动者不能胜任工作，经过培训或者调整工作岗位，仍不能胜任工作的。

　　（3）劳动合同订立时，所依据的客观情况发生重大变化，致使原劳动合同无法履行，经当事人协商不能就变更劳动合同达成协议的。

　　3. 用人单位因自身的原因不能履行原劳动合同，在履行法定的手续和义务后，可以解除劳动合同。《劳动法》第27条规定："用人单位濒临破产进行法定整顿期间或者生产经营状况发生严重困难，确需裁减人员的，应当提前三十日向工会或者全体职工说明情况，听取工会或职工的意见，经向劳动行政部门报告后，可以裁减人员。用人单位根据本条规定裁减人员，在六个月内录用人员的，应当优先录用被裁减人员。"

值得一提的是，根据《劳动法》第28条的规定，用人单位在以上第二和第三种情况下解除劳动合同的，还应依照国家有关规定给予劳动者经济补偿。

劳动者在下列情形下，用人单位不得依据《劳动法》第26条、第27条的规定解除劳动合同，劳动者仍有权依照原劳动合同的规定享受社会保险待遇：

（1）患职业病或者因工负伤并被确认丧失或者部分丧失劳动能力的。

（2）患病或者负伤，在规定的医疗期内的。

（3）女职工在孕期、产期、哺乳期内的。

（4）法律、行政法规规定的其他情形。

当上述情形发生在用人单位濒临破产，被人民法院宣告进入法定整顿期间或生产经营发生严重困难，达到当地政府规定的严重困难企业标准，确需裁减人员的情况下，用人单位也不得裁减上述人员。

以上规定约束了用人单位不得因劳动者有客观方面的原因（包括企业裁员）可以解除合同的情况下而解除劳动合同，不适用于当劳动者有主观方面的原因，如不符合录用条件、严重过错、触犯刑律，用人单位可以解除合同的情况。

劳动者在什么情况下可领取经济补偿金

1. 用人单位依据《劳动法》第24条的规定解除劳动合同的经济补偿办法。

劳动部发[1994]481号文件第5条规定："经劳动合同当事人协商一致，由用人单位解除劳动合同的，用人单位应根据劳动者在本单位工作年限，每满1年发给相当于1个月工资的经济补偿金，最多不超过12个月。工作时间不满1年的，按1年的标准发给经济补偿金。"

2. 用人单位依据《劳动法》第26条的规定解除劳动合同的经济补偿办法。

劳动部发[1994]481号文件对用人单位依据《劳动法》第26条的规定解除劳动合同的经济补偿办法分别规定如下：

（1）劳动者患病或者非因工负伤，经劳动能力鉴定委员会确认不能从事原工作、也不能从事用人单位另行安排的工作而解除劳动合同的，用人单位应按其在本单位的工作年限，每满1年发给相当于1个月工资的经济补偿金，同时还应发给不低于6个月工资的医疗补助费。患重病和绝症的还应增加医疗补助费，患重病的增加部分不低于医疗补助费的50%，患绝症的增加部分不低于医疗补助费的100%。

（2）劳动者不能胜任工作，经过培训或者调整工作岗位仍不能胜任工作，由用人单位解除劳动合同的，用人单位应按其在本单位工作的年限，工作时间每满1

年，发给相当于1个月工资的经济补偿金，最多不超过12个月。

（3）劳动合同订立时所依据的客观情况发生重大变化，致使原劳动合同无法履行，经当事人协商不能就变更劳动合同达成协议，由用人单位解除劳动合同的，用人单位按劳动者在本单位工作的年限，工作时间每满1年发给相当于5个月工资的经济补偿金。

3. 用人单位依据《劳动法》第27条的规定解除劳动合同的经济补偿办法。

根据劳动部发[1994]481号文件的规定，用人单位濒临破产进行法定整顿期间或者生产经营状况发生严重困难，必须裁减人员的，用人单位按被裁人员在本单位工作的年限支付经济补偿金。被裁减人员在本单位工作的时间每满1年，发给相当于1个月工资为经济补偿金。

用人单位发给劳动者的经济补偿金的计算标准是企业正常生产情况下劳动者解除合同前12个月的月平均工资。用人单位因劳动者患病或非因工负伤、因劳动合同订立时所依据的客观情况发生重大变化使原劳动合同无法履行或者因本单位濒临破产进行法定整顿期间或生产经营状况发生严重困难而解除劳动合同时，劳动者的月平均工资低于企业月平均工资的，按企业月平均工资的标准支付。经济补偿金在企业成本中列支，不得占用企业按规定比例应提取的福利费用。

为督促用人单位严格履行支付经济补偿金的义务，劳动部发[1994]481号文件还规定，用人单位解除劳动合同后，未按规定给予劳动者经济补偿金的，除全额发给劳动者经济补偿金外，还须按该项经济补偿金数额的50%向劳动者支付额外经济补偿金。

对劳动者的经济补偿金，均由用人单位一次性发给劳动者。

劳动争议应如何处理

劳动争议又称劳动纠纷，是指劳动关系双方当事人因实现劳动权利和履行劳动义务而发生的纠纷。

我国《劳动法》第77条第1款规定："用人单位与劳动者发生劳动争议。当事人可以依法申请调解、仲裁、提起诉讼，也可以协商解决。"可见，我国的劳动争议有四种解决途径。

1. 协商

争议当事人之间自行约定，通过协商，在法律允许的范围内相互让步或一方让步从而求得争议解决的方法为协商。协商不需要第三人参加，是争议双方互谅互让的结果，有利于防止矛盾的激化。但双方协议达成的协议没有强制执行力，当事人仍然可以申请仲裁或起诉。协商在争议处理的任何阶段均可进行。

2．调解

调解是由第三者居间调和，通过疏导、说服促使当事人互谅互让，从而解决纠纷的办法。解决劳动争议中的调解，主要由企业内部的劳动争议调解委员会进行。调解达成协议后，争议双方应自觉履行，但没有强制执行力。

3．仲裁

劳动争议仲裁在我国是由劳动争议仲裁委员会进行的。仲裁裁决具有强制执行力。

调解与仲裁都是我国劳动争议的法定解决方式，一般来说，劳动者在发生劳动争议后，往往首先会在用人单位内部力争解决纠纷，在内部无法解决时，才向劳动争议仲裁委员会申请仲裁。但这并不说明，当事人申请仲裁之前一定要先进行调解。

我国《劳动法》第79条与《企业劳动争议处理条例》都明文规定，劳动争议发生后，当事人可以向本单位劳动争议调解委员会申请调解；调解不成，当事人一方要求仲裁的，可以向劳动争议仲裁委员会申请仲裁。当事人一方也可以直接向劳动争议仲裁委员会申请仲裁。

由上述法律规定可知，劳动者与用人单位发生劳动争议之后，任何一方都可以向本单位的劳动争议调解委员会提出申请，要求解决劳动争议，也可以向劳动争议仲裁委员会提出申请，要求以仲裁方式解决劳动争议。即一旦发生劳动争议，作为当事人的劳动者或用人单位可以在调解和仲裁方式中任意选择一种方式，解决劳动争议。对于当事人申请劳动争议调解委员会调解解决劳动争议的，劳动争议调解委员会应当根据合法、自愿的原则进行调解。

4．诉讼

劳动争议诉讼就是指劳动争议双方当事人对仲裁裁决不服，依法向人民法院进行诉讼，要求保护其合法权益的一种劳动争议处理方式，是解决劳动争议的最后一道程序。

处理劳动争议应遵循的原则

根据《企业劳动争议处理条例》规定，劳动争议处理应遵循下列原则：

（1）依法处理劳动争议原则。在处理劳动争议过程中，劳动争议处理机构和劳动争议当事人（劳动争议的当事人是指劳动争议当事人双方，即劳动法律关系中权利的享有者和义务的承担者），必须在查清事实的基础上依法协商、依法解决劳动争议。

（2）当事人适用法律上一律平等原则。劳动争议双方当事人虽然在其劳动关系中，存在行政上的隶属关系，但双方在法律面前是平等的。

（3）着重调解劳动争议原则。这一原则首先有利于增加当事人之间的相互理解；其次可以简化程序，有利于及时、彻底地处理劳动争议。实行着重调解的原则还需注意：一是必须遵守自愿原则；二是必须坚持合法、公正原则；三是必须与及时裁决或及时判决结合起来。

（4）及时处理劳动争议的原则。劳动争议发生后，当事人应当及时协商或及时申请调解以至申请仲裁，避免超过仲裁申请时效，丧失申请仲裁的权利；劳动争议处理机构在受理案件后，应当在法定结案期限内，尽快处理完毕；对处理结果，当事人不履行协议或决定的，要及时采取申请强制执行等措施，以保证案件的顺利处理和处理结果的最终落实。

（5）基层解决争议原则。基层解决原则，方便当事人参加调解、仲裁和诉讼活动，有利于争议的及时处理和法律文书的送达与执行，有利于就地调查，查明事实真相。

当事人申请仲裁员回避的条件

仲裁员有下列情形之一的，应当回避，当事人有权以口头或者书面方式申请其回避：

1. 是劳动争议当事人或当事人近亲属的。
2. 与劳动争议有利害关系的。
3. 与劳动争议当事人有其他关系，可能影响公正仲裁的。

仲裁委员会如何处理劳动争议

仲裁委员会处理劳动争议，实行仲裁员、仲裁庭制度。

仲裁委员会处理劳动争议，应当组成仲裁庭。按照相关规定，仲裁庭由三名仲裁员组成，简单的劳动争议，可以由一名仲裁员独任审理。

仲裁庭审理劳动争议案件，应于开庭四日前，将仲裁庭组成人员、开庭时间、地点的书面通知送达当事人。

仲裁庭审理劳动争议案件应当先行调解。

仲裁庭开庭裁决，一般按《仲裁委员会办案规则》（劳动部发[1993]276号）

第27条的规定的程序进行，仲裁庭作出裁决后，应制作仲裁裁决书。当庭裁决的，应当在7日内发送裁决书。定期另庭裁决的，当庭发给裁决书。

根据《劳动法》第83条的规定，劳动争议当事人对仲裁裁决不服的，可以自收到仲裁裁决书之日起15日内，向人民法院提起诉讼。具体程序按照《中华人民共和国民事诉讼法》的有关规定执行。

什么是工资支付

工资支付，就是工资的具体发放办法。包括如何计发在规定工作时间内职工完成一定的工作量后应获得的报酬，或者在特殊情况下的工资如何支付等问题。工资支付主要包括：工资支付项目、工资支付水平、工资支付形式、工资支付对象、工资支付时间以及特殊情况下的工资支付等。

1. 工资支付的项目

一般包括计时工资、计件工资、奖金、津贴和补贴、延长工作时间的工资报酬以及特殊情况下支付的工资。但劳动者的下列劳动收入不属于工资范围：

（1）单位支付给劳动者个人的社会保险福利费用，如生活困难补助费、丧葬抚恤救济费等。

（2）劳动保护方面的费用，如用人单位支付给劳动者的工作服、清凉饮料费用等。

（3）按规定未列入工资总额的各种劳动报酬及其他劳动收入，如稿费、讲课费、翻译费等。

2. 工资支付的时间和要求

我国工资支付的法律规章明确规定，工资应当以货币形式按月支付给劳动者本人，不得克扣或者无故拖欠劳动者工资。劳动者在法定休假日和婚丧假期间以及依法参加社会活动期间，用人单位应当依法支付工资。工资应当按月支付，是指按照用人单位与劳动者约定的日期支付工资。如遇节假日或休息日，则应提前在最近的工作日支付。工资至少每月支付一次，对于实行小时工资制和周工资制的人员，工资也可以按日或周发放。对完成一次性临时劳动或某项具体工作的劳动者，用人单位应按有关协议或合同规定在其完成劳动任务后即支付工资。

3. 用人单位不得克扣或者无故拖欠劳动者工资

但有下列情况之一的，用人单位可以代扣劳动者工资：

（1）用人单位代扣代缴的个人所得税。

（2）用人单位代扣代缴的应由劳动者个人负担的各项社会保险费用。

（3）法院判决、裁定中要求代扣的抚养费、赡养费。

（4）法律、法规规定可以从劳动者工资中扣除的其他费用。

企业应当怎样支付劳动者工资

根据《劳动法》和《工资支付暂行规定》，企业应当按照下列要求支付劳动者的工资报酬：

1. 企业支付给劳动者的工资不得低于当地人民政府规定的最低工资标准。

2. 企业支付给劳动者的工资应当以法定货币支付，不得以实物及有价证券替代货币支付。

3. 企业应将工资支付给劳动者本人。劳动者本人因故不能领取工资时，可由其亲属或委托他人代领。企业也可以委托银行代发工资。企业支付劳动者工资时，必须书面记录所支付工资的数额、时间、领取者的姓名及签字，并保存2年以上备查。企业在支付工资时应向劳动者提供一份其个人工资的清单。

4. 企业支付劳动者工资必须按照与劳动者约定的日期支付，至少应每月支付一次。如遇节假日或休息日，则应提前在最近的工作日支付，实行周、日、小时工资制的，可按周、日、小时支付工资。

5. 对于完成一次性临时劳动或某项具体工作的劳动者，企业应按有关协议或合同规定在其完成任务后即支付工资。

6. 劳动关系双方依法解除或终止劳动合同时，企业应在解除或终止劳动合同时一次付清劳动者工资。

7. 劳动者依法享受年休假、探亲假、婚假、丧假期间，企业应按照法律、法规或劳动合同的规定支付劳动者工资。

8. 劳动者在法定工作时间内依法参加社会活动期间，企业应视同其提供了正常劳动而支付工资。社会活动包括：依法行使选举权或被选举权；当选代表出席乡（镇）、区以上政府、党派、工会、青年团、妇女联合会等组织召开的会议；出任人民法庭证明人；出席劳动模范、先进工作者大会；《工会法》规定的不脱产工会基层委员会委员因工会活动占用的生产或工作时间；其他依法参加的社会活动。

9. 非因劳动者原因造成企业停工停产在一个工资支付周期内的，企业应按劳动合同规定的标准支付给劳动者工资。超过了一个工资支付周期的，若劳动者提供了正常劳动，则支付给劳动者的工资不得低于当地最低工资标准。若劳动者没有提供正常劳动，可按照国家有关规定支付工资。

10. 企业在劳动者完成劳动定额或规定的工作任务后，根据实际需要安排劳动者在法定标准工作时间以外工作的，即加班加点时，应按日法定标准工作时间以外、休息日工作又不能补休、法定休假日工作三种情况，分别按不低于劳动合同规定的（原工资）150%、200%、300%的标准支付劳动者工资。

最低工资标准

根据《劳动法》第48条第2款规定："用人单位支付劳动者的工资不得低于当地最低工资标准。"用人单位如果低于工资标准给劳动者支付工资的，理应补足。但是，劳动者的工资应包含哪些收入呢？对这个问题不加以明确，就无法判断劳动者的工资是否低于最低工资标准，而且还会由此引起不少的误解与纠纷。

根据2003年12月劳动和社会保障部发布的《最低工资规定》第3条的规定，最低工资是指劳动者在法定工作时间或依法签订的劳动合同约定的工作时间内提供了正常劳动的前提下，用人单位依法应支付的最低劳动报酬。

这里的正常劳动，是指劳动者按依法签订的劳动合同约定，在法定工作时间或劳动合同约定的工作时间内从事的劳动。劳动者依法享受带薪休假、探亲假、婚丧假、生育（产）假、节育手术假等国家规定的假期间，以及法定工作时间内依法参加社会活动期间，视为提供了正常劳动。根据《最低工资规定》第12条的规定，下列收入不列入最低工资的范畴：

1. 延长工作时间工资。

2. 中班、夜班、高温、低温、井下、有毒有害等特殊工作环境、条件下的津贴。

3. 法律、法规和国家规定的劳动者福利待遇等。

我国目前由于各地的经济和社会发展水平不平衡，因而还难以实行统一的工资标准，根据《劳动法》第49条的规定，各地在确定和调整最低工资标准时应综合考虑到下列因素：

1. 劳动者本人和平均赡养人口的最低生活费用。

2. 社会平均工资水平。

3. 劳动生产率。

4. 就业状况。

5. 地区之间经济发展水平的差异。

企业支付给劳动者的工资低于当地最低工资标准的，根据相关劳动法律、法定，企业除补足低于标准部分，同时另外支付相当于低于部分25%的经济补偿金动行政部门还可责令其按相当于支付劳动者工资报酬、经济补偿总和的1~5倍劳动者赔偿金。

特殊人员的工资支付问题

根据原劳动部《对工资支付暂行规定有关问题的补充规定》，特殊人员的工资支付是指学徒工、熟练工、大中专毕业生的工资支付和新就业的复员军人的工资待遇及受处分后人员的工资支付。

学徒工、熟练工、大中专毕业生在学徒期、熟练期、见习期、试用期及转正定级后的工资待遇由用人单位自主确定；新就业复员军人的工资待遇由用人单位自主确定；分配到企业的军队转业干部的工资待遇，按国家有关规定执行。

劳动者受处分后的工资支付包括两个方面：

1. 劳动者受行政处分后仍留在原单位工作（如留用察看、降级等）或受刑事处分后重新就业的，应主要由用人单位根据具体情况自主确定其工资报酬。

2. 劳动者受刑事处分期间，如拘留（羁押）、缓刑、监外执行或劳动教养期间，其待遇按国家有关规定执行。

《劳动法》对工作时间的规定

工作时间是指劳动者为用人单位从事生产和工作的时间。工作时间一般以小时为计算单位，它包括每天工作的小时数和每周工作的小时数或天数。工作时间是法定的，用人单位安排劳动者工作不能突破法律的限制。

我国《劳动法》第36条规定，国家实行劳动者每日工作时间不超过8小时，平均每周工作时间不超过44小时的工作时间制度。根据1995年3月劳动部发布的《国务院关于职工工作时间的规定的实施办法》第3条的规定，职工每日工作8小时，每周工作40小时，进一步缩短了标准工作时间。

企业由于生产经营需要，有时确实需要加班的，在一定限度内，还是应允许的，但不得违反法律的规定。《劳动法》第41条规定："用人单位由于生产经营需要，经与工会和劳动者协商后可以延长工作时间，一般每日不得超过1小时；因特殊原因需要延长工作时间的，在保障劳动者身体健康的条件下延长工作时间每日不得超过3小时，但是每月不得超过36小时。"

以上关于延长工作时间的限制性条件不是绝对的，当出现了紧急事件时，从保护国家利益、集体利益和劳动者的整体利益出发，企业延长工人工作时间可不受任何条件的限制。根据《劳动法》第42条和相关劳动法规的规定，有下列特殊情况和紧急任务之一的，延长工作时间不需与工会和工人商议，也不需要受延长长度的限制：

（1）发生自然灾害、事故或者因其他原因，威胁劳动者生命健康和财产安全，需要紧急处理的。

（2）生产设施、交通运输线路、公共设施发生故障，影响生产和公众利益，必须及时抢修的。

（3）必须利用法定节日或公休假日的停产期间进行设备检修、保养的。

（4）为完成国防紧急任务，或者完成上级在国家计划外安排的其他紧急生产任务，以及商业、供销企业在旺季完成收购、运输、加工农副产品紧急任务的。

实行不定时工作制的工资如何计发

对于实行不定时工作制的劳动者，企业应当根据标准工时制度合理确定劳动者的劳动定额或其他考核标准，以便安排劳动者休息。其工资由企业按照本单位的工资制度和工资分配办法，根据劳动者的实际工作时间和完成定额情况计发。对于符合带薪年休假条件的劳动者，企业可安排其享受带薪年休假。法定休假应安排劳动者休假。

实行计件工资如何计算工作时间

对实行计件工作的劳动者，企业应该按照劳动者每日工作时间不超过8小时，平均每周不超过40小时工时制度的原则，合理确定其劳动定额和计件报酬标准。这里所说的合理是指对劳动者确定的劳动定额应当是在每日8小时或平均每周40小时之内能够完成的工作定额，不能把劳动定额确定过高，超过劳动者每日8小时之内的劳动能力或平均每周40小时的劳动能力。

违反《劳动法》，经理人应负什么责任

1. 民事责任

民事责任是指劳动合同当事人不履行或不完全履行劳动合同时依照《民法通则》、《合同法》以及有关劳动法律法规的规定，应当承担的法律责任。

（1）民事责任。

当合同当事人没有履行或完全履行合同义务，或者履行义务不适当造成违约

时，其所应承担的民事责任首先是继续履行合同规定的全部义务，这也是对方的首要权利。继续履行的责任一般只有在以下三种情况下才能免除：

①法律上或事实上不能履行。

②债务的标的不适于强制履行或者履行费用过高。

③债权人在合同期限内未要求履行。

如因用人单位违约提前解除劳动合同，劳动者已另谋职业，这时用人单位恢复劳动关系对劳动者就不再有实际意义。

（2）采取补偿措施。

例如，用人单位在确因资金紧张或其他客观原因，不能如期发放工资报酬时，可及时告知劳动者，并与劳动者或职工代表、工会协商采取适当的补救措施。

（3）赔偿损失。

赔偿损失是承担劳动合同违约责任的最主要方式。如用人单位违反规定或合同的约定解除劳动合同，侵害女职工、未成年职工的合法权益时，应承担相应赔偿责任。

2．行政责任

行政责任是指因过错违约的当事人依照行政法规或单位内部的行政规章（如劳动纪律）的规定应当承担的责任。依照劳动法律、法规，用人单位违反劳动合同的行政责任有以下几种：

（1）违反劳动合同约定的工作时间的行政责任。

（2）违反劳动合同中有关工资报酬的约定的行政责任。

（3）违反劳动合同中有关劳动保护和劳动条件的约定的行政责任。

（4）违反劳动合同中有关女职工和未成年职工特殊保护的约定的行政责任。

（5）用人单位制定的规章制度（劳动纪律）违反法律、法规的行政责任。

（6）用人单位未按《劳动法》规定的条件解除合同的行政责任。

3．刑事责任

刑事责任是对合同的履行负有直接义务的直接责任者个人，由于失职、渎职或其他违法行为造成重大事故或严重损失并触犯了刑律时应当接受的刑事制裁。

9.2　社会保障法概述

什么是社会保险

1．社会保险的范围

根据《劳动法》第70条的规定，我国的社会保险包括养老保险、疾病保险、工伤保险、失业保险、生育保险等。

养老保险是劳动者因年老退出劳动岗位后从国家或企业获得的一种物质帮助。它包括退休养老金、医疗服务费用等。

疾病保险是国家或企业为解决职工因病暂时丧失劳动能力后的生活和治疗问题而给予的一种物质帮助。它包括病假工资、疾病救济费和医疗费。

工伤保险是国家或企业为解决职工因工伤残或患职业病，暂时或永久丧失劳动能力时的基本生活和治疗问题而给予的一种物质帮助。因工伤残或患职业病的待遇包括伤残抚恤、补助、护理、治疗及住院治疗期间伙食补助等。

失业保险是国家或企业为解决职工因故暂时中断劳动失去工作时的基本生活及治疗问题而给予的一种物质帮助。它包括失业救济、再就业培训和医疗服务费用等。

生育保险是国家或企业因女职工生育而给予的一种物质帮助。包括产假工资、生育补助金和医疗服务费用。

2. 社会保险制度改革应遵循的原则

（1）保险水平与生产力相适应的原则。社会保险水平要与我国社会生产力发展水平相适应。国家举办的社会保险，只能满足职工的基本保障。这就要求制定各项社会保险的筹资比例、待遇标准、保险的范围等，要综合考虑我国的基本国情、财政和企业的实际承受能力和社会保险的管理能力。

（2）公平与效率相结合的原则。"效率优先、兼顾公平"是建立社会主义市场经济体制的客观要求。社会保险属于国民收入的再分配，其待遇要同个人对社会的贡献挂钩，以激励职工的劳动积极性，提高生产效率，又要保障职工的基本生活，维护社会公平。

（3）权利与义务相对等的原则。要享受社会保险的待遇，必须履行相应的义务，也就是说只有按时足额缴纳规定的社会保险费，才能享受规定的社会保险待遇。

（4）广泛覆盖、互助共济的原则。社会保险制度要逐步覆盖城镇所有从业人员，这样不仅有利于建立统一的劳动力市场，保障劳动者享受社会保险的权利，也有利于建立起一个在更大范围内互助共济、分散风险的社会保险"安全网"。

（5）政事分开的原则。社会保险的行政管理和事业经办要由不同机构负责。行政部门的主要职责是制定政策、制度和标准，并监督其实施情况；社会保险经办机构承担基金的收支、营运和管理，并接受行政和社会监督。

（6）管理服务社会化的原则。社会保险实现社会化管理和服务，是社会保险的内在要求，也是减轻用人单位的社会事务负担，建立现代企业制度的重要条件。

有关社会保险费的法律规定

1. 社会保险费的征缴范围

《社会保险费征缴暂行条例》规定，基本养老保险费的征缴范围包括国有企业、城镇集体企业、外商投资企业、城镇私营企业和其他城镇企业及其职工，实行企业化管理的事业单位及其职工；基本医疗保险费的征缴范围包括国有企业、城镇集体企业、外商投资企业、城镇私营企业和其他城镇企业及其职工，国家机关及其工作人员，事业单位及其职工，民办非企业单位及其职工，社会团体及其专职人员；失业保险费的征缴范围包括国有企业、城镇集体企业、外商投资企业、城镇私营企业和其他城镇企业及其职工，事业单位及其职工。职工包括所有与用人单位有劳动关系的个人，即不仅包括正式职工，也包括临时工；不仅包括户籍关系在本地的职工，也包括户籍关系在外地的职工；不仅包括城镇职工，也包括农民工；不仅包括中国籍职工，也包括外国籍职工。

《社会保险费征缴暂行条例》还授权省、自治区、直辖市人民政府根据当地实际情况，可以规定将城镇个体工商户纳入基本养老保险费、基本医疗保险费的征缴范围，并可以规定将社会团体及其专职人员、民办非企业单位及其职工以及有雇工的城镇个体工商户及其雇工纳入失业保险费的征缴范围。

2. 社会保险费能否减免

基本养老保险和基本医疗保险实行社会统筹和个人账户相结合，基本养老保险个人账户和基本医疗保险个人账户是基本养老保险待遇和基本医疗保险待遇的重要组成部分，失业人员的失业保险待遇也要与本人参加失业保险的年限挂钩。所有这些都决定了社会保险费不能减免，也无法减免。如果减免社会保险费，个人账户就无法记录，就损害了个人的社会保险权益；同时如果允许减免社会保险费，还会损害其他缴费单位和缴费个人的权益，等于鼓励其他缴费单位和缴费个人不缴纳社会保险费，因此不利于社会保险费的征缴工作。

违反《社会保险费征缴暂行条例》会受什么处罚

《社会保险费征缴暂行条例》对两种违纪行为规定了处罚措施：

1. 缴费单位未按照规定办理社会保险登记、变更登记或者注销登记，或者未按照规定申报应缴纳的社会保险费数额的，由劳动保障行政部门责令限期改正；情节严重的，对直接负责的主管人员和其他直接负责人员可以处1000元以上5000元以下的罚款；情节特别严重的，对直接负责的主管人员和其他直接负责人员可以处5000元以上1万元以下的罚款。

2. 对缴费单位违反有关财务、会计、统计的法律、行政法规和国家有关规定，伪造、变造、故意毁灭有关账册、材料，或者不设账册，致使社会保险费缴费基数无法确定的，除依照法律、行政法规的规定给予行政处罚、纪律处分、刑事处罚外，由社会保险经办机构按该单位上月缴费数额的110%确定应缴数额（没有上月缴费数额的，由社会保险经办机构暂按该单位的经营状况、职工人数等有关情况确定应缴数额）；迟延缴纳的，由劳动保障行政部门或者税务机关按日加收2%的滞纳金处罚，并对直接负责的主管人员及其他直接责任人员处5000元以上2万元以下的罚款。

《社会保险费征缴暂行条例》还规定，缴费单位逾期拒不交纳社会保险费、滞纳金的，由劳动保障行政部门或者税务机关申请人民法院强制征缴。

雇员从事雇佣活动中遭受人身损害，赔偿责任由谁承担

最高人民法院《关于审理人身损害赔偿案件适用法律若干问题的解释》第11条规定："雇员在从事雇佣活动中遭受人身损害，雇主应当承担赔偿责任。"这一规定确立了雇员执行职务受害责任，即雇员在从事雇佣活动中遭受人身损害，雇主对雇员应当直接承担损害赔偿责任。

实践中，构成雇员执行职务受害责任应当具备下列要件：

1. 雇员受到了人身损害。即雇员的生命、健康、身体遭受侵害而发生了人身损害或者精神损害。但是，如果是雇员在从事雇佣活动中因自己的故意或者重大过失造成自身损害时，就得另当别论。根据最高人民法院《关于审理人身损害赔偿案件适用法律若干问题的解释》第2条第2款的规定，在雇主承担无过错赔偿责任的情况下，受害人雇员有故意或者重大过失的，可以免除或者减轻雇主的赔偿责任。

2. 受害人须为雇员。这里的雇员首先是雇佣合同关系意义上的雇员，最高人民法院《关于审理人身损害赔偿案件适用法律若干问题的解释》第11条第3款规定："属于《工伤保险条例》调整的劳动关系和工伤保险范围的，不适用本条规定。"《工伤保险条例》第2条规定："中华人民共和国境内的各类企业、有雇工的个体工商户（以下称用人单位）应当依照本条例规定参加工伤保险，为本单位全部职工或者雇工缴纳工伤保险费。"而企业这一概念包括各种营利性的法人和不具有法人资格的其他组织。所以，《工伤保险条例》的调整范围是指不区分所有制的

我国境内的各种企业法人和营利性的其他组织以及个体工商户与其工作人员或者雇员的关系。

由此可以看出，雇员执行职务受害责任中的雇员特指不以营利为目的的私有制法人、其他组织以及自然人个人的雇员。

3. 雇员的人身损害发生在从事雇佣活动中，这里的"从事雇佣活动"既包括从事雇主授权或者指示范围内的生产经营活动或者其他劳务活动，也包括雇员的行为虽然超出授权范围，但其表现形式是履行职务或者与履行职务有内在联系的行为。

最高人民法院《关于审理人身损害赔偿案件适用法律若干问题的解释》第11条还规定："雇佣关系以外的第三人造成雇员人身损害的，赔偿权利人可以请求第三人承担赔偿责任，也可以请求雇主承担赔偿责任。雇主承担赔偿责任后，可以向第三人追偿。"由此可见，第三人因为对雇员的侵权责任，所以对雇员应负有损害赔偿的债务，而雇主则因为与雇员之间存在着雇佣关系，也对雇员执行职务时受害有损害赔偿的债务。这两个债务是各自独立的，每个债务人都负有全部履行的义务。

另外，最高人民法院《关于审理人身损害赔偿案件适用法律若干问题的解释》第11条第2款规定："雇员在从事雇佣活动中因安全生产事故遭受人身损害，发包人、分包人知道或者应当知道接受发包或者分包业务的雇主没有相应资质或者安全生产条件的，应当与雇主承担连带赔偿责任。"

应当指出的是，发包人、分包人与雇主对雇员承担连带责任，但其内部责任的分担，仍应当根据其各自对损害发生的原因及过错程度来确定。

什么是企业补充养老保险

企业补充养老保险是指由企业根据自身经济实力，在国家规定的实施政策和实施条件下为本企业职工所建立的一种辅助性的养老保险。企业补充养老保险居于多层次的养老保险体系中的第二层次，由国家宏观指导、企业内部决策执行。

企业补充养老保险与基本养老保险既有区别又有联系。

两者的区别主要体现在两种养老保险在层次和功能上的不同，它们的联系主要体现在两种养老保险的政策和水平相互联系、密不可分。企业补充养老保险由劳动保障部门管理，单位实行补充养老保险，应选择经劳动保障行政部门认定的机构经办。企业补充养老保险的资金筹集方式有现收现付制、部分积累制和完全积累制三种。企业补充养老保险费可由企业完全承担，也可由企业和员工双方共同承担，承担比例由劳资双方协议确定。企业内部一般都设有由劳、资双方组成的董事会，负责企业补充养老保险事宜。

什么是失业保险

1. 失业保险的特性

失业保险是指国家通过立法强制实行的，由社会集中建立基金，对因失业而暂时中断生活来源的劳动者提供物质帮助的制度。它是社会保障体系的重要组成部分，是社会保险的主要项目之一。

失业保险具有如下几个主要特点：

（1）普遍性。它主要是为了保障有工资收入的劳动者失业后的基本生活而建立的，其覆盖范围包括劳动力队伍中的大部分成员。因此，在确定适用范围时，参保单位应不分部门和行业，不分所有制性质，其职工应不分用工形式，不分家居城镇、农村，解除或终止劳动关系后，只要本人符合条件，都有享受失业保险待遇的权利。

（2）强制性。它是通过国家制定法律、法规来强制实施的。按照规定，在失业保险制度覆盖范围内的单位及其职工必须参加失业保险并履行缴费义务。根据有关规定，不履行缴费义务的单位和个人都应当承担相应的法律责任。

（3）互济性。失业保险基金主要来源于社会筹集，由单位、个人和国家三方共同负担，缴费比例、缴费方式相对稳定，筹集的失业保险费，不分来源渠道，不分缴费单位的性质，全部并入失业保险基金，在统筹地区内统一调度使用以发挥互济功能。

2. 享受失业保险待遇必须具备的条件

《失业保险条例》规定，失业人员必须具备以下条件，方可享受失业保险待遇：

①按照规定参加失业保险，所在单位及本人履行缴费义务已满一年。

②非因本人意愿中断就业。

③已办理失业登记并有求职要求。

具备上述条件的失业人员应及时到失业保险经办机构办理失业保险金申领登记，经审核确认后，自办理登记之日起，按规定的数额和享受期限，按月领取失业保险金，并享受其他失业保险待遇。

失业人员享受失业保险待遇的期限，根据失业人员失业前所在单位和本人累计缴费时间长短计算。具体规定为：累计缴费时间满1年不足5年的，领取失业保险金的期限最长为12个月；累计缴费时间满5年不足10年的，领取失业保险金的期限最长为18个月；累计缴费时间10年以上的，领取失业保险金的期限最长为24个月。失业人员重新就业后再次失业的，缴费时间重新计算，但领取失业保险金的期限可以与前次失业应领取而尚未领取的失业保险金的期限合并计算，最长不得超过24个月。

《失业保险条例》还规定，失业人员在领取失业保险金期间符合城市居民最低生活保障条件的，按照规定享受城市居民最低生活保障待遇。国有企业下岗职工与再就业服务中心解除协议后，未实现再就业的，可申请享受失业保险待遇和城市居民最低生活保障待遇。

什么是失业保险基金

《失业保险条例》规定失业保险基金由以下各项构成：

1. 城镇企业事业单位、城镇企业事业单位职工缴纳的失业保险费。

2. 失业保险基金的利息。

3. 财政补贴。

4. 依法纳入失业保险基金的其他资金。

失业保险基金是社会保险基金中的一种专项基金。其特点主要有：

1. 强制性

国家以法律规定的形式，向规定范围内的用人单位、个人征缴社会保险费。缴费义务人必须履行缴费义务，否则构成违法行为，承担相应的法律责任。

2. 无偿性

国家征收社会保险费后，不需要偿还，也不需要向缴费义务人支付任何代价。

3. 固定性

国家根据社会保险事业的需要，事先规定社会保险费的缴费对象、缴费基数和缴费比例。在征收时，不因缴费义务人的具体情况而随意调整。固定性还体现在社会保险基金的使用上，实行专款专用。

失业保险费是失业保险基金的主要来源。因此，城镇企事业单位及其职工应当按照规定，及时、足额缴纳失业保险费，以保证基金的支付能力，切实保障失业人员基本生活和促进再就业所需资金支出。

如何处理挪用失业保险基金的行为

保证失业保险基金的安全和完整，是维护缴费单位和个人的利益，保障失业人员的基本生活，发挥失业保险安全网、减震器作用的必然要求。国家一再强调失业保险基金要专款专用，保证能够按时足额地支付失业保险待遇，严禁任何单位、个人挪用。

《失业保险条例》规定：任何单位、个人挪用失业保险基金的，追回挪用的失业保险基金；有违法所得的，没收违法所得，并入失业保险基金；构成犯罪的，依法追究刑事责任；尚不构成犯罪的，对直接负责的主管人员和其他直接责任人员依法给予行政处分。

《刑法》第384条规定：国家工作人员利用职务上的便利，挪用公款归个人使用，进行非法活动的，或者挪用公款数额较大、进行营利活动的，或者挪用公款数额较大、超过3个月未还的，为挪用公款罪，处5年以下有期徒刑或者拘役；情节严重的，处5年以上有期徒刑。挪用公款数额巨大不退还的，处10年以上有期徒刑或者无期徒刑。对于国家工作人员以及其他单位、个人挪用失业保险基金，尚不构成犯罪的，应依照《行政监察法》和《国家公务员暂行条例》的规定，由任免机关或者行政监察机关视情节，对直接负责的主管人员和其他直接责任人员给予警告、记过、记大过、降级、撤职、开除的行政处分。

什么是生育保险

生育保险是通过国家立法规定，在劳动者因生育子女而导致劳动力暂时中断时，由国家和社会及时给予物质帮助的一项社会保险制度。

我国生育保险待遇主要包括生育津贴和生育医疗待遇。生育津贴用于保障女职工产假期间的基本生活需要；生育医疗待遇，用于保障女职工怀孕、分娩期间以及职工实施节育手术时的基本医疗保健需要。

生育保险的法律依据是：1994年7月5日颁布的《劳动法》；原劳动部于1994年12月14日发布的《企业职工生育保险试行办法》。相关规定有：1988年7月21日颁布的《女职工劳动保护规定》；原劳动部于1988年9月4日发布的《关于女职工生育待遇若干问题的通知》。

哪些单位和职工必须参加基本医疗保险

按照国务院规定，职工基本医疗保险制度覆盖城镇所有的用人单位包括企业（国有企业、集体企业、外商投资企业、私营企业等）、机关、事业单位、社会团体、民办非企业单位及其职工。这是目前我国社会保险制度中覆盖范围最广的保险制度之一。

对乡镇企业及其职工、城镇个体经济组织业主及其从业人员是否参加基本医疗保险，国务院没有作硬性规定，而是由各省、自治区、直辖市人民政府确定。

基本医疗保险费由谁负担

明确基本医疗保险费由单位和个人共同负担是国外社会保险的通行做法，我国近几年来各地的改革也普遍实行了个人承担部分医疗费用的办法，职工实际已经开始承担了自我保障的责任，只是这次改革以制度方式将个人缴费固定下来。这样做，不仅可以扩大医疗保险资金的来源，明确单位和职工的责任，增强个人自我保障的意识，更重要的是可以在保障职工基本医疗保险待遇的同时，规范个人缴费机制，合理确定基本医疗保险个人缴费水平和个人医疗费用负担水平。

第十节　知识产权法有关知识

知识产权制度的激励机制是通过刺激投资与智力创造的活动持续不断地进行，从而促进技术进步，推动经济增长。对国内企业来讲，如何保护好自己的知识产权，同时，防止侵犯他人的知识产权，这是目前最为重要的问题。企业管理者要对企业的发展负责，在保护自己的知识产权方面负有不可推卸的责任。

10.1　知识产权法概述

我国有哪些知识产权法

知识产权法是商品经济和近代科学技术发展的产物，它的产生历史并不太长，但对于促进人类文明的发展却产生了重大影响。知识产权法是我国社会主义市场经济法律体系的重要组成部分，也是知识经济社会的基础法律。知识产权法，涉及智力创造领域的一系列民事权利，不仅包括著作权、专利权、商标权、邻接权这样一些传统的知识产权，而且包括商业秘密权、厂商名称权、货源标记和原产地名称权、集成电路布图设计权、植物新品种权、反不正当竞争等新型知识产权。

知识产权受到侵害的索赔途径

知识产权是一种民事权利，在知识产权受到侵害的时候，知识产权人也可以和其他民事权利人通过同样的方式索赔。与其他民事权利不同的是，各种知识产权都有专门的行政管理部门，与知识产权有关的索赔，还可能通过这些行政管理部门得到处理。具体地说，在知识产权受到侵害时，索赔的方式包括以下几种：

1. 调解

由于知识产权是一种民事权利，因此法律允许当事人就侵害知识产权所产生的纠纷私下自主解决。这意味着，侵害知识产权的纠纷发生之后，实施侵权行为的人和受到侵害的知识产权人，可以直接就解决侵权纠纷的办法和措施进行协商，也可以邀请第三人从中协调，帮助当事人达成解决问题的一致意见。一般说来调解是成本最小、效率最高、社会成本也最低的一种解决纠纷的方法，当事人享有的自由度也较大。只要自愿协商或调解达成协议，权利人就可以按照协议内容获得赔偿。

2. 仲裁

著作权纠纷可以调解，也可以根据当事人之间达成了书面仲裁协议或者著作权合同中的仲裁条款，向仲裁机构申请仲裁。当事人没有书面仲裁协议也没有在著作权合同中订立仲裁条款的，可以直接向人民法院起诉。仲裁机构作出裁决，当事人可以依此获得赔偿。如果当事人没有达成仲裁解决纠纷的协议，则不能仅凭一方的意愿申请仲裁，只能转而诉诸于其他的法律渠道解决纠纷。

3. 查处

一般而言，当事人如果不愿意相互协商或者通过仲裁解决的，可以请求行政管理部门进行查处。侵害著作权的行为如果也损害了公共利益，著作权的行政管理部门也将依法对此进行查处。如果行政管理部门处理认为存在侵害知识产权的行为，即可责令侵权行为人立即停止侵权行为，并可以依法作出其他行政处罚措施。需要指出的是，当事人的侵权损害赔偿纠纷并不是必须先由行政管理部门作出决定才能进入司法解决的程序，当事人也可以直接向法院提起诉讼。

4. 诉讼

依照《中华人民共和国民事诉讼法》向人民法院起诉，是任何纠纷的最终解决方案，当然知识产权也不例外。法院在处理知识产权损害赔偿的案件中，也同样可以由当事人相互协商或者由法院主持当事人协商解决纠纷，协商未果，则法院必须对此依法作出裁判。当然，当事人依法达成的调解协议、仲裁机构依法作出的裁决、当事人逾期没有提出异议的行政处理决定等，其效力都会得到司法机关的认可和支持，相关权利人或者管理部门可以申请法院对此予以强制执行。

如何获得知识产权损害赔偿

当自己享有的知识产权受到侵害时，怎样才能请求得到损害赔偿呢？这就需要有下列几个方面的证据来证明知识产权受到侵害的事实：

1.权利人享有受到法律保护的知识产权

这一事实可以通过举证证明自己原始创作作品的过程和成果、提交商标专用权证、专利证书等来表明自己享有受到法律保护的知识产权。

2. 对方的行为侵害了自己的知识产权

这一事实需要当事人举证证明对方没有法律的授权也没有得到权利人的许可，却擅自实施了侵害知识产权的行为。

3. 证明自己因为对方的侵权行为遭受了损害

比如对于著作权人而言，权利人的实际损失，可以根据权利人因侵权所造成复制品发行减少量或者侵权复制品销售量与权利人发行该复制品单位利润乘积计算。发行减少量难以确定的，按照侵权复制品市场销售量确定。侵犯专利权的赔偿数额，按照权利人因被侵权所受到的损失即专利权人的专利产品因侵权所造成销售量减少的总数乘以每件专利产品的合理利润所得之积计算。权利人销售量减少的总数难以确定的，侵权产品在市场上销售的总数乘以每件专利产品的合理利润所得之积可以视为权利人因被侵权所受到的损失。总体上，知识产权人只有以充足的证据证明自己确实因为侵权行为的发生遭受了特定量的损害，法院有可能直接依据这一数额来确定侵权行为人应该承担的损害赔偿责任的范围。

4. 侵权行为和知识产权人遭受的损害之间具有因果关系

如果知识产权人利润的减少并非侵权行为所造成，而是因为市场变化、正常商业风险或者知识产权人自身的经营不当等带来知识产权人利益的受损，则这些损害不能向侵权行为人追偿。

通过仲裁来解决侵害知识产权纠纷的优势

平等主体的公民、法人和其他组织之间发生的合同纠纷和其他财产权益纠纷，可以仲裁。仲裁和协商、调解、诉讼一样，都是解决纠纷的一种渠道和方式，当然也包括由于侵害知识产权所引起的纠纷。与诉讼等相比，仲裁具有两个突出的优势：一是程序简便。仲裁实行"一裁终局"制度，没有上诉或再审程序，裁决自作出之日起立即发生法律效力，具有强制执行力。二是充分自治，尊重当事人的意志。选择仲裁方式，当事人可享有最大限度的自主权，包括自主选择仲裁机构、仲裁员、仲裁地点、仲裁所使用的语言、仲裁规则以及仲裁所适用的法律。此外，仲裁还具有程度不同的易于执行和一般不公开仲裁而具有的为当事人保密等优势。

当事人采用仲裁方式解决知识产权纠纷，应当双方自愿，达成仲裁协议。没有仲裁协议，一方申请仲裁的，仲裁委员会不予受理。仲裁协议包括合同中订立的仲裁条款和以其他书面方式在纠纷发生前或者纠纷发生后达成的请求仲裁的协议。依照仲裁法的规定，仲裁协议应当具有下列内容：

1. 请求仲裁的意思表示。

2. 仲裁事项。

3. 选定的仲裁委员会。

如果有下列情形之一的，则仲裁协议无效：

1. 约定的仲裁事项超出法律规定的仲裁范围的。

2. 无民事行为能力人或者限制民事行为能力人订立的仲裁协议。

3. 一方采取胁迫手段，迫使对方订立仲裁协议的。

仲裁协议对仲裁事项或者仲裁委员会没有约定或者约定不明确的，当事人可以补充协议；达不成补充协议的，仲裁协议无效。当事人依据有效的仲裁协议意图通过仲裁来解决纠纷时，应当向仲裁委员会递交仲裁协议、仲裁申请书及副本，仲裁委员会认为符合受理条件的，予以受理。仲裁应当开庭进行；当事人协议不开庭的，仲裁庭可以根据仲裁申请书、答辩书以及其他材料作出裁决。仲裁庭在作出裁决前，可以先行调解。当事人自愿调解的，仲裁庭应当调解。调解不成的，应当及时作出裁决。裁决书作出之日起发生法律效力。当事人应当履行裁决。一方当事人不履行的，另一方当事人可以依照民事诉讼法的有关规定向人民法院申请执行。受申请的人民法院应当执行。当事人对仲裁协议的效力有异议的，可以请求仲裁委员会作出决定或者请示人民法院作出裁定。一方请求仲裁委员会作出决定，另一方请求人民法院作出裁定的，由人民法院裁定。

10.2 专利法概述

什么是专利

专利是专利权的简称，是指就一项发明创造，由申请人向国家专利机关提出专利申请，经审查批准后，授予申请人在一定期限内对该项发明创造享有的独占权。

实践中，人们使用"专利"一词，通常有3种含义：

1. 从法律意义上，专利是法律认定的一种独占权，即在专利法规定的有效期内，专利权人对其发明创造享有独占的排他性的权利。这是专利最基本的含义。

2. 从技术形态上，专利是取得了专利权的发明创造，是受法律保护的技术，具体说来，它有发明专利、实用新型专利和外观设计专利3种形式。

3. 从公开形式上，专利就是记载发明创造内容的专利文献，包括授予专利权的发明创造的说明书及其摘要、权利要求书、表示外观设计的图形或照片等。

专利作为知识产权的重要组成部分，具有下列特征：

1. 独占性

是指专利权人对其发明创造享有的独占权，该独占性包括制造、使用、销售和进口其专利产品，或者使用其方法，以及使用、销售或进口依照该专利法直接获得的产品。未经专利权人许可而实施其专利的，就是侵犯了专利权。

2. 地域性

是指在一个国家依法取得的专利权，只在该国范围内有效，对其他国家没有任何约束力，外国对其专利权不承担保护的义务，但是共同参加国际专利公约和协议的除外。专利权人要在其他国家使其专利得到法律保护，必须向其他国家的专利机关提出专利申请。

3. 时间性

是指专利权人对其发明创造依法享有的独占性，只在法律规定的时间内有效，期限届满后，则失去效力，各项权利即行终止。该发明创造进入公有领域，任何人均可无偿使用。

专利权的主体和客体

1. 专利权的主体

专利权的主体即专利权人，是指有权提出专利申请并取得专利权的单位和个人。依据我国专利法，我国专利权的主体有以下几种：

（1）职务发明创造人所在的单位。

职务发明创造，是指发明人或设计人为执行本单位的任务或者利用本单位的物质条件（指利用本单位的资金、设备、零部件、原材料或不向外公开的技术资料等）所完成的发明创造。根据《专利法》第6条的规定，发明人、设计人的职务发明创造申请专利的权利属于该单位。申请被批准授予专利后，全民所有制单位取得的专利权归国家所有，由单位持有；非全民所有制单位专利权归该单位所有。对职务发明创造的发明人或设计人，应依法律规定的形式和比例给予奖励。

执行本单位任务是指：①在从事本职工作中所作出的发明创造；②履行本单位交付的本职工作之外的任务所作出的发明创造；③退职、退休或调动工作一年以内作出的，与在原单位承担的本职工作或者分配的任务有关的发明创造。

（2）非职务发明创造的个人。

非职务发明创造，是指企业、事业单位、社会团体、国家机关原工作人员，不是为执行本单位任务，未利用本单位物质条件所完成的发明创造。非职务发明创造一般是在本职工作时间以外完成的。依据我国专利法规定，非职务发明创造，申请专利的权利属于发明人或者设计人，申请被批准后，专利权归申请专利的发明人或设计人所有，任何单位和个人不得压制非职务发明创造。

（3）共同发明人、设计人。

共同发明创造指由两个或两个以上单位或个人共同完成的发明创造。根据专利法的规定，完成该项发明创造，对共同发明或设计的实质性特点作出创造性贡献的人，称为共同发明人或共同设计人。

共同发明创造分为协作共同发明创造和委托共同发明创造两种，双方除另有协议外，申请专利的权利属于完成或共同完成的单位；申请被批准后，专利权归申请的单位所有或者持有。非职务共同发明创造，申请专利的权利和申请被批准后的专利权，归共同发明人或共同设计人。

（4）合法受让人。

依照我国《专利法》第10条规定，专利申请权和专利权可以转让。专利申请权转让后，受让人就受让的发明创造有权申请并获得专利权，成为专利权主体。专利权转让后，原专利权人丧失专利权人资格，受让人成为新的专利权人。

由于合法受让人不是发明创造的发明人、设计人，因而，合法受让人在申请专利时，必须提出证据，证明自己有权就发明创造申请专利，同时，在申请专利的说明书上注明发明人、设计人的姓名。

（5）外国的个人或单位。

根据我国专利法的规定，在中国没有经常居所或者营业所的外国人、外国企业或者外国其他组织在中国申请专利的，依照其所属国同中国签订的协议或者共同参加的国际条约，或者依照互惠原则，根据本法办理。据此，外国企业、其他组织或者个人也可以向中国申请专利，成为我国专利权的主体。不过，他们在申请专利和办理其他专利事务时，应当委托国务院指定的专利代理机构办理。

2. 专利权的客体

专利权客体是指专利法保护的对象，即依法可以取得专利权的发明创造。按我国《专利法》第2条的规定，专利法所保护的对象包括发明、实用新型和外观设计三种，与此相适应，我国法律所保护的专利也分为发明专利、实用新型专利和外观设计专利三种。

专利法的特点及适用范围

1. 专利法的特点

专利法是调整在确认和保护发明创造的专有权以及在利用该专有权过程中产生的社会关系的法律规范的总称。专利法具有以下三个特点：

（1）专利法是国内法。

各国的专利法都只能在本国地域内有效，专利法的效力受到国家领土的限制。因而，申请人无论是哪国人，也不论住在哪里，只要在某一国家申请专利，那么该国的专利法就对该专利适用。

（2）专利法是特别法。

特别法与一般法的关系是，在特别法中有规定时，优先适用特别法，在特别法中没有规定时，通常适用一般法。因此，有关发明创造的归属和使用中的法律问题，首先应依照专利法的规定为解释，若超出专利法的规定时，再依据其他一般法来处理。

（3）专利法既是实体法又是程序法。

专利法不仅规定了专利权的产生、变更、消失和申请人、专利权人的权利义务等实体方面的内容，同时还规定了有关专利的申请、变更、批准和实施的手续、方式等程序方面的内容。

在我国，1984年3月12日，六届全国人大常委会第四次会议通过了《中华人民共和国专利法》，自1985年4月1日起施行。1992年9月4日七届全国人大常委会第二十七次会议通过了《关于修改<中华人民共和国专利法>的决定》。2000年8月25日第九届全国人民代表大会常务委员会第十七次会议第二次修正了《中华人民共和国专利法》，并于2001年7月1日正式实施。1985年1月19日国务院批准了《中华人民共和国专利法实施细则》，2001年6月15日国务院批准修订了《中华人民共和国专利法实施细则》。这标志着我国保护发明创造的法律制度进入了一个新的阶段，对推动我国经济、科技体制的完善和促进科学技术转化为现实的生产力，具有重大作用。

  2. 专利法的适用范围

  专利法适用于对授予专利权的发明创造的保护。我国专利法所说的发明创造包括三类：发明、实用新型和外观设计。

  （1）发明。

  发明是专利法保护的主要对象。是指创制或者设计出某种前所未有的东西，具体地说，专利法上所说的发明，是指对产品、方法或者其改进所提出的新的技术方案，主要包括产品发明和技术发明两种，产品发明是指人工制造的各种有形物品的发明，方法发明是关于把一种物质或者物品改变成另一种物质或者物品的手段。专利法上所说的发明，不论是产品发明还是方法发明都应当具备新颖性、创造性和实用性。但是符合了这些条件的发明，不一定能取得专利权，专利法规定，违反国家法律、妨害社会安全和国家利益的发明不能获得专利权；科学发现，智力活动的规则和办法，疾病的诊断和治疗方法，动物和植物品种等也不授予专利权。所以，一项发明要取得专利权，除了要符合专利性要求外，还要适应专利法规定的技术领域。

  （2）实用新型。

  实用新型是指对产品的形状、构造或者其结合所提出的适于实用的新的技术方案，这种新方案能够在工业上制造，具有使用价值或者实际用途的产品。实用新型和发明相比，其创造性水平低些，所以把它称为"小发明"，把取得专利权的实用新型称之为"小专利"。实用新型专利只适用于产品，不适用于工艺方法，且产品必须具有一定的形状、构造，因此申请实用新型专利，必须有附图。实用新型的创造性水平低些，只要求与申请日以前已有技术相比有实质性特点和进步就行。实用新型专利申请的审批程序较之发明专利申请程序要简便，对实用新型专利申请不进行实质审查，申请人对专利局驳回申请的决定不服，可以向专业复审委员会请求复审，但专利复审委员会的决定是终局决定，不得再向人民法院起诉。实用新型专利的保护期较发明专利为短。专利法规定，实用新型专利权的保护期为10年，发明专利权的保护期为20年。

  （3）外观设计。

  专利法所称的外观设计，是指对产品的形状、图案、色彩或者其结合所作出的富有美感并行之有效用于工业上应用的新设计。外观设计必须依附于特定的产品，即它必须要同使用该外观设计的工业产品结合在一起。设计可以是线条、图案或者色彩的平面设计，也可以是产品的立体造型。在一项产品的外观设计中，形状和图案往往结合在一起，而色彩和图案更常是密切结合不可分开的。这三者使人对产品有一种美感或者快感。外观设计专利就是保护这种富有美感的外表。

什么是发明

我国专利法对于什么是发明，采用的是定义和排除相结合的方法。首先，我国《专利法》第25条采用列举法，规定了五种不授予专利权的发明创造，同时，《专利法实施细则》第2条又规定，专利法所称的发明，是指对产品、方法或者其改进所提出的新的技术方案。正确理解我国专利权所保护的发明的范围，必须将二者结合起来。

1. 发明的种类

由于各国政治、经济状况不同，技术发展水平各异，因而作为其专利保护对象的发明的范围也不相同。我国专利法从我国实际出发，将专利权保护的发明分为三类：

（1）产品发明。指关于新产品或新物质，如机器、设备、装置、工具材料等多种多样的制品的发明。

（2）方法发明。是指人们利用自然规律作用于某一物品或者物质，致使其发生新的部分质变或成为另一种新的物品或者物质的方法的发明。方法发明包括制造方法、化学方法、加工方法、生物方法以及其他方法。

（3）改进发明。是指对已知的产品发明、方法发明所提出的实质性革新的新的技术方案。改进发明与产品发明、方法发明的根本区别在于，它不是新的产品的创制和新的方法的创造，而是对已有产品或方法的重大改进，它虽然对已有的产品和方法进行了改进，但并未从根本上突破原产品和方法的实质。

2. 发明应当具备的条件

作为专利权保护对象的发明，应当具备两方面的条件：

（1）技术性条件。

作为专利权保护对象的发明，首先必须具备一定的技术性条件。这种意义上的发明创造包含着三层含义：①发明是指利用自然规律在技术上的创造和革新，而不是认识自然规律的理论创新。②发明应为解决特定技术课题的新技术方案，而不是单纯地提出课题。③作为发明的技术方案必须通过一定的物质形式表现出来，而不单是存在于头脑中的一种构思。

（2）法律性条件。

作为专利法保护对象的发明，除应按技术条件属于发明的范畴外，还必须达到法律所要求的条件。法律性条件主要包括：①必须具备新颖性、创造性和实用性。一项发明，只有依照专利法所规定的程序，经国务院专利行政部门审查，确认符合新颖性、创造性和实用性，才能被授予专利权。②必须符合国家法律、社会道德和公共利益的要求。我国《专利法》第5条明确规定："对违反国家法律、社会公德或者妨害公共利益的发明创造，不授予专利权。"③必须不是国家明文规定不授予专利权的发明。根据我国《专利法》第25条的规定，某些技术领域内的发明（如用原子核变换方法获得的物质等），即使符合新颖性、创造性和实用性的要求，也不能被授予专利权。

发明和发现有什么区别

在专利法上，发明和发现有严格的区别并居于截然不同的法律地位中，发明是各国专利法所共同保护的最主要的对象，而发现则大都不能得到各国专利法的保护，被排除在专利权保护对象以外。具体地看，我国专利法所指的发明，是指对产品、方法或者其改进所提出的新的技术方案。发现，即科学发现，是指对自然现象、物质或规律的发现或者认识。

两者的区别在于，发现的对象是自然规律或者自然现象，发明的对象则是技术方案。如果说，发现的过程是人类认识世界的过程，那么发明就是人类改造世界的过程；发现针对的是自然界天生的、原有的事物和规律，发明针对的则是一切人造的、人类自己制造的而非自然界天生的事物。正因为发现针对的自然界原有的事物和规律，是客观世界本身就存在的自然现象，或者自然规律，因此如果授予发现以专利权的保护，赋予发现人以垄断利用发现成果的权利，既不符合法律中公平原则的精神和要求，也不具有可操作性。

什么是实用新型

实用新型是指对产品的形状、构造或者形状、构造的结合所提出的适于实用的新技术方案。这种新的技术方案能够在产品上制造出具有使用价格和实际用途的产品。

实用新型是我国三大保护对象中的一类。与发明作为专利保护对象相比，实用新型作为专利的保护对象，在世界各国并不非常普遍。在对实用新型给予法律保护的国家中，也有不同的做法，有的通过专门立法的方式保护实用新型，有的将实用新型和外观设计合并立法，也有的将实用新型作为专利法的组成部分。我国就是将实用新型和发明、外观设计一起规定在专利法中。

实用新型与发明有什么不同

实用新型和发明一样，都属于技术方案，具有实用性，以满足人们的物质需要为目的。但实用新型和发明也具有诸多差异之处：

1. 创造性要求不同

与发明专利相比，实用新型的创造性水平较低，所以人们将其称之为"小发明"，将取得专利的实用新型称之为"小专利"。我国专利法规定，对发明的创造性要求是，与申请日以前已有技术相比有突出的实质性特点和显著进步，而对实用新型则仅要求其与申请日以前已有技术相比有实质性特点和进步。

2. 保护范围不同

发明专利保护的发明创造包括产品发明、方法发明和改进发明，即除专利法的限制性规定外，任何发明均可获得专利权；而实用新型专利的保护范围仅限于对产品的形状、结构或者其结合所提出的适于实用的新的技术方案，但不包括产品的制造方法和没有固定形状和构造的物质。

3. 授权审批程序不同

根据我国专利法规定，申请实用新型专利的手续比较简便，申请人的申请经主管机关初步审查认为符合专利法要求的，就不再进行实质审查，主管机关可直接作出授权决定；而对发明专利申请要经初步审查、公开和实质审查等程序后方可作出授予专利权的决定，程序较为复杂。

4. 保护期限不同

我国专利法规定实用新型专利权的有效期为10年，发明专利的有效期为20年，均由申请日起计算。

什么是外观设计

我国《专利法》的保护对象中，有一种叫做外观设计。外观设计，也称作工业设计、工业品外观设计，是指对产品的形状、图案、色彩或者其结合所作出的富有美感并适于工业应用的新设计。外观设计作为一种专利权的保护对象，和发明、实用新型之间具有较大的区别。发明和实用新型体现了对实用功能的关注，都是对技术方案提供法律保护的方式，追求的是对现实的技术问题的克服和解决，对技术方案的美感、满足人们审美需要的因素并没有特别的要求；外观设计则不同于发明和实用新型，在概念中就强调了对设计方案的美感的特别要求，并不追求设计方案的实用效果。

外观设计获得专利权的条件是什么

在识别一项设计是否是工业品外观设计时，需要借助于对外观设计特征的分析，符合这些特征要求的，构成外观设计，不符合特征要求的，则不能作为外观设计得到法律的保护：

1. 外观设计必须以产品为依托。

外观设计是对产品自身的设计，离开产品即不存在外观设计。以此为标准，可以区别产品的外观设计与产品的装饰装潢。有关产品自身必备的图形、色彩等的设计，构成外观设计；能够与产品相分离、用于对产品的装饰，则构成产品的装潢。

2. 外观设计必须是针对产品的形状、图案、色彩或者其结合所作的、具有美感的设计。

实用新型以产品的形状、图案和色彩等作为构成要素，追求的是设计方案的视觉美感。由于实用新型和外观设计都可能保护对产品形状的新设计，但要想保护实现新设计实用目的的技术特征，当事人需要申请的是实用新型专利权；如果想要保护的是新设计中具有美感的造型，则当事人需要申请的是外观设计专利权。

3. 外观设计必须适合于工业上应用，可以通过工业手段大量复制。

授予专利权的外观设计，应当同申请日以前在国内外出版物上公开发表过或者国内公开使用过的外观设计不相同和不相近似，并不得与其在先取得的合法权利相冲突。

专利申请的原则

1. 一发明一申请原则

即一件专利申请应当限于一项发明创造。《专利法》第31条规定，一件发明或者实用新型专利申请应当限于一项发明或者实用新型。属于一个总的发明构思的两项以上的发明或者实用新型，可以作为一件申请提出。一件外观设计专利申请应当限于一种产品所使用的一项外观设计。用于同一类别并且成套出售或者使用的产品的两项以上的外观设计，可以作为一件申请提出。

2. 先申请原则

即专利权授予最先提出专利申请人的原则。《专利法》第4条规定，两个以上的申请人就同样的发明创造申请专利的，专利权授予最先申请的人。目前世界上大多数国家都采用先申请原则。少数国家则采用先发明原则，即对先发明的申请人授予专利权。

3. 优先权原则

这是《保护工业产权巴黎公约》所主张的重要原则。是指申请人在巴黎公约成员国的一个国家提出正式专利申请后，在特定期限内又就同一发明创造向其他成员国提出申请，申请人有权将第一次提出申请的申请日作为后来的申请日。意义在于：申请人有权要求对其发明创造进行实质审查时，以第一次提出申请的日期作为判断新颖性和创造性的时间标准。我国是《保护工业产权巴黎公约》的成员国，《专利法》第29条规定，外国申请人可依照该国同中国签订的协议或者共同参加的国际公约，或者依照相互承认优先权的原则，享受优先权；并规定发明或实用新型专利的优选权期限为12个月，外观设计专利为6个月。

专利法在规定外国优先权的同时，还规定了本国优先权制度，即申请人自发明或者实用新型在中国第一次提出专利申请之日起12个月内，又向国务院专利行政部门就相同主体提出专利申请的，可以享受优先权。这样规定，申请人可以在优先权期间内进一步完善其发明或者实用新型。

4. 书面申请原则

即专利申请必须以书面的形式办理专利申请的各种手续。这是因为申请专利的发明创造是一种无形的技术方案，其技术特征构成、新颖性、创造性、实用性以及要求法律保护的内容和范围，都必须以书面文字才能进行详细、具体的描述，口头表达或实物显示均不能达到要求。

专利申请的受理

专利申请的受理，是指国务院专利行政部门接收专利申请人提交的专利申请文件并发给相应凭证的活动。只有专利申请被专利行政部门正式受理了，专利权的授予才有可能。

根据我国专利法及其实施细则的规定，专利申请文件有下列情形之一的，国务院专利行政部门不予受理，并通知申请人：

（1）发明或者实用新型专利申请缺少请求书、说明书（实用新型无附图）和权利要求书的，或者外观设计专利申请缺少请求书、图片或者照片的。

（2）未使用中文的。

（3）不符合《专利法实施细则》第120条第1款规定的。《专利法实施细则》第120条第1款规定："各类申请文件应当打字或者印刷，字迹成黑色，整齐清晰，并不得涂改。附图应当用制图工具和黑色墨水绘制，线条应当均匀清晰，并不得涂改。"

（4）请求书中缺少申请人姓名或者名称及地址的。

（5）明显不符合《专利法》第18条或者第19条第1款的规定的，即在中国没有经常居所或者营业所的外国人、外国企业或者外国其他组织在我国申请专利，没有依照其所属国同我国签订的协议或者共同参加的国际条约或者依照互惠原则办理；前述单位或个人在我国申请专利和办理其他专利事务，没有委托国务院专利行政部门指定的专利代理机构办理。

（6）专利申请类别（发明、实用新型或者外观设计）不明确或者难以确定的。

依照专利法及其实施细则的规定，国务院专利行政部门收到发明或者实用新型专利申请的请求书、说明书（实用新型必须包括附图）和权利要求书，或者外观设计专利申请的请求书和外观设计的图片或者照片后，应当明确申请日、给予申请号，并通知申请人。国务院专利行政部门收到专利申请文件之日起为申请日。如果申请文件是邮寄的，以寄出的邮戳上的日期为申请日。

专利权人的权利和义务

1. 专利人的权利

（1）独占权。专利权人有自己制造、使用和销售专利产品，或者使用专利方法的权利。他人未经专利权人同意，不得支配其专利。

（2）转让权。专利权人有将自己的专利转让给他人的权利。根据专利法的规定，全民所有制单位转让专利权，必须经上级主管机关批准；中国单位或个人向外国转让专利权，须经国务院有关部门批准。当事人须订立书面合同，并经专利局登记和公告报才发生法律效力。

（3）许可权。专利权人有许可他人实施其专利并收取使用费的权利。

（4）标记权。专利权人有权在其专利产品或者该产品的包装上标明专利标记和专利号。

（5）放弃专利权的权利。专利权人有权以书面声明形式放弃其专利权。即对其法定保护期内的专利，不再主张独占的权利。

（6）排除侵犯权。专利权人在自己的专利权受到侵犯时，有请求专利管理机关进行处理，或者直接向人民法院起诉的权利。

2. 专利权人的义务

（1）实施专利的义务。实施或利用专利有利于科学技术的传播和进步；有利于推动社会经济的发展；可以避免科研工作的盲目性，减少社会重复劳动。因而，实施或利用专利是专利权人必须履行的义务。

（2）充分公开专利内容的义务。专利权人应当在说明书内把发明、实用新型、外观设计的内容按《专利法》的要求，详细、清楚而确切地加以阐述，使同行业的技术人员能够理解和实施。对不充分公开发明创造内容的专利，其他人员有权提请专利复审委员会宣告该专利无效。

（3）缴纳年费的义务。《专利法》第44条规定，专利权人应当自被授予专利权的当年开始缴纳年费。专利权人超过法定期限未交纳年费的，专利权即告终止。

专利权的许可

专利权是一种排他的权利，一经授予，就会对除权利人之外的所有组织和个人产生种种阻止的效力，未经权利人许可，任何组织和个人不得实施其专利，即不得为生产经营目的地制造、使用、许诺销售、销售、进口其专利产品，或者使用其专利方法以及使用、许诺销售、销售、进口依照该专利方法直接获得的产品。但是，法律对专利权也有限制，限制之一就是指定许可。指定许可的对象是发明专利，不包括实用新型和外观设计。指定许可所指向的发明专利，必须要对国家利益或者公共利益具有重大意义，这是指定许可的必备条件，如果对国家利益或者公共利益没有重大意义，就不能采取指定许可，只能是民事主体之间进行自愿协商，获得权利所有人的自愿许可。指定许可不必取得专利权人的同意，但必须要经国务院批准，以最高国家行政机关的名义来干涉个体的民事权利。指定许可所指向的专利权人包括国有企事业单位和集体所有制单位、个人。被许可实施该专利的单位，必须要按照国务院的决策在批准的范围内推广应用，要同专利人签订专利许可合同，要按照国家规定向专利权人支付使用费。

专利的实施

专利实施，是指专利权人或者专利权人许可他人为了生产经营的目的，制造、使用和销售专利产品或使用专利方法。专利实施有以下四种情况：

1. 专利权人实施

专利权人取得专利后，实施分为两种情况：一是专利权人自己单独实施；二是专利权人将专利作为投资，与他人合资经营或合作经营进行实施。

2. 许可他人实施

专利权人取得专利后，除自己实施外，还可以通过订立许可合同的方式，许可他人实施其专利，获得使用费。

3. 指定实施

《专利法》第14条规定，国务院有关主管部门和省、自治区、直辖市人民政府根据国家计划，有权决定本系统内或者所管辖的全民所有制单位持有的重要发明创造专利允许指定的单位实施，由实施单位按照国家规定向持有专利权的单位交付使用费。集体所有制单位和个人专利，对国家利益或公共利益具有重大意义，需要推广应用的，由国务院有关主管部门报国务院批准后，参照对全民所有制专利权指定实施的有关规定办理。

4. 强制许可实施

专利局在一定条件下，不需经过专利权人的同意，准许其他单位和个人实施专利权人专利的一种强制性手段。根据专利法规定：①自专利授权之日起满三年后，专利权人不实施其专利的，任何单位均可依法请求专利局予以强制许可；②国家出现紧急状况或非常情况时，或者为了公共利益的目的，专利局给予实施发明或实用新型专利的强制许可；③一项取得专利权的发明或实用新型，比以前已取得专利权的发明或实用新型在技术上先进，其实施有赖于前一发明或实用新型的实施的，专利局根据后一专利权人的申请，可以给予实施前一发明或实用新型强制许可。同样，也可以根据前一专利权人的申请，给予实施后一发明或实用新型的强制许可。

专利权的期限和终止

专利权的期限是指专利权的法定有效时间。专利权在有效时间内受法律保护。根据专利法的规定，发明专利的法定有效时间为20年；实用新型专利和外观设计专利的法定有效时间为10年。以上法定有效时间均自申请之日起计算。

专利权的终止是指专利权由于保护期届满或其他原因而自行失去法律效力。专利权终止后，该发明创造即成为社会的公共财富。专利权终止的原因有下列几种：

1. 因保护期届满而终止。

2. 因没有按期缴纳年费而终止。

3. 因专利权人自动书面声明放弃专利权而终止。

4. 由于专利权人死亡又无继承人而终止。

专利权的终止，由专利局登记和公告。

专利侵权和专利权的法律保护

1. 专利侵权的几种情况

专利侵权是指违反专利法的规定，侵犯专利权人权利的行为，可具体表现为以下几种情况：

（1）除法律另有规定外，未经专利权人许可，为生产经营目的制造、使用、销售、进口其专利产品或者使用其专利方法的行为。

（2）假冒他人专利，即以欺骗他人获得高额利润为目的冒充他人获得专利权的发明创造的行为。

（3）专利机关所作的不符合专利法规定的决定，例如错误地对专利实施强制许可、错误地驳回专利申请或宣告专利无效的决定等。

2. 专利权的保护范围

专利权是一种无形财产权，对于其侵权行为的判断，是以专利权保护的范围为准的。根据专利法的规定，发明或实用新型专利权的保护范围以权利要求的内容为准。这种权利要求是指专利局批准专利后在颁布的专利文件中确认的权利要求。外观设计专利权的保护范围，以表示在图片或者照片中该外观设计专利产品为准，即保护范围以使用这种外观设计的特定产品为准，在其他产品上使用相同的外观设计，不构成侵权。

3. 专利权的法律保护

专利权的法律保护，就是依照专利法和有关法律，为了恢复与保护专利权人被破坏或侵害的利益，而对侵权人实施强制性的法律措施。在现实生活中，侵犯专利权的行为是多种多样的，性质也各不相同。因此，实施对专利权的法律保护方式也有所不同，归纳起来，有以下3种：

（1）专利权的行政保护。

专利权的行政保护，就是通过行政程序，由国家行政管理机关，用行政手段，对专利权实行法律保护。根据专利法的规定，对未经专利权人许可，实施其专利的侵权行为，专利权人或者利害关系人可以请求专利机关进行处理。专利管理机关是指国务院有关主管部门和各省、自治区、直辖市、开放城市和经济特区人民政府设立的专利管理机关。专利管理机关在处理侵权行为时，有权责令侵权人停止侵权行为，并赔偿损失。

（2）专利权的民法保护。

在司法实践中，侵犯专利权的行为多属于民事侵权行为，因此对专利侵权的民事制裁是最重要的一种法律保护方式。当专利权人的专利权被他人侵犯时，被侵权人可以向人民法院起诉，来追究侵权人的民事责任。人民法院在保护专利权人的利益时，通常采取下列措施：①强制侵权人停止侵权活动；②没收侵权人的仿制产品；③赔偿专利权人的经济损失；④责令侵权人采取措施，恢复专利权人的信誉。

侵犯专利权的诉讼时效为2年，自专利权人或者利害关系人得知或者应当得知侵权行为之日起计算。

（3）专利权的刑法保护。

专利的刑法保护是指侵犯专利权的行为，情节严重，触犯刑律构成犯罪，通过依法追究侵权人的刑事责任保护专利权人的合法权益。根据专利法的规定，构成专利犯罪的行为，主要有以下3种情况：①假冒他人专利。即非专利权人在自己的产品或包装上弄虚作假，加上专利权人的专利产品标记或专利号，非法销售和牟取利润。情节严重的，应比照刑法的规定，追究刑事责任。②专利局工作人员及有关国家工作人员徇私舞弊的，由专利局或有关主管机关给予行政处分；情节严重的，应比照刑法的规定，追究刑事责任。③擅自向外国申请专利、泄露国家重要机密的，由所在单位或上级主管机关给予行政处分；情节严重的，依法追究刑事责任。

专利权纠纷的处理

未经专利权人许可，实施其专利，即侵犯其专利权，引起纠纷的，由当事人协商解决；不愿协商或者协商不成的，专利权人或者利害关系人可以向人民法院起诉，也可以请求管理专利工作的部门处理。管理专利工作的部门处理时，认定侵权行为成立的，可以责令侵权人立即停止侵权行为，当事人不服的，可以自收到处理通知之日起15日内依照《行政诉讼法》向人民法院起诉；侵权人期满不起诉又不停止侵权行为的，管理专利工作的部门可以申请人民法院强制执行。进行处理的管理专利工作的部门应当事人的请求，可以就侵犯专利权的赔偿数额进行调解；调解不成的，当事人可以依照《民事诉讼法》向人民法院起诉。

专利侵权纠纷涉及新产品制造方法的发明专利的，制造同样产品的单位或者个人应当提供其产品制造方法不同于专利方法的证明；涉及实用新型专利的，人民法院或者管理专利工作的部门可以要求专利权人出具由国务院专利行政部门作出的检索报告。

专利权纠纷的妥善处理还要明确以下几点：

1. 专利权是指依据专利法的规定，权利人对获得专利的发明创造，在法定期限内享有的专有权。专利法规定，专利权人对其获得专利的发明创造，享有专有和独占的权利，除非法律另有规定，任何人不得为生产经营目的制造、使用、许诺销售、销售、进口其专利产品，或者使用其专利方法，以及使用、销售、进口依照该专利方法直接获得的产品。否则就构成侵权行为。

2. 专利权是一种民事权利，民事权利受到侵害，可以由当事人自主选择维权方式。我国专利法规定了三种方式：第一是协商解决，即侵权纠纷发生时，由当事人协商解决；第二是提起诉讼，即当事人不愿协商或者协商不成时，专利权人或者利害关系人可以向人民法院起诉；第三种是请求管理专利工作的部门处理，管理专利的部门是指省、自治区、直辖市的专利行政管理部门和承担专利管理的其他政府部门和组织。

3. 管理专利部门的行政处理。专利侵权纠纷发生后，如果当事人请求管理专利的部门来处理时，则管理专利的部门必须处理，依据事实和法律作出判断，认定侵权行为成立的，可以责令侵权人立即停止侵权行为，当事人不服的，可以自收到处理通知之日起15日内依照《行政诉讼法》向人民法院起诉；侵权人期满不起诉又不停止侵权行为的，管理专利工作的部门可以申请人民法院强制执行。

4. 管理专利部门的行政调解。专利侵权纠纷发生后，管理专利的部门应当事人请求，在对纠纷进行处理时，可应当事人的请求，就侵犯专利权的赔偿数额进行调解；调解不成的，当事人可以依照《民事诉讼法》向人民法院起诉。

5. 专利侵权纠纷中的证据问题。无论是人民法院还是管理专利工作的部门在处理专利侵权纠纷时，均要求有关人员和单位提供有关证据。专利法规定，对于涉及新产品制造方法的发明专利的，制造同样产品的单位或者个人应当提供其产品制造方法不同于专利方法的证明，即被诉侵权人承担举证责任；涉及实用新型专利的，人民法院或者管理专利工作的部门可以要求专利权人出具由国务院专利行政部门作出的检索报告，以方便对是否侵权作出判断，准确及时地处理纠纷。

由哪些机构来解决侵害专利权的纠纷

未经专利权人许可，实施其专利，即是侵犯其专利权。对于侵犯专利权所引起的纠纷，依照我国法律的规定，当事人可以自行协商解决。如果不愿意协商或者协商不能达成协议时，专利权人或者利害关系人可以向人民法院起诉，也可以请求管理专利工作的部门处理。管理专利工作的部门处理时，认定行为人的行为构成对他人专利权的侵害，则实施侵害专利权的行为人应当承担停止侵害以及赔偿损失等其他相应的法律责任，当事人不服的，可以自收到处理通知之日起15日内依照《中华人民共和国行政诉讼法》向人民法院起诉；侵权人期满不起诉又不停止侵权行为的，管理专利工作的部门可以申请人民法院强制执行。进行处理的管理专利工作的部门应当事人的请求，可以就侵犯专利权的赔偿数额进行调解；调解不成的，当事人可以依照《中华人民共和国民事诉讼法》向人民法院起诉。因此，当事人在选择通过行政程序来解决侵害专利权的纠纷时，如果不服行政机关的决定，仍然可以依法选择司法的最终解决。

选择通过司法程序来解决侵害专利权纠纷时，当事人需要依照诉讼法等有关案件管辖的规定向某一人民法院提起诉讼。专利案件的级别管辖和其他案件有所不同，依照相关司法解释的规定，专利纠纷第一审案件，由各省、自治区、直辖市人民政府所在地的中级人民法院和最高人民法院指定的中级人民法院管辖。依照我国《民事诉讼法》和相关司法解释确定的标准，因侵犯专利权行为提起的诉讼，由侵权行为地或者被告住所地人民法院管辖。其中所指的侵权行为地包括：

（1）被控侵犯发明、实用新型专利权的产品的制造、使用、许诺销售、销售、进口等行为的实施地。

（2）专利方法使用行为的实施地，依照该专利方法直接获得的产品的使用、许诺销售、销售、进口等行为的实施地。

（3）外观设计专利产品的制造、销售、进口等行为的实施地。

（4）假冒他人专利的行为实施地。

侵权行为地还包括上述侵权行为的侵权结果发生地。专利案件因为可能涉及到制造者、销售者等产品生产和流通的整个环节，因此还包括共同管辖的问题。如果原告仅对侵权产品制造者提起诉讼，未起诉销售者，侵权产品制造地与销售地不一致的，制造地人民法院有管辖权；以制造者与销售者为共同被告起诉的，销售地人民法院有管辖权。销售者是制造者分支机构，原告在销售地起诉侵权产品制造者制造、销售行为的，销售地人民法院有管辖权。

冒充专利应承担的法律责任

冒充专利是指以非专利产品冒充专利产品、以非专利方法冒充专利方法的行为，冒充专利的行为欺骗消费者，损害消费者的利益，破坏了国家正常的专利管理秩序，必须依法予以查处。对于冒充专利的行为，由管理专利工作的部门责令改正并予公告，可以处50000元以下的罚款。

假冒他人专利应承担的法律责任

假冒他人专利是指在与专利产品类似的产品或其包装上加上他人的专利标准和专利号，使公众认为这是取得专利的专利产品。假冒他人专利首先是侵犯了专利权人的权益，其次是欺骗了消费者，损害了消费者的利益，第三是破坏了国家正常的专利管理秩序。

假冒他人专利所应承担的责任包括：

（1）民事责任：假冒他人专利，侵犯了专利权人的合法权利，应依法承担侵权责任，这是一种民事责任。

（2）行政责任：假冒他人专利还欺骗了消费者，破坏了国家正常的专利管理秩序，应由管理专利工作的部门责令改正并予公告，没收违法所得，可以并处违法所得三倍以下的罚款，没有违法所得的，可以处50000元以下的罚款。

（3）刑事责任：我国《刑法》第216条规定：假冒他人专利，处3年以下有期徒刑或者拘役，并处或者单处罚金。所以，假冒他人专利，构成犯罪的，要依法追究其刑事责任。

10.3　商标法概述

什么是商标

商标，是指商品的生产者、经营者或服务者为了将自己生产、经营的商品或提供的服务与其他人生产经营的商品或服务相区别，在其生产、经营的商品或服务店铺上采用的特殊标记。

1. 商标的特征

（1）商标的使用人是商品的生产者、经营者或者提供服务者，通过商标可以将生产、销售、或者提供服务的厂家、店家特定化；消费者不会使用商标，他们只是通过商标选购商品。

（2）商标的附着物是商品不是产品，因为产品不流向市场，不需要使用商标；商标的主要作用是用来区别提供商品和服务来源的生产者，销售者和服务者。

（3）商标是商品的标记，不是商品的装潢和外观设计。

2. 商标的作用

（1）标明商品的生产者和经营者。商标直接指明了商品的生产或者经营厂家，通过商标，就可以将生产、经营同种商品或者类似商品的不同厂家区别开来。商标的知名度直接关系到企业在市场上的地位和形象。名牌商标产品由于质量好，在消费者心中的信誉高，在市场上很畅销，就会给企业带来巨大经济利益。

（2）便于消费者选购商品。在市场上，同种商品或同类型商品品种很多，如果没有商标，人们就很难根据自己的需要选择商品。有了商标，消费者便可以根据商品的品牌来选择商品。

（3）便于企业对其产品进行广告宣传争创名牌产品。在市场上生产和经营同一种商品的企业很多，有了设计独特的商标，通过宣传就能让人们记住你这个企业生产或销售这种商品，从而扩大自己在市场上的知名度，给企业带来经济效益。

（4）便于开拓国际市场，开展国际贸易。国内生产或者经营厂家要想将自己产品打入国际市场，不仅质量要过关，还要大力进行广告宣传扩大商品的知名度，创名牌商品。为了在国际市场上创名牌，就必须有自己的商标，而且要及时到出口国申请注册，得到产品所在国的法律保护。

3. 商标的分类

根据不同的标准，可以将商标划分为若干类型。

（1）根据商标的构成要素，分为文字商标、图形商标、颜色商标、立体商标、组合商标、音响商标和气味商标等。文字商标指由汉字、外文字、少数民族文字、阿拉伯数字、字母等构成的商标。图形商标是指以各种形象、图案所构成的商标。颜色商标是指由多种颜色的组合构成的商标。立体商标是指由产品的容器、包装、外形以及其他具有立体外观的三维标志构成的商标。组合商标是指由文字、图形、色彩的组合、三维标志的相互任意组合构成的商标。这五种商标都是可以通过视觉感知的商标，因此可称为视觉商标。在世界各国的商标保护实践中，还出现了音响商标、气味商标等非视觉感知的商标。

（2）根据商标的使用对象，分为商品商标和服务商标。商品商标指使用于各种商品之上，标示商品的不同生产者和经营者的商标。服务商标指使用于服务项目，用以区别服务提供者的商标。服务商标一般为饭店、旅店、餐厅、旅行社、航空公司、银行、保险公司、邮电部门、咨询公司、律师事务所、修理企业等各种提供服务的经营者所使用。

（3）根据商标使用者的不同，分为制造商标、销售商标和集体商标。制造商标又称生产商标，指生产企业在自己生产、制造、加工、装配的商品上所使用的商标。销售商标又称商业商标，指从事销售业务的商贸企业在自己销售的商品上所使用的商标。集体商标指由工商业团体、协会或其他集体组织注册供其成员使用的商标，用以表明商品的经营者或服务的提供者属于同一组织。集体商标一般不允许转让。

（4）根据商标的作用，分为等级商标、证明商标、防御商标和联合商标。等级商标指同一企业在同一类产品上使用的表明商品的不同特点和质量的系列商标。证明商标又称保证商标，指由对某种商品具有检测和监督能力的组织所控制，而由其以外的人使用的商标，用以证明该商品的原产地、原料、制造方法、质量、精确度或其他特定品质的商标。防御商标指商标所有人为保护其注册商标不受侵犯，在原注册商标指定使用的商品以外的其他商品上注册的与原注册商标相同的商标。这种商标与原注册商标在文字、图形或其组合上是完全相同的，但其使用商品的范围不相同。在其他商品上注册防御商标的目的不在于使用，而在于保护原注册商标不受非法侵害，因此，不会因不使用而被撤销注册，因而是保护驰名商标的重要措施之一。联合商标指商标所有人为保护其注册商标不受侵犯，在原注册商标指定使用的商品上注册的与原注册商标相近似的若干商标。

（5）根据商标显著性的强弱程度，将商标分为臆造商标、任意商标、暗示商标和叙述商标。臆造商标指由杜撰的词汇构成的无特定字面含义的商标。任意商标即利用现有词汇或图形构成的、但其字面含义与标示的商品属性没有关系的商标。暗示商标即由间接暗示商品或服务特点的非叙述性标志构成的商标。叙述商标即由直接叙述商品的名称、产地、原料、质量、重量、数量、功能或服务的名称、质量等特点的叙述性标志构成的商标。

商标法的有关规定

对商标法的理解有狭义与广义之分。

狭义上商标法仅指国家立法机关颁布的，系统、全面地调整商标注册申请、使用和转让中发生的经济关系的法典式法律，不再包括其他法律规范。

广义上的商标法是国家制定的调整在商标的使用、注册申请、审批和转让中发生的经济关系的法律规范的总称。在我国，广义上的商标法主要由以下3个部分组成：

（1）商标法典。指由国家立法机关制定的，系统、全面地规定商标申请、审批、使用、保护等问题的规范性文件。在我国具体指1982年8月23日制定，1983年3

月1日起实行，又于1993年2月22日第一次修改的以及2001年10月27日第二次修正的《中华人民共和国商标法》。

（2）商标行政法规。国家行政机关根据商标法典制定的有关商标申请、审批、使用、保护、转让等专门性具体化规定的规范性文件。在我国是指2002年8月3日国务院第358号令公布、自2002年9月15日起施行的《中华人民共和国商标法实施细则》。

（3）其他法律中有关商标问题的规定。例如：我国刑法中有关商标侵权犯罪的规定；《反不正当竞争法》中对商标侵权竞争的禁止性规定。

1. 商标法的调整对象

商标法作为经济法的一个重要组成部分，它调整的经济关系主要包括以下几个方面：

（1）商标管理机关与企业、事业单位、个体工商业者之间在商标的申请、注册、使用、管理和保护商标专有权过程中发生的社会关系。

（2）企业、事业单位、个体工商业者相互之间，因商标异议、注册商标的转让和使用许可等内容而发生的社会关系。

（3）国家商标管理机关与地方工商行政管理机关在商标的核准、管理过程中发生的关系。

2. 商标法的作用

（1）保护注册商标专用权。保护商标专用权是商标法的核心，只有使商标专用权得到充分保护，制裁商标侵权行为，规范市场竞争秩序，才能调动企业创名牌和保名牌的积极性，使社会主义市场经济得以完善和发展。

（2）维护消费者的合法权利。通过对注册商标和非注册商标的管理，监督生产者、经营者不断提高和保证产品质量，制止和制裁假冒商标等欺骗消费者的行为，确实维护消费者的利益。

（3）维护社会主义市场经济秩序。市场经济要得到顺利发展，需要良好的经济秩序。我国商标法的立法目的之一就是通过保护商标专用权，而防止假冒伪劣商品充斥市场，制止不正当竞争行为，保护合法竞争，达到维护社会主义市场经济秩序的目的。

商标权的特征

商标权又称商标专用权，是指商标使用人依法将其使用的商标向商标管理机关提出注册申请，经核准注册后，对自己的注册商标享有的独占权。

与其他财产权利相比，商标权具有下列特征：

（1）专有性。注册商标所有人对自己的商标享有专用权，如果没有法律的规定，未经本人同意，任何人不得占有使用，否则就构成商标侵权。

（2）时间性。我国商标法对商标权的保护是有时间限制的，商标权在法定的有效时间内有效，超过法定时间的商标权，任何人均可使用。

（3）地域性。商标权只在一定的地域范围内有效，一国法律确认的商标权，原则上只在该国领域内有效。

（4）商标权是商标使用人向商标管理机关提出申请，经过核准注册才取得的权利没有提出申请，或申请未被批准不享有这种权利。

（5）商标权是在同种商品和同一类商品上使用商标的权利。只有在被商标管理机关核准使用的商品类别上使用注册商标才享有专用权，在其他类别的商品上使用不享有这种权利。一般财产所有权不受商品种类的限制，只要是合法取得的，在任何商品上均可获得所有权。

商标专用权的内容

商标权的内容，是指根据商标法的规定，在商标权中包含的具体权能。它主要包括：使用权、许可使用权、转让权、禁止权和诉讼权。

1. 商标的使用权

商标的使用权是指注册商标所有人对其注册商标只能在核准的商品或者《商标分类表》规定的商品类别范围内使用的权利。

2. 商标的许可使用权

注册商标所有人依法享有的可以许可他人有偿或者无偿使用其注册商标的权利。

3. 商标的转让权

商标的转让权指注册商标所有人依法享有的可以有偿或者无偿将注册商标所有权转让给他人的权利。注册商标所有人将商标依法转让他人以后，原所有人便丧失商标权，由注册商标受让人所有。

4. 商标的禁止权

商标的禁止权是指商标专用权人依法享有的禁止他人在注册商标使用的商品或者类似商品上再申请注册或者使用相同商标、类似商标的权利。如果故意使用就构成商标侵权，商标专用权人有权予以制止，也可以要求商标管理机关或者人民法院追究法律责任。

5. 商标的诉讼权

商标的诉讼权是指当商标专用权受到非法侵害时，专用权人依法享有的向人民法院提起诉讼，请求依法保护的权利。

商标注册的原则

商标注册是指经营者为了取得商标专用权，依法向商标注册主管机关提出申请，主管机关对申请进行审查，核准注册的法律程序。商标注册制度是商标法的主要内容，凡有商标制度的国家，都有商标注册制度，不过注册的效力有所不同。

我国商标法采取商标权注册取得原则和自愿注册原则。

1. 注册取得原则

注册取得原则是指只有依法注册的商标，才能取得商标专用权，未注册商标可以使用，但没有专用权，不能有效排除他人在相同和类似商品上的使用。新修改的商标法虽然对通过使用产生一定影响的未注册商标给予一定程度的保护，但这种保护更多地属于反不正当竞争意义上的保护，而不是承认使用可以产生商标专用权。

2. 自愿注册原则

自愿注册原则是指经营者是否进行商标注册由自己决定，经营者可以根据需要，选择注册商标，也可以选择不注册，甚至可以不使用商标。除国家规定必须使用注册商标（国家规定某些商品必须使用注册商标的制度被称为强制注册制度）的商品外，经营者对是否注册商标有自主决定权。目前国家规定必须使用注册商标的商品有两类：一是人用药品，包括中成药（含药酒）、化学原料药及其制剂、抗生素、生化药品、血清疫苗、血液制品和诊断药品等，但中药材和中药饮片除外。由于考虑到进口药品的审批手续和检验制度十分严格，而商标注册程序复杂，需要较长时间等因素，因此，国家工商行政管理部门在实际管理工作中不要求进口药品必须使用在我国注册的商标，但进口药品在分装出售时，必须在其说明书或包装上注明外国商标或分装企业的商标。另一类是烟草制品，包括卷烟、雪茄烟和有包装的烟丝。

注册商标必须具备的条件

《商标法》第9条规定："申请注册的商标，应当有显著特征，便于识别，并不得与他人在先取得的合法权利相冲突。"按此规定，申请注册的商标必须具备以下条件：

1. 具有显著特征。

包括：固有的显著特征以及通过使用获得的显著特征。

2. 不侵犯他人在先取得的合法民事权利。

包括以下三方面的内容：（1）不得与已注册或申请在先的商标相抵触。（2）不得与已经使用并有一定影响的未注册商标相抵触。（3）不得与其他在先民事权利相抵触。根据国内商标保护的实践经验和国际公约的要求，我国修改后的《商标法》第9条规定，申请注册的商标不得与他人在先取得的合法权利相冲突；第13条规定，申请注册的商标不得侵犯驰名商标权利人的合法权利；第31条规定，申请商标注册不得损害他人现有的在先权利，也不得以不正当手段抢先注册他人已经使用并有一定影响的商标。

3. 不得使用禁止用做商标的标志。

4. 不能使用其他不能作为商标注册的标志。

具体包括：（1）以三维标志申请注册商标的，仅由商品自身的性质产生的形状、为获得技术效果而需有的商品形状，或者使商品具有实质性价值的形状，不能作为商标注册。这样的三维标志如果允许作为商标注册，不仅缺乏显著性，而且会导致不合理的垄断，即通过商标注册达到垄断商品本身的目的。（2）就相同或类似商品申请注册的商标是复制、模仿或者翻译他人未在中国注册的驰名商标，容易导致混淆的，或者就不相同或者不相类似商品申请注册的商标是复制、模仿或者翻译他人已在中国注册的驰名商标，误导公众，致使该驰名商标注册人的利益可能受到损害的，不予注册并禁止使用。（3）未经授权，代理人或者代表人以自己的名义将被代理人或者被代表人的商标进行注册，被代理人或者被代表人提出异议的，不予注册并禁止使用；商标中有商品的地理标志，而该商品并非来源于该标志所标示的地区，误导公众的，不予注册并禁止使用。但是，已经善意取得注册的继续有效。

商标注册的申请

根据《商标法》第2章的规定，申请商标注册，应当按规定的商品分类表填报使用商标的商品类别和商品名称。商标注册的申请分以下几种情况：

1. 在不同类别的商品上申请注册同一商标的，应当按商品分类表提出注册申请。

2. 注册商标需要在同一类的其他商品上使用的，应当另行提出注册申请。

3. 注册商标需要改变其标志的，应当重新提出注册申请。

4. 注册商标需要变更注册人的名义、地址或者其他注册事项的，应当提出变更申请。

5. 商标注册申请人自其商标在外国第一次提出商标注册申请之日起6个月内，又在中国就相同商品以同一商标提出商标注册申请的，依照该外国同中国签订的协议或者共同参加的国际条约，或者按照相互承认优先权的原则，可以享有优先权。

6. 商标在中国政府主办的或者承认的国际展览会展出的商品上首次使用的，自该商品展出之日起6个月内，该商标的注册申请人可以享有优先权。

向商标局申请商标注册，应将商标的名称、图形和所使用的商品名称，按照商品分类表规定的类别填报清楚，以便按照商标注册档案资料，按类别进行审查。

商标名称是商标注册申请书中必须填写的第一个项目。填写的商标名称与附送的商标图样必须一致。商标名称是供人们呼叫该商标的称谓。一个商标名称要具有新颖性，不要与他人的商标名称相同、近似。一般说，文字商标，其名称是文字的读音；文字与图形组合商标，以其文字读音为名称；单是图形构成的商标，没有文字，以其表示的事物来称呼。对图形商标，有的申请人不填商标名称，有的直接写上"图形"二字，但在商品流畅中，人们要给它加个名称，否则会带来诸多不便。

商品名称，在申请书的商品名称栏中要填写商标所用于的商品的名字。所用于的商品，包括申请人已生产的商品和将来计划生产的商品。填写商品名称要填商品通用名称。在填写商品名称栏目时，应该填写的商品名称，都要列上，表格中列不完，可以加纸列表。该列的没有列进，就不能作为注册商标的商品受到法律保护。

商标注册申请书，是商标注册申请人向商标局申请注册的书面文件。申请书可向所在地工商行政管理局索取。在申请书中，应当写明申请注册的商标名称、使用该商标的商品类别及商品名称、商品用途、主要原料、技术标准，申请人还应填写企业的详细名称、地址和营业执照号码。

申请商标注册，应当依照公布的商品分类表按类分别申请。每一个商标注册申请应向商标局交送《商标注册申请书》1份、商标图样10份（指定颜色的彩色商标，应当交送着色图样10份）、黑白墨稿1份。商标图样必须清晰、便于粘贴，用光洁耐用的纸张印制或者用照片代替，长和宽应当不大于10厘米，不小于5厘米。商标图样，指商标名称、图形，按照规格尺寸和要求绘制的商标样本。商标图样是办理商标注册申请时所必须具备的。我国对电池、牙膏、香皂、香烟等商品要求全包装注册，就是要求以电池的皮、牙膏皮、香皂盒皮或香烟的盒皮，作为商标图样注册。卷烟、雪茄烟盒皮上必须以汉字标明商标和厂名（同时可使用汉语拼音或其他文字作为衬托），联营产品和监制产品应以汉字标明生产企业和监制企业名称。卷烟、雪茄烟条包装、听包装以及其他特殊包装上的文字，按卷烟小盒皮的文字要求执行。

商标注册申请等有关书件，应当使用钢笔、毛笔或者打字机填写。应当字迹工整、清晰。商标注册申请人的名称、章戳，应当与核准或者登记的名称一致。申报的商品不得超出核准或者登记的经营范围。商品名称应当依照商品分类表填写；商品名称未列入商品分类表的，应当附送商品说明。

申请人注册药品商标，应当附送卫生行政部门颁布的《药品生产企业许可证》或者《药品经营企业许可证》。申请卷烟、雪茄烟和有包装烟丝的商标注册，应当附送国家烟草主管机关批准生产的证明文件。申请国家规定必须使用注册商标的其他商品的商标注册，应当附送有关主管部门的批准证明文件。

外国人或者外国企业申请商标或者申请办理其他商标事宜，应当使用中国文字，并交送代理人委托书一份，代理人委托书应当载明代理权限和委托人国籍。代理人委托书和有关证明的公证、认证手续，按照对等原则办理，外文书件应当附中文译本。

这里强调一点的是，申请人申请商标注册时，必须要向商标局如实申报有关事项，并提供各种必需的材料，以便商标局进行审查。法律规定，申请人所提供的材料和所申报的事项必须要真实、准确、完整。所谓真实，就是要如实反映事物本来的面目，不得虚构假造；所谓准确，就是对客观事实的反映要尽量接近真实；所谓完整，就是全面地反映客观事物，不能片面或者有选择地反映，所提供的材料要齐备，不能有缺少。如果申请人所申报的事项和所提供的材料不真实、准确、完整，则申请人要承担不利后果。

商标注册申请的主体

《商标法》第4条规定："自然人、法人或者其他组织对其生产、制造、加工、拣选或者经销的商品，需要取得商标专用权的，应当向商标局申请商品商标注册。

自然人、法人或者其他组织对其提供的服务项目，需要取得商标专用权的，应当向商标局申请服务商标注册。"

注册商标的申请者可以是商品的生产、制造、加工、拣选或者经销者，也可以是服务的提供者；可以是法人或者其他组织，也可以是自然人；可以是中国的自然人、法人或者其他组织，也可以是外国的自然人、法人或者其他组织。

此外，《商标法》第5条规定，两个以上的自然人、法人或者其他组织可以共同向商标局申请注册同一商标，共同享有和行使商标专用权。这一规定是根据我国商标注册实践中提出的问题而作出的，有利于解决企业分立、自然人死亡后商标继承以及由于历史的原因所造成的两个以上的企业使用同一个商标的问题。

哪些标志不得作为商标使用

根据《商标法》第10条的规定，下列标志不得作为商标使用：

1. 同中华人民共和国的国家名称、国旗、国徽、军旗、勋章相同或者近似的，以及同中央国家机关所在地特定地点的名称或者标志性建筑物的名称、图形相同的。

2. 同外国的国家名称、国旗、国徽、军旗相同或者近似的，但该国政府同意的除外。

3. 同政府间国际组织的名称、旗帜、徽记相同或者近似的，但经该组织同意或者不易误导公众的除外。

4. 与表明实施控制、予以保证的官方标志、检验印记相同或者近似的，但经授权的除外。

5. 同"红十字"、"红新月"的名称、标志相同或者近似的。

6. 带有民族歧视性的。

7. 夸大宣传并带有欺骗性的。

8. 有害于社会主义道德风尚或者有其他不良影响的。

县级以上行政区划的地名或者公众知晓的外国地名，不得作为商标。但是，地名具有其他含义或者作为集体商标、证明商标组成部分的除外；已经注册的使用地名的商标继续有效。

商标核准注册的有关规定

1. 商标核准注册的原则

（1）先申请原则。

我国商标法采取先申请原则，两个或两个以上的申请人在同一种商品或类似商品上以相同或近似的商标申请注册的，核准在先申请的商标注册，同一天申请的，核准在先使用的商标注册。

以商标局收到申请书件的日期为申请日。申请书件是以邮寄的方式提交的，以寄出的日期为申请日，邮戳不清，难以确定申请日期的，以商标局收到申请书件的日期为申请日。

（2）诚实信用原则。

《商标法》第31条规定，申请商标注册不得损害他人现有的在先权利，也不得以不正当手段抢先注册他人已经使用并有一定影响的商标。商标法还在"注册商标争议的裁定"一章专门规定了对以欺骗手段或其他不正当手段取得的商标注册的撤销程序，对于这类商标，商标局应当依职权主动撤销，其他任何单位和个人也可以请求商标评审委员会撤销。

因此，我国现行商标法所实行的已经不是绝对的先申请原则，已经使用并有一定影响的商标如果被他人抢先申请，商标所有人通过异议程序获得救济，驳回他人的申请而自己申请注册。即使商标已被他人注册，也可以自商标注册之日起5年内请求撤销注册，进而自己注册。

2．商标核准注册的审查

商标注册机关对商标注册申请从形式和实质两个方面进行审查。

（1）形式审查。

指对商标注册申请是否具备形式条件的审查。审查内容主要包括：申请人是否具备申请商标注册的主体资格；申请文件是否齐备，填写的内容是否符合要求，有关手续是否完备；提交的商标图样在数量和规格上是否符合规定的标准；是否按规定缴纳了费用等。申请手续齐备，申请书件的填写符合要求的，商标局即编定申请号，发给《受理通知书》。申请手续不齐备或未按规定填写申请书件的，退回申请文件，申请日期不予保留。申请手续基本齐备或申请书件基本符合要求，但需要补正的，商标局通知申请人在规定的期限内按指定内容补正。在规定期限内补正并交回商标局的，保留申请日，未作补正或超过规定日期的，予以退回，申请日不予保留。

（2）实质审查。

指对商标注册申请是否符合商标法规定的商标注册的实质条件的审查。实质审查的内容包括：商标构成要素是否符合商标法的规定；是否属于商标法规定的不能作为商标使用的标志；是否具备显著特征；是否与他人在同类商品或服务上已经注册或在先申请的商标相同或近似；是否侵犯他人的在先权利等。

3．商标核准注册

符合下列情况，商标局依法予以核准注册：

（1）对初步审定无异议的。

初步审定的商标公告之后，在规定的异议期限内无人提出异议，商标局即作出核准注册的决定，发给商标注册证，并予以公告。

（2）对初步审定的商标提出异议的。

裁定异议不成立的，予以核准注册，发给商标注册证，并予公告，申请人取得商标专用权的时间自初步审定公告的3个月期满之日起计算。

注册商标专用权的保护

本法保护的对象是注册商标专用权，保护商标专用权的范围，只适用于核准注册的商标和核定使用的商品，这是商标专用权受法律保护的前提条件，超出注册在案的商标和指定类别的商品，不属于《商标法》保护的对象。

核准注册，指商标局对申请人商标注册申请，经审查，凡符合《商标法》规定的，予以初步审定并予公告，经3个月异议期，无异议或者异议不能成立的，予以核准注册，即在《商标注册簿》上予以登记，颁布商标注册证书，刊登《注册商标公告》，商标申请人取得商标专用权。经此一系列法律程序，称为核准注册。核准注册是取得商标专用权的必经程序，也是确定商标专用权的重要程序。经核准注册的商标，法律予以保护，任何人不得侵犯。"核准注册的商标"，指经商标局注册在案的商标名称和商标图形，即是注册在案的组成商标的文字、图形颜色、三维标志或者其组合。"核定使用的商品"，指核准在案的指定商品类别中的具体商品。

核准在册的商标和核定使用的商品是商标专用权范围的既不可改变、又不可分割的统一整体，在二者同时具备的情况下，商标注册人享有的商标专用权，受法律保护，任何人都不得侵犯。

有下列行为之一的，均属侵犯注册商标专用权：

1. 未经商标注册人的许可，在同一种商品或者类似商品上使用与其注册商标相同或者近似的商标的。

2. 销售侵犯注册商标专用权的商品的。

3. 伪造、擅自制造他人注册商标标识或者销售伪造、擅自制造的注册商标标识的。

4. 未经商标注册人同意，更换其注册商标并将该更换商标的商品又投入市场的。

5. 给他人的注册商标专用权造成其他损害的。

涉外商标注册

涉外商标注册包括外国人在我国申请商标注册和我国的自然人、法人和其他组织到外国申请商标注册。

1. 外国人、外国企业在我国申请商标注册

根据《商标法》第17条规定，外国人或者外国企业在中国申请商标注册的，应当按其所属国和中华人民共和国签订的协议或共同参加的国际条约办理，或者按对等原则办理。

外国人在我国申请商标注册可以通过三种方式办理：

（1）按双边协议办理。

目前我国已经与美国、日本、英国、德国等三十多个国家签订了商标注册双边协议，这些国家的自然人或者企业在我国申请商标注册，可以按照双边协议办理。

（2）按对等原则办理。

对等原则指申请人所属国与我国在办理商标注册时彼此给予同等待遇。

（3）按共同参加的国际条约办理。

我国先后于1985年3月、1989年10月、1995年9月加入了《保护工业产权巴黎公约》、《商标国际注册马德里协定》和《商标国际注册马德里协定议定书》。这些国际条约的成员国的国民可以按照这些国际条约的规定到我国申请商标注册。

《商标法》第18条还规定，外国人、外国企业在中国申请商标注册和办理其他商标事宜的，应当委托国家认可的具有商标代理资格的组织代理。目前，国家认可的商标代理组织有中国国际贸易促进委员会、中国专利代理（香港）有限公司、重庆市商标事务所、上海东方商标事务所等多家代理机构。

2. 中国的自然人、法人和其他组织在外国申请商标注册的方式

在中国取得注册的商标，仅在中国的范围内受法律保护，在其他国家没有商标专用权，不能受到外国法律保护。随着我国对外贸易的迅速扩大，外贸出口对我国经济发展的影响越来越大，因此，提高对在国外申请商标注册意义的认识，积极做好到外国申请商标注册的工作，对我国市场经济的顺利发展具有十分重要的意义。

到外国申请商标注册要做好准备工作：了解有关国家的商标法规以及注册机关的实际做法；聘请代理人，各国一般都规定外国人申请商标注册需要委托本国代理人代理；由于各国对注册申请文件都有严格的要求，有的还要求提供有关证明材料，所以必须按要求准备好申请文件和有关材料，为顺利申请做好准备。在国外的

申请方式一般主要有以下两种：

（1）通过《马德里协定》和《马德里协定议定书》进行国际注册。

马德里协定成员国的国民在本国取得商标注册后，可以通过本国商标注册机关向世界知识产权组织国际局申请商标国际注册，申请人可以指定除本国外的几个或多个成员国保护，国际局经审查核准后刊登公告，并通知申请人指定保护的成员国。被指定保护的成员国在1年内（议定书延长为18个月）进行审查，如果在1年内不向国际局提出拒绝，该商标即视为在该制定国核准注册。如果拒绝注册，则要说明理由。

（2）通过代理人分别申请。

到非马德里协定和马德里协定议定书成员国申请商标注册，通过代理人分别申请。

注册商标争议的裁定

当事人对已注册商标有争议的，可以向商标评审委员会提出申请裁定，商标评审委员会是我国主管裁定注册商标的法定机构，裁定属于商标评审委员会的职权范围。在先注册的商标注册人对在其后注册商标有争议时，向商标评审委员会申请裁定，商标评审委员会应予受理。向商标评审委员会申请争议裁定，必须遵守法定期限，自被争议的商标经核准注册之日起，在5年内申请裁定争议的，商标评审委员会才予受理。当事人对他人已经注册的商标提出争议的，应当在该商标刊登注册公告之日起5年内，将《商标争议裁定申请书》一式两份寄送商标评审委员会申请裁定（见《商标法》第41条第3款规定）。商标评审委员会收到裁定申请后，要进行审查，符合《商标法》规定的受理条件的，予以受理，通知有关当事人，并限期提出答辩。通知有关当事人，是指依一定的文字形式，告知裁定有关的当事人，按指定的时间、方式和要求，参与裁定活动。答辩是裁定中必经的程序，也是有关当事人的一项重要权利，商标评审委员会必须保障双方在裁定活动中平等地行使权力，有关当事人不按期提出答辩或者拒绝答辩的，裁定照常进行，不受影响。

商标评审委员会作出维持或者撤销注册商标的裁定后，应当书面通知有关当事人。当事人对商标评审委员会的裁定不服的，可以自收到通知之日起30日内向人民法院起诉。人民法院应当通知商标裁定程序的对方当事人作为第三人参加诉讼。

商标评审委员会可以作出维持注册商标的裁定，也可以作出撤销注册商标的裁定。维持注册商标的裁定，是指商标评审委员会对于注册商标的专用权决定予以维持。就是说，商标评审委员会按照裁定程序，对注册商标，不认为与在同一种或者类似商品上注册在先的商标相同或者近似的，可以作出维持注册商标的裁定，并应及时通知裁定有关的当事人。撤销注册商标的裁定，是指商标评审委员会对于注册商标的专用权决定予以撤销。就是说，商标评审委员会按照裁定程序，对注册商标，认为与在同一种或者类似商品上注册在先的商标相同或者近似时，可以作出撤销注册商标的裁定，并应及时书面通知有关的当事人。

无论是哪一方当事人，如果对商标评审委员会的裁定不服，可以提起诉讼，寻求司法救济，即自收到商标评审委员会所作的维持或者撤销注册商标的裁定后30日内向人民法院起诉。人民法院应当通知商标裁定程序的对方当事人作为第三人参加诉讼。

撤销注册的效力

由于被撤销的商标注册本身是不当的，即本来就不应该注册，所以，撤销具有溯及效力，即注册商标按照第41条的规定被撤销后，其商标权视为自始即不存在。注册人应立即停止使用该商标，已经签订尚未履行的注册商标转让合同和使用许可合同无效。但是，为了维护经济关系的稳定，撤销对于以下事项无溯及效力：①法院作出并已经执行的商标侵权案件的判决、裁定；②工商行政管理机关作出并已经执行的商标侵权案件的处理决定；③已经履行的商标转让或使用许可合同。

为了维护公平原则，对于因商标注册人的恶意给他人造成损失的，应当予以赔偿。

驰名商标的特殊保护

驰名商标又被称为周知商标、高信誉商标等，是指在一定地域范围内，具有较高知名度并为相关公众所知晓的商标。

最早对驰名商标提供特殊保护的国际公约是《巴黎公约》，公约的第6条之2规定，禁止注册和使用他人的驰名商标。《关贸总协定知识产权协议》对驰名商标提供了更进一步的保护，明确规定驰名商标的保护从商品商标延及服务商标；保护范围也从传统的相同商品和类似商品扩大到非类似商品或服务上，并对驰名商标的认定作了原则性规定，1999年9月世界知识产权组织审议并通过了《关于保护驰名商标规定的联合建议》，以指导巴黎联盟和世界知识产权组织成员国的国内立法。

我国于1985年加入《巴黎公约》，当时虽然国内法律尚未明确规定有关驰名商标的保护问题，但在实践中商标局直接以《巴黎公约》的有关规定为依据，对一些国内外的驰名商标提供了保护。1993年修订的《商标法》及其实施细则，明确规定了对"为公众熟知的商标"的保护，禁止他人以不正当手段将此类商标抢先注册，如果已经注册，商标局应以职权撤销，其他组织和个人也可以要求商标评审委员会撤销。"为公众熟知的商标"实际上就是通常所说的驰名商标。1996年8月14日，国家工商行政管理局发布了《驰名商标认定和管理暂行规定》，并于1998年修订后重新发布，为我国驰名商标保护工作提供了操作依据。为了适应加入世界贸易组织的需要，我国2001年10月27日修订的《商标法》第13条、第14条，对驰名商标的认定标准和保护范围作出了明确具体的规定，该规定与《关贸总协定知识产权协议》的要求一致。

第十一节 交易秩序法有关知识

将产品推销出去，卖给消费者，获得利润才是企业运作的根本。这就涉及到企业和消费者的关系，企业和同行存在的竞争关系。作为企业管理者就有必要懂得经营者和消费者各自具有的权利和义务，懂得一定的不正当竞争的知识，以防止自己的某些行为在不经意间就被人诉之以不正当竞争，受到不该受到的谴责。

11.1 消费者权益保护法

《消费者权益保护法》的适用范围

要弄清楚我国《消费者权益保护法》的适用范围，就必须搞明白"消费者"与"经营者"的概念。

《消费者权益保护法》第2条规定："消费者为生活消费需要购买、使用商品或者接受服务，其权益受本法保护；本法未作规定的，受其他有关法律、法规保护。"根据本条规定，要成为《消费者权益保护法》中的"消费者"必须具备以下条件：

1. 消费者是指为满足个人或家庭生活需要而购买、使用商品或接受服务的个体社会成员，而不包括社会组织。

2. 购买、使用商品或接受服务的目的是为了满足家庭、个人的生活需要。

3. 消费者既可以是商品、服务的购买者，也可以是商品的使用人。

4. 消费者必须是从市场上购买商品或接受服务。即消费者购买、使用的商品和接受的服务是由经营者提供的。

《消费者权益保护法》未对经营者概念作出明确的规定。据我们的理解，经营者具有以下特点：

1．绝大多数的经营者以营利为目的，但并非所有的经营者都以营利为目的。在分析消费者的概念时，消费者并不需要一定支付代价才能成为消费者，与此相对应，经营者无须一定要获取利润才能成为经营者。虽不以营利为目的，但以市场为中介而将产品提供给消费者的人，也可以成为消保法中的经营者。

2．经营者的形式特征——生产产品并投入流通领域，使产品成为商品；充当流通环节，向消费者销售商品；向消费者提供服务。

3．经营者的主体特征——法人、其他经济组织和个人。也就是说，经营者主体资格呈多样性，可以是法人，也可以是其他经济组织甚至是个人。

另外，消费可以分成生产消费与生活消费。《消费者权益保护法》是为了照顾生活消费者的弱者地位而制定的，因而不保护生产消费行为。

消费者组织

消费者组织是指中国消费者协会和地方各级消费者协会以及其他依法成立的对商品和服务进行社会监督的保护消费者合法权益的社会团体。它们的任务是对商品和服务进行社会监督，保护消费者合法权益。

对商品和服务的监督，主要包括法律监督、行政监督和社会监督几种形式。社会监督是指除国家权力机构以外的民间监督，包括来自公民或企事业单位、新闻舆论、社会团体及其他组织的民间监督。消费者组织的社会监督是指消费者组织依靠广大消费者，或者说广大消费者通过自己的组织，通过各种形式，对经营者、生产者提供的商品或服务进行社会监督，以达到维护消费合法权益的目的。

消费者协会对商品和服务监督的主要形式有：

1．开展市场检查，通过检查及时发现和制止各种损害消费者利益的行为。

2．开展商品比较试验，及时了解市场上商品质量的状况。

3．组织消费者评议商品和服务，广泛听取和搜集消费者对商品和服务的意见。

4．用多种形式向企业反映产品质量信息，帮助企业提高产品质量等。

消费者协会除了对商品和服务进行社会监督外，在保护消费者合法权益方面也做了大量工作，主要表现在以下几个方面：

1．受理消费者投诉，为消费者排忧解难。

2．协助立法机关制定贯彻保护消费者权益的法规。

3. 开展宣传教育工作，指导消费，引起全社会重视保护消费者权益工作，提高消费者的自我保护能力。

总之，消费者组织应紧紧围绕其任务开展活动，保护消费者的合法权益。

消费者的基本权利

消费者权利是指消费者根据《消费者权益保护法》的规定，在宪法领域中享有的各种权利的具体化。《消费者权益保护法》对全国范围内亿万消费者的权利作了统一规定。《消费者权益保护法》第二章规定的消费者的权利，从第七条至第十五条共有九项：

1. 在购买、使用商品和接受服务时享有人身、财产安全的权利。

2. 知悉其购买、使用的商品或者接受的服务的真实情况的权利。

3. 享有自主选择商品或者服务的权利。

4. 享有公平交易的权利。

5. 因购买、使用商品或者接受服务受到人身、财产损害的，享有依法获得赔偿的权利。

6. 享有依法成立维护自身合法权益的社会团体的权利。

7. 享有获得有关消费和消费者权益保护方面的知识的权利。

8. 在购买、使用商品和接受服务时，享有其人格尊严、民族风俗习惯得到尊重的权利。

9. 享有对商品和服务以及保护消费者权益工作进行监督的权利。

这九项权利是消费者进行消费活动必不可少的，其中前五项权利是基础，与消费者的关系最为密切，后四项权利则是由此派生出来的。

经营者的义务

经营者是向消费者提供生产、销售的商品或提供服务的自然人和法人，是以营利为目的的从事生产经营活动并与消费者相对应的另一方当事人。

在经营者与消费者的关系中，经营者的义务主要有两类：一是基于法律直接规定而产生的法定义务；另一类是基于合同而产生的约定义务。

我国《消费者权益保护法》第三章专门规定了经营者向消费者提供商品或服务应当履行以下十项法定义务：

1. 经营者应当依照《产品质量法》和其他有关法律、法规的规定及其和消费者的约定（不得违背法律、法规的规定）履行义务。

《中华人民共和国产品质量法》是经营者应当遵循的基本法规之一，该法是为了加强对产品质量的监督管理，明确产品质量责任，保护消费者的合法权益，维护社会经济秩序而制定的。共有六章51条。它通过法律的形式规范产品生产、销售主体的行为和责任，为消费者维护自身利益提供了依据。凡是生产者、销售者提供的产品因质量问题导致人身伤亡或财产损失的都有承担赔偿损失的义务。

另外，我国现有的其他法律、法规也对经营者的义务作出了若干规定。如：《标准化法》、《计量法》、《商标法》、《食品卫生法》、《药品管理法》、《反不当竞争法》以及相关法律的实施细则和《广告管理条例》、《价格条例》等一系列法律、法规都从不同的角度规范了经营者的行为和应承担的义务，经营者的义务是其必须履行的责任，同时它的实现凭借着国家权利加以保证，是强制性的。如不履行法律义务，要追究法律责任，承担相应的法律后果，还要给予相应的法律制裁。

经营者与消费者的约定可视为合同。这种合同关系是商品经济中等有价有偿交换客观规律在法律上的体现。经营者和消费者订立的合同不得违反有关法律、法规的规定，否则合同不受法律的保护。因此依法成立的合同对双方当事人都具有约束力，依合同享有民事权利，依合同约定，应向对方履行义务。这种双务合同，双方都应全面遵守和履行，并依合同约定，做与不做某种行为。一旦达成约定合同，不得以任何借口减轻或免除自己承担的义务和履行的责任。特别是经营者与消费者的交易中大量存在的承诺，即对商品实行"三包"或类似的有关服务质量的保证，更要按约定严格履行。

2．听取消费者对其提供的商品或者服务的意见，接受消费者的监督。

经营者应当听取消费者对其产品或者服务的意见，就是要求经营者通过各种方式或途径听取消费者的意见和建议。主要征询的方式以通过新闻媒介传播等方式来进行，同时还可以设立专门的机构，配置专职人员，收集、听取消费者的意见和建议。总之，尽快了解和掌握消费者对商品或服务中存在的问题及提出的批评和建议，这对于经营者改进产品质量、服务质量，提高其在市场的竞争能力是有百益而无一害的。

接受消费者的监督，就是要把经营者的经营行为置于消费者的有效监督之下。这也是消费者为了确保自己的利益不受侵害而享有的一项权利。

3．保证其提供的商品或者服务符合保障人身、财产安全的要求。

对可能危及人身、财产安全的商品和服务，应当向消费者作出真实的说明和明确的警示，并说明和标明正确使用商品或者接受服务的方法以及防止危害发生的方法。

本条明确规定了经营者保证商品和服务安全的义务，保证购买、使用的商品和接受的服务不损害消费者的人体健康和人身、财产安全，也是对经营者最起码、最基本的要求。

4. 向消费者提供有关商品或者服务的真实信息，不得作引人误解的虚假宣传。

这是经营者遵守商业道德、促进商品交易和提高服务声誉必须遵守的义务。

规定商店明码标价，则要求经营者提供的各种商品的价格，用价格标签或其他可以使消费者容易了解到的方式明确表示，并要求表示出的价格一定要真实、明确，不至于使消费者产生误解。

5. 经营者应当标明其真实名称和标记。

6. 按照国家有关规定或者商业惯例向消费者出具购货凭证或者服务单据；消费者索要购货凭证或者服务单据的，经营者必须出具。

商业惯例是指在商事活动中人们普遍遵循的准则，本条所称的商业惯例，是指某个行业的经营者在销售商品或提供服务时普遍遵循的做法，特别是在向消费者出具购货凭证或服务单据方面的惯常做法。

购货凭证和服务单据是提供商品或服务的经营者在售出商品或提供服务后向消费者出具的发票或者其他购物单据。购货凭证和服务单据之所以有名称上的区别，是由于服务是一种特殊的商品，但就其实质，二者是相同的。

购货凭证和服务单据在消费市场上的表现形式是极其多样化的，如发票、购货证、价格卡、服务卡、保修证等。

7. 应当保证在正常使用商品或者接受服务的情况下其提供的商品或者服务应当具有的质量、性能、用途和有效期限。应当保证其提供的商品或者服务的实际质量与广告、产品说明书等表明的质量状况相符。

这就要求经营者在宣传方面必须做到真实、可靠，不允许使用虚假的言辞，夸张的手法误导消费者。在有关商品或者服务的质量方面要全面准确地宣传，使宣传的质量状况与提供的商品或者服务相一致。经营者不得采取各种手段欺骗消费者。如将质量最佳的商品样品摆在消费者面前，而以偷梁换柱的方法向消费者提供质量低劣的商品，现在各地举办的家具展销会就常出现类似问题。为此而经常发生消费者与经营者的商品质量纠纷。作为经营者在广告或宣传中对自己的产品做某些艺术夸张，只要不发生引人误解的后果，并不是不可以的，但决不允许在其产品或者服务的宣传中擅自拔高质量指标作不切实际的表述。

8. 按照国家规定或者与消费者的约定，承担包修、包换、包退或者其他责任。

9．不得以格式合同、通知、声明、店堂告示等方式作出对消费者不公平、不合理的规定，或者减轻、免除其损害消费者合法权益应当承担的民事责任。

经营者不得作出对消费者不公平、不合理的规定。经营者与消费者进行交易时，双方的法律地位是平等的，交易关系的成立必须出于双方自愿、公平互尊，且意思真实、合法，绝不能把自己的意志强加给对方，以强凌弱、损害对方利益。因此，经营者制定的格式合同等形式的内容必须符合本法确立的自愿、平等、公平、诚实信用的原则，反之，将视为是对消费者做出的不公平、不合理的行为，直接违反了本法的规定。

10．不得对消费者进行侮辱、诽谤，不得搜查消费者的身体及其携带的物品，不得侵犯消费者的人身自由。

尊重消费者的人格权，是经营者必须遵守的法定义务。所谓人格权是指在法律上享有民事主体资格应具有的权利，其主要包括姓名权、名誉权、肖像权、人身自由权等。消费者享有的人格权，不仅依法应当受到尊重，更不允许受到他人的侵犯。本条从实际出发，以规定经营者应切实履行的义务，具体加以体现了消费者人格权的有力保护。

经营者实施欺诈行为的后果是什么

欺诈行为是指经营者在提供商品或服务中，采取虚假或其他不正当手段欺骗、误导消费者，使消费者合法权益受到损害的行为。经营者在向消费者提供商品中，有下列情形之一的，属于欺诈消费者行为：

1．销售掺杂、掺假，以假充真，以次充好的商品的。

2．采取虚假或者其他不正当手段使销售的商品分量不足的。

3．销售"处理品"、"残次品"、"等外品"等商品而谎称是正品的。

4．以虚假的"清仓价"、"甩卖价"、"最低价"、"优惠价"或者其他欺骗性价格表示销售商品的。

5．以虚假的商品说明、商品标准、实物样品等方式销售商品的。

6．不以自己的真实名称和标记销售商品的。

7．采取雇佣他人等方式进行欺骗性的销售诱导的。

8．作虚假的现场演示和说明的。

9．利用广播、电视、电影、报刊等大众传播媒介对商品作虚假宣传的。

10．骗取消费者预付款的。

11. 利用邮购销售等方式预收价款而不提供或者不按照约定条件提供商品的。

12. 以虚假"有奖销售"、"还本销售"等方式销售商品的。

13. 以其他虚假或者不正当手段欺诈消费者的行为。

经营者提供商品或者服务有欺诈行为的，应按照消费者的要求增加赔偿其受到的损失，增加赔偿的金额为消费者购买商品价格或者接受服务费用的一倍。

生产者、销售者承担产品质量责任的范围是什么

产品质量责任是指因产品存在缺陷造成人身、他人财产损害的，生产者、销售者应当承担的赔偿责任。产品质量责任制度是保护消费者合法权益的一个重要手段。

发生产品质量责任事件造成消费者人身伤害的，生产者或销售者承担责任的范围有医疗费、治疗期间的护理费、因误工减少的收入等费用。造成残疾的，还应支付残疾者自助具费、生活补助费、残疾赔偿金以及由其扶养的人所必需的生活等费用；造成受害人死亡的，还要支付丧葬费、死亡赔偿金以及由死者生前扶养的人所必需的生活费等费用；构成犯罪的，依法追究刑事责任。

消费者权益受到侵害由谁承担赔偿责任

我国《消费者权益保护法》第六章规定了下列情况由谁承担赔偿责任的问题：

1. 消费者在购买、使用商品时，其合法权益受到损害的，可以向销售者要求赔偿。销售者赔偿后，属于生产者的责任或者属于向销售者提供商品的其他销售者的责任的，销售者有权向生产者或者其他销售者追偿，即商业先行赔偿原则（第35条）。

2. 消费者或者其他受害人因商品缺陷造成人身、财产损害的，可以向销售者要求赔偿，也可以向生产者要求赔偿。属于生产者责任的，销售者赔偿后，有权向生产者追偿。属于销售者责任的，生产者赔偿后，有权向销售者追偿（第35条）。

3. 消费者在接受服务时，其合法权益受到损害的，可以向服务者要求赔偿（第35条）。

4. 消费者在购买、使用商品时，其合法权益受到损害，因原企业分立、合并的，可以向变更后承受其权利义务的企业要求赔偿（第36条）。

5. 使用他人营业执照的违法经营者提供商品或者服务，损害消费者合法权益的，消费者可以向其要求赔偿，也可以向营业执照的持有人要求赔偿（第37条）。

6. 消费者因经营者利用虚假广告提供商品或者服务，其合法权益受到损害的，可以向经营者要求赔偿。广告的经营者发布虚假广告的，消费者可以请求行政

部门予以惩处。广告的经营者不能提供经营者的真实名称、地址的，应当承担赔偿责任（第38条）。

7．消费者在展销会、租赁柜台购买商品或者接受服务，其合法权益受到损害的，可以向销售者或服务者要求赔偿。展销会结束或者租赁期满后，也可以向展销会的举办者、柜台的出租者要求赔偿。展销会的举办者、柜台的出租者赔偿后，有权向销售者或者服务者追偿（第39条）。

发生消费者权益争议的解决途径

《消费者权益保护法》第34条确立了消费者与经营者权益争议的解决途径有：

1．与经营者协商调解。协商调解，是指消费者与经营者在发生争议后，就与争议有关的问题进行协商，达成和解协议，使纠纷得以解决的活动。消费者与经营者之间的权益争议，在性质上属于民事权益争议。因此，在法律允许的范围内，当事人可以自由行使并处分权利。但必须具备两个要件：①达成和解协议必须是双方自愿。②和解协议的内容必须合法。

2．请求消费者协会调解。调解，即由第三方对争议双方当事人进行说服劝导，沟通调和以促成争议双方达成解决纠纷的协议的活动。《消费者权益保护法》规定，消费者争议可以通过消费者协会调解解决。实际上，消费者纠纷的任何第三人参与消费者纠纷的解决，促成争议双方达成协议的，都属调解的范围。

3．向有关行政部门申诉。申诉是公民对有关自身或他人的权益问题，向有关国家机关申诉理由，请求处理的行为。消费者申诉时，应根据案件的性质和具体情况，选择适当的受诉机关。如因食品、药品、化妆品质量而发生的争议，可请求卫生行政部门处理；因商品价格或服务收费发生争议，可向物价部门提出申诉；因虚假广告而发生的争议，可向工商行政部门提出申诉。

4．根据与经营者达成的仲裁协议提请仲裁机构仲裁，这一般适用于大宗商品的买卖。

5．向人民法院提起诉讼。任何民事纠纷的解决都应遵循司法最终解决原则，对消费者来说，适用最普遍的司法救济途径就是民事诉讼。

侵害消费者合法权益应承担哪些民事责任

我国《消费者权益保护法》第七章中详细、明确地规定了侵害消费者合法权益应承担的各项法律责任。其中第40条到第49条，主要规定的是侵害消费者合法权益应承担的各种民事责任。

经营者侵害消费者合法权益的行为，按照我国民事立法，是指经营者违法实施的侵害消费者财产权利、人身权利，在经营者与消费者之间产生赔偿损失等权利义务关系的行为。一般来说，经营者对消费者合法权益的损害，可以分为几种情况：一是侵害了消费者的财产权；二是侵害了消费者的生命健康权；三是侵害了消费者的人格权；四是同时侵害了消费者的两种以上的权利。

1. 《消费者权益保护法》规定经营者造成消费者或其他受害人人身损害应承担的民事责任。

以"修理、重作、更换"等方式承担民事责任，在我国消费者权益纠纷中是常用的方法。也是多种民事责任中比较轻的一种，因为其实质只是强制性要求经营者履行自己应履行的义务，不影响到经营者其他方面的经济利益。《消费者权益保护法》从第45条至第48条，对现实中比较常见、容易引起争议和消费者权益比较容易受到侵害的几种情况，逐一明确了经营者应承担的民事责任。

（1）属于"三包"商品的，经营者应承担的民事责任。

《消费者权益保护法》第45条中规定："对国家规定或者经营者与消费者约定包修、包换、包退的商品，经营者应当负责修理、更换或者退货。在保修期内两次修理仍不能正常使用的，经营者应当负责更换或者退货。……对包修、包换、包退的大件商品，消费者要求经营者修理、更换、退货的，经营者应当承担运输等合理费用。"

（2）属于"邮购"商品的，经营者应承担的民事责任。《消费者权益保护法》第46条中规定："经营者以邮购方式提供商品的，应当按照约定提供。未按照约定提供的，应当按照消费者的要求履行约定或者退回货款，并应当承担消费者必须支付的合理费用。"

（3）以"预收款"方式提供商品的，经营者应承担的民事责任。《消费者权益保护法》第47条中规定："经营者以预收款方式提供商品或者服务的，应当按照约定提供。未按照约定提供的，应当按照消费者的要求履行约定或者退回预付款，并应当承担预付款的利息、消费者必须支付的合理费用。"

（4）属于"不合格"商品的，经营者应承担的民事责任。《消费者权益保护法》第48条中规定："依法经有关行政部门认定为不合格的商品，消费者要求退货的，经营者应当负责退货。"

2. 《消费者权益保护法》规定经营者侵害消费者人身自由或人格尊严应承担的民事责任。

我国《消费者权益保护法》在第25条中明确规定了经营者的义务："经营者不

得对消费者进行侮辱、诽谤，不得搜查消费者的身体及其携带的物品，不得侵犯消费者的人身自由。"并在第43条中规定："经营者违反本法第25条规定，侵害消费者的人格尊严或者侵犯消费者人身自由的，应当停止侵害、恢复名誉、消除影响、赔礼道歉，并赔偿损失。"

3.《消费者权益保护法》规定经营者造成消费者财产损害应承担的民事责任。

我国《消费者权益保护法》第44条规定："经营者提供商品或者服务，造成消费者财产损害的，应当按照消费者的要求，以修理、重作、更换、退货、补足商品数量、退还货款或服务费用或者赔偿损失等方式承担民事责任。"

4.《消费者权益保护法》规定经营者造成消费者或其他受害人人身损害应承担的民事责任。

我国《消费者权益保护法》第41条、第42条，对经营者造成消费者及其他受害人人身伤害的赔偿，作了具体规定：

（1）对一般人身伤害的赔偿。

一般伤害是指经过治疗可以恢复健康，并未造成残废的人身损伤。根据《消费者权益保护法》第41条的规定，经营者提供商品或者服务，造成消费者或者其他受害人人身伤害的，应当支付医疗费、治疗期间的护理费、因误工减少的收入等费用。在实践中，赔偿的范围还包括，治疗所需要支付的交通费、住宿费，也可以根据情况考虑伙食补助费和必要的营养费等。

（2）对致人残废的赔偿。

残废，是指受害人身遭受伤害，致使部分肌体丧失功能，不能再恢复。因而部分或全部丧失劳动能力。根据《消费者权益保护法》第41条的规定，经营者提供商品或者服务，造成消费者或者其他受害人残废的，除了应当支付医疗费、治疗期间的护理费、因误工减少的收入等费用外，还应当支付受害人所必需的生活费等费用。

（3）对致人死亡的赔偿。

《消费者权益保护法》第42条规定，经营者提供商品或者服务，造成消费者或者其他受害人死亡的，应当支付丧葬费、死亡赔偿金以及由死者生前扶养的人所必需的生活费等费用。

11.2 产品质量法

什么是产品质量法

产品质量法是调整产品的生产者、销售者以及政府有关行政主管部门等主体之间，在产品质量方面的权利、义务、责任等方面关系的法律规范。广义的产品质量法是指任何调整产品质量关系的各种法律规范的总称。狭义的产品质量法又称形式意义上的产品质量法，是指以产品质量法命名的专门调查产品质量关系的单行法律。《中华人民共和国产品质量法》（以下简称《产品质量法》）于1993年2月22日第七届全国人大常委会第三十次会议通过，1993年9月1日开始实施，并于2000年7月8日进行了修改。

产品质量法的内容及调整对象

产品质量法是调整产品质量监督管理的产品质量责任的法律规范，因此其内容相应的包括：

1. 产品质量监督管理制度

产品质量监督管理是指国家技术监督行政部门以及地方技术监督行政部门依据法定的行政权力，以实现国家职能为目的，对产品质量进行监督的管理活动。国家为保证产品质量而采取的宏观管理和具体监督措施主要包括：

（1）产品质量检验制度。产品质量应当经过检验合格，检验机构必须具备检测条件和能力并经有关部门考核合格后，方可承担检验工作；未经检验的产品视为不合格产品。

（2）某些特殊或重要产品的特殊管理制度。对于可能危及人体健康和人身财产安全的产品以及重要工农业原材料，影响国计民生的重要工业产品制定特殊质量标准或管理措施。

（3）企业质量体系认证制度。企业质量体系认证是指依据国家质量管理和质量保证体系标准，经过认证机构对企业质量体系的检查和确认并通过颁发认证证书，证明企业质量保证能够符合相应要求的活动。国家根据国际通用标准，推选企业质量认证，企业根据自愿原则申请企业质量体系认证。经过质量体系认证的企业可在申请生产许可证、产品质量认证及申请其他质量认证时免予质量体系审查。

（4）产品质量认证制度。产品质量认证是依据产品标准相应的技术要求，经认证机构确认并通过颁发认证标志来证明某一产品符合相应标准的活动。《产品质量法》第9条规定，国家参照国际先进的产品标准要求，由企业自愿申请产品质量认证；认证合格，由认证机构颁发证书，准许企业在产品或包装上使用产品质量认证标志。

（5）产品质量监督检查制度。主要是以抽查方式为主对可能危及人体健康、人身、财产安全的产品，影响国计民生的重要工业产品以及消费者、有关组织反映有质量问题的产品进行抽查。

2．产品质量责任制度

产品质量责任是指产品的生产者、销售者以及其他相关当事人对产品质量所应承担的义务以及违反此种义务时应承担的法律责任。

判定产品质量责任的依据

我国《产品质量法》所规定的判定产品质量责任的依据包括三项：

1．违反默示担保

违反默示担保是指生产者、销售者违反国家法律、法规所规定的产品质量要求。由于国家法律、法规所规定的产品质量要求无须生产者、销售者向用户和消费者明示，故为默示担保。生产者、销售者提供的产品若不能达到一般标准或最低标准，即为违反默示担保，应当承担产品质量责任。

2．违反明示担保

违反明示担保是指生产者、销售者违反明示采用的产品质量标准以及以合同、产品说明、实物样品等方式表明的质量状况。明示担保可以对不特定的用户和消费者作出，还可以对特定的用户和消费者作出。生产者、销售者提供的产品若不能达到其以产品说明、标识、预先样品、合同中的质量标准款等方式表明的质量状况，既为违反明示担保，应当承担产品质量责任。

3．产品质量缺陷

产品质量缺陷是指生产者、销售者提供的产品存在危及他人人身、财产安全的不合理的危险或不符合有关标准，并造成了用户或消费者的人身伤害或财产损失。在违反默示担保和违反明示担保的情况下，无论是否给用户、消费者造成人身或财产损害，生产者、销售者均须承担产品质量责任。

产品质量纠纷的诉讼时效

根据《产品质量法》的规定，因产品存在缺陷造成损害要求赔偿的诉讼时效期限为两年，自当事人知道或应当知道其权益受到损害时起计算。因产品存在缺陷造成损害要求赔偿的请求权，在造成损害的缺陷产品交付最初用户、消费者满十年丧失，但是，尚未超过明示的安全使用期的除外。

违反产品质量法应承担的法律责任形式

1. 责令停止生产和停止销售

责令停止生产和停止销售是一种行政处罚，主要适用生产、销售不符合保障人体健康和人身、财产安全的国家标准、行业标准的产品的；生产者或销售者在产品中掺杂、掺假，以假充真，以次充好，或者以不合格的产品冒充合格产品的；生产国家明令淘汰产品的，销售国家明令淘汰并停止销售的产品的；销售失效、变质的产品的；伪造产品产地的，伪造或者冒用他人厂名、厂址的，伪造或者冒用认证标志等质量标志的情况。

2. 吊销营业执照

营业执照是企业法人和个体工商业经营资格的证明。吊销营业执照就是使企业法人和个体经营者丧失经营资格，是一种相当严重的行政制裁措施。吊销营业执照适用于：生产或者销售的产品不符合保障人体健康、人身、财产安全的国家标准、行业标准的；生产者或销售者在产品中掺杂、掺假，以假充真，以次充好的；生产国家明令淘汰的产品的；销售的产品失效、变质的。拒绝接受依法进行的产品质量监督检查的等情况。

3. 没收违法所得

没收违法所得是一种强制性的经济制裁，主要适用于：生产或销售不符合保障人体健康、人身、财产安全的国家标准、行业标准的产品的；生产者、销售者在产品中掺杂、掺假，以假充真，以次充好，或者以不合格产品冒充合格产品的；生产国家明令淘汰的产品的；销售失效、变质产品的；生产者、销售者伪造产品的产地的；伪造或者冒用他人的厂名、厂址的；伪造或者冒用认证标志等质量认证标志的等情况。除责令停止生产和销售外，没收其产品或违法所得。

4. 罚款

罚款是比较普遍的经济制裁方式。对责令其停止生产和停止销售的行为，并处罚款；对受到没收违法产品和违法所得处罚行为的，并处罚款。伪造检验数据或者伪造检验结论的，责令改正，并处罚款。

5. 追究刑事责任

应受刑事处罚的违法行为有：

（1）生产、销售不符合保障人体健康和人身、财产安全的国家标准、行业标准的产品的，构成犯罪行为的。

（2）在产品中掺杂、掺假，以假充真，以次充好，或者以不合格产品冒充合格产品，构成犯罪行为的。

（3）销售失效、变质产品的，构成犯罪行为的。

（4）产品质量检验机构、认证机构伪造检验结果或者出具虚假证明的，构成犯罪行为的。

（5）知道或者应当知道属于《产品质量法》规定禁止生产、销售的产品而为其提供运输、保管、仓储等便利条件的，或者为以假充真的产品提供制假生产技术的，构成犯罪行为的。

另外，各级人民政府工作人员和其他工作人员包庇、放纵产品生产、销售中违反本法规定行为的；向从事违反本法规定的生产、销售活动的当事人通风报信，帮助其逃避查处的；阻挠、干预产品质量监督部门或者工商行政管理部门依法对产品生产、销售中违反本法规定的行为进行查处，造成严重后果的，构成犯罪的等情况追究刑事责任。对从事产品质量监督管理的国家工作人员滥用职权，玩忽职守，徇私舞弊，构成犯罪的依法追究刑事责任；不构成犯罪的，给予行政处分。以暴力、威胁方法阻碍从事产品质量监督部门或者工商行政管理部门的工作人员依法执行职务的，依法追究刑事责任。

11.3 反不正当竞争法

竞争及其特征

从法学意义上看，竞争是指两个或两个以上的企业在特定的市场上通过提供同类或类似的商品或服务，为争夺市场地位或为争夺顾客而做的较量，并产生优胜劣汰的结果。竞争具有下列特征：

1. 竞争必须发生在两个或两个以上的市场主体之间。

2. 竞争的目的是为了获得有利的市场条件和尽量多的经济利益。

3. 竞争的结果导致优胜劣汰。

什么是不正当竞争

不正当竞争行为是指经营者违反有关反不正当竞争的法律规定，损害其他经营者的合法权益，扰乱正常经济秩序的行为。不正当竞争行为具有三个显著的特征：

1. 违反法律、法规和国家政策。

2．违反善良风俗，丧失合理公平、诚实信用原则和破坏商业惯例。

3．侵犯他人权利，尤其是侵犯竞争对手和消费者的利益，扰乱社会经济秩序。

有关反不正当竞争法的法律规定

1．什么是反不正当竞争法

反不正当竞争法即是调整在制止不正当竞争行为过程中发生的经济行政关系的法律规范的总称。它是国家干预和规制市场经济行为的主要手段之一。我国于1993年9月2日由第八届全国人大常委会第三次会议审议通过了《中华人民共和国反不正当竞争法》（以下简称《反不正当竞争法》）并于同年12月1日起实施。《反垄断法》也于2007年8月31日起开始实施。

2．反不正当竞争法的原则

根据我国《反不正当竞争法》规定的精神，反不正当竞争法具有以下原则：

（1）自主竞争原则。生产者和经营者作为独立的民事主体，根据自己的意愿和市场情况，在不受外来干预的前提下，自主决定和进行竞争。

（2）诚实信用、公平竞争原则。生产者和经营者进行竞争时，应该诚实守信，在追求自身利益的同时，兼顾他人利益和社会利益，以正当的、符合商业道德的手段实现其经济目的，不侵犯同行竞争者和消费者的合法权益，不以大欺小，不恃强凌弱。

（3）合法竞争原则。生产者和经营者必须依法取得营业主体资格才能参与市场竞争，竞争的手段、方法和内容必须符合法律的规定，不得从事法律禁止的竞争行为。

（4）保护中小企业的原则。我国的中小企业一般规模较小，资金少，设备相对落后，单个企业竞争力不强，尤其是在与大型企业特别是垄断企业或跨国公司的经济竞争中往往处于劣势地位，因此《反不正当竞争法》注重对中小企业利益的保护。

3．《反不正当竞争法》规定了哪些不正当竞争行为

我国《反不正当竞争法》第二章共用了十一个条文列举了法律明令禁止的十一类不正当竞争行为。这些不正当竞争行为大体上可以划分为两个大的类型：

一类是违背诚实信用和公平原则的妨碍公平竞争的行为，属狭义的不正当竞争行为。这类不正当竞争行为主要包括：假冒或仿冒行为（第5条）；商业贿赂行为（第8条）；引人误解的虚假宣传行为（第9条）；侵犯商业秘密行为（第10条）；不正当有奖销售行为（第13条）；商业诽谤行为（第14条）等。

　　另一类是妨碍市场机能的限制竞争行为，主要是指经营者滥用经济优势或者几个经营者通过协议等方式损害竞争对手利益的行为。从广义上讲，限制竞争行为也属于不正当竞争行为。这类行为主要包括：公用企业和独占经营者的限制竞争行为（第6条）；滥用行政权力限制竞争行为（第7条）；压价销售排挤竞争对手的行为（第11条）；搭售和附加不合理条件交易行为（第12条）；招标投标中相互勾结排挤竞争对手的行为（第15条）。

欺诈性市场交易行为

　　欺诈性市场交易行为指经营者利用商品的标记和商业信誉，采用假冒、伪造等具有欺骗性的手段从事市场交易，造成公众对假冒的商品的质量、产地等的误解，从而牟取非法利益，损害竞争对手的行为。《反不正当竞争法》列举了下列欺诈性市场交易行为：

　　1. 假冒他人注册商标的行为。假冒他人注册商标是指经营者未经注册商标所有人的许可，擅自使用与注册商标相同或相近似的商标，以引起他人误解，从中获得经济利益。

　　2. 擅自使用知名商品特有的名称、包装、装潢，或者使用与知名商品近似的名称、包装、装潢，造成与他人的知名商品相混淆，使购买者误认为是该知名商品的行为。

　　3. 擅自使用他人的企业名称或者姓名，使人误以为是他人商品的行为。

　　4. 在商品上伪造或者冒用认证标志、名优标志等质量标志，伪造产地，对商品质量做引人误解的虚假表示的行为。

商业贿赂行为

　　商业贿赂行为是指企业等经营主体为了推销或者购买商品，在经营活动中采取暗地向交易相对方的负责人、业务经办人以及其他对交易业务有决定权的人提供财物或者其他好处，以促成业务交易，挤掉竞争对手，从而占领市场的行为。商业贿赂行为有以下特征：

　　1. 主观和客观上的特征

　　商业贿赂行为的行为人主观上出自故意，以排挤竞争对手为目的，客观上通过秘密的方式向个人支付的行为，其所支付的金额款项通常以伪造财务会计账册等非法形式进行掩盖，具有隐蔽性。

2．对象上的特征

商业贿赂行为的对象是对其交易项目的成交有决定性影响的个人，通常为交易相对方的经理、采购人员、代理人等，有时也包括参与该经营活动的政府官员，但是不包括促成交易的独立的中介人。

3．形式上的特征

支付给商业贿赂行为对象的收入和报酬不同于一般性商业惯例中所提供的优惠，它可以表现为提供财物、资助子女出国或到外地旅游、包揽旅游费用等。

4．方法上的特征

商业贿赂行为一般在账外暗中进行，违反了国家的有关财务、会计、廉政等方面的法律法规。

侵犯商业秘密行为

我国《反不正当竞争法》基于我国的具体情况，采取概括式的方式给商业秘密下了定义：商业秘密是指不为公众所知悉，能为权利人带来经济利益，具有实用性并经权利人采取保密措施的技术信息和经营信息。我国商业秘密主要包括：

1．未申请专利的设计资料、图纸、数据、技术规范、工艺流程、秘密配方，包括尚未取得专利及法律规定不能获得专利的实用技术。

2．经营管理技术资料，包括专家、技术人员和工人等所掌握的不成文的知识、技巧和诀窍。如饭店管理模式，仓储式商场的经营方法，企业内部管理办法等。

3．企业未公开的客户资料，包括原材料供应商，生产协作伙伴，主要客户，产品的销售渠道或途径。

4．企业的经营决策，包括新产品的开发，产品的定价，产品的技术含量，新产品何时投放市场，用户群的确定、营销策略等。

5．企业的投标书，包括投标报价，投标工期，投标质量，费用及完工日期等。

6．企业工资奖金分配方案。

构成商业秘密必须同时具备下列三个条件：（1）不为公众知晓性；（2）经济实用性；（3）权利人采取了适当的保密措施。

根据《反不正当竞争法》第10条的规定和国家工商行政管理局《关于禁止侵犯商业秘密行为的若干规定》，侵犯商业秘密的行为有下列几种：

1．以盗窃、利诱、胁迫或其他不正当手段获取权利人的商业秘密。这一规定的目的主要在于禁止他人使用不正当手段获取权利人的商业秘密，既获取本身即违法，而不需要等到公开、使用之时才违法。

2．披露、使用或允许他人使用以前项手段获取权利人的商业秘密。如果侵权人是使用上述不正当手段获取的他人商业秘密，那么其下列行为亦违法。

披露商业秘密，指侵权人将非法获取的商业秘密向他人公开。

使用他人商业秘密，指侵权人在各种有用的方面运用他人商业秘密。这种运用可能与生产活动有关，如用技术秘密生产产品等；也可能与经营活动有关，如利用他人商业秘密制成自己产品的推销计划等。使用他人商业秘密即使从外部不易被察觉，也并不影响使用行为的违法性。

3．与权利人有业务关系的单位和个人违反合同约定或违反权利人有关保守商业秘密的要求，披露、使用或允许他人使用其所掌握的权利人的商业秘密。

4．权利人的职工违反合同约定或者权利人保守商业秘密的要求，披露、使用或允许他人使用其所掌握的权利人的商业秘密。

虚假广告行为

虚假广告行为是广告针对其推销的商品性能、产地、用途、质量、价格、生产者、有效期，允诺或提供服务的内容、形式、质量、价格等作令人误解的虚假广告宣传，以排挤、压制同行业的竞争对手。这多为无中生有、张冠李戴、夸大其词、隐瞒事实、故弄玄虚等行为。具体表现如下：

1．在广告上弄虚作假。编造产品的生产地及生产者以打开销路，哄抬价格；或在产品质量上，以假充真，以劣充优。

2．贬低别人产品或服务来抬高自己。如有些企业通常授意别人写文章和报道抓住对手某一点以大做文章。

3．在广告中伪造获奖证明或其他证明。如冒充说产品获得国际金奖，达到国家标准，以此大肆宣传该产品"全国第一"、"世界第一"，以达到欺骗的目的。

4．不具备插刊广告资格而插刊的广告。

5．在广告中隐瞒事实或夸大其词。如称呼自己的产品是"最高级"、"至尊"、"最佳"、"国家级"等。

6．在广告中或展览上出示的产品与企业实际生产出的产品不符。有些经营者为了更好地推销产品或服务，在展览中和广告上展示出一些精工考究、质优价廉的产品，而实际上却不具有这种产品或服务。

7．在广告或其他场合的宣传中夸大产品的影响，使消费者轻信，从而造成误解。如有的产品仅在国内销售，却说成是已参加出口并成为出口创汇产品等。

8．哗众取宠，名不符实。如市场上本来该产品滞销，却硬说该产品供不应求，深受消费者喜爱。

压价销售行为

所谓压价销售排挤竞争对手的行为，是指经营者为了排挤竞争对手，故意在一定范围的市场上和一定时期内，以低于成本的价格销售某种商品的不正当竞争行为。正当的价格竞争是在采取提高技术、减少消耗、降低成本等措施的基础上，根据市场供求状况、自身发展战略等因素在成本价格以上销售商品。如近几年来"长虹"彩电的几次降价销售活动，虽然引发了国内彩电市场剧烈的竞争，一些中小彩电生产厂家被迫关闭，但这属于正常的价格竞争，与压价销售排挤竞争对手的行为不同。

如果有正当理由，不是以排挤竞争对手为目的，低于成本价格销售商品是允许的。本条第2款就对此作了除外规定。有下列情形之一的，即使以低于成本的价格销售商品的，法律不认定其为不正当竞争行为：

1．销售鲜活商品。鲜活商品不易保存，经营者根据天气及自身经营条件而低价销售鲜活商品，以免腐烂、变质造成更大损失是完全合理的。

2．处理有效期限即将到期的商品或者其他积压的商品。经营者为避免商品过期失效造成损失或者货物报废而提前降价处理是允许的、正当的。

3．季节性降价。经营者在销售旺季过后为防止商品积压，影响资金周转等而降价销售是合理的。

4．因清偿债务、转产、歇业降价销售商品。这是经营者为解决自身困难而采取的合理措施，是为法律所允许的。

不正当有奖销售

不正当有奖销售行为，是指在市场交易中卖方违反法律的规定，以购买自己的某种商品能够中奖为诱饵，促进商品的销售，其实所中奖的财物价值已摊入销售成本，或通过抽奖的方式，将购买者的部分财物进行重新分配，使有人多得一份意外之财，有人少得一部分自己应有的财产，通过迎合人们的投机心理来促销的销售行为。按奖品的发放方式，它可以分为附赠式的有奖销售和抽奖式的有奖销售。附赠式的有奖销售是经营者向所有的买者都赠送奖品，抽奖式的有奖销售是卖方以抽签、摇奖或其他带有偶然性的方式确定购买者是否中奖。

根据我国《反不正当竞争法》的规定，不正当有奖销售行为主要有三种表现形式：

1．欺骗性有奖销售行为。欺骗性有奖销售行为指经营者采用谎称有奖或故意让内定人员中奖的欺骗方式进行有奖销售，所设"奖"不能为购买者所得。

2．利用有奖销售手段推销质次价高的商品。

3．最高奖的金额超过5000元的抽奖式有奖销售。

不正当有奖销售行为是违反我国《反不正当竞争法》的违法行为，应当承担一定的法律责任。在《反不正当竞争法》第26条中规定："经营者违反本法第13条规定进行有奖销售的，监督检查部门应当责令停止违法行为，可以根据情况处以1万元以上10万元以下的罚款。"

虚假广告行为应承担的法律责任

结合我国《反不正当竞争法》、《广告法》、《民法通则》及《刑法》的有关规定，虚假广告行为应承担的法律责任有三种，即民事法律责任、行政法律责任和刑事法律责任。分述如下：

1．民事法律责任

（1）对消费者的赔偿责任。

第一，对于商品负责修理、更换、退货，对于服务负责退还服务费用。消费者对于所购买商品性能用途、质量、价格等不符合广告内容的，可以要求退货或退还服务费用。

第二，赔偿损失。广告主所销售的商品或提供的服务，不符合其在广告宣传中所作出的各项表示给消费者造成损失的，消费者有权要求广告主赔偿损失。

（2）对其他经营者的赔偿责任。

根据《反不正当竞争法》第20条的规定，经营者违反本法规定，给被侵害的经营者造成损害的，应当承担赔偿责任。被侵害的经营者的损失难于计算的，赔偿额为侵权人在侵权期间因侵权而获得的利润；并应当承担被侵害的经营者因调查该经营者侵害其合法权益的不正当竞争行为所支付的合理费用。

2．行政法律责任

根据《反不正当竞争法》第24条的规定，经营者利用广告或其他方法，对商品作引人误解的虚假宣传的，监督检查部门应当责令停止违法行为，消除影响，可以根据情节处以1万元以上20万元以下的罚款；广告的经营者，在明知或应知的情况下，代理、设计、制作、发布虚假广告的，监督检查部门应当责令停止违法行为，没收违法所得，并依法处以罚款。这即是对虚假广告行为行政法律责任的规定。

3. 刑事法律责任

如果广告主播发虚假广告，情节严重，构成犯罪的；或广告经营者、广告发布者和广告主恶意串通，共同构成犯罪的，应由司法机关根据《刑法》的规定追究其刑事责任。

第十二节 《价格法》有关知识

12.1 价格法概述

价格法的作用

1. 什么是价格法

价格法是调整价格关系的法律规范的总称。价格关系是因价格的制定、执行和监督等而在国家、经营者和消费者之间产生的社会关系。

1982年8月，国务院发布了《物价管理暂行条例》，初步确立了价格监督检查制度以及价格违法责任制度。该条例虽然改变了政府统一定价的价格管理模式，但由于价格改革处于初始阶段，政府定价仍占绝对优势。1984年10月，中央作出关于经济体制改革的决定后，我国初步形成了政府定价、政府指导价和市场调节价三种价格形式和管理体制。1987年9月，国务院发布了《价格管理条例》，初步把市场机制引入价格管理体制，确定了直接管理与间接管理相结合的价格管理模式。国务院有关部门在此基础上相继发布了《重要生产资料和交通运输价格管理暂行规定》、《关于商品和服务实行明码标价的规定》及其实施细则、《制止牟取暴利的暂行规定》、《城市基本生活必需品和服务价格监测办法》、《商品住宅价格管理办法》和《城市房产交易价格管理暂行办法》等。1997年12月29日，第八届全国人民代表大会常务委员会第二十九次会议通过了《中华人民共和国价格法》（以下简称《价格法》），它是调整价格关系的基本法。此后，国务院有关部门还发布了《价格违法行为行政处罚规定》、《关于价格举报工作的规定》、《价格监测规定》等。上述调整价格关系的法律、法规，构成了我国价格法律体系的有机组成部分。

2. 价格法的作用

（1）规范价格行为。价格法确定了价格行为的基本规则，使市场中的价格行为处于有规则、有秩序的状态。

（2）保障价格合理配置资源功能的发挥。在市场经济中，市场机制对资源配置起着基础性作用，这一作用是通过价格活动显示出来的。价格法保障了合理配置资源的作用的正常发挥。

（3）稳定市场价格总水平。价格法确定了稳定市场价格总水平是国家重要的宏观经济政策目标，同时还确定了为实现这一目标应采取的具体措施，对稳定市场价格总水平具有重要的作用。

（4）保护消费者和经营者的合法权益。消费者和经营者是价格活动的当事人，在商品交换中享有各自的经济利益，对于依法取得的利益，价格法应当予以保护。

（5）促进社会主义市场经济健康发展。价格法根据社会主义市场经济的要求，在规范价格行为，确立适合中国国情的价格机制，引导和推进资源的合理配置，稳定市场价格总水平，提高国民经济的运行效率等方面起着重要作用，促进了社会主义市场经济健康发展。

价格体系

价格体系是指由一系列有内在联系的价格所组成的价格统一体。价格包括商品价格和服务价格。商品价格是指各类有形产品和无形资产的价格；服务价格是指各类有偿服务的收费。根据不同的分类标准，价格可以分为不同的类别：

1. 按照国民经济的部门来区分，可以分为农产品价格、重工业品价格、轻工产品价格、建筑产品价格、交通运输价格、饮食业价格等。

2. 按照商品流通过程或流通环节来区分，可以分为工业品出厂价格、农产品收购价格、商品调拨价格、商品批发价格、商品零售价格及商品的地区差价和季节差价等。

3. 按照生产要素的构成来区分，可以分为资金价格、土地价格、劳动力价格、科技与信息产品价格等。

4. 按照价格管理形式来区分，可以分为政府指导价、政府定价及市场调节价。

（1）政府指导价是指依照价格法规定，由政府价格主管部门或者其他有关部门，按照定价权限和范围规定基准价及其浮动幅度，指导经营者制定的价格。

（2）政府定价是指依照价格法规定，由政府价格主管部门或者其他有关部门，按照定价权限和范围制定的价格。国家实行并逐步完善宏观经济调控下主要由市场形成价格的机制。价格的制定应当符合价值规律，大多数商品和服务价格实行市场调节价，极少数商品和服务价格实行政府指导价或者政府定价。

（3）市场调节价是指由经营者自主制定，通过市场竞争形成的价格。

价格管理体制

价格管理体制是指价格管理机构的设置和职能的划分。国家支持和促进公平、公开、合法的市场竞争，维护正常的价格秩序，对价格活动实行管理、监督和必要的调控。

《价格法》第5条规定："国务院价格主管部门统一负责全国的价格工作。国务院其他有关部门在各自的职责范围内，负责有关的价格工作。县级以上地方各级人民政府价格主管部门负责本行政区域内的价格工作。县级以上地方各级人民政府其他有关部门在各自的职责范围内，负责有关的价格工作。"

12.2 定价制度

有关政府定价的法律规定

1. 政府定价目录

政府指导价、政府定价的定价权限和具体适用范围，以中央的和地方的定价目录为依据。中央定价目录由国务院价格主管部门制定、修订，报国务院批准后公布。地方定价目录由省、自治区、直辖市人民政府价格主管部门按照中央定价目录规定的定价权限和具体适用范围制定，经本级人民政府审核同意，报国务院价格主管部门审定后公布。省、自治区、直辖市人民政府以下各级地方人民政府不得制定定价目录。

国务院价格主管部门和其他有关部门，按照中央定价目录规定的定价权限和具体用范围制定政府指导价、政府定价；其中重要的商品和服务价格的政府指导价、政府定价，应当按照规定经国务院批准。省、自治区、直辖市人民政府价格主管部门和其他有关部门，应当按照地方定价目录规定的定价权限和具体适用范围制定在本地区执行的政府指导价、政府定价。市、县人民政府可以根据省、自治区、直辖市人民政府的授权，按照地方定价目录规定的定价权限和具体适用范围制定在本地区执行的政府指导价、政府定价。

2. 政府定价行为的定价依据

制定政府指导价、政府定价，应当依据有关商品或者服务的社会平均成本和市场供求状况、国民经济与社会发展要求以及社会承受能力，实行合理的购销差价、批零差价、地区差价和季节差价。

政府价格主管部门和其他有关部门制定政府指导价、政府定价，应当开展价格、成本调查，听取消费者、经营者和有关方面的意见。政府价格主管部门开展对政府指导价、政府定价的价格、成本调查时，有关单位应当如实反映情况，提供必需的账簿、文件以及其他资料。

3. 定价听证会制度

制定关系群众切身利益的公用事业价格、公益性服务价格、自然垄断经营的商品价格等政府指导价、政府定价，应当建立听证会制度，由政府价格主管部门主持，征求消费者、经营者和有关方面的意见，论证其必要性、可行性。

4. 定价公布和调整

政府指导价、政府定价制定后，由制定价格的部门向消费者、经营者公布。政府指导价、政府定价的具体适用范围、价格水平，应当根据经济运行情况，按照规定的定价权限和程序适时调整。消费者、经营者可以对政府指导价、政府定价提出调整建议。

调控价格总水平的模式和措施

1. 调控价格总水平的模式

对价格总水平进行调控，主要有下列几种模式：

（1）直接调控模式。国家通过计划、行政命令等手段对价格总水平进行调节和控制。

（2）间接调控模式。即指国家不直接控制价格，而是通过政策、法律等对影响价格总水平的各种因素或条件加以约束，利用市场机制的作用，对价格总水平进行调节和控制。

（3）混合调控模式。即直接调控与间接调控相结合，是指国家对与国计民生关系重大的极少数商品和服务价格实行直接管理和控制，对于一般商品和服务价格实行市场调节，通过双重调控手段对价格总水平实行有效的调节和控制。世界上很多国家都采用这种模式对价格总水平进行调控。

我国《价格法》第26条规定，国家根据国民经济发展的需要和社会承受能力，确定市价格总水平调控目标，列入国民经济和社会发展计划，并综合运用货币、财政、投资、进出口等方面的政策和措施，予以实现。因而，我国采取的是直接调控与间接调控相结合的价格总水平调控模式。

2. 调控价格总水平的具体措施

价格总水平的运动是各种因素综合作用的结果。根据《价格法》的规定，国家对价格总水平的调控主要有以下几种措施：

（1）建立重要商品储备和价格调节基金制度。

重要商品指关系国计民生的社会产品，如粮食、棉花、盐、石油、防灾物资等。这类商品在市场上的价格波动过大，会直接影响到人民的生活和社会的安定。因此，《价格法》第27条规定，政府可以建立重要商品储备制度，设立价格调节基金，调控价格，稳定市场。建立重要商品的储备制度，在发生严重灾情和特殊情况下，可以进行大宗紧急调用，对平抑物价、安定人民生活、防灾赈灾等有着重要意义。目前我国已重点建立了专项粮食储备制度。价格调节基金是各级政府专门设立的用于平抑市场物价的专项基金。其主要来源有国家专项补贴、副食品价格补贴、中央财政用于"菜篮子工程"的预算拨款、外来劳务人员缴纳的城市增容费以及从工商企业、事业单位的销售或者收入中按比例收取的资金。价格调节基金主要用于平抑副食品市场物价，对临时和突发性市场价格波动以及重大节假日的副食品市场价格进行补贴；加强主要蔬菜基地和生猪、鸡、奶牛等畜食基地的建设；加强农贸批发市场和专业批发市场的建设以及部分重要商品储备设施的建设等。

（2）建立价格监测制度。

《价格法》第28条规定，为适应价格调控和管理的需要，政府价格主管部门应当建立价格监测制度，对重要商品、服务价格的变动进行监测。价格监测主要包括政府价格主管部门为适应价格调控和管理需要，对重要商品、服务价格进行监测分析，对价格政务信息的收集报告等活动。

国务院价格主管部门负责组织和协调全国价格监测工作，县级以上地方各级人民政府价格主管部门负责组织和协调本地区的价格监测工作。国家建立全国统一的价格监测系统。价格主管部门根据价格监测需要指定有关国家机关、企事业单位以及其他组织和个人确定或作为定点价格监测单位收集价格监测资料，并责成其按监测制度和标准向价格主管部门提供和上报，最终为国务院和地方各级政府制定宏观调控政策、确定最低工资标准及最低生活补贴标准等项社会保障政策、价格主管部门认定不正当价格行为和指导行业价格自律提供价格依据。

（3）建立重要农产品的价格保护制度。

重要农产品的价格保护制度是指当重要农产品的市场价格低于保护价时，有关部门应按保护价予以收购的法律制度。《价格法》第20条规定，政府在粮食等重要农产品的市场购买价格过低时，可以在收购中实行保护价格，并采取相应的经济措施保证其实现，保护价也即政府规定的最低收购价。

（4）政府进行价格干预。

政府进行价格干预是指政府在市场价格出现显著上涨或可能出现显著上涨，且其他措施不能保证物价稳定时而采取的措施。《价格法》第30条规定，当重要商品和服务价格显著上涨或者有可能显著上涨，国务院和省、自治区、直辖市人民政府可以对部分价格采取限定差价率或者利润率、规定限价、实行提价申报制度和调价备案制度等干预措施。省、自治区、直辖市人民政府采取上述规定的干预措施，应当报国务院备案。

政府进行价格干预的具体措施有：

①对部分价格采取限定差价率或者利润率，当某类重要商品和服务价格过快、过高上涨达到显著上涨或有可能显著上涨的程度时，由政府规定批零差率、进销差价率、利润率和毛利润率。通过对这部分价格上涨比率的限制，达到抑制价格显著上涨的目的。

②对部分重要商品和服务价格规定限价。这种限价包括最高限价和最低限价，分别指政府对某一商品、服务价格规定的上下限。

③实行提价申报和调价备案制度。按照国务院有关规定，对居民基本生活必需商品和服务价格中属于政府定价的项目，要进行监审，在进行价格调整时，要报上一级价格主管部门备案。

（5）采取价格紧急措施。

价格紧急措施是指国务院在市场价格总水平出现剧烈波动等异常状态时实施的紧急措施。《价格法》第31条规定，当市场价格总水平出现剧烈波动等异常状态时，国务院可以在全国范围内或者部分区域内采取临时集中定价权限、部分或者全面冻结价格的紧急措施。

采取价格紧急措施的机关是国务院。国务院可以根据当时当地的情况决定在全国范围内采取紧急措施，或是在部分区域内采取紧急措施。部分区域既可以是按行政区划在一个或几个省市县，也可以是不按行政区划的一个划定的地域范围。

价格紧急措施有下列两种：

①临时集中定价权限。政府定价、政府指导价的定价权限和具体范围，以中

央和地方的定价目录为依据。采取临时集中定价权限的措施是指将定价权限上收，集中在国务院，定价目录临时不发生效力，由经营者定价或地方政府制定的政府定价、政府指导价不再准许作为交易价格依据，而执行国务院规定的价格。临时集中定价权限是有一定期限的，由国务院根据不同情况具体掌握。

②部分或者全面冻结价格。即由国务院规定，将某类商品和服务价格固定在一个数值上，任何单位和个人在经营中不准随意变动。冻结价格可能是部分的或全面的，可以是一种或某几种商品和服务价格冻结，也可以是全面的价格冻结；可以是部分区域的价格冻结，也可以是全国范围的价格冻结，具体情况由国务院掌握。

经营者的价格权利和价格义务

1. 经营者的价格权利

（1）自主制定属于市场调节的价格。

（2）在政府指导价规定的幅度内制定价格。

（3）制定属于政府指导价、政府定价产品范围内的新产品的试销价格，特定产品除外。

（4）检举、控告侵犯其依法自主定价权利的行为。

2. 经营者的价格义务

（1）守法义务。

（2）明码标价义务。经营者销售、收购商品和提供服务，要按照政府价格主管部门的规定明码标价，注明商品的品名、产地、规格、等级、计价单位、价格或者服务的项目、收费标准等有关情况。

（3）不正当价格行为禁止义务。经营者不得实施下列不正当价格行为：

①操纵价格行为。

②低价倾销行为。指经营者除依法降价处理鲜活商品、季节性商品、积压商品等商品外，为了排挤竞争对手或者独占市场，以低于成本的价格倾销，扰乱正常的生产经营秩序，损害国家利益或者其他经营者的合法权益。

③哄抬价格行为。即经营者捏造、散布涨价信息，哄抬价格，推动商品价格过高上涨。

④虚假价格行为。

⑤价格歧视行为。

⑥变相提高或者压低价格行为。

⑦暴利行为。即经营者违反法律、法规的规定牟取暴利。

⑧法律、行政法规禁止的其他不正当价格行为。

此外，经营者应当努力改进生产经营管理，降低生产经营成本，为消费者提供价格合理的商品和服务，并在市场竞争中获取合法利润。经营者应当根据其经营条件建立健全内部价格管理制度，准确记录与核定商品和服务的生产经营成本，不得弄虚作假。经营者销售进口商品、收购出口商品，应当维护国内市场秩序。

经营者定价应遵守的原则

经营者定价的基本依据是生产经营成本和市场供求状况，并应当遵循下列原则：

1. 公平原则

公平原则是指经营者的价格行为要合情合理，实现利益均衡的原则。价格在本质上反映着人与人之间的社会关系，体现着交换各方的商品交换和经济利益分配关系，经营者对商品和服务价格的确定，应当合乎情理，以合理的价格去取得市场优势，争取交易机会，而不能显失公平。

2. 合法原则

合法原则是指经营者的价格行为要符合法律、法规的原则。在市场经济条件下，多数商品和服务的价格是由经营者自主制定的，并通过市场竞争最终形成。经营者必须在法定权限内行使价格权利，切实履行价格义务。

3. 诚实信用原则

诚实信用原则是指经营者的价格行为要诚实不欺、恪守信用的原则。在经营者的价格行为中贯彻诚实信用原则，对于防范不正当价格行为，保护消费者的合法权益具有重要的意义。

价格监督检查

价格监督检查是指政府部门、社会组织及个人依照价格法对价格行为进行的监督检查。建立和完善价格监督检查制度是确保价格法实施的重要手段。我国的价格监督主要包括政府监督、社会监督和舆论监督。

1. 政府监督

政府监督是指县级以上各级人民政府价格主管部门，依法对价格活动进行监督检查，并对价格违法行为实施行政处罚的行为。

政府价格主管部门进行价格监督检查时，可以按照规定行使下列职权：

（1）询问当事人或者有关人员，并要求其提供证明材料和与价格违法行为有关的其他资料。

（2）查询、复制与价格违法行为有关的账簿、单据、凭证、文件及其他资料，核对与价格违法行为有关的银行资料。

（3）检查与价格违法行为有关的财物，必要时可以责令当事人暂停相关营业。

（4）在证据可能灭失或者以后难以取得的情况下，可以依法先行登记保存，当事人或者有关人员不得转移、隐匿或者销毁。

经营者接受政府价格主管部门的监督检查时，应当如实提供价格监督检查所必需的账簿、单据、凭证、文件以及其他资料。政府价格主管部门工作人员不得将依法取得的资料或者了解的情况用于依法进行价格管理以外的任何其他目的，不得泄露当事人的商业秘密。

2. 社会监督

社会监督是指消费者组织、职工价格监督组织、居民委员会、村民委员会等组织以及消费者，依法对价格行为进行的监督。

社会监督的主体非常广泛，包括消费者组织、职工价格监督组织、居民委员会、村民委员会以及社会群众等。政府价格主管部门应当充分发挥群众的价格监督作用，建立对价格违法行为的举报制度，并应当对举报者保密和给予鼓励。社会监督的方法主要有对经营者的价格行为提出建议、意见或检举、控告；对政府价格主管部门及其工作人员提出批评、建议，对其失职行为进行检举、控告等。

3. 舆论监督

舆论监督是指新闻单位依法对价格行为进行的监督。

违反价格法的法律责任

违反价格法的法律责任是指行为人违反价格法的规定，实施法律禁止的价格行为或不履行法律规定的价格义务，依法应当承担的法律后果。对于价格违法行为，《价格法》明确规定了经营者、政府及其部门以及价格工作人员各自所应承担的法律责任。

1. 经营者违反价格法的法律责任

（1）经营者不执行政府指导价、政府定价以及法定的价格干预措施、紧急措施的，责令改正，没收违法所得，可以并处违法所得5倍以下的罚款；没有违法所得的，可以处以罚款；情节严重的，责令停业整顿。

（2）经营者实施《价格法》所列不正当价格行为之一的，责令改正，没收违法所得，可以并处违法所得5倍以下的罚款；没有违法所得的，予以警告，可以并处罚款；情节严重的，责令停业整顿，或者由工商行政管理机关吊销营业执照。有关法律对《价格法》所列不正当价格行为的处罚及处罚机关另有规定的，可以依照有关法律的规定执行。

（3）经营者因价格违法行为致使消费者或者其他经营者多付价款的，应当退还多付部分；造成损害的，应当依法承担赔偿责任。

（4）经营者违反明码标价规定的，责令改正，没收违法所得，可以并处5000元以下的罚款。

（5）经营者被责令暂停相关营业而不停止的，或者转移、隐匿、销毁依法登记保存的财物的，处相关营业所得或者转移、隐匿、销毁的财物价值1倍以上3倍以下的罚款。

拒绝按照规定提供监督检查所需资料或者提供虚假资料的，责令改正，予以警告；逾期不改正的，可以处以罚款。

2. 价格工作人员违反价格法的法律责任

价格工作人员泄露国家秘密、商业秘密以及滥用职权、徇私舞弊、玩忽职守、索贿受贿，构成犯罪的，依法追究刑事责任；尚不构成犯罪的，依法给予行政处分。

3. 政府及其部门违反价格法的法律责任

地方各级人民政府或者各级人民政府有关部门违反价格法规定，超越定价权限和范围擅自制定、调整价格或者不执行法定的价格干预措施、紧急措施的，责令改正，并可以通报批评；对直接负责的主管人员和其他直接责任人员，依法给予行政处分。

第十三节　《广告法》有关知识

现代社会，品牌对消费者的影响越来越明显。如何使自己的产品上升为品牌产品？广告则成了最必要的途径。通过广告宣传让更多的消费者知道自己的产品，扩大产品的知名度，在加强质量管理的基础上，树立企业的良好形象，使产品走上良性循环的轨道。了解广告法的有关知识则十分必要。

13.1 广告法概述

什么是广告

从法律意义上讲，广告是指商品经营者或者服务提供者承担费用，通过一定媒介和形式直接或者间接地介绍自己所推销的商品或者所提供的服务的商业广告。这类广告作为现代信息产业中的重要组成部分，其内涵涉及到经济、文化、科技、教育等社会生活的各个领域。广告的特征表现在：

1. 广告是广告主自行或委托他人设计、制作、发布的。广告主在广告活动中处于决定性的地位。

2. 广告是广告主以介绍、宣传、推销自己的商品和服务为目的的行为。广告主进行广告宣传，其目的是要介绍、推销自己的商品或者服务，促进自己产品的销售和业务的开展，以获取其经济利益。

3. 广告信息是通过一定的媒介和形式传播的。广告信息包括商品、劳务、观念方面的信息，它必须借助于一定的媒介才能得以传达，并为广告对象所知晓。而广告媒介即广播、电视、电影、报刊、路牌、橱窗、印刷品、霓虹灯、交通工具与设施等则成为传播广告信息的重要载体。此外，广告还可以通过一定的形式，如体育比赛、文艺演出等得以传播。这一特征有别于"直接推销"商品或服务的方式。

4. 广告费用由广告主自己承担。商业广告是一种有偿的商业信息传播活动。由于广告主自行或者委托他人设计、制作、发布广告，是以营利为目的，作为广告的所有者、受益者必然要对此承担相应的费用。这是商业广告的性质所决定的，也是商业广告区别于新闻宣传的重要标准。

广告法的概念

广告法是调整广告活动中所发生的社会关系的法律规范的总称。广告法的调整对象是广告关系，主要包括以下几个方面：

1. 广告监督管理机关在对广告活动实施监督管理过程中与广告主、广告经营者、广告发布者之间发生的社会关系。

2. 广告审查机关对广告进行审查过程中与广告主之间发生的社会关系。

3. 广告主、广告经营者、广告发布者在进行广告活动过程中相互之间发生的社会关系。

广告是重要的市场行为，对社会经济的发展起着重要的作用。1994年10月27日第八届全国人大常委会第十次会议通过，1995年2月1日起施行的《中华人民共和国广告法》，对于加强广告的管理，规范广告市场，促进我国广告业的发展，充分发挥广告在社会主义市场经济中的积极作用具有重要意义。

广告活动的主体

1. 广告活动主体的范围

《广告法》第2条规定，广告主、广告经营者、广告发布者在中华人民共和国境内从事广告活动，应当遵守本法。从这一规定来看，广告活动主体是指依法从事广告活动的当事人。包括三类：

（1）广告主，即为推销商品或者提供服务，自行或者委托他人设计、制作、发布广告的法人、其他经济组织或者个人。

（2）广告经营者，指接受委托提供广告设计、制作、代理服务的法人、其他经济组织或者个人。

（3）广告发布者，即为广告主或者广告主委托的广告经营者发布广告的法人或者其他经济组织。

广告活动主体是否具有合法的主体资格，是衡量广告活动合法与否的重要依据之一。广告业属于知识密集、技术密集、人才密集的高新技术产业。法律、行政法规对广告活动主体资格要求较严，按照规定，广告活动主体从事广告活动，除应具备我国《企业法人登记条例》、《公司登记条例》等规定的相关条件外，还应具备一定的专业条件。对广告主而言，《广告法》第22条规定，广告主自行或者委托他人设计、制作、发布广告，所推销的商品或者所提供的服务应当符合广告主的经营范围。《广告法》第26条规定，从事广告经营的，应当具有必要的专业技术人员、制作设备并依法办理公司或者广告经营登记，方可从事广告活动。广播电台、电视台、报刊出版单位的广告业务，应当由其专门从事广告业务的机构办理，并依法办理兼营广告的登记。

2. 广告活动主体的义务

（1）依法订立广告合同的义务。

（2）不得实施不正当竞争行为的义务。

广告活动中的不正当竞争行为主要表现为两类：一是广告主体违背公平、诚实信用原则和公序良俗原则，采取虚假、欺诈等不正当手段，损害其他广告经营者、广告发布者和消费者利益，扰乱广告经营正常秩序的行为。二是广告经营者、广告发布者利用不正当手段与其他同业者进行竞争或者妨碍、排挤其他同业者之间的竞争。我国《广告法》规定，广告主、广告经营者、广告发布者不得在广告活动中进行任何形式的不正当竞争。

（3）依法委托的义务。

根据规定，广告主要委托设计、制作、发布广告，应当委托具有合法经营资格的广告经营者、广告发布者。不得委托未办广告经营执照、广告许可证或者超越经营许可范围的单位和个人办理各类广告业务，以维护正常的广告市场秩序。

（4）提供真实、合法、有效的证明文件及相关资料的义务。

根据规定，广告主自行或者委托他人设计、制作、发布广告，应当具有或者提供真实、合法、有效的下列证明文件：①营业执照以及其他生产、经营资格的证明文件；②质量检验机构对广告中有关商品质量内容出具的证明文件；③确认广告内容真实性的其他证明文件。发布广告需要经有关行政主管部门审查的，还应当提供有关批准文件。广告发布者向广告主、广告经营者提供的媒介覆盖率、收视率、发行量等资料应当真实。

（5）在广告中使用他人名义、形象须经其书面同意的义务。

公民的姓名权、名誉权、肖像权，在性质上属于公民人身权中的人格权。人格权受法律保护是一项基本原则。《广告法》规定，广告主或者广告经营者在广告中使用他人名义、形象的，应当事先取得他人的书面同意；使用无民事行为能力人、限制民事行为能力人的名义、形象的，应当事先取得其监护人的书面同意。

（6）事先查验证明文件、核实广告内容的义务。

具体指广告经营者、广告发布者根据法律、行政法规查验有关证明文件，核实广告内容。对内容不实或者证明文件不全的广告，广告经营者不得提供设计、制作、代理服务，广告发布者不得发布。

（7）建立健全广告业务的承接登记、审核、档案管理制度的义务。

（8）广告收费应当合理、公开的义务。

（9）不得设计、制作、发布法律所禁止的广告。

13.2 广告管理制度

广告管理机关的职能

《广告法》第6条规定，县级以上人民政府工商行政管理部门是广告监督管理机关。换言之，国家工商行政管理部门是我国广告监督管理机关，它依据法律、行政法规的规定，代表国家对广告活动进行监督和管理。这是工商行政管理部门代表国家实施的经济管理行为。国家工商行政管理部门在广告监督管理中主要行使下列职能：

1. 依法对广告业进行规划管理、指导广告业的发展。

2. 依法单独或者会同国家有关部门制定广告的具体标准。

3. 依法对广告内容、形式以及广告活动主体的广告活动进行监督检查。

4. 对设计、制作、发布违反法律、行政法规等规定的广告和各种广告违法行为进行查处，依法对违法行为者给予行政处罚。

5. 对广告活动主体的资格进行确认和监督。

广告的一般标准

广告的一般标准是各类广告应当遵循的基本准则。我国广告法规定，广告应当真实、合法、符合社会主义精神文明建设的要求。其主要内容包括以下几个方面：

1. 广告应当真实

这里所说的真实，是指广告应当客观、公正，不存在虚假、欺骗和误导等情形。对广告的真实性要求主要有以下几点：

（1）广告不得含有虚假的内容，不得欺骗和误导消费者。

（2）广告中对商品的性能、产地、用途、质量、价格、生产者、有效期限、允诺或者对服务的内容、形式、质量、价格、允诺表示得应当清楚、明白。广告中表明推销商品、提供服务附带赠送礼品的，应当标明赠送的品种和数量。

（3）广告使用数据、统计资料、调查结果、文摘、引用语，应当真实、准确，并表明出处。

（4）广告中涉及专利产品或者专利方法的，应当标明专利号和专利种类。未取得专利权的，不得在广告中谎称取得专利权。禁止使用未授予专利权的专利申请和已经终止、撤销、无效的专利做广告。

2. 广告应当合法

这是指广告活动、广告内容及其表现形式应当符合国家的法律和行政法规的规定，不得违反。具体表现在：

（1）广告活动应当合法，即广告的设计、制作、代理、发布等行为必须符合法律、行政法规的规定。

（2）广告内容应当合法。

（3）广告形式应当合法。

根据有关规定，广告不得有下列情形：

（1）使用中华人民共和国国旗、国徽、国歌。

（2）使用国家机关和国家机关工作人员的名义。

（3）使用国家级、最高级、最佳等用语。

（4）妨碍社会安定和危害人身、财产安全，损害社会公共利益。

（5）妨碍社会公共秩序和违背社会良好风尚。

（6）含有淫秽、迷信、恐怖、暴力、丑恶的内容。

（7）含有民族、种族、宗教、性别歧视的内容。

（8）妨碍环境和自然资源保护。

（9）法律、行政法规规定禁止的其他情形。

3．广告应当符合社会主义精神文明建设的要求

这是对广告思想性的要求。由于广告不单纯是一种经济现象，也是特定文化意识的反映，它采用文学、美术、音响、语言等形式，通过广播、电视、报刊、杂志等媒介表现和反映出来，在推销商品或服务的同时，对人们的思想意识产生潜移默化的影响。思想健康的广告，必然对社会的生产、生活产生积极作用。因此，广告应当符合社会主义精神文明建设的要求。具体来讲，就是要求广告必须维护国家的尊严和利益，遵守社会公德、维护社会公共利益。禁止宣传封建迷信、金钱至上、利己主义等思想和观念。

特殊商品广告的特殊要求

特殊商品广告是指涉及人体健康和生命及其财产安全的商品广告。具体是指药品、医疗器械、农药、烟草、食品、酒类、化妆品等商品广告。为了维护人们的身体健康和生命及其财产安全，加强国家对这些特殊商品广告的管理，我国广告法对这些商品的广告作出了比一般广告标准更为严格的特殊要求。

1．对药品、医疗器械广告的特殊要求，主要包括四个方面：

（1）药品、医疗器械广告不得有下列内容：①含有不科学的表示功效的断言或者保证的；②说明治愈率或者有效率的；③与其他药品、医疗器械的功效和安全性比较的；④利用医药科研单位、学术机构、医疗机构或者专家、医生、患者的名义和形象作证明的；⑤法律、行政法规规定禁止的其他内容。

（2）药品广告的内容必须以国务院卫生行政部门或者省、自治区、直辖市卫

生行政部门批准的说明书为准。

（3）国家规定的应当在医生指导下使用的治疗性药品广告中，必须注明"按医生处方购买和使用"。

（4）麻醉药品、精神药品、毒性药品、放射性药品等特殊药品，不得做广告。

2．对农药广告的特殊要求：

（1）禁止使用无毒、无害等表明安全性的绝对化断言。

（2）禁止含有不科学的表示功效的断言或者保证。

（3）禁止含有违反农药安全使用规程的文字、语言或者画面。

（4）法律、行政法规规定禁止的其他内容。

3．对烟草广告的特殊要求：

（1）禁止利用广播、电影、电视、报纸、期刊发布烟草广告。

（2）禁止在各类等候室、影剧院、会议厅堂、体育比赛场馆等公共场所设置烟草广告。

（3）烟草包装中必须标明"吸烟有害健康"。

4．对食品、酒类、化妆品广告的特殊要求：

我国《广告法》规定食品、酒类、化妆品广告的内容必须符合卫生许可的事项，并不得使用医疗用语或者易于与药品混淆的用语。

有关广告审查的规定

按《广告法》规定，利用广播、电影、电视、报纸、期刊以及其他媒介发布药品、医疗器械、农药、兽药等商品的广告和法律、行政法规规定应当进行审查的其他广告，必须在发布前依照法律、行政法规由有关行政主管部门（以下简称广告审查机关）对广告内容进行审查；未经审查，不得发布。

1．广告审查的范围

根据《广告法》的规定，必须审查的广告的范围只限于两个方面：一是特殊商品广告。即利用广播、电影、电视、报纸、期刊以及其他媒介发布药品、医疗器械、农药、兽药等商品的广告。因为这些特殊商品关系到人的生命、财产安全，对这些特殊商品广告进行发布前的审查，主要是为了使这些特殊商品宣传做到真实、合法，以维护消费者利益和社会利益；二是法律、行政法规规定应当进行审查的其他广告。

广告审查的对象是由文字、图形、文字和图形的组合以及一定语言所反映的广告内容。特殊商品广告内容除应当符合《广告法》的一般规定外，还应当符合《广告法》规定的特殊要求和其他有关法律、行政法规的规定。特殊商品广告的内容经广告审查机关批准后，广告主不得擅自更改。

2. 广告审查机关

广告审查机关是指与特殊商品或服务有关的行政主管部门。广告审查是一项专业技术性强，对商品生产、销售环节熟悉程度较高的工作。因此，《广告法》规定，特殊商品或服务的广告由有关行政主管部门审查，这是符合实际情况的。如依据我国现行有关法律、行政法规的规定，药品广告由省级以上卫生行政主管部门审查；医疗器械广告由省级以上医药行政管理部门审查；农药、兽药广告由省级以上农业行政主管部门审查。由有关行政主管部门负责对这些特殊商品或服务广告的审查工作，目的是加强对特殊广告的管理，规范特殊广告市场，保证特殊广告的发布质量。

3. 广告审查的程序

广告审查的程序是指特殊商品或服务广告的审查程序。《广告法》规定，广告主申请广告审查，应当依照法律、行政法规向广告审查机关提交有关证明文件。广告审查机关应当依照法律、行政法规作出审查决定。按照该规定，特殊商品或服务广告的审查程序包括以下几个方面：

（1）提出申请。

特殊商品或服务广告发布前，由广告主向广告审查机关提出审查申请。根据法律、行政法规的规定，广告主申请审查广告，应当提交有关广告主主体资格的证明文件，如营业执照、生产经营许可证等；还应提交有关广告内容真实性的证明、文件以及广告内容合法性等方面的证明、文件。广告主不提交依法应当提交的证明、文件的，审查机关可以不予审查。

（2）审查。

广告审查机关在收到广告主提交的有关证明、文件后，依照法律、行政法规的有关规定对特殊商品或服务广告进行审查。

（3）决定。

广告审查机关依照法律、行政法规的规定，对特殊商品或服务广告在规定的时间内作出审查决定，即作出批准或者不予批准的决定。广告内容符合法律、行政法规规定的，作出准予发布的决定，反之，作出不准发布广告的决定。广告审查机关作出批准或者不予批准的决定后，要制作相应的审查决定文件，并通知广告主。任何单位和个人不得伪造、变造或者转让广告审查文件。

户外广告的设置管理

户外广告是利用露天场地或公共场所发布的广告。户外广告形式多样，主要有路牌、霓虹灯、电子显示屏幕、橱窗、灯箱、车体、船体、飞机、飞艇、墙壁绘制、气球等。因为户外广告的设置具有地理上的选择性、时间上的长期性等特点，在一定程度上，会对城市的市容、市貌、城市规划、交通安全和人们正常的生产、生活秩序等方面产生一定影响，因此，必须对户外广告的设置实施一定的管理。根据规定，有下列情形之一的，不得设置户外广告：

1. 利用交通安全设施、交通标志的。

2. 影响市政公共设施、交通安全设施、交通标志使用的。

3. 妨碍生产或者人民生活，损害市容市貌的。

4. 国家机关、文物保护单位和名胜风景点的建筑控制地带。

5. 当地县级以上地方人民政府禁止设置户外广告的区域。

户外广告的设置规划和管理办法，由当地县级以上地方人民政府组织广告监督管理、城市建设、环境保护、公安等有关部门制定。

违反广告法的行政责任

行为人违反《广告法》应承担的行政责任包括行政处分和行政处罚。根据《广告法》规定，该行政处罚的形式主要有：责令停止发布广告、公开更正、没收广告费用、罚款、停止广告业务等。

根据《广告法》规定，下列违法行为的行为人，依法应承担行政责任：

1. 广告主、广告经营者、广告发布者的行政责任

（1）违反《广告法》规定，利用广告对商品或者服务作虚假宣传的，由广告监督管理机关责令广告主停止发布、并以等额广告费用在相应范围内公开更正消除影响，并处广告费用1倍以上5倍以下的罚款；对负有责任的广告经营者、广告发布者没收广告费用，并处广告费用1倍以上5倍以下的罚款；情节严重的，依法停止其广告业务。

（2）发布广告违反《广告法》第7条第2款规定的，由广告监督管理机关责令负有责任的广告主、广告经营者、广告发布者停止发布、公开更正，没收广告费用，并处广告费用1倍以上5倍以下的罚款；情节严重的，依法停止其广告业务。

（3）发布广告违反《广告法》第9条至第12条规定的，由广告监督管理机关责令

负有责任的广告主、广告经营者、广告发布者停止发布、公开更正，没收广告费用，可以并处广告费用1倍以上5倍以下的罚款。发布广告违反《广告法》第13条规定的，由广告监督管理机关责令广告发布者改正，处以1000元以上1万元以下的罚款。

（4）违反《广告法》第14条至第17条、第19条规定，发布药品、医疗器械、农药、食品、酒类、化妆品广告的，或者违反《广告法》第31条规定发布广告，由广告监督管理机关责令负有责任的广告主、广告经营者、广告发布者改正或者停止发布，没收广告费用，可以并处广告费用1倍以上5倍以下的罚款；情节严重的，依法停止其广告业务。

（5）违反《广告法》第18条的规定，利用广播、电视、电影、报纸、期刊发布烟草广告，或者在公共场所设置烟草广告的，由广告监督管理机关责令负有责任的广告主、广告经营者、广告发布者停止发布，没收广告费用，可以并处广告费用1倍以上5倍以下的罚款。

（6）违反《广告法》第34条的规定，未经广告审查机关审查批准，发布广告的，由广告监督管理机关责令负有责任的广告主、广告经营者、广告发布者停止发布，没收广告费用，并处广告费用1倍以上5倍以下的罚款。

（7）广告主提供虚假证明文件的，由广告监督管理机关处以1万元以上10万元以下的罚款。伪造、变造或者转让广告审查决定文件的，由广告监督管理机关没收违法所得，并处1万元以上10万元以下的罚款。

2. 国家机关及其工作人员的行政责任

（1）广告审查机关对违法的广告内容作出审查批准决定的，对直接负责的主管人员和其他直接责任人员，由其所在单位、上级机关、行政监察部门依法给予行政处分。

（2）广告监督管理机关和广告审查机关的工作人员玩忽职守、滥用职权、徇私舞弊的，给予行政处分。

当事人对行政处罚决定不服的，可以在接到处罚通知之日起15日内向作出处罚决定的机关的上一级机关申请复议；当事人也可以在接到处罚通知之日起15日内直接向人民法院起诉。

复议机关应当在接到复议申请之日起60日内作出复议决定。

当事人对复议决定不服的，可以在接到复议决定之日起15日内向人民法院起诉。复议机关逾期不作出复议决定的，当事人可以在复议期满之日起15日内向人民法院起诉。

当事人逾期不申请复议也不向人民法院起诉，又不履行处罚决定的，作出处罚决定的机关可以申请人民法院强制执行。

第十四节企业破产法有关知识

市场经济优胜劣汰，企业有生就有死，企业破产法的出台，为企业提供了一个正常新陈代谢的机制。企业管理者要了解破产法，为自己上好发条，争取为企业创造辉煌的未来。

14.1 破产法概述

什么是破产

破产是债务人的实有资产无力清偿到期债务，即企业达到资不抵债的地步，又不能如期偿还债务，就宣告破产。只要有商品生产，只要有市场经济，就会有竞争，也就会出现有盈有亏的企业。某些严重亏损的企业不能清偿到期债务，就会被淘汰，就要破产，这是价值规律作用的必然结果，也是促使商品生产向高效率发展的必要条件之一。

对破产进行规范的法律就是企业破产法。企业破产法是指企业因经营管理不善造成严重亏损，不能清偿到期债务，依法宣告破产所发生的经济关系的法律规范的总称。

我国企业破产法从实际出发，对不同性质的企业破产分别规定在不同的法律中。对于全民所有制企业的破产，适用经六届人大常委会第十八次会议通过的《中华人民共和国企业破产法（试行）》，该法从1988年11月1日起实行，只适用于全民所有制企业。而对集体企业、私营企业、外商投资企业的破产问题则适用1991年4月9日七届人大四次会议通过的《中华人民共和国民事诉讼法》第十九章关于企业法人破产还债程序的规定。但也只限于以上各类具有法人资格的企业，至于不是法人的企业、个体工商户、农村承包经营户、个人合伙则不适用，这些市场主体不能破产。

中华人民共和国第十届全国人民代表大会常务委员会第二十三次会议于2006年8月27日通过了《中华人民共和国企业破产法》，到2007年6月1日起正式施行。

破产条件

根据《企业破产法（试行）》第3条的规定，企业因经营管理不善造成严重亏损，不能清偿到期债务的，依法宣告破产。不能清偿到期债务是破产的界限。

企业由债权人申请破产，有下列情形之一的，不予宣告破产：一是公用企业和与国计民生有重大关系的企业，政府有关部门给予资助或者采取其他措施帮助清偿债务的；二是取得担保，自破产申请之日起6个月内清偿债务的。

我国企业破产法的效力

企业破产法的效力，也称企业破产法的适用范围，是指企业破产法对人的效力、空间效力和时间效力。

1. 对人的效力

指企业破产法对哪些主体适用。《企业破产法（试行）》只适用于全民所有制企业，《中华人民共和国民事诉讼法》规定的"企业法人破产还债程序"适用于全民所有制企业以外的一切企业法人，包括具有法人资格的集体企业、联营企业、私营企业及中外合资经营企业、中外合作经营企业和外资企业，不具备法人资格的企业、个体工商户、农村承包经营户及个人合伙，不适用该程序。

最高人民法院《关于适用<中华人民共和国民事诉讼法>若干问题的意见》第253条规定："人民法院审理破产还债案件，除适用民事诉讼法第19章的有关规定外，并可参照《企业破产法（试行）》的有关规定。"这一扩大性解释，使得《企业破产法》扩大了它的适用范围。

2. 空间效力

指企业破产法所适用的空间范围，即债务人在何地的财产可以作为破产财产，受破产法的约束。我国《企业破产法》和《民事诉讼法》规定的"企业法人破产还债程序"均采属地主义，具体讲是指我国人民法院宣告债务人破产，以债务人在中国境内的财产为限，破产宣告的效力不及于债务人在外国的财产。

3. 时间效力

即企业破产法从何时生效，至何时失效。

14.2 破产申请

企业破产的条件和程序

1. 企业破产的条件

《企业破产法》规定，企业只要到了不能清偿到期债务时，便达到了破产界限，有关债权人和债务人就可以提出破产申请。申请国有企业破产一般应注意以下几个问题：

（1）被申请宣告破产的企业必须是国有企业。

（2）被申请破产的国有企业必须是没有或失去了清偿到期债务的能力，《企业破产法》规定的"不能清偿到期债务"是指：①债务的清偿期限已经届满；②债权人已要求清偿；③债务人明显缺乏清偿能力。债务人停止支付到期债务并呈连续状态，如无相反证据，可推定为"不能清偿到期债务"。

（3）企业破产的申请人既可以是债权人，也可以是债务人。如债权人提出企业破产申请，需提供有关债务人不能清偿到期债务的事实、理由和证据，以及有关材料、债权数额等，并以书面形式向有管辖权的人民法院提出。如果由债务人提出企业破产申请，必须经其上级主管部门同意，并递交有关会计报表，债权债务清册等有关材料。

2. 国有企业破产还债程序

（1）破产申请的提出。

《企业破产法》明确规定："债务人不能清偿到期债务，债权人可以申请宣告债务人破产。""债务人经上级主管部门同意后，可以申请宣告破产。"因此，法律赋予债权人、债务人双方在一定条件下都有申请破产的权利。并规定破产案件由债务人所在地人民法院管辖。基层法院一般管辖县级（市、区）工商管理机关核准登记企业的破产案件。

（2）破产案件的受理。

人民法院接到当事人提出的破产申请，经过审查，认为符合条件的，决定立案受理破产案件，这是破产案件受理的开始，也是破产程序的开始。人民法院受理破产案件后，应当在10日内通知债务人并且发出公告，责成债务人提交债权债务清册等有关材料。债务人收到法院受理破产案件通知书后，应当履行法定义务。债权人应当在收到人民法院通知后一个月内，或在未收到通知的自公布之日起三个月内，向人民法院申报债权，逾期未申报债权的，视为自动放弃债权，丧失参加破产财产分配的资格。人民法院对有财产担保债权和无财产担保债权的申报，应当分别进行登记。有担保的债权有优先受偿的权利，但有担保的债权人在债权人会议上没有表决权。人民法院受理破产案件后，对债务人有关财产的其他民事执行程序必须中止。

（3）破产的裁定和宣告。

企业破产的宣告是指符合破产界限或条件规定，由人民法院裁定宣告企业的破产。人民法院裁定企业破产后，立即发布公告，并将公告通知破产企业及其已知的债权人、债务人和有关部门。债务人收到裁定通知书后，不能上诉。这样规定，是基于以下两点考虑：①破产案件在时间上不宜拖延，拖延越长，财产流失或被转移的可能性越大，案件处理的困难也就越大。如果允许上诉，势必延误时日，造成被动。②对于破产案件的裁定，基本上属于程序性问题，破产界限明确，作出判断并不困难。不能上诉，不会导致破产案件裁定的失误。

破产申请人

破产开始是以当事人提出破产申请为前提条件。当事人既包括债权人，也包括债务人，合称破产申请人。

1. 债务人不能清偿到期债务时，债权人可以申请宣告债务人破产。其中"到期债务"应指金钱债务或者能以金钱折算的债务。

2. 债务人自己也可以申请破产，即"自己破产"。全民所有制企业申请自己破产时，必须经其上级主管部门同意；非全民所有制企业法人申请自己破产时，则不需要有主管部门的同意或批准。

破产申请文件和破产申请的审查

1. 破产申请文件

破产申请文件是破产申请人向法院申请破产时必须提交的文件。申请文件欠缺或不齐全且在一定期限内不能补齐的，法院对该破产申请不予受理。

（1）对于债权人申请宣告债务人破产的，债权人应当向人民法院提供下列文件：①债权发生事实及有关证据；②债权性质、数额；③债权人无财产担保或有财产担保的，应当提供证据；④债务人不能清偿到期债务的有关证据。

（2）债务人提出破产申请的，应当向人民法院提供下列申请文件：①企业亏损情况的说明。②企业会计报表。③企业财产状况明细表和有形财产的处所；债权清册和债务清册，包括债权人和债务人名单、住所、开户银行、债权债务发生的时间、债权债务数额、有无争议等；全民所有制企业的上级主管部门或政府授权部门同意其申请破产的意见；人民法院认为依法应当提供的其他材料。

2. 破产申请的审查

人民法院接到破产申请后，应当对申请是否合法进行审查。审查的内容包括：

（1）申请破产的原因是否具备。不具备破产原因的，法院以裁定驳回申请。

（2）申请是否向有管辖权的法院提出。依据我国企业破产法的有关规定，企业法人破产案件一般由该企业法人住所地的人民法院管辖。但有重大影响的破产案件，视其影响的程度和范围，按照《中华人民共和国民事诉讼法》的规定，确定中级以上人民法院为管辖法院。

（3）申请人的资格。申请人只能是申请破产的企业法人或其债权人。不是债务人或债权人提出的申请，人民法院不予受理。

（4）申请文件是否齐备。文件提交不全的，可以限期补正；逾期不补正的，人民法院不予受理。文件齐备的，人民法院在七日内决定是否立案。

债权人会议

债权人会议，是指破产案件由破产债权人或破产债务人提出破产申请，经人民法院受理后，按法院的通知或公告，由破产债权人所组成表达债权人共同意愿、参与破产程序的决议机构。

1．债权人会议的组成

债权人会议是破产程序中的一个临时性机构，这个机构由所有债权人组成。债权人会议的所有成员或其代表都应当出席债权人会议。债权人会议主席由人民法院从有表决权债权人中指定。达到破产界限的企业法定代表人必须列席会议，并且回答债权人的询问。

在债权人会议组成人员中，无财产担保的债权人，在债权人会议上享有表决权。有财产担保的债权人，有优先受偿的权利，因此，在债权人会议上没有表决权。债务人的保证人，因在代替债务人清偿债务后可以作为债权人，可以参加债权人会议并有表决权。

2．债权人会议的召开

第一次债权人会议由人民法院召集，应当在债权申报期限届满后15日内召开。债权人会议的决议须会议多数通过，即须由出席会议有表决权的债权人过半数以上或者三分之二以上，才具有效力。债权人会议的决议，对全体债权人均有约束力。

3．债权人会议的职权

《企业破产法》规定，债权人会议享有以下职权：

（1）审查有关债权的证明材料，确认债权有无担保及其数额。

（2）讨论通过和解协议草案。

（3）讨论通过破产财产的处理和分配方案。

和解和整顿

和解和整顿是人民法院依法裁定宣告企业破产之前的一种程序，但并非是所有企业破产的必经阶段。和解和整顿也是一项对临近破产界限又具有挽救可能的企业采用的必要挽救措施，从而有利于企业在规定的整顿期限内，扭亏为盈，以清偿债权人的债务，保护债权人的利益。

破产程序中的和解，是破产法上的一种法律行为，是诉讼上的和解，是指人民法院受理企业破产案件后，债务人与债权人相互达到和解协议，以解决债务纠纷，中止破产程序的一种方法。整顿是指由债权人申请企业破产的，在人民法院受理三个月内，被申请破产的企业的上级主管部门申请对该企业进行整顿，并应由企业同债权人会议达到和解协议。

企业破产法规定的和解整顿，必须同时具备以下条件者可成立：

1. 债务人达到了破产界限。

2. 债务人必须提出和解整顿的申请。

3. 债务人没有违法行为。

4. 和解协议需由债权人会议表决通过。

5. 和解协议需经人民法院裁定认可。

《企业破产法》规定，企业整顿的期限不超过两年。在和解协议中应规定企业清偿债务的期限。如果企业和债权人会议达成和解协议，经人民法院认可后，由人民法院发布公告，中止破产程序。和解协议自公告之日起具有法律效力。

企业的整顿由被申请破产企业的上级主管部门负责主持。企业整顿方案应当经过企业职工代表大会讨论。企业整顿的情况应向企业职工代表大会报告，并听取意见。

14.3 破产宣告和破产清算

破产宣告和破产清算

根据《企业破产法（试行）》第23条的规定，具有下列情形之一的，可以裁定宣告企业破产：

1. 企业因经营管理不善造成严重亏损，不能清偿到期债务，又不具有不予宣告破产和中止破产程序的法定情况的。

2. 在企业整顿期间，由于非正常原因导致终结整顿的。

3. 企业整顿期满，不能按照和解协议清偿债务的。

人民法院宣告企业破产的裁定自宣告之日起发生法律效力，破产企业自即日起应当停止生产经营活动，但人民法院或者清算组认为确有必要继续生产经营的除外。人民法院宣告企业破产后，破产企业由依法成立的清算组接管。清算组应当通知企业的债务人和财产持有人向清算组清偿债务或者交付财产，并通知破产企业的开户银行，限定其银行账户只能供清算使用。

破产清算是指人民法院对企业宣告破产后，对破产企业的财产进行清理、变卖、处理和分配的程序。人民法院应当自宣告企业破产之日起15日内成立清算组。清算组成员由人民法院从企业上级主管部门、政府财政部门等有关部门和专业人员中指定。清算组组长由人民法院指定。

清算组提出破产财产分配方案，经债权人会议讨论通过，报请人民法院裁定后执行。破产财产是指在破产宣告后，可以依法对债权人的债权进行清偿的破产企业的财产。

破产财产优先拨付破产费用后，按照一定的顺序清偿。破产财产分配完毕，由清算组提请人民法院终结破产程序。破产程序终结后，未得到清偿的债权不再清偿。清算组应当向破产企业原登记机关办理破产企业注销登记，并将办理情况及时告知人民法院。

什么是破产宣告

1. 破产宣告的开始

债权人或债务人向人民法院提出破产申请，破产申请的提出并不意味着破产程序的开始。只有人民法院审查认为债务人已经具备破产宣告条件，依法宣告其破产时，才真正进入了实质性的破产程序。

依据《企业破产法（试行）》和《中华人民共和国民事诉讼法》的规定，破产宣告因发生下列情形而开始：

（1）全民所有制企业具备破产原因，债权人申请其破产的，法院受理后，债务人的上级主管部门于法定期限内未提出整顿申请或虽提出整顿申请，但未与债权人会议达成和解协议的，可由法院宣告债务人破产。

（2）非全民所有制企业法人达到破产界限，由债权人或债务人申请破产，未进行和解或者未达成和解协议的，由人民法院宣告破产。

（3）全民所有制企业经上级主管部门同意后申请自己破产的，可由法院受理后直接宣告破产。

（4）破产企业在整顿期间或执行和解协议期间，因整顿失败或出现整顿、和解终结的法定事由的，由人民法院裁定终结整顿或和解，宣告企业破产。

2．破产宣告的公告

人民法院宣告债务人破产一律采取裁定的形式。在作出债务人破产宣告的裁定时应公开进行，并且应通知债权人、债务人到庭。当事人拒不到庭的，不影响裁定的效力。裁定自宣告之日起发生法律效力。

为了使社会、破产债权人、破产债务人和其他利害关系人了解企业法人的破产情况，应当将宣告破产的有关事项发布公告。公告应具有四项内容：①企业亏损、资产负债状况；②宣告企业破产的理由和法律依据；③宣告企业破产的日期；④宣告企业破产后企业的财产、账册、文书、资料和印章等的保护。

3．破产宣告的效力

（1）对破产企业财产的效力

破产宣告后，破产人的破产财产即由清算组接管，并由清算组管理及行使处分权。任何单位和个人不得非法处理破产企业的财产、账册、文书、资料和印章等。企业的债务人和财产持有人只能向清算组清偿债务或交付财产。

（2）对破产企业法定代表人及有关人员的效力

在破产宣告后至破产程序终结前，破产企业的法定代表人根据人民法院或清算组的要求进行工作，不得擅离职守。在清算组接管破产企业前，法定代表人负责保管企业的财产、账册、文书、资料和印章等。法定代表人及人民法院指定的财会、统计、保管、保卫人员必须留守企业，继续履行自己的义务。

（3）对破产企业开户银行的效力

企业被宣告破产后，破产企业的开户银行只能将该企业的银行账户提供给清算组使用，不得再供破产企业使用。

（4）重新登记债权

人民法院受理破产申请后，便公告利害关系人于一定期间内申报债权。全民所有制企业，由债务人申请自己破产的，不必经过和解整顿阶段；虽由债权人申请破产，但债务人与债权人会议未进行和解或未达成和解协议的；非全民所有制企业法人，由债权人或债务人申请破产，没有进行和解或未达成和解协议的，均由人民法院直接宣告破产，无需重新登记债权。但全民所有制企业法人或非全民所有制企业法人被申请破产后，如果债务人与债权人会议达成和解协议，即应中止破产程序，进入整顿或执行和解协议阶段。在企业整顿或执行和解协议期间，企业为进行必要的生产经营，可能会对部分债权人进行债务清偿，也可能会发生新的债权债务关系。当企业整顿失败或非正常终结时，企业被依法宣告破产，整顿或执行和解协议期间所为的部分清偿应从原登记债权中删除，新发生的债务应作为破产债权进行登记。

清算组的组成和职权

1. 清算组的组成

根据相关的规定，人民法院应自宣告企业破产之日起15日内成立清算组，接管破产企业。清算组的成员，由人民法院与同级人民政府从企业上级主管部门、政府财政、工商、计委、审计、税务、物价、劳动、人事等部门和专业人员中用公函指定。一经指定，有关单位和人员不得借故推托或者擅离岗位。确因客观情况不能执行职务的，人民法院可以另行指定。

清算组组长由人民法院指定。

2. 清算组的职权

清算组依法成立后，便依据法律规定的职权进行破产清算工作。清算组的职权包括：

（1）接管破产企业，负责破产财产的保管、清算、估价、处理和分配。

（2）处理破产企业未了结的事务，进行必要的民事活动。对于破产企业尚未履行的合同，清算组可以决定解除或继续履行。对另一方当事人因合同解除受到的损害应给予赔偿，赔偿金额应作为破产债权。

（3）拟定破产财产分配方案，经债权人会议讨论通过后，报请法院裁定和执行。

（4）办理破产企业的注销登记。破产程序终结后，清算组向破产企业原登记机关办理注销登记。

破产债权的构成条件和范围

1. 破产债权的构成翼件

破产债权是指破产宣告前对破产企业成立的、能够通过破产程序公平受偿的债权。

破产债权不同于一般债权。构成破产债权需具备以下四个要件：

（1）破产债权是破产宣告前成立的债权。

（2）破产债权必须是财产上的请求权。财产上的请求权是指能以金钱或折抵为金钱的财产给付为内容的请求权。破产财产的分配主要是金钱的分配，如果是不能折算为金钱的请求权，不能列为破产债权。

（3）破产债权必须是不具有优先受偿权的债权。

（4）破产债权是根据破产程序行使的债权。

2. 破产债权的范围

（1）无财产担保的债权。包括主债权及其利息，但利息只计算到破产宣告之日。对于破产宣告时尚未到期的债权，应减去未到期的利息及其他损失后计算破产债权。

（2）放弃优先受偿权的有财产担保的债权。

（3）未受担保清偿的有财产担保的债权的剩余额。

（4）损害赔偿债权。在破产宣告后，对于破产人尚未履行的合同，清算组因解除合同给对方当事人造成损害的，应予赔偿。赔偿金列入破产债权。

（5）合伙人破产时所产生的债权。

（6）保证人的债权。

（7）票据债权。票据的出票人或背书人被宣告破产，而付款人或承兑人不知事实而付款或承兑的，因此所产生的债权为破产债权，付款人或承兑人为债权人。

14.4 破产财产

什么是破产财产

破产财产是指破产宣告后破产人可以用来进行财产清算和债务清偿的财产。根据《企业破产法（试行）》的规定，破产财产包括：

1. 宣告破产时，破产企业所有或经营管理的全部财产。破产企业只能把其可以独立支配、有权处分的财产作为破产财产进行分配。

2. 破产企业在破产宣告后至破产程序终结前取得的财产。包括破产人在破产清算时取得的其债务人偿还的财产、收回的投资以及因民事行为无效或被撤销后被法院追回的财产。

3. 超过担保债务数额部分的担保财产。已作为担保物的财产不属于破产财产，但是如果担保物的价值大于所担保的债务数额，则该剩余部分的价值应作为破产财产进行分配。

4. 应当由破产企业行使的其他财产权利。但确实无法收回的破产企业的财产，不列为破产财产进行分配。

破产财产中，属于他人的财产，应由该财产的原所有人通过清算组取回。

破产财产的分配

1．分配的原则

清算组分配破产企业的财产，以金钱分配为原则，也可以采用实物方式，或者兼用两种方式。破产企业的债权在分配时仍未得到清偿的，也可以将该债权按比例分配给破产企业的债权人，同时通知破产企业的债务人。

2．分配方案

破产财产分配前，清算组必须制定分配方案交债权人会议讨论通过，并报告人民法院核准后才能依照方案进行分配。分配方案的主要内容是确定分配比例和分配方法。方案应坚持公平、公正原则，严格按照法定清偿顺序进行，不能在分配上有所偏私。

3．分配的顺序

清算组对于破产企业的破产财产分配，应依法定顺序进行，即破产财产优先拨付破产费用后，应按照下列顺序清偿：（1）破产企业所欠职工工资和劳动保险费；（2）破产企业所欠税款；（3）破产债权。对破产财产不足清偿上述顺序清偿要求的，按照比例分配。

破产财产分配完毕，由清算组提请人民法院终结破产程序。破产程序终结后，未得到清偿的债权不再清偿。

《民事诉讼法》关于企业法人破产还债程序的规定

企业法人破产还债程序，是指《民事诉讼法》规定的对国有企业以外的企业法人破产还债所适用的程序。根据《民事诉讼法》规定，企业法人因严重亏损，无力偿还到期债务，债权人可以向人民法院申请宣告债务人破产还债，债务人也可以向人民法院申请宣告破产还债。对此，《民事诉讼法》作了专章规定。但《民事诉讼法》规定的企业法人破产还债程序仅适用于非国有企业的企业法人，包括集体企业以及私营企业、外商投资企业中的具有法人资格的企业；明确规定国有企业的破产还债程序适用《企业破产法》的规定；不是法人的企业、个体工商户、农民承包经营户、个人合伙的破产还债，不适用本章规定。

企业法人破产还债程序的主要规定：

1．有关企业法人破产的受理和宣告的规定

《民事诉讼法》规定，企业法人破产还债，由该企业法人住所地的人民法院管辖。人民法院裁定宣告进入破产还债程序后，应当在10日内通知债权人和已知的债权人，并发出公告。债权人应当在收到通知后30日内，未收到通知的债权人应当自公告之日起3个月内，向人民法院申请债权。逾期未申请债权的，视为放弃债权。债权人可以组成债权人会议，讨论通过破产企业财产的处理和分配方案或者达成和解协议。

2. 有关企业法人破产的和解协议效力的规定

《民事诉讼法》规定，企业法人与债权人会议达成和解协议的，经人民法院认可后，由人民法院发布公告，中止破产还债程序，和解协议自公告之日起具有法律效力。

3. 有关企业法人破产的清算程序的规定

《民事诉讼法规定》，人民法院可以组织有关机关和有关人员成立清算组织。清算组织负责破产财产的保管、清理、估价、处理和分配；清算组织可以进行必要的民事活动，对人民法院负责并报告工作。

对于已作为银行贷款等债权的抵押物或者其他的担保物的财产，银行和其他债权人享有就该抵押物或者其他担保物优先受偿的权利。抵押物或者其他担保物的价款超过其所担保的债务数额的，超过部分属于破产还债的财产。

在破产清算中，在破产财产优先拨付破产费用后，还具体规定破产还债的清偿顺序：（1）破产企业所欠职工工资和劳动保险费用；（2）破产企业所欠税款；（3）破产债权。

违反企业破产法的法律责任

企业被宣告破产后，由政府监察部门和审计部门负责查明企业破产的责任。企业破产的法律责任，一是破产违法责任，二是破产责任。破产违法责任，是指破产企业实施为破产法所禁止的行为，其法定代表人或其他责任人员所应承担的法律后果。破产责任，是指当企业被宣告破产后，对企业破产负有主要责任的法定代表人和企业的上级主管部门领导人所应承担的法律后果。

根据《企业破产法》规定，破产违法责任，主要包括：

1. 隐匿、私分或者无偿转让财产。

2. 非正常压价出售财产。

3. 对原来未提供担保债务提供财产担保的行为。

4. 对未到期的债务提前清偿。

5. 放弃自己的债权等。

对负有破产违法责任的破产企业法定代表人和直接责任人员应视其情节、后果给予行政处分，构成犯罪的，依法追究刑事责任。

根据破产法规定，破产责任主要包括破产企业的经营管理者、领导者以及上级主管部门负责人，严重渎职或瞎指挥，或经营管理不善，严重亏损，直接导致了企业破产。对负有主要破产责任的破产企业法定代表人和上级主管部门负责人，应视情节、后果给予行政处分；因玩忽职守造成企业破产，致使国家财产遭受重大损失，构成犯罪的，应依法追究刑事责任。

第十五节刑事法有关知识

有的企业管理人员，在压力或利益的驱使下，会采取一些不正当手段处理企业事务。有些处理方式在和法律打着擦边球，稍不留神可能就会触犯法律，构成犯罪。管理者懂得了刑法的基本常识，就能最大限度地避免自己不违法，同时还能约束下属不要触犯法律，以免给企业造成不良影响。

15.1 刑事法律基本概述

什么是单位犯罪

我国《刑法》第30条规定："公司、企业、事业单位、机关、团体实施的危害社会的行为，法律规定为单位犯罪的，应当负刑事责任。"

单位（包括法人）是相对于自然人来讲的社会、民事等活动的一个重要主体。就一般意义而言，单位的范围是十分宽泛的，可能出现不同的理解。但本条规定，所谓的"单位"，特指公司、企业、事业单位、机关、团体。其中的公司，特指《中华人民共和国公司法》第2条所指的有限责任公司和股份有限公司。有限责任公司是全体股东以各自的出资额为限，对公司债务承担清偿责任的公司。股份有限公司是有一定人员的股东发起成立的，全部资本划分为若干股份，股东各自以其所购股份对外承担财产责任的公司；企业，本法中是指除上述公司以外的国有企业、集体企业、私营企业等。它们是以赢利为目的，以从事生产、经营等活动为内容的社会经济组织，也可以称之为"企业法人"；事业单位，是指不从事生产、经济等赢利性活动，接受国家机关领导并由国家开支经费，依照法律或者行政命令而设立的组织。在我国，事业单位有国家事业单位和集体事业单位之分；机关，主要是指行使国家和党派管理职能的各级权力机关、司法机关、党政机关和军事机关；团体，是由特定行业、阶层依法自愿组成的群众性自治组织，包括共青团组织、妇女联合会、工会、学生联合会、基金会、宗教或者其他学术行业团体。这些单位们都能以自己的资产和名义，对外开展活动，并享有相应的权利和承担应尽的义务。

单位犯罪应承担什么法律责任

1. 单位犯罪时，对单位的处罚

本法第30条规定："公司、企业、事业单位、机关、团体实施的危害社会的行为，法律规定为单位犯罪的，应当负刑事责任。"对于犯罪的法人本身，只能适用有限的刑事责任实施方式，主要是适用财产刑，而不可能适用生命刑、自由刑。因此，本条规定，单位犯罪的，对单位判处罚金。

2. 单位犯罪时，对直接负责的主管人员和其他直接责任人员的处罚

（1）直接负责的主管人员

关于何为单位犯罪直接负责的主管人员，本法没有作出解释。

我们认为，单位犯罪的直接负责主管人员，应具体情况具体分析，从司法实践看，单位犯罪的直接负责主管人员，一般有以下几种人：

①法定代表人。如果实施单位犯罪的单位具有法人资格，实施单位犯罪的决定是单位的法定代表人独立作出的，或者是单位的法定代表人主持决定的，该法定代表人即构成单位犯罪的直接负责主管人员。不管法定代表人是董事长、总经理，还是校长、所长，另外，参与决定单位犯罪的单位其他负责人或者主持实施犯罪的有关负责人，也可构成单位犯罪的直接负责主管人员。

②单位的主要负责人。如果实施单位犯罪的单位不是法人，而是非法人组织，实施单位犯罪的决定是单位的主要负责人作出的，或者是单位的主要负责人即第一把手主持决定的，则该单位犯罪的直接负责主管人员即是单位的主要负责人。参与决定实施单位犯罪或者主持实施单位犯罪或者主持实施单位犯罪的其他负责人，也可以成为单位犯罪的直接负责主管人员。

③单位的一般负责人。所谓一般负责人，是指单位的副职或实行集体领导体制的领导成员。这些单位成员一般都参与决策或者分管单位某一方面的工作，在自己分管的业务范围内，有决策权，有可能独立决定实施单位犯罪。如果是这类负责人决定单位犯罪，单位的法定代表人仅仅是知情或者事后才知情，直接负责主管人员就只能是作出决定的人，不应当是法定代表人或者是单位的第一把手。

④单位的部门负责人。在一定的情况下，单位的部门负责人也可以成为单位犯罪的直接负责主管人员。当单位的某个部门具有独立开展工作或经营权力时，部门负责人不仅可以是单位犯罪的直接责任人员，在独立决定或者与单位的负责人共谋实施单位犯罪时，也可以成为单位犯罪的直接负责主管人员。

（2）其他直接责任人员

单位犯罪主体中的其他直接责任人员，是指除直接负责的主管人员以外的积极实施单位犯罪的人员。构成单位犯罪的其他直接责任人员，需要具备如下条件：

①单位犯罪的其他直接责任人员必须是法人或者非法人单位内部的人员，如果实施单位犯罪的自然人不是单位内部的人员，而是单位或者单位外部的人员，这种犯罪属于单位和自然人共同犯罪。

②单位犯罪的其他直接责任人员，必须是亲自实施了单位犯罪行为的人员。

③单位犯罪的其他直接责任人员，必须对所实施的单位故意犯罪是明知的，即明知自己实施的是单位犯罪，如果自然人不知道自己执行的是单位的犯罪意志，对自然人来说就不按照直接责任人员定罪。

④单位犯罪的其他直接责任人员，必须是在单位犯罪的实行过程中起重要作用的人员。包括在实行单位犯罪的过程中起组织、指挥作用或其他重要作用（主要是指实施单位犯罪的骨干分子和积极分子，对单位犯罪的实行和完成，起了突出的作用）。

本法第31条规定："单位犯罪的，对单位判处罚金，并对其直接负责的主管人员和其他直接责任人员判处刑罚。"根据该条规定，对单位犯罪，除法律有规定的外，都实行双罚制，即一方面对单位判处罚金，另一方面对单位犯罪负有直接责任的单位的代表、领导人及其他方面业务的主管人如厂长、副厂长、经理、副经理、部门经理等判处刑罚。

什么是共同犯罪

1. 犯罪主体不是单一的主体，而是二人以上。犯罪主体可以是自然人或法人，无论是自然人还是法人，都必须具备法定的犯罪主体资格。

2. 各个犯罪主体所侵害的必须是同一个犯罪客体。

3. 在犯罪的主观方面，各个主体之间必须有共同的犯罪故意。共同的犯罪故意，一方面指各个犯罪主体是故意地进行犯罪活动，另一方面指主体犯罪故意的共同性，即主体具有共同的犯罪意图及与别人共同犯罪的故意。

4. 在犯罪的客观方面，各个犯罪主体必须具有协同一致的犯罪行为。在共同犯罪中，各个主体的行为都是相互配合、密切联系的，它们协同一致地指向共同的客体。

犯罪主体的非单一性，犯罪客体的同一性，犯罪主观方面的共同的犯罪和犯罪客观方面的协同一致的犯罪行为，是共同犯罪在犯罪构成的要素中的几个主要特征。

重大责任事故罪

重大责任事故罪，是指工厂、矿山、林场建筑企业或者其他企业、事业单位的职工，由于不服管理、违反规章制度，或者强令工人违章冒险作业，因而发生重大伤亡事故，造成严重后果的行为。

十届全国人大常委会在2006年6月29日第二十二次会议通过的《中华人民共和国刑法修正案（六）》第134条规定：在生产、作业中违反有关安全管理的规定，因而发生重大伤亡事故或者造成其他严重后果的，处3年以下有期徒刑或者拘役；情节特别恶劣的，处3年以上7年以下有期徒刑。强令他人违章冒险作业，因而发生重大伤亡事故或者造成其他严重后果的，处5年以下有期徒刑或者拘役；情节特别恶劣的，处5年以上有期徒刑。

什么是走私罪

走私罪，是指违反海关法规，非法运输、携带、邮寄货物、货币、金银或其他物品进出国（边）境，逃避海关检查、监督，偷逃关税，破坏国家对外贸易管制情节严重的行为。

本罪的客观方面，表现为违反海关法规，逃避海关监督、检查，偷逃关税的行为，二者缺一不可。所谓逃避海关监管，是指采取不正当的方法躲避海关的监督、管理和检查，根据中国《海关法》、《关于惩治走私罪的补充规定》（以下简称《补充规定》）等有关法律的规定，逃避海关监管，有下列行为之一的，就属走私犯罪行为：

1. 运输、携带、邮寄国家禁止出口的文物、珍贵动物及其制品、黄金、白银或者其他贵重金属出境的。

2. 以牟利或者传播为目的，运输、携带、邮寄淫秽影片、录像带、录音带、图片、书刊或者其他淫秽物品进出境的。

3. 以牟利为目的，运输、携带、邮寄除上述所列物品以外的国家禁止进出口的其他物品、国家限制进口或者依法应当缴纳关税的货物、物品进出境，数额较大的。

4. 未经海关许可并且未补缴关税，擅自出售特准进口的来料加工、来件装配、补偿贸易的原材料、零件、制成品、设备等保税货物数额较大，在境内销售牟利的。

5. 假借捐赠名义进口货物、物品的，或者未经海关许可并且未补缴关税，擅自捐赠进口的货物、物品或者其他特定减税、免税进口的货物、物品数额较大的。

6. 以武装掩护走私的，以暴力、威胁方法抗拒检查走私货物、物品的，不论数额大小，都是走私罪。

有下列行为之一的，以走私罪论处：

1. 直接向走私人非法收购国家禁止进口物品的，或者直接向走私人非法收购走私进口的其他货币、物品，数额较大。

2. 在内海、领海运输、收购、贩卖国家禁止进出口物品的，或者运输、收购、贩卖国家限制进出口货物、物品，数额较大，没有合法证明的。

中国现行刑法根据走私罪的不同情况，分别规定了下列处罚原则：

1. 犯走私武器、弹药、核材料、伪造的货币罪，处7年以上有期徒刑，并处罚金或者没收财产；情节较轻的，处3年以上7年以下有期徒刑，并处罚金；情节特别严重的，处无期徒刑或者死刑，并处没收财产。

2. 犯走私文物、珍贵动物、贵重金属罪的，处5年以上有期徒刑，并处罚金；情节较轻的，处5年以下有期徒刑，并处罚金；情节特别严重的，处无期徒刑或者死刑，并处没收财产。

3. 犯走私珍稀植物罪的，处5年以下有期徒刑，并处或者单处罚金；情节严重的，处5年以上有期徒刑，并处罚金。

4. 犯走私淫秽物品罪的，处3年以上10年以下有期徒刑，并处罚金；情节严重的，处10年以上有期徒刑或者无期徒刑，并处罚金或者没收财产；情节较轻的，处3年以下有期徒刑、拘役或者管制，并处罚金。

5. 走私一般货物、物品的，根据情节轻重，分别依照下列规定处罚：

（1）走私货物、物品偷逃应缴税额在50万元以上的，处10年以上有期徒刑或者无期徒刑，并处偷逃应缴税额1倍以上5倍以下罚金或者没收财产；情节特别严重的，处死刑，并处没收财产。

（2）走私货物、物品偷逃应缴税额在15万元以上不满50万元的，处3年以上10年以下有期徒刑，并处偷逃应缴税额1倍以上5倍以下罚金或者没收财产；情节特别严重的，处10年以上有期徒刑或者无期徒刑，并处偷逃应缴税额1倍以上5倍以下罚金或者没收财产。

（3）走私货物、物品偷逃应缴税额在5万元以上不满15万元的，处3年以下有期徒刑或者拘役，并处偷逃应缴税额1倍以上5倍以下罚金。

对多次走私未经处理的，按照累计走私货物、物品的偷逃应缴税额处罚。

6．单位犯本法第151条、第152条规定之罪的，对单位实行双罚制，即对单位判处罚金，并对其直接负责的主管人员和其他直接责任人员，依照各条的规定处罚。单位犯第153条规定之罪的，对单位判处罚金，并对其直接负责的主管人员和其他直接责任人员处3年以下有期徒刑或者拘役；情节严重的，处3年以上10年以下有期徒刑；情节特别严重的，处10年以上有期徒刑。

7．与走私罪犯通谋，为其提供贷款、资金、账号、发票、证明，或者为其提供运输、保管、邮寄或者其他方便的，以走私罪的共犯论处。

8．武装掩护走私的，依照本法第151条第1款、第4款的规定从重处罚；以暴力、威胁方法抗拒缉私的，以走私罪和本法第277条规定的阻碍国家工作人员依法执行职务罪，依照数罪并罚的规定处罚。

生产、销售伪劣产品罪

我国《刑法》第140条规定："生产者、销售者在产品中掺杂、掺假，以假充真，以次充好或者以不合格产品冒充合格产品，销售金额5万元以上不满20万元的，处二年以下有期徒刑或者拘役，并处或者单处销售金额50%以上二倍以下罚金；销售金额20万元以上不满50万元的，处二年以上七年以下有期徒刑，并处销售金额50%以上二倍以下罚金；销售金额200万元以上的，处十五年有期徒刑或者无期徒刑，并处销售金额50%以上二倍以下罚金或者没收财产。"

本条是关于生产、销售伪劣产品罪的规定。生产、销售伪劣产品罪，是指生产者、销售者在产品中掺杂、掺假，以假充真，以次充好或者以不合格产品冒充合格产品，销售金额五万元以上的行为。

掺杂、掺假是指在生产、销售的产品中掺入与原产品并不同类的杂物，或者掺入其他不符合原产品质量的次品，如在芝麻中掺砂子，在磷肥中掺入颜色相同的泥土等。

以假充真是指生产者、销售者将伪造的产品冒充真正的产品，主要表现为生产、销售的产品名称与实际名称不符，或者原材料名称、产品所含成分与产品的实际名称、成分不符，如将党参冒充人参、猪皮鞋冒充牛皮鞋等。

以次充好是指以质量次的产品冒充质量高的产品。主要表现为将次品冒充正品，将质量低的产品冒充质量高的产品，将旧产品冒充新产品，将淘汰产品冒充未淘汰产品，将没有获得某种荣誉称号的产品冒充获得了某种荣誉称号的产品等。

以不合格产品冒充合格产品是指将没有达到国家标准、行业标准的产品冒充达到国家标准、行业标准的产品，将超过使用期限的产品冒充没有超过使用期限的产品等。

另外，依本法第149条规定，生产销售假药、劣药、不符合卫生标准的食品、掺有有毒、有害的非食品原料的食品、不符合标准的医疗器械、医用卫生材料、不符合标准的电器、压力容器、易燃易爆产品、假农药、假兽药、假化肥、假种子、不符合卫生标准的化妆品，不构成本节所定其余各罪的，但销售金额在五万元以上的，应定为本罪予以处罚。同时，如果该行为同时构成本罪和本书其余之罪的，应依处罚较重的规定定罪处罚。

什么是诈骗罪

诈骗罪，是指以非法占有为目的，用虚构事实或者隐藏真相的方法，骗取数额较大的公私财物的行为。诈骗罪有以下特征：

1. 该罪侵犯的客体是公私财物的所有权。侵犯的对象仅限于国家、集体或个人的财物，而不是骗取其他非法利益，如伪造证明骗取婚姻登记而重婚的，制造、贩卖假药而危害人民健康的等，都不能以诈骗罪定罪，而应根据刑法规定的其他罪名定罪。

2. 在客观方面，该罪表现为行为人实施了骗取数额较大的公私财物的行为。骗取的方法是虚构事实或者隐瞒真相。诈骗公私财物数额较大的，才构成犯罪。骗取少量公私财物的行为，属于一般违法行为，不构成犯罪，不应予以刑事处罚。这里所谓的"数额较大"，一般指个人诈骗数额在2000～4000元（具体数额由各省、自治区、直辖市高级人民法院在此范围内确定）以上的情况，以及单位直接负责的主管人员和其他直接责任人员以本单位名义实施诈骗行为，诈骗所得归单位所有，数额在5万～10万元（具体数额由各省、自治区、直辖市高级人民法院根据本地区经济发展状况并考虑社会治安状况在此幅度内确定）以上的情况。

3. 本罪在主观方面是故意，并且具有非法占有公私财物的目的。

4. 本罪的主体是一般主体，即达到刑事责任年龄并具有刑事责任能力的自然人，在单位直接负责的主管人员和其他直接责任人员以单位名义实施诈骗行为，诈骗所得归单位所有的犯罪中，也追究上述人员的刑事责任。

什么是金融诈骗罪

金融诈骗罪，是指在金融领域中，以非法占有为目的，采取虚构事实或隐瞒真相的方法，骗取银行或其他金融机构的贷款、保险金或者进行非法集资诈骗、金融票据诈骗和信用证、信用卡诈骗，数额较大的行为。我国新刑法将金融诈骗罪从诈骗罪中分立出来单独列为一节，使金融诈骗罪成为一类独立的犯罪。按照特别法优于普通法的原则应当适用特别法，即在认定和处罚金融诈骗罪时，应适用新刑法关于金融诈骗罪的规定，而不能适用新刑法关于诈骗罪的规定。正如我国刑法第260条所规定的，新刑法对特殊形式的诈骗犯罪（如金融诈骗罪）"另有规定的，依照规定"。

什么是集资诈骗罪

集资诈骗罪，是指以非法占有为目的，使用诈骗方法非法集资，数额较大的行为。集资诈骗罪的主体是一般主体，一般的个人和单位均可构成。主观方面是直接故意，并具有非法占有所集资金的目的。客观方面表现为使用诈骗方法非法集资。"使用诈骗方法"，就是采用编造谎言、虚构事实、隐瞒真相的方法，其具体表现形式多种多样。比如虚构客观上根本不存在的企业和良好的经济效益、优厚的红利，吸引公众进行投资，尔后将集资据为己有，等等。"非法集资"，是指个人、公司、企业或其他组织未经批准，违反法律、法规，通过不正当的渠道，向社会公众或单位募集资金的行为。非法集资，必须达到数额较大的程度，才构成犯罪。这里所说的"数额较大"，应比盗窃、诈骗罪中的数额较大还要大。

集资诈骗罪侵犯的客体是国家的金融管理制度和公私财产的所有权。

什么是洗钱罪

洗钱罪是指明知是毒品犯罪、黑社会性质的组织犯罪、走私犯罪的违法所得及其产生的收益，而以多种金融手段协助他人掩饰、隐瞒其来源和性质的行为。

刑法修正案（六）列举了洗钱罪的5种犯罪情形：提供资金账户的；协助将财产转换为现金、金融票据、有价证券的；通过转账或者其他结算方式协助资金转移的；协助将资金汇往境外的；以其他方法掩饰、隐瞒犯罪所得及其收益的来源和性质的。

本罪的主体是一般主体，凡达到法定刑事责任年龄、具有刑事责任能力的人和单位都可以成为本罪的主体。

本罪在主观上只能由故意构成，即行为人明知是毒品犯罪、黑社会性质的组织犯罪、走私犯罪的违法所得及其产生的收益，而故意帮助其掩饰隐瞒其来源和性质。这里的"明知"，是指知道或者应当知道是他人从事毒品犯罪、黑社会性质犯罪或走私犯罪的违法所得及其收益而予以洗钱。

本罪在客观方面表现为掩饰或隐瞒毒品犯罪、黑社会性质的组织犯罪、走私犯罪的违法所得及其产生的收益的来源和性质。"掩饰"，是指以捏造事实或者其他弄虚作假的手段进行遮盖；"隐瞒"，是指把事实真相掩盖起来不让他人知道。

根据《刑法》第191条的规定，构成本罪的，处5年以下有期徒刑或者拘役，并处或者单处洗钱数额5%以上20%以下的罚金；情节严重的，处5年以上10年以下有期徒刑，并处洗钱数额5%以上20%以下的罚金。"情节严重的"，一般是指多次洗钱的，洗钱数额特别巨大的，造成国际影响的，等等。

危害税收征管罪

本类罪共12个条文，规定12个具体罪名。它们分别是：逃税罪，抗税罪，逃避追缴欠税罪，骗取出口退税罪，虚开增值税专用发票、用于骗取出口退税、抵扣税款发票罪，伪造、出售伪造的增值税专用发票罪，非法出售增值税专用发票罪，非法购买增值税专用发票、购买伪造的增值税专用发票罪，非法制造、出售非法制造的用于骗取出口退税、抵扣税款发票罪，非法制造、出售非法制造的发票罪，非法出售用于骗取出口退税、抵扣税款发票罪，非法出售发票罪。本书在此重点介绍一下逃税罪。

逃税罪是指纳税人或扣缴义务人故意违反税收法律、法规，采取伪造、变造、隐匿、擅自销毁账簿、记账凭证，在账簿上多列支出或少列、不列收入，经税务机关通知申报而拒不申报或者进行虚假的纳税申报的手段，不缴或者少缴应纳税款，数额较大或者情节严重的行为。

逃税罪的特征是：

1. 本罪的主体是特殊主体，即必须是纳税人或扣缴义务人。自然人和单位都可以成为本罪的主体。所谓纳税人，又称纳税义务人，不仅包括负有纳税义务的普通公民，如个体工商业户、手工业者，以及工资、薪金、劳务报酬、特许权使用费、利息、股息、红利、承包、转包收入以及其他所得每月或每次超过800元的公民等，而且也包括负有纳税义务的企业事业直接责任人员。所谓扣缴义务人，是指根据税法规定负有代扣代缴义务的单位和个人，具体包括代扣代缴义务人和代收代缴义务人。前者是指有义务从持有的纳税人收入中扣除其应纳税款并代为缴纳的单位。后者是有义务借助经济往来向纳税人收取应纳税款并代为缴纳的单位或个人。

不具有纳税义务或代扣代缴、代收代缴义务的单位或者个人不能独立构成本罪的主体，但可以构成本罪的共犯。例如，税务人员与纳税人内外勾结，唆使或者协助纳税人逃避税款的，应当以逃税罪的共犯论处。

2. 在主观方面必须出于故意，并且具有逃避缴纳应缴税款获取非法利益的目的。如果是因业务不熟、管理混乱、账目不清、漏报税目等原因非故意地未缴或少缴应纳税款（漏税），或者由于客观原因，超过税务机关核定的逃税期限，未缴或者少缴应纳税款（欠税）的，因其主观上没有逃避缴纳税款获取非法利益的目的，都不能构成逃税罪，而只能由税务机关根据税法的有关规定处理。

3. 本罪在客观方面表现为违反税法规定的纳税义务，采取伪造、变造、隐匿、擅自销毁账簿、记账凭证，在账簿上多列支出或者少列、不列收入，经税务机关通知申报而拒不申报或者进行虚假的纳税申报的手段，不缴或者少缴应纳税款，数额较大或者情节严重的行为。

根据刑法第201条的规定，行为人违反税法规定的纳税义务，逃避缴纳税款，在客观上表现为以下三种行为之一：

1. 伪造、变造、隐匿、擅自销毁账簿、记账凭证。所谓伪造账簿、记账凭证，是指为了偷税，平时不按规定设置账簿，为了应付税务机关的检查而编造假账簿、假凭证。所谓变造账簿和记账凭证，是指把已有的真实账簿及记账凭证进行篡改、合并或者删除，以少充多或者以多充少，或者账外设账、真假并存，从而使人对其经营数额和应税项目产生误解，达到不缴或者少缴应缴税款的目的。所谓隐匿账簿和记账凭证，则是指将真实的账簿和记账凭证隐藏起来，躲避税务人员的检查，以达到不缴或少缴应缴税款的目的。所谓擅自销毁账簿和记账凭证，是指未经税务机关批准，私自将账簿和记账凭证销毁，使税务人员无法检查其应纳税额，从而达到不缴或少缴应纳税款的目的。

2. 在账簿上多列支出或者不列、少列收入，指通过虚报支出、隐瞒收入的方法，逃避缴纳税款。

3. 经税务机关通知申报而拒不申报或者进行虚假的纳税申报。

行为人实施上述偷税行为，数额较大或者情节严重的，才能构成逃税罪。《刑法》第201条对构成数额较大的和情节严重的标准作了具体规定：

1. 纳税人逃税数额占应纳税额的10%以上不满30%并且偷税数额在1万元以上不满10万元的，为构成偷税罪的数额起点。

2. 纳税人因逃税被税务机关给予二次行政处罚又逃税的。原则上，构成逃税的数额起点是逃税数额占应纳税额10%以上不满30%并且逃税数额在1万元以上不满

10万元。但是，如果行为人曾因逃税而被税务机关给予两次或两次以上行政处罚，仍不思悔改继续逃税的，即使未达到上述数额标准，也构成逃税罪。

3. 扣缴义务人不缴或者少缴已扣、已收税款，数额占应缴税额的10%以上并且数额在1万元以上的。

根据《刑法》第201条的规定，犯逃税罪，逃税数额占应纳税额的10 010以上不满30%并且逃税数额在1万元以上不满10万元的，或者因逃税被税务机关给予二次行政处罚又偷税的，处3年以下有期徒刑或者拘役，并处逃税数额1倍以上5倍以下的罚金；逃税数额占应纳税额的300%以上并且逃税数额在一万元以上的，处3年以上7年以下有期徒刑，并处逃税数额1倍以上5倍以下的罚金。扣缴义务人犯本罪，不缴或者少缴已扣、已收税款，数额占应缴税额的10%以上并且数额在10万元以上的依照上述规定处罚，单位犯本罪的，对单位判处罚金并对其直接负责的主管人员和其他直接责任人员，依照上述规定处罚。

此外，《刑法》第201条第3款还规定，对多次犯有逃税行为未经处理的，应当按照累计数额计算。

扰乱市场秩序罪

扰乱市场秩序罪：指违反国家市场监督管理的法律规定，破坏市场交易秩序、竞争秩序、监督秩序，情节严重的行为。

扰乱市场秩序罪共有11个条文，具体规定了12个罪名。它们分别是：损害商业信誉、商品声誉罪，虚假广告罪，串通投标罪，合同诈骗罪，非法经营罪，强行交易罪，伪造、倒卖伪造的有价票证罪，倒卖车票、船票罪，非法转让、倒卖土地使用权罪，中介组织人员提供虚假证明文件罪和中介组织人员出具证明文件重大失实罪，逃避商检罪。

假冒注册商标罪

假冒注册商标罪，是违反国家商标管理法规，未经注册商标所有人许可，在同一种商品上使用与其注册商标相同的商标，情节严重的行为。

假冒注册商标罪的特征是：

1. 本罪的主体是一般主体，个人和单位都可以成为本罪的主体。

2. 主观方面只能由故意构成，即行为人明知是他人注册商标，而未经注册商标所有人许可，其目的是营利或者谋取非法利益，但个别案件也可能是为了破坏他人注册商标信誉。

3．犯罪客观方面表现为违反国家商标管理法规，未经注册商标所有人许可，在同一种商品上使用与其注册商标相同的商标，情节严重的行为。违反商标管理是构成本罪的前提。行为如果没有违反商标管理对注册商标专用权的法律保护，例如，在同一种商品上使用与他人未经注册的商标相同的商标，或者在不同种类商品上使用与他人注册商标相同商标，或者依法取得注册商标所有人的许可，在同一种商品上使用与其注册商标相同的商标的，都不能构成本罪。只有违反商标管理法规，未经注册商标所有人许可，在同一种商品上使用与其注册商标相同的商标，并且情节严重的，才能构成本罪。

根据《刑法》第213条、第220条的规定，犯假冒注册商标罪的，处3年以下有期徒刑或者拘役，可以并处或者单处罚金；情节特别严重的，处3年以上7年以下有期徒刑，并处罚金。单位犯本罪的，对单位判处罚金，并对其直接负责的主管人员和其他直接责任人员，依照上述规定处罚。

15.2 刑事法律基本知识

职务侵占罪

职务侵占罪，是指公司、企业或者其他单位的人员，利用职务上的便利，将本单位财物非法占为已有，数额较大的行为。

本罪具有以下几个特征：

1．本罪的主体是特殊主体，仅限于公司、企业或者其他单位的人员。根据《刑法》第271条第2款的规定，国家工作人员不能成为本罪的主体。

2．本罪在主观方面只能是直接故意构成，并且必须具有将其在所在公司、企业或者其他单位的财物非法占为已有的目的。

3．本罪在客观方面表现为，一是利用职务上的便利，二是将本单位的财物非法占为已有，数额较大的行为。这两个要素必须同时具备，缺少其中任何一个要素，都不能构成本罪。

4．本罪侵犯的客体是公司、企业和其他单位的财物所有权。

非法经营罪

非法经营罪，是指违反国家规定，非法经营，扰乱市场秩序，情节严重的行为。

本罪的主体既包括单位，也包括个人。主观上是出于故意，多数情况都是为了牟取非法利益。本罪在客观上表现为违反国家规定，实施非法经营，扰乱市场秩序，且情节严重。

非法经营行为的具体表现有：

1. 未经许可经营法律、行政法规规定的专营、专卖物品或者其他限制买卖的物品。"专营、专卖物品"，是指法律、行政法规规定由专门机构经营的物品，如食盐、烟草等。"其他限制买卖的物品"，是指国家在一定时期内实行限制性经营的物品，如化肥。这类物品随着国家经济的发展，也会有所变化。

2. 买卖进出口许可证、进出口原产地证明以及其他法律、行政法规规定的经营许可证或者批准文件。"进出口许可证"，是指国家许可对外贸易经营者进出口某种货物和技术的证明。"进出口原产地证明"，是指在国际贸易中，对某一特定产品的原产地进行确认的证明文件。"其他法律、行政法规规定的经营许可证或者批准文件"，是指法律、行政法规规定的所有的经营许可证或者批准文件。

3. 其他严重扰乱市场秩序的非法经营行为。

"情节严重"，是构成本罪的必要条件。如果只有非法经营行为，情节并不严重，不构成犯罪。情节是否严重，主要是以非法经营额和非法获利额为基础并综合考虑其他情节，如进行非法经营活动经行政处罚仍不改悔的；非法经营造成严重后果的；利用职权从事非法经营造成恶劣政治影响的，等等。

本罪侵犯的客体是市场管理秩序。

本罪犯罪对象主要是专营、专卖物品或者其他限制买卖的物品；进出口许可证、进出口原产地证明以及其他法律、法规规定的经营许可证、批准文件。

按照《刑法》第225条的规定，非法经营，情节严重的，处5年以下有期徒刑或者拘役，并处或者单处违法所得1倍以上5倍以下罚金；情节特别严重的，处5年以上有期徒刑，并处违法所得1倍以上5倍以下罚金或者没收财产。

贪污罪及其处罚标准

1. 贪污罪

贪污罪是指国家工作人员利用职务上的便利，侵吞、窃取、骗取或者以其他手段非法占有公共财物的行为。

贪污罪的主体为特殊主体，必须是国家工作人员。

凡是国家工作人员利用职务上的便利，侵吞、窃取、骗取或者以其他手段非法占有公共财物的行为，都是贪污行为，但有贪污行为的不一定都构成贪污罪。贪污公共财物的数额较小，情节显著轻微、危害不大的，不认为是犯罪。贪污公共财物的数额大小，反映贪污行为的社会危害程度，因此，贪污罪定罪量刑的主要根据是贪污数额大小。

根据《刑法》第383条规定，个人贪污数额在5000元以上的，应当追究刑事责任。个人贪污数额不满5000元，情节较重的，处两年以下有期徒刑或者拘役；情节较轻的，由其所在单位或者上级主管机关酌情给予行政处分。5000元是贪污罪的起点，但是数额大小并不是贪污罪定罪量刑的唯一依据。贪污罪的定罪量刑还要考虑贪污的其他情节。如贪污的动机、手段、次数、对象、危害轻重程度。通常以下情况可以认定为情节较重：多次贪污，屡教不改的；为首组织、策划共同贪污的；贪污国家贵重物资或救济款物、侨汇、侨储而造成严重后果的；为掩盖其贪污行为而栽赃陷害或者嫁祸于人的；毁坏凭证，拒不坦白交代的等。

另外，《刑法》第394条规定："国家工作人员在国内公务活动或者对外交往中接受礼物，依照国家规定应当交公的不交公，数额较大的，依照本法第382条、第383条的规定定罪处罚。"也就是说，在公务活动中接受礼物应交公而不交公的，则按照贪污进行处理。国务院制定的《关于对外活动中赠送和接受礼品的几项内容规定》中规定，在外事活动中个人收到的礼物，除小的个人纪念品、日常用品、食品和一般书报外，原则上一律上交归公，由有关部门统一处理。

2. 贪污罪的处罚标准

根据《刑法》第383条的规定，贪污罪的处罚标准有：

（1）个人贪污数额在10万元以上的，处10年以上有期徒刑或者无期徒刑，可以并处没收财产，情节特别严重的，处死刑，并处没收财产。

（2）个人贪污数额在5万元以上不满10万元的，处5年以上有期徒刑，可以并处没收财产；情节特别严重的，处无期徒刑，并处没收财产。

（3）个人贪污数额在5000元以上不满5万元的，处1年以上7年以下有期徒刑；情节严重的，处7年以上10年以下有期徒刑。个人贪污数额在5000元以上不满1万元，犯罪后有悔改表现、积极退赃的，可以减轻处罚或者免予刑事处罚，由其所在单位或者上级主管机关给予行政处分。

（4）个人贪污数额不满5000元，情节较重的，处2年以下有期徒刑或者拘役；情节较轻的，由其所在单位或者上级主管机关酌情给予行政处分。

对多次贪污未经处理的，按照累计贪污数额处罚。"多次贪污未经处理"，是两次以上（包括两次）的贪污行为，既没有受过刑事处罚，也没有受过行政处分。

计算累计贪污数额时，应依《刑法》有关追诉时效的规定执行，在追诉时效期限内的贪污数额应累计计算，已过追诉时效期限的贪污数额不予计算。

挪用公款罪

挪用公款罪是指国家工作人员利用职务上的便利，挪用公款归个人使用，进行非法活动的；或者挪用公款数额较大，进行营利活动的；或者挪用公款数额较大，超过3个月未还的行为。

挪用公款罪是以非法占用为目的，即暂时地挪用公款归个人使用，以后归还；挪用公款罪的对象仅限于公款，挪用公款罪侵犯的是公款使用权；挪用公款罪的行为手段是擅自私用公款，实际案件中行为人一般没有涂改、销毁、伪造账簿的非法行为。

《刑法》规定了对挪用公款罪的处罚标准。

《刑法》第384条规定，犯挪用公款罪的，处5年以下有期徒刑或者拘役；情节严重的，处5年以上有期徒刑。挪用公款数额巨大拒不退还的，处10年以上有期徒刑或者无期徒刑。挪用用于救灾、抗险、防汛、优抚、扶贫、移民、救济款物归个人使用的，从重处罚。

根据最高人民法院（1998）9号司法解释第3条规定，"挪用公款归个人使用，数额较大、进行营利活动的，或者数额较大、超过3个月未还的"，以挪用公款1万元至3万元为数额较大的起点，以挪用公款15万元至20万元为数额巨大的起点。挪用公款情节严重，是指挪用公款数额巨大，或数额虽未达到巨大，但挪用公款手段恶劣；多次挪用公款，因挪用公款严重影响生产、经营，造成严重损失等情形。

挪用公款归个人使用，进行非法活动的，以挪用公款5000元至1万元为追究刑事责任的数额起点。挪用公款5万元至10万元以上，属于挪用公款归个人使用、进行非法活动的情节严重的情形之一。

常见的几种挪用公款行为的具体处罚：

1. 挪用公款归个人使用进行营利活动，案发前已将本息全都归还的行为，已经构成挪用公款罪，但可以从轻处罚。

挪用公款数额较大，归个人进行营利活动是挪用公款罪的客观表现之一。在这种情况下，挪用公款行为构成犯罪，不受挪用时间限制，但受挪用数额的限制。行为人在案发前已全部归还本息的，可以视情况减轻处罚，情节较轻的，可以免除处罚。身为国家工作人员，利用职务的便利，挪用公款数额巨大，进行营利活动，其行为已构成挪用公款罪。虽然在案发前，已将挪用公款本息全部归还，但是如果挪用公款，数额巨大，情节严重，不能免除处罚，但可以酌情考虑予以从轻处罚。

2．挪用公款归个人使用，超过3个月，但在案发前已将本息归还的行为，也已构成挪用公款罪，但可以从轻处罚。

挪用公款归个人使用，数额较大，超过3个月未还的，即构成挪用公款。"未还"是指在案发前，即被司法机关、主管部门或者有关单位发现前未还。如果挪用公款数额不大，超过3个月后，但在案发前已经全部归还本息的，可不认为是犯罪，由主管部门按政纪处理；但挪用公款5万元以上，超过3个月后，虽在案发前已经全部归还本息，只要属于依法应予追诉的，仍应按挪用公款罪追究刑事责任，但可以视不同情况，从轻或减轻处罚。身为国家工作人员，利用职务的便利，挪用公款数额巨大，时间长，其行为已构成挪用公款罪。但其在案发前即退还了全部挪用款本息，可以从轻处罚。

3．挪用救济款归个人使用构成挪用公款罪。

《刑法》第384条规定："挪用用于救灾、抢险、防汛、优抚、扶贫、移民、救济款物归个人使用的，依挪用公款罪从重处罚。"身为国家工作人员，利用职务上的便利，挪用救济款物用于个人建房等行为，数额较大，时间长，因此其行为完全符合挪用公款罪的特征，应以挪用公款罪从重处罚。

4．挪用公款后将公款用于行贿的，构成挪用公款罪和行贿罪，应对其实施数罪并罚。

根据有关司法解释，挪用公款归个人使用，进行非法活动，又构成犯罪的，实行数罪并罚。身为国家工作人员，利用职务便利挪用公款，用于个人"活动费用"，违反国家正常的法律制度，向主管人员行贿，其挪用公款行为数额巨大，已构成挪用公款，其行贿行为构成行贿罪，应对其实行数罪并罚。

受贿罪

受贿罪是指国家工作人员利用职务上的便利，索取他人财物的，或者非法收受他人财物，为他人谋取利益的行为。

按照《刑法》规定，受贿数额在5000元以上的，都以受贿罪论处；受贿数额在5000元以下，情节较重的，也应构成受贿罪。受贿数额不满5000元，情节较轻的，不以受贿罪论处，可由其所在单位或上级主管部门酌情给予行政处分。

但是，如果受贿数额虽不满5000元，但有利用职务权限相要挟索贿，或利用职务上的便利为交付财物者谋取不正当利益或非法利益，则属于情节严重，应认定为受贿罪。

《刑法》第386条规定："对犯受贿罪的，根据受贿所得数额及情节，依照本法第383条的规定处罚。索贿的从重处罚。"也就是说，受贿罪的处罚标准同于贪污罪的处罚标准，根据情节轻重与否，受贿罪可划分四个层次等级：

1. 个人受贿数额在10万元以上的，处10年以上有期徒刑或者无期徒刑，可以并处没收财产；情节特别严重的，处死刑，并处没收财产。

2. 个人受贿数额在5万元以上不满10万元的，处5年以上有期徒刑，可以并处没收财产；情节特别严重的，处无期徒刑，并处没收财产。

这里所说的"情节特别严重"主要是指受贿数额特别巨大，受贿数额不是特别巨大，但行为人索取、收受外商、华侨的贿赂，有辱国格的；在外事活动中，给国家造成严重经济损失和恶劣的政治影响的；受贿前后支持、怂恿、包庇和放纵重大犯罪分子的；索贿、受贿数额巨大，屡教不改的，手段特别恶劣，造成行贿人家破人亡的严重后果的；犯罪后掩盖罪责、嫁祸于人，甚至行凶报复的。

3. 个人受贿数额在5000元以上不满5万元的，处1年以上7年以下有期徒刑，情节严重的，处7年以上10年以下有期徒刑。"情节严重"是指行为人多次收受贿赂或者有严重索贿情节的。

4. 个人受贿数额不满5000元，情节较重的，处2年以下有期徒刑或者拘役；情节较轻的，由其所在单位或者上级主管机关酌情给予行政处分。

"情节较重"一般是指行为人为他人谋取不法利益的；给国家集体利益造成一定损失的；有一定的索贿情节的。

"情节较轻"一般是指行为人并未为他人谋取不法利益；给国家集体利益造成损失较小的。

索贿的从重处罚，即是依前述处罚原则，依据索贿所得数额及情节，在其相应的刑罚幅度内从重处罚。

对多次受贿未经处理的，按照累计受贿数额处罚。所谓"未经处理"是指既未受到刑事处罚也未受到行政处罚。

犯受贿罪积极退赃的，可以从轻处罚，其中个人受贿数额在5000元以上不满1万元，积极退赃的，可以减轻处罚，全部退赃的，可以免除处罚，由其所在单位或者上级主管机关给予行政处分。

行贿罪

行贿罪是指为谋取不正当利益，给予国家工作人员以财物的行为。

行贿罪主体是一般主体，没有身份的限制，凡达到刑事责任年龄，具有刑事责任能力的自然人均可构成。如果国家机关、企业、事业单位、人民团体或者社会团体等其他单位进行行贿，则构成单位行贿罪。对单位行贿罪，指为谋取不正当利益，给予国家机关、企事业单位、人民团体以财物回扣等的行为。

行贿罪、单位行贿罪及对单位行贿罪三罪的主要区别是：

1. 主体不同

行贿罪的主体是自然人一般主体；单位行贿罪和对单位行贿罪是单位一般主体。

2. 对象不同

行贿罪的对象是国家工作人员；对单位行贿罪的对象仅限于国家机关、国有公司、企业、事业单位、人民团体；单位行贿罪的对象是国家工作人员。如果单位实施向国家工作人员行贿的行为，但因行贿所取得的违法所得归个人所有的，实际上是单位直接负责的主管人员和其他直接责任人员为了个人利益，以单位名义实施的行贿行为，应以行贿罪论处，而不构成单位行贿罪。

根据《刑法》第389条："为谋取不正当利益，给予国家工作人员以财物的，是行贿罪。在经济往来中，违反国家规定，给予国家工作人员以财物，数额较大的，或者违反国家规定，给予国家工作人员以各种名义的回扣、手续费的，以行贿论处。因被勒索给予国家工作人员以财物，没有获得不正当利益的，不是行贿。"

根据《刑法》第390条："对犯行贿罪的，处5年以下有期徒刑或者拘役；因行贿谋取不正当利益，情节严重的，或者使国家利益遭受重大损失的，处5年以上10年以下有期徒刑；情节特别严重的，处10年以上有期徒刑或者无期徒刑，可以并处没收财产。行贿人在被追诉前主动交待行贿行为的，可以减轻处罚或免除处罚。"

巨额财产来源不明罪

巨额财产来源不明罪，是指国家工作人员占有或支配的财产，明显超过本人合法收入，差额巨大，且本人又不能说明其来源合法的违法行为。

实施巨额财产来源不明行为的主体只能是国家工作人员。

根据《中国共产党纪律处分条例（试行）》第93条的规定："党和国家工作人员，集体组织工作人员或其他从事公务的人员中的共产党员，其财产或者支出明显超过收入，差额较大的，可以责令其说明来源，本人不能说明其来源是合法的，差额部分以非法所得论处，情节较轻的，给予警告或者警告处分、情节较重的，给予撤销党内职务或者留党察看处分；情节严重的，给予开除党籍处分。"

根据《国家行政机关工作人员贪污贿赂行政处分暂行规定》第13条："国家行政机关人员财产或者支出明显超过合法收入，差额部分以非法所得论处，由其所在单位或者上级主管机关给予行政处分，并没收其财产的差额部分。"《〈国家行政机关工作人员贪污贿赂行政处分暂行规定〉实施细则》第19条规定，《暂行规定》第13条第一款规定的应给予行政处分的数额起点是指本人的财产或者支出明显超过合法收入，又不能说明其合法来源，差额部分在2000元以上的。

《刑法》第395条规定："国家工作人员的财产或者支出明显超过合法收入，差额巨大的，可以责令其说明来源。本人不能说明其来源是合法的，差额部分以非法所得论处，处五年以下有期徒刑或者拘役，财产的差额部分予以追缴。"实施中差额巨大以5万元为起点。作为国家工作人员，拥有的财产明显超过其合法收入，差额巨大，本人又不能说明其合法来源，就构成巨额财产来源不明罪。如果有受贿行为构成受贿罪，则要对其两罪实行数罪并罚。如果行为人能说明差额巨大部分财产的来源，则不构成本罪，分三种情况进行处理：

1. 说明差额财产是犯罪所得，构成什么罪就按什么罪论处。

2. 说明差额财产是违法或者违纪所得，那么不构成本罪。差额财产如果属于不当得利等民事违法行为取得，应按民法的有关规定予以返还；如果属于违纪所得，按照有关部门的规定处理。

3. 说明差额财产是合法所得，那么就依法予以保护。

什么是渎职罪

渎职罪，是指国家机关工作人员徇私舞弊、滥用职权或者玩忽职守，不履行或者不认真履行自己的职责，致使公共财产、国家和人民利益遭受重大损失的行为。滥用职权罪的主体是特殊主体，即国家机关工作人员，具体来讲就是指国家各级权力机关、行政机关和司法机关，军队、政党中从事公务的人员。除此以外的人员不能成为本罪的主体。其犯罪的实施，同其职务有着直接的联系——这是渎职犯罪的两个显著的特点，这两点同时具备才能构成渎职罪。

根据现行刑法第九章所规定的渎职罪的客观表现形式，可以将渎职罪分为滥用职权型渎职罪、玩忽职守型渎职罪和徇私舞弊型渎职罪三类。

1. 滥用职权型渎职罪

滥用职权型渎职罪有三种类型：①一般国家机关工作人员滥用职权型渎职罪，即《刑法》第397条所规定的滥用职权罪；②司法工作人员滥用职权型渎职罪，即《刑法》第400条第1款规定的私放在押人员罪；③特定国家机关工作人员滥用职权型渎职罪。

在司法实践中，滥用职权罪通常表现为以下形式：

（1）基本建设和固定资产更新改造方面违反基本建设和固定资产更新改造的有关法规规定，任意批准建设项目上马，造成重大事故的；擅自将工程项目的勘查设计和施工任务委托给不具有相应等级资格的单位或个人，造成重大事故的。

（2）在购销业务活动方面，不问需求和可能，不顾物资的质量低劣，盲目大量购进，造成重大经济损失的。

（3）在矿产资源管理利用方面，违反矿产资源法和有关法规规定，超越审批权限批准采矿或超职权颁发采矿许可证，致使矿产资源遭受严重破坏，或者给取得采矿权的单位造成严重后果的等等。

《刑法》第397条规定，"国家机关工作人员滥用职权或者玩忽职守，致使公共财产、国家和人民利益遭受重大损失的，处3年以下有期徒刑或者拘役；情节特别严重的，处3年以上7年以下有期徒刑。本法另有规定的，依照规定。国家机关工作人员徇私舞弊，犯前款罪的，处5年以下有期徒刑或者拘役；情节特别严重的，处5年以上10年以下有期徒刑。本法另有规定的，依照规定。"

2. 玩忽职守型渎职罪

玩忽职守型渎职罪，是指国家机关工作人员玩忽职守或者严重不负责任，不履行或者不正确履行职责，致使公共财产、国家和人民利益遭受重大损失的行为。

本罪的主体是国家机关工作人员，即国家权力机关、行政机关、司法机关、军队、政党中从事公务的人员，除此之外的人员不可能成为玩忽职守罪的主体。

玩忽职守型渎职罪分三种类型：①一般国家机关工作人员玩忽职守型渎职罪，即刑法第397条规定的玩忽职守罪；②司法工作人员玩忽职守型渎职罪，即《刑法》第400条第1款规定的失职致使在押人员脱逃罪；③特定国家机关工作人员玩忽职守型渎职罪，包括《刑法》第406条规定的国家机关工作人员签订、履行合同失职被骗罪，第408条规定的环境监管失职罪，第409条规定的传染病防治失职罪，第412条第2款规定的商检失职罪，第413条第2款规定的动植物检疫失职罪，第416条第1款规定的不解救被拐卖、绑架妇女、儿童罪，第419条规定的失职造成珍贵文物损毁、流失罪。

玩忽职守的主要表现是：

（1）在购销业务活动中，对供方销售的不符合质量要求质次价高的货物，应该检查而未检查，擅自同意发货，又不坚持按合同验收，造成重大经济损失的。

（2）在外贸工作方面发现进口商品质次价高，或货物残损短少，又不及时采取措施，致使延误索赔期，或擅自不依照契约索赔，造成重大经济损失的；发现出口商品质量、数量不符合规定要求，没有及时采取措施，致使外商向我索赔，造成重大经济损失或严重影响外贸信誉的；进口设备、仪器或其他物资到货后，逾期不提货，造成严重毁损报废的。

（3）在仓储管理方面，生产建设物资长期在露天堆放，不予管理，致使严重毁损报废，后果严重的。

（4）在财会工作方面，不监督、不检查，不执行会计出纳制度，管理严重混乱，致使犯罪分子大量贪污或盗窃公款的；不执行财会制度规定，不认真审核凭证，致使巨额支票或现金被骗的；单位行政领导人，上级主要单位行政领导人，对明知是违反国家统一的财政制度、财会制度的收支，决定办理或坚持办理，情节严重，给国家造成重大经济损失的。

（5）在民政管理方面，单位领导人员或主管工作人员严重失职，致使大量救灾款物被他人非法挪用、骗取、侵吞的。

（6）在邮电管理方面，邮电部门的主管人员对下属人员放任不管，致使邮件、电报大量积压、丢失、毁损，情节恶劣，影响极坏的。

（7）在司法工作方面，司法工作人员对属于自身职责应管的事，放任不管，严重失职，造成严重后果的。

（8）其他方面，如单位领导人员对下属人员利用职权或方便条件，违章翻录、销售和播放有淫秽反动内容的音像制品活动，放任不管，造成严重后果的；不履行或不正确履行工作职责，造成重大损失的其他行为。

国家机关工作人员滥用职权或者玩忽职守，致使公共财产、国家和人民利益遭受重大损失的，处3年以下有期徒刑或者拘役；情节特别严重的，处3年以上7年以下有期徒刑。本法另有规定的，依照规定。

国家机关工作人员徇私舞弊，犯前款罪的，处5年以下有期徒刑或者拘役；情节特别严重的，处5年以上10年以下有期徒刑。本法另有规定的，依法规定。

3. 徇私舞弊型渎职罪

徇私舞弊型渎职罪，指国家机关工作人员因徇私情私利,违反事实和法律，滥用职权，故意不履行或不正确履行法律规定其应当履行也能够履行的职责，致使公共财产、国家和人民利益遭受重大损失的行为。

徇私舞弊型渎职罪有两种类型：

（1）司法工作人员徇私舞弊型渎职罪，包括《刑法》第399条第1款规定的徇私枉法罪和第2款规定的枉法裁判罪以及第410条规定的徇私舞弊减刑、假释、暂予监外执行罪。

（2）特定国家机关工作人员徇私舞弊型渎职罪，包括《刑法》第402条规定的徇私舞弊不移交刑事案件罪，第403条规定的滥用管理公司、证券职权罪，第404条规定的徇私舞弊不征、少征税款，第405条第1款规定的徇私舞弊出售发票、抵扣税款、出口退税罪和该条第2款规定的违法提供出口退税凭证罪，第410条规定的非法批准征用、占用土地罪和非法低价出让国有土地使用权罪，第411条规定的放纵走私罪，第412条规定的放纵制售伪劣商品犯罪行为罪，第418条规定的招收公务员、学生徇私舞弊罪，等等。

第十六节　诉讼法有关知识

任何企业都希望能一路平稳地走向成功，但在发展的道路上难免会遇到意外。例如与其他企业的经济纠纷、合同纠纷，与员工之间的劳动合同纠纷等。企业的管理人员要对诉讼法律知识有一定了解，处理纠纷事件才能得心应手。

16.1 民事诉讼法

什么是诉讼法

所谓诉讼，俗称"打官司"，是指国家司法机关在当事人和其他诉讼参与人的参加下，依法审理案件，解决纠纷的活动。诉讼应包括民事诉讼（含经济诉讼）、行政诉讼及刑事诉讼三大类。所谓企业诉讼，是指围绕企业的各种纠纷，诉请人民法院，依照诉讼程序法律规定进行审理，并及时解决企业纠纷的活动。企业诉讼是诉讼的重要组成部分，它主要包括经济诉讼、行政诉讼及国家赔偿等诉讼法，它由民事诉讼法、行政诉讼法及刑事诉讼法三大诉讼法组成，由此建立起现代社会基本诉讼法律制度，成为规范各类诉讼法的基本法律依据和民法、行政法、刑法等三大类的实体法的基本程序法。

涉及企业诉讼主要包括以下三类：

1. 企业经济诉讼

这是发生在企业中最大量的诉讼活动，包括各类经济合同、技术合同、涉外经济合同等纠纷的诉讼，如对合同效力争议诉讼、合同履行争议诉讼、违反合同责任诉讼；各类科技权益争议的诉讼，如专利权益争议诉讼，商标专用权争议诉讼，其他科技权益争议诉讼，各类经济侵权损害赔偿诉讼，如侵害企业财产权诉讼，侵犯企业经营自主权诉讼，侵犯企业科技成果权诉讼，侵犯企业名称权、名誉权诉讼以及劳动争议及其他经济纠纷诉讼等。进行企业经济诉讼活动应当适用民事诉讼法有关规定。

2. 企业行政诉讼

这是维护企业权益的一种重要诉讼活动。企业在进行各种生产经营活动中，依照法律规定必须接受国家有关行政机关的监督管理。国家有关行政机关必须依照法律规定行使监督管理职权，如果国家行政机关具体行政行为侵犯了企业的合法权益，企业可以依照行政诉讼法规定向人民法院提起诉讼并由人民法院作出裁判。企业借助行政诉讼活动，不仅有助于及时处理行政争议问题，维护企业的合法权益，而且通过诉讼有效地监督国家行政机关的行政管理行为，促进企业法制、行政法制不断地健全和发展。进行企业行政诉讼活动应当适用行政诉讼法的有关规定。

3. 企业国家赔偿诉讼

这是企业取得行政救济的司法救济的一种重要诉讼活动。企业对于国家行政机关或司法机关及其工作人员因违法执行职权侵害了企业的合法权益，企业依照国家人民法院国家赔偿委员会依法作出处理。这是企业对于国家机关违法行使职权的侵害后果，实现救济目标的重要法律手段，应是企业争讼活动最重要的内容。企业进行国家赔偿诉讼活动应适用国家赔偿法的有关规定。

从以上企业诉讼所涉及的主要内容，足以清楚看出，无论是企业的经济诉讼，还是企业的行政诉讼；国家赔偿诉讼，都是企业参加市场经济活动的重要内容之一，它是企业从事生产经营活动难以避免的一种社会现象，反过来又是维护和保障企业生产经营活动正常进行的一种不可缺少的法律武器，任何企业都应当善于运用这个法律武器，为维护企业自身合法权益而发挥重要的作用。

什么是民事诉讼

民事诉讼是指人民法院在双方当事人和其他诉讼参与人的参加下，审理民事案件、经济纠纷案件的活动，以及由这些活动形成的诉讼法律关系的总和。民事诉讼包括诉讼行为和诉讼法律关系两方面的内容。

一个案件的诉讼过程大体上分为第一审程序、第二审程序、执行程序三个阶段，其中每个阶段又可分为若干小的阶段。这三个阶段具有不可逾越性，只能依次进行。

民事诉讼的时间规定：按照《民事诉讼法》和《民法通则》的规定，当事人在进行民事诉讼和人民法院审理案件时均有时间限制的规定，其中最主要的有诉讼时效的规定、法院立案的规定、当事人上诉期限的规定和审结期限的规定。

1．诉讼时效

诉讼时效是指权利人在一定期限内不行使其权利，就不能向人民法院请求保护其权利的时间规定。《民法通则》第135条规定："向人民法院请求保护民事权利的诉讼时效期间为二年，法律另有规定的除外。""另有规定"指的是第136条规定："下列诉讼时效期间为一年：①身体受到伤害要求赔偿的；②出售质量不合格的商品未声明的；③延付或者拒付租金的；④寄存财物被丢失或者损毁的。"另外，第137条规定了诉讼时效的起算是从知道或者应当知道权利被侵害时计算。但是，超过20年的，人民法院不予保护。

2．法院立案的期限

人民法院立案的期限是指人民法院对案件经审查后，决定列为诉讼案件予以处理的时间规定。《民事诉讼法》第112条规定，人民法院收到起诉状或者口头起诉，经审查，认为符合起诉的，应当在7日内立案，并通知当事人，认为不符合起诉条件的，应当在7日内裁定不予受理。这里的"7日之内"就是立案的时间。

3．当事人上诉的期限

当事人上诉的期限是指当事人不服原审法院的裁判，依法定程序和期限提请上一级人民法院审理的诉讼时间的规定。《民事诉讼法》第147条规定，当事人不服地方人民法院第一审判决的，有权在判决书送达之日起15日内向上一级人民法院提起上诉。当事人不服地方人民法院第一审裁定的，有权在裁定书送达之日起10日内向上一级人民法院提起上诉。

4．人民法院审结案件的期限

人民法院审结案件的期限是指人民法院从立案之日起至裁判宣告、调解书送达之日止的期限，简称审限。人民法院审理民事案件按不同的程序有不同的审结期限。

（1）按普通程序审理的案件，《民事诉讼法》第135条规定，应当在立案之日起6个月内审结。有特殊情况需要延长的，由本院院长批准，可以延长5个月；还需要延长的，要报请上级人民法院批准。

（2）按简易程序审理的案件，根据《民事诉讼法》第146条规定，应当在立案之日起3个月内审结。

（3）当事人不服地方人民法院第一审的判决裁定提起上诉，第二审人民法院审理时，根据《民事诉讼法》159条规定，对判决的上诉案件，应当在第二审立案之日起3个月内审结。有特殊情况需要延长的，由本院院长批准人民法院审理，对一审裁定的上诉案件，应当在第二审立案之日起30日内作出终审裁定。

除了上述几类时间的规定外，还有许多规定，如被告人提出答辩状的期限为收到起诉状的15日之内；人民法院应当在立案之日起5日内将起诉状副本发送被告，人民法院在收到答辩状副本之日起5日内送达原告；人民法院审理案件时，合议庭组成人员确定后，应当在3日内告知当事人，等等。这些规定，无论是针对当事人还是法院的规定，都要遵守，也就是说所有的诉讼行为只有在规定的期限内完成才能生效，否则不产生效力，还要承担一定的后果。

诉讼时效能否延长

《民事诉讼法》第140条规定："诉讼时效因提起诉讼当事人一方提出要求或者同意履行义务而中断。从中断时起，诉讼时效期间重新计算。"这里所说的中断是指以前经过的诉讼时效期间无效，从中断时起，诉讼时效期间重新计算。如：原来诉讼时效期为1年，从中断起再重新计算1年。

引起诉讼时效中断有下列几种情况：

1. 请求

请求是指权利人向义务人提出要求。如陈某多次向张某提出归还借款，在诉讼时效期间内（债务为2年），每索要一次，诉讼时效就中断一次，诉讼时效期间都要重新计算。但有一点需要注意，请求必须有证据，否则时效中断不能成立。

2. 起诉

如果权利人向法院起诉了，已过去的诉讼时效期间就无效，诉讼时效期间重新计算。

3. 承认

如果债务人同意履行，使债权债务关系再一次得到明确，诉讼时效重新起算。

从某种意义上说，诉讼时效的中断就会引起诉讼时效期间的延长。

民事诉讼的证据有哪些

民事诉讼证据，是指能够证明民事案件真实情况的一切客观事实。

根据《民事诉讼法》第63条的规定，证据有七种。

1．书证

书证是指以文字、符号、图画等所表达的思想内容来证明案件事实的书面文件或其他物品。民事诉讼中常用的书证有文书、文件、各类合同、各种单据、提单、票据、商品图案等等。书证应提交原件，提交原件确有困难，可以提交复制品、照片、副本、节录本。提交外文书证，必须有中文译本。

2．物证

物证是以自身存在的外形、质量、规格等标志证明待证事实的物品或痕迹的证据。民事诉讼中常见的物证有：当事人争议的物品、履行合同交付的有争议的物品的质量、规格等。物证也应提交原物，提交原物确有困难的，也可提交复制品。

3．视听资料

视听资料是指利用录音、录像及电子计算机储存的资料来证明待证事实的证据。它包括录像带、录音带、电影胶卷、电视录像、传真资料、微型胶卷、电脑贮存资料等。人民法院对视听资料的来源，录制的时间、地点，录制人以及录制的内容和目的应当认真进行审查，还应结合其他证据审查录制的内容是否真实，防止篡改和伪造。

4．证人证言

证人证言是指证人以口头或书面形式，就他所了解的案件情况向人民法院所作的陈述。凡是知道案件情况的单位和个人都有义务出庭作证。有关单位的负责人应当支持证人作证，证人确有困难不能出庭的，经法院许可，可以提交书面证言。不能正确表达意志的人不能作为证人。

5．当事人陈述

当事人陈述是当事人在诉讼中就有关案件的事实情况向人民法院所作的陈述。由于当事人是案件客观事实经历者，对争议的法律关系的内容和有关法律事实最清楚，因而其陈述可以揭示案件的真实情况。但是另一方面，当事人是案件的利害关系人，所作的陈述可能存在一定的片面性或者虚假性。法院对当事人的陈述应当结合本案的其他证据，审查确定能否作为认定事实的根据。当事人拒绝陈述的，不影响法院根据证据认定案件事实。当事人的承认也是当事人陈述的一种，即一方当事人承认另一方当事人对案件事实的陈述是真实的。

6．鉴定结论

鉴定结论是指鉴定人运用自己的专门知识和技能，对民事案件专门性问题进行鉴定后作出科学的结论意见。根据鉴定对象不同，民事诉讼中的鉴定有文书鉴定、会计鉴定、技术鉴定等。鉴定结论的主要内容应包括：进行鉴定的单位、要求鉴定解决的专门性问题、鉴定的具体时间和地点、鉴定结论是根据哪些材料得出的等。鉴定书上不仅要盖鉴定人所在单位的公章，而且必须有鉴定人本人签名或盖章。

7. 勘验笔录

勘验笔录是指审判人员对与案件争议有关的现场和物品进行查验、拍照、测量后所制作的笔录。勘验物证或者现场，勘验人必须出示人民法院的证件，并邀请当地基层组织或当事人所在单位派人参加。当事人或当事人的成年家属应当到场，拒不到场的，不影响勘验工作的进行。有关单位和个人根据人民法院的通知，有义务保护现场，协助勘验工作。勘验人应当将勘验情况和结果制作笔录，由勘验人、当事人和被邀请参加人签名或盖章。

怎样收集和保存证据

证据保全，是指为避免证据灭失或以后难以取得证据，人民法院对诉讼证据所采取的一项措施。

根据《民事诉讼法》第74条的规定，证据保全必须具备两个条件：

1. 必须是证据可能灭掉。

2. 必须是证据以后难以取得。

证据保全的程序和方法：

1. 证据保全的程序

一般由当事人及其诉讼代理人书面向人民法院提出证据保全的要求，法院对该申请书的内容进行审查，并作出是否采取证据保全的决定。法院认为有采取证据保全的必要，可不经诉讼参加人申请，而依职权主动采取保全措施。

2. 证据保全的方法

民事诉讼法对此未作具体规定。一般说，人民法院可根据不同的证据，采取不同的保全措施。对书证的保全，可采取拍照、复制的方法；对物证保全，可由法院进行勘验，制作勘验笔录、绘图、拍照、录像或保存原物；对证人证言的保全，可采取让证人自书面证言，或由审判人员制作调查询问笔录，或以录音方法保全。

什么是举证责任

举证责任是指当事人在诉讼中，对自己的主张负有提供证据加以证明的责任。它有以下三层含义：第一，当事人对自己主张的事实应当提供证据。第二，当事人所提供的证据，应能证明其主张具有真实性。第三，当事人对其主张不能提供证据，或所提证据不能证明其主张具有真实性，而且人民法院依职权收集不到证实其主张的证据，要承受不利的法院裁判。

1. 举证责任的分担

（1）举证责任分担的一般规则。

根据《民事诉讼法》第64条第1款的规定，举证责任一般规则可归结为"谁主张，谁举证"。具体地说：第一，原告、被告和第三人对自己的主张负有提供证据加以证明的责任。第二，共同诉讼人在诉讼中对各自的主张和反驳，负有提供证据加以证明的责任。

（2）举证责任分担的例外规则。

根据最高人民法院有关司法解释规定，在下列侵权诉讼中，对原告提出的侵权事实，被告否认的，由被告负责举证：①因产品制造方法、发明专利引起的专利侵权诉讼；②因高度危险作业致人损害的侵权诉讼；③因环境污染引起的损害赔偿诉讼；④因建筑物或者其他设施以及建筑物上的搁置物、悬挂物发生倒塌、脱落、坠落致人损害的侵权诉讼；⑤因饲养动物致损害的侵权诉讼；⑥有关法律规则由被告承担举证责任的。

2. 举证责任的免除

根据最高人民法院有关司法解释规定，当事人处于以下几种情况无须举证：

（1）一方当事人对另一方当事人陈述的案件事实和提出的诉讼请求，明确表示承认的。

（2）众所周知的事实和自然规律及定理。

（3）根据法律规则或已知的事实，能推定出的另一事实。

（4）已为法院发生法律效力的裁判所确认的事实。

（5）已为有效公证书所证明的事实。

如何申请财产保全

财产保全，是指人民法院为了保证民事判决能够得到切实执行，或者为及时、有效地避免利害关系人或者当事人的合法权益受到难以弥补的损害，在法定条件下所采取的限制有关财产处分或者转移的一种强制性措施。财产保全有诉前财产保全和诉讼财产保全两种，诉前财产保全可转化为诉讼财产保全。如申请人在扣押船舶期限内提起诉讼，海事法院依法受理的，则对该船舶扣押由诉前财产保全转化为诉讼财产保全。

1. 诉前财产保全

诉前财产保全，又叫诉前保全，是指在起诉前，人民法院根据利害关系人的申请，对被申请人的财产采取的强制性措施。根据《民事诉讼法》第93条的规定，采取诉前财产保全应具备以下条件：第一，必须是情况紧急，不立即采取财产保全会使申请人的合法权益受到难以弥补的损害。第二，必须由利害关系人向财产所在地的人民法院提出申请，法院可依职权裁定采取财产保全措施。第三，申请人必须提供担保，否则，法院驳回申请。

2. 诉讼财产保全

诉讼财产保全又称诉讼保全，是指人民法院在诉讼过程中，为保证将来生效判决的顺利执行，对当事人的财产或者争议的标的物采取的强制措施。根据《民事诉讼法》第92条的规定，诉讼财产保全应当具备以下条件：第一，案件必须具有给付内容，即属于给付之诉。第二，必须是由于当事人一方的不当行为（如出卖、转移、隐匿、毁损争议的标的物等行为）或其他行为（主要指与标的物本身性质有关的客观原因），使判决不能执行或者难以执行。第三，必须诉讼过程中提出申请。法院在必要时也可以依职权裁定采取诉讼财产保权措施。第四，申请人提供担保。只有在法院责令提供时，提供担保才成为必备条件。

3. 财产保全的范围、措施

（1）财产保全的范围。

根据《民事诉讼法》第94条第1款的规定，财产保全限于请求的范围或与本案有关的财物。限于请求的范围，是指保全财产的价值与诉讼请求的数额基本相同。与本案有关的财物，是指要案的标的物或与本案标的物有牵连的其他财物。

（2）财产保全的措施。

根据《民事诉讼法》第94条第2款至第4款的规定，财产保全的措施有查封、扣押、冻结或法律规定的其他方法。

4. 财产保全的程序

（1）财产保全的开始。

诉前财产保全是在起诉前由利害关系人提出申请；诉讼财产保全是在起诉的同时或在起诉以后提出申请。

（2）责令申请人提供担保。

诉前财产保全，申请人必须提供担保；诉讼财产保全，法院认为必要时，可以责令申请人提供担保。提供担保的数额应相当于请求保全的数额。申请人不提供担保的，驳回申请。

（3）财产保全的裁定。

人民法院接受利害关系人诉前财产保全申请后，须在48小时内作出裁定。裁定采取保全措施的，应当立即开始执行。

根据《民事诉讼法》第99条规定，财产保全的裁定，一经作出即发生法律效力。当事人不服的，不得上诉，但可以申请复议一次，复议期间不停止裁定执行。对复议申请，法院应及时审查，裁定正确的，通知驳回当事人的申请；裁定不当的，应作出新的裁定、变更或撤销原裁定。

（4）财产保全的解除。

下列几种情况应解除财产保全：第一，诉讼中的财产保全裁定的效力一般应维持到生效的法律文书执行时止。诉讼过程中需要解除保全措施的，法院应及时作出裁定，解除保全措施。第二，财产保全的原因和条件不存在或发生变化。第三，被申请人提供担保。第四，诉前财产保全的申请人在法院采取保全措施后，15日内不起诉。

根据最高人民法院有关司法解释，规定法院裁定采取财产保全措施后，除作出保全裁定的人民法院自行解除和其上级法院决定解除的以外，在财产保全期限内，任何单位都不得解除保全措施。

（5）财产保全错误的损失赔偿。

根据《民事诉讼法》第96条规定，申请有错误的，申请人应当赔偿被申请人因财产保全所遭受的损失。当事人申请诉前财产保全后没有在法定的期间起诉，因而给被申请人造成财产损失引起诉讼的，由采取该财产保全措施的人民法院管辖。

民事诉讼应由哪个法院管辖

我国人民法院是一个纵横交错的系统，由四个层次的数量众多的人民法院构成。一旦现实中两个企业之间发生了一个民事纠纷，企业准备通过诉讼方式解决时，首先面临这样一个问题，那就是企业应向哪一级、哪一个地区的法院起诉，由哪个法院来解决他们之间的民事争议。这就是诉讼管辖所要解决的问题，民事诉讼管辖，就是在法院系统内部，划分上下级法院之间和同级法院之间受理第一审民事案件的分工和权限的法律制度。

1. 级别管辖

（1）级别管辖的概念。

级别管辖，是指按照人民法院组织系统内划分上下级人民法院之间受理第一审民事案件的分工和权限。根据《民事诉讼法》第19条、第20条、第21条规定的精神，我国《民事诉讼法》确定级别管辖的标准是案件的性质、繁简程度、影响范围以及诉讼标的额大小。

（2）基层人民法院管辖的第一审民事案件。

我国《民事诉讼法》第18条规定："基层人民法院管辖第一审民事案件，但本法另有规定的除外。"这也就是说除了中级人民法院、高级人民法院和最高人民法院管辖的第一审民事案件外，其他第一审民事案件由基层人民法院管辖。基层人民法院的管辖是级别管辖的基础。

（3）中级人民法院管辖的第一审民事案件。

《民事诉讼法》第19条对中级人民法院的管辖作出了具体规定，由中级人民法院管辖的第一审民事案件是：①重大涉外案件（重大涉外案件，是指争议标的额大，或者案情复杂，或者居住在国外的当事人人数众多的涉外案件。）；②在本辖区内有重大影响的案件；③最高人民法院确定由中级人民法院管辖的案件。

（4）高级人民法院管辖的第一审民事案件。

《民事诉讼法》第20条对高级人民法院管辖的第一审民事案件没有作具体规定，只是原则性地规定高级人民法院管辖本辖区有重大影响的第一审民事案件。所谓在本辖区内有重大影响的案件，是指案情重大、复杂、涉及面广、影响面大的案件。

（5）最高人民法院管辖的第一审民事案件。

《民事诉讼法》第21条规定，最高人民法院管辖的第一审民事案件有两类：一是全国有重大影响的案件；再是它认为应由本院审理的案件。

2.地域管辖

（1）地域管辖的概念和分类。

地域管辖是按照人民法院的辖区和民事案件的隶属关系来划分同级不同地区人民法院之间受理第一审民事案件的分工和权限。地域管辖与一定的空间范围紧密相连，因此地域管辖也叫区域管辖或土地管辖。

按照我国民事诉讼法的规定，地域管辖分为一般地域管辖、特殊地域管辖、专属管辖、协议管辖和共同管辖。

（2）一般地域管辖。

一般地域管辖，是指按照当事人所在地与所在法院辖区的隶属关系所确定的管辖。这种管辖是民事诉讼最常用的管辖，因此也叫普通管辖。一般的民事诉讼案件由被告所在地法院管辖，这是一般地域管辖的基本原则，也就是"原告就被告"的原则。我国民事诉讼法第22条确认了这一原则。按照该条的规定，对企业等法人提起的民事诉讼，由被告住所地法院管辖。企业住所地是指企业主要营业地或主要办事机构所在地。

（3）特殊地域管辖。

特殊地域管辖，是以诉讼标的所在地、法律事实发生地以及被告住所地为标准确定的管辖。根据《民事诉讼法》第24条至第33条规定，特殊地域管辖有以下几种：

①因合同纠纷提起的诉讼，由被告住所地或者合同履行地法院管辖。合同履行地是指合同约定的履行义务和接受履行的地点，是合同标的物交接的地点。

②因保险合同纠纷提起的诉讼，由被告住所地或者保险标的物所在地人民法院管辖。保险标的物是指被保险的财物。

③因票据纠纷提起的诉讼，由票据支付地或者被告住所地人民法院管辖。

④因铁路、公路、水上、航空运输和联合运输合同纠纷提起的诉讼，由运输始发地、目的地或者被告住所地人民法院管辖。

⑤因侵权行为提起的诉讼，由侵权行为或者被告所在地人民法院管辖。

⑥因铁路、公路、水上航空事故请求损害赔偿提起的诉讼，由碰撞发生地、碰撞船舶最先到达地、航空器最先降落地或者被告住所地人民法院管辖。

⑦因船舶碰撞或者其他海事损害事故请求损害赔偿提起的诉讼，由碰撞发生地、碰撞船舶最先到达地、损害船舶被扣留地或者被告住所地人民法院管辖。

⑧因海难救助费用提起的诉讼，由救助地或者被救助船舶最先到达地人民法院管辖。

⑨因共同海损提起的诉讼，由船舶最先到达地、共同海损理算地或者航程终止地人民法院管辖。

（4）协议管辖。

协议管辖又叫约定管辖或合意管辖，是指案件的管辖法院不由法律规定，而由当事人依法协商确定。我国《民事诉讼法》第25条规定："合同的双方当事人可以在书面合同中协议选择被告住所地、合同履行地、原告住所地、标的物所在地人民法院管辖。但不得违反本法对级别管辖和专属管辖的规定。"

（5）专属管辖。

专属管辖，是指法律规定某些案件必须由特定的人民法院管辖，其他法院无权管辖，也不允许当事人协议变更管辖。专属管辖具有强制性和排他性。根据我国《民事诉讼法》第34条的规定，专属管辖的案件涉及企业的有以下两种：

①因不动产纠纷提起的诉讼，由不动产所在地人民法院管辖。不动产是指不能够移动或者移动后就失去或者减少它的使用价值的物体，如河流、湖泊、土地、森

林、建筑物等。

②因港口作业发生纠纷提起的诉讼，由港口所在地人民法院管辖。港口作业是指船舶进出港口进行调度、装卸货物、排除障碍等作业。

（6）共同管辖。

共同管辖也叫选择管辖，是指对同一诉讼依照法律规定，两个或两个以上的人民法院都有管辖权。根据《民事诉讼法》第35条的规定，两个以上人民法院都有管辖权的诉讼，原告可以向其中一个人民法院起诉；原告向两个以上有管辖权的人民法院起诉的，由最先立案的人民法院管辖。

3．管辖异议

管辖异议，是指当事人认为受诉法院或受诉法院移送后的法院对案件无权管辖时，向受诉法院提出不限管辖的意见或主张。民事诉讼法第38条明确规定："人民法院受理案件后，当事人对管辖权有异议，应当在提交答辩状期间提出。"按照该条的规定，提出管辖异议的主体只能是本案当事人，当事人对管辖权有异议的，应当在提交答辩状的期间提出。当事人在法定期限内提出管辖异议，人民法院应当依法进行审查。异议成立的，应裁定将案件移送有管辖权的人民法院；异议不成立的，裁定驳回。为切实保障当事人的权利，民事诉讼法第140条还规定，当事人对驳回管辖异议的裁定不服的，有权在10日内向上一级人民法院提出上诉。

民事诉讼的参加入及其权利和义务

1．当事人

民事诉讼中的当事人，是指因民事上的权利义务关系发生纠纷，以自己的名义进行诉讼，并受人民法院裁判拘束的利害关系人。当事人有广义和狭义之分。广义的当事人包括原告、被告、共同诉讼人和第三人。我国民事诉讼法第五章第一节所规定的当事人是指广义的当事人。狭义当事人仅指原告和被告。

根据《民事诉讼法》第50条、第51条、第52条的规定，当事人的诉讼权利有：

（1）要求人民法院公正审判的权利。其中包括请求司法保护、委托诉讼代理人和申请回避等。

（2）维护自己实体权利的请求和主张的诉讼权利。其中包括提供证据、进行辩论和查阅本案有关材料等。

（3）处分实体权利的诉讼权利。其中包括请求调解、提起上诉、双方自行和解、原告可以放弃或变更诉讼请求、被告可以承认或反驳诉讼请求以及提起反诉等。

（4）以实现民事权益的诉讼权利。即当事人申请执行的权利。当事人的诉讼义务有：必须依法行使诉讼权利，遵守诉讼秩序，履行发生法律效力的判决、裁定和调解协议。

2. 共同诉讼人

当事人一方或双方为两人以上的诉讼，称为共同诉讼。原告为两人以上的，称为共同被告。共同原告和共同被告统称为共同诉讼人。共同诉讼的特点是诉讼当事人合并，也就是诉讼主体的合并。共同诉讼可能在起诉时发生，也可能在诉讼进行中由于追加当事人而形成。根据我国《民事诉讼法》第53条第1款规定，共同诉讼人分为必要的共同诉讼人和普通的共同诉讼人。

（1）必要的共同诉讼人。

必要的共同诉讼人，是指当事人一方或双方为两人以上，有共同的诉讼标的，人民法院认为必须合并审理，并作出同一判决的诉讼。诉讼标的是共同的，是指双方当事人争议的、要求人民法院裁判的民事权利义务关系是共同的。

必要共同诉讼中，共同诉讼人必须一同起诉或一同应诉。人民法院在诉讼中发现必须共同进行诉讼的当事人没有参加诉讼时，应按《民事诉讼法》第19条的规定，通知其参加，应当进行审查，申请无理的，裁定驳回；申请有理的，书面通知被追加的当事人参加诉讼。人民法院追加共同诉讼的当事人时，应通知其他当事人。应当追加的原告，已明确表示放弃实体权利的，可不予追加；既不愿参加诉讼，又不放弃实体权利的，仍追加为共同原告，其不参加诉讼，不影响人民法院对案件的审理和依法作出判决。由于必要共同诉讼人之间的诉讼标的是共同的，彼此有连带关系，其中一人的诉讼行为经其他共同诉讼人承认，对其他共同诉讼人发生效力。

（2）普通的共同诉讼人。

普通的共同诉讼人，是指当事人一方或双方为两人以上，其诉讼标的属于同一种类，人民法院认为可以合并审理，并经当事人同意的诉讼。诉讼标的属同一种类，是指争议的权利义务关系属同一类型。由于普通共同诉讼人之间没共同的权利义务，因此，既可以作为共同诉讼合并审理，也可以作为单独诉讼分别审理。其中一人的诉讼行为，对其他共同诉讼人不发生效力。

3. 第三人

第三人，是指对他人之间的诉讼标的有独立的请求权，或者虽无独立的请求权，但案件的处理结果与其有法律上的利害关系，因而参加到他人之间已经开始的民事诉讼中去，以维护自己合法权益的人。第三人分为有独立请求权的第三人和无独立请求权的第三人。

（1）有独立请求权的第三人。

有独立请求权的第三人，是指对他人之间的诉讼标的，不论全部或部分，以独立实体权利人的资格，提出诉讼请求而参加诉讼的人。我国《民事诉讼法》第56条第1款规定了有独立请求权的第三人参加诉讼的条件、在诉讼中的地位及参加方式。有独立请求权的第三人以起诉方式参加诉讼。

（2）无独立请求权的第三人。

无独立请求权的第三人，是指对他人之间的诉讼标的，无独立的实体权利，只是参加到当事人一方进行诉讼，以维护自己利益的人。我国《民事诉讼法》第56条第2款对无独立请求权的第三人参加诉讼的条件、在诉讼中的地位和参加方式作出了规定。在诉讼中，无独立请求权的第三人有当事人的诉讼权利和诉讼义务。判决承担民事责任的无独立请求权的第三人有权提出上诉。但该第三人在一审中无权对案件的管辖权提出异议，无权放弃、变更诉讼请求或者申请撤诉。

4. 诉讼代理人

诉讼代理人，是指根据法律规定或当事人的授权，以被代理人的名义进行诉讼活动的人。诉讼代理人根据代理权产生的原因不同可分为法定代理人和委托代理人。法定代理人，是根据法律的规定行使代理权的人，是为无诉讼行为能力的自然人而设立的。委托代理人，是指受当事人、法定代理人、法定代表人和诉讼代表人的委托代为诉讼行为的人。

根据《我国民事诉讼法》第59条规定，委托代理人的代理权限是：委托他人代为诉讼，必须向人民法院提交由委托人签名或盖章的授权委托书，委托书应在开庭审理前提交法院。授权委托书必须记明委托事项和权限。委托代理人代为承认、放弃、变更诉讼请求，进行和解，提起反诉或上诉，必须有委托人的特别授权。授权委托书仅写"全权代理"而无具体授权的，委托代理人无权代为承认、放弃、变更诉讼请求，进行和解，提起反诉或上诉。

民事诉讼的一般程序

1. 起诉和受理

（1）起诉的条件、方式和起诉状的内容。

起诉是指原告向人民法院起诉，请求司法保护的诉讼行为。

起诉的条件：

根据《民事诉讼法》第108条规定，起诉必须具备以下四个条件：

第一，原告是与本案有直接利害关系的公民、法人和其他组织。

第二，有明确的被告，即原告在起诉时应当提出侵犯他的权益或与他发生争议的被告是谁。

第三，有具体的诉讼请求和事实、理由。诉讼请求，是指原告要求人民法院保护其民事权益的内容、事实和理由，是指原告提出请求的根据。事实是指案件事实，包括当事人之间民事关系发生、变更或消灭的事实和当事人民事权益受到侵害或发生争议的事实。

第四，属于人民法院受理民事诉讼的范围和受诉人民法院管辖，即属于人民法院行使审判权的范围和属于人民法院享有管辖权的范围。

起诉的方式：

根据《民事诉讼法》第109条规定，起诉应当向人民法院递交起诉状，并按照被告人数提出副本。

起诉状的内容：

根据《民事诉讼法》第110条规定，起诉状是原告向人民法院提出的可以引起诉讼程序发生的诉讼文书。起诉状应当记明下列事项：第一，当事人的姓名、性别、年龄、民族、职业、工作单位和住所，法人或者其他组织的名称、住所和法定代表人或者主要负责人的姓名、职务。第二，诉讼请求和所根据的事实和理由。第三，证据和证据来源、证人姓名和住所。

（2）人民法院对起诉的审查与受理。

根据《民事诉讼法》第112条的规定，人民法院收到起诉状，经审查，认为符合起诉条件的，应当在7日内立案，并通知当事人；认为不符合起诉条件的，应当在7日内裁定不予受理；原告对裁定不服的，可以提起上诉。

2. 开庭审理

开庭审理，是指人民法院在当事人和其他诉讼参与人参与下，对案件进行实体审理的诉讼活动过程。

（1）开庭审理前的准备。

根据《民事诉讼法》第122条规定，开庭审理前准备工作有两项：一是人民法院应当在开庭3日前通知当事人和其他诉讼参与人。对于当事人，应当用传票传唤；对诉讼代理人、证人、鉴定人、勘验人、翻译人员，应当用通知书通知其到庭。当事人或其他诉讼参与人在外地的，应留有必要的在途时间。二是公开审理的案件，应当公告当事人姓名、案由和开庭时间、地点。

（2）开庭审理的程序。

开庭审理的程序主要有以下几个步骤：

①准备开庭。根据《民事诉讼法》第123条规定，开庭审理前，书记员应当查明当事人和其他诉讼参与人是否到庭，宣布法庭纪律。开庭审理时，由审判长核对当事人，宣布案由，宣布审判人员、书记员名单，告知当事人有关的诉讼权利义务，询问当事人是否提出回避申请。

②法庭调查。法庭调查是开庭审理的中心环节，是对案件进行实体审理的主要阶段。其任务是审查核实各种诉讼证据，对案件进行直接的、全面的调查。

根据《民事诉讼法》第124条规定，法庭调查按下列顺序进行：

第一，当事人陈述。即当事人陈述诉讼主张及其所根据的事实和理由。

第二，证人出庭作证。凡是应人民法院传唤出庭的证人，均应出庭如实提供证言，作伪证应负法律责任。证人确有困难不能出庭，经法院许可，提交书面证言，由法庭宣读。

第三，出示书证、物证和视听资料。当事人提供或人民法院主动收集的书证、物证和视听资料，除法律规定不准公开外，均须当庭出示。书证当庭宣读，物证当庭展示，视听资料当庭播放。

第四，宣读鉴定结论。鉴定人的鉴定结论，应当在法庭宣读。鉴定人应向法庭说明鉴定的方法和经过，以及鉴定结论的科学依据。审判人员可以对鉴定人提问。几个鉴定结论有矛盾，可以通知鉴定人重新鉴定或决定另行鉴定。

第五，宣读勘验笔录。对现场或物证进行勘验的笔录，应由法庭或勘验人当庭宣读。拍摄的照片或绘制的录像，应向当事人出示。

根据《民事诉讼法》第125条规定，在法庭调查阶段，当事人可以在法庭上提出新的证据，也可以要求法院重新调查证据。当事人经法庭许可，可以向证人、鉴定人、勘验人发问。当事人要求重新进行调查、鉴定或者勘验的，是否准许，由人民法院决定。

审判人员如果认为案情已经查清，即可终结法庭调查，转入法庭辩论。

（1）法庭辩论。法庭辩论是开庭审理的又一重要阶段，是当事人就如何认定事实和适用法律进行辩论。当事人可以根据法庭调查的材料，对于证据的证明力、事实的认定，以及适用什么法律及理由，向法庭提出自己结论性的意见，目的是使案件的事实及当事人之间的是非曲直进一步明朗化。

根据《民事诉讼法》第127条规定，法庭辩论按下列顺序进行：第一，原告及其诉讼代理人发言；第二，被告及其诉讼代理人答辩；第三，第三人及其诉讼代理人发言或者答辩；第四，互相辩论，法庭辩论终结，由审判长按照原告、被告、第三人的先后顺序征询各方最后意见。

根据《民事诉讼法》第126条规定和最高人民法院有关司法解释，在案件受理后，法庭辩论结束前，原告增加诉讼请求，被告提出反诉，第三人提出与本案有关的诉讼请求，可以合并审理的，法院应当合并审理。

（2）法庭调解。根据《民事诉讼法》第128条规定，法庭辩论终结，应当依法作出判决。判决前能够调解的，还可以进行调解，调解不成的，应当及时判决。

（3）合议庭评议。法庭辩论后，调解没有达成协议，合议庭成员退庭进行评议。合议庭评议实行少数服从多数的原则。审判人员在法庭调查和法庭辩论的基础上，正确适用法律，对案件事实和证据进行客观、全面的分析判断，力求作出正确的结论。评议应当秘密进行，评议情况不得对当事人和社会公开。评议情况由书记员制作笔录，由合议庭成员签名，评议中的不同意见，应当如实记入笔录。

（4）宣判。合议庭评议完毕，应制作判决书。根据《民事诉讼法》第134条规定，开庭审理无论是否公开，宣告判决一律公开进行。当庭宣判的，应当在10日内发送判决书；定期宣判的，宣判后立即发给判决书。宣告判决时，必须告知当事人上诉权利、上诉期限和上诉的人民法院。

民事诉讼中的诉讼费用由谁承担

当事人进行民事诉讼要交纳诉讼费用。诉讼费用是当事人向人民法院交纳的因进行民事诉讼所需要的费用。诉讼费用包括案件受理费和其他诉讼所需的费用。案件受理费，是人民法院决定受理起诉或者上诉时，原告或者上诉人应根据一定数额或一定比例向人民法院预交的诉讼费用。具体收费可向人民法院询问。

非财产案件的当事人除应交纳复制庭审材料和法律文书的费用外，一般不负担其他诉讼费用。

财产案件的当事人，除交纳案件受理费外，还要交纳以下诉讼费用：

1. 勘验、鉴定、公告、翻译（当地通用的民族语言、文字除外）费。这些费用根据国家有关部门的收费标准计算交纳。

2. 证人、鉴定人、翻译人员在人民法院决定日起出庭的交通费、住宿费、生活费和误工补贴费。这些费用也应按国家的有关规定计算交纳，不能按实际支出计算交纳。人民法院审判人员出差的交通费、住宿费、生活费和出差补贴不应由当事人负担。

3．当事人依法复制本案庭审材料和法律文书的，按实际成本收费。

4．财产保全的申请费以及因财产保全措施而实际支出的费用。

诉讼费用分为案件受理费和其他诉讼费用。根据现行的《人民法院诉讼收费办法》，案件受理费由败诉的当事人负担，双方都有责任的由双方分担。共同诉讼当事人败诉，由人民法院根据他们各自对诉讼标的利害关系，决定各自应负担的金额。第二审人民法院对第一审人民法院的裁决作了改变的，除了应当明确当事人对第二审诉讼费用的负担外，还应当相应地变更第一审人民法院对诉讼费用负担的决定，第二审人民法院判决驳回上诉，维持原判的案件，无论上诉人是一审中的胜诉方还是败诉方，上诉案件的受理费均由上诉人负担，双方都提出上诉的，由双方分担。经人民法院调解达成协议的案件，诉讼费用的负担，由双方当事人协商解决；协商不成的，由人民法院决定。

其他诉讼费用，一般由要求进行该项诉讼行为的人负担。例如，鉴定费以及鉴定人在人民法院决定日期出庭的交通费、住宿费等由要求进行鉴定的当事人负担。

企业发生经济纠纷的解决途径

解决企业经济纠纷以及行政纠纷的途径和方法，主要有以下几种：

1．协商解决

这是在争议发生后，当事人双方在自愿互谅的基础上，都作出一定的让步，在彼此都可以接受的基础上，达成和解协议，并自行协商解决所发生争议的一种方法。协商解决方法运用的前提条件是发生纠纷的当事人之间团结协作基础较好，而且争议的标的不是很大，所发生的矛盾也不是很深，只要当事人在分清责任基础上本着互谅互让的原则是能够解决的，因此，协商解决仍不失为解决企业经济纠纷的一个重要途径和方法。

2．调解解决

这是企业经济纠纷发生时，当事人双方经协商无效或者不愿意协商解决的，由第三人主持并从中调停排解，在双方互谅互让的基础上解决经济纠纷的一种解决方法。企业经济纠纷调解可分为司法调解、行政调解和民间调解三类。司法调解，也称为诉讼调解，通常是人民法院或仲裁机构在诉讼或仲裁纠纷案件过程所进行的调解，如调解不成就可以进行判决或者裁决。行政调解是政府主管机关出面对企业经济纠纷进行调解。民间调解通常是由律师或者第三人出面从中进行调解，如贸促会成立北京及其他省市调解中心所从事的调解活动就属此类。后两种调解应为非诉讼调解。但不管是哪一种的调解，调解成功，当事人达成和解协议，并作成调解书，当事人之间即产生合同上的效力。

3. 仲裁解决

仲裁也称为"公断"，是指双方当事人自愿达成仲裁协议，将其所发生的企业经济纠纷提交仲裁机构依法居中裁决的一种解决方法。仲裁虽属民间性质，但其裁决却具有法律强制效力，当事人必须自觉执行，其仲裁提起须由双方事前或纠纷发生后订有仲裁协议，并且仲裁机构所作的仲裁实行一裁终局制度，使仲裁解决具有区别于诉讼及其他解决方法的特色。我国现阶段的仲裁主要有各省、自治区所在地的市以及具备条件的设区的市设立的中国国际经济贸易仲裁委员会涉外仲裁和劳动争议仲裁委员会的劳动争议仲裁两种。

4. 诉讼解决

这是指发生经济纠纷的当事人双方没有达成仲裁协议，而将纠纷请求人民法院依照诉讼程序作出对当事人具有法律效力的判决的一种解决方法。诉讼解决必须由人民法院依照审判程序作出，经济纠纷依民事诉讼程序进行，行政纠纷依照行政诉讼程序进行，行政赔偿或司法赔偿申请依国家赔偿法规定的程序进行。

经济纠纷案件的诉讼费由谁负担

关于诉讼费的负担问题，不管是经济案件还是民事案件及其他案件，1989年9月1日起执行的《人民法院诉讼收费办法》作了如下规定：

1. 案件受理费由败诉的当事人负担。双方都有责任的，由双方分担。其他诉讼费用，由人民法院根据具体情况，决定当事人双方应负担的金额。

2. 撤诉的案件，其受理费减半，由原告负担。其他诉讼费用，按实际支出收取。

3. 驳回起诉的案件，受理费由起诉的当事人负担。

4. 经人民法院调解达成协议的案件，诉讼费由双方协商解决；协商不成，由人民法院决定。经人民法院调解达成协议的上诉案件，其一、二审的全部诉讼费用负担问题，也按此办法解决。

5. 申请执行费和执行中的实际支出费用，由被申请人负担。

6. 申请采取财产保全措施的申请费，由败诉方负担。申请人如果败诉，根据《民事诉讼法》第96条规定，还应赔偿被申请人因财产保全所遭受的损失。

7. 当事人交纳诉讼费用确有困难，可向人民法院申请缓交、减交或免交。是否缓、减、免，由人民法院审查决定。

如何申请先予执行

先予执行，是指人民法院对某些民事案件作出判决前，为解决权利人的生活或生产经营急需，裁定义务人履行一定义务的诉讼措施。

根据《民事诉讼法》第98条规定，人民法院裁定先予执行须具备以下条件：第一，当事人之间权利义务关系明确，不先予执行将严重影响申请人的生活或生产经营。第二，被申请人有履行能力。第三，人民法院应当在受理案件后终审判决作出前采取。先予执行应当限于当事人诉讼请求的范围，并以当事人的生活、生产经营的急需为限。

1. 先予执行的案件范围

根据《民事诉讼法》第97条规定，先予执行适用于以下几种案件：

（1）追索赡养费、扶养费、抚育费、抚恤金、医疗费用的案件。

（2）追索劳动报酬的案件。

（3）因情况紧急需要先予执行的案件。紧急情况包括：一是需要立即停止侵害、排除妨碍的；二是需要立即制止某项行为的；三是需要立即返还用于购置生产资料、生产工具贷款的；四是追索恢复生产、经营急需的保险理赔费的。

2. 先予执行的程序

（1）先予执行的开始。根据《民事诉讼法》第97条第1款规定，先予执行根据当事人的申请而开始，人民法院不能主动采取先予执行措施。

（2）责令申请人提供担保。根据《民事诉讼法》第98条第2款规定，人民法院应视案件具体情况来决定是否要求申请人提供担保。如果认为有必要让申请人提供担保的，可以责令其提供；不提供的，驳回申请。

（3）先予执行的裁定。根据《民事诉讼法》第99条的规定，人民法院对当事人先予执行的申请，经审查符合法定条件的，应当及时作出先予执行的裁定。裁定一经送达当事人，即发生法律效力，当事人不服，不得上诉，但可申请复议。复议程序与财产保全的复议程序相同。

（4）先予执行错误的补救。根据《民事诉讼法》第98条第2款的规定，人民法院裁定先予执行后，经过审理，判决申请人败诉的，申请人应当返还因先予执行所取得的利益。拒不返还的，由法院强制执行。被申请人因先予执行遭受损失的，还应赔偿被申请人的损失。

16.2 行政诉讼法

行政诉讼的法律特征

行政诉讼是公民、法人或其他组织认为行政机关所作出的行政处罚或其他行政处理决定侵犯了其合法权益，依法向人民法院提起诉讼，由人民法院依照法定程序解决行政纠纷的活动。

行政诉讼具有以下特征：

1．被告只能是行政机关，包括法律、法规授权的组织。

2．原告只能是行政管理相对人，即认为其人身权、财产权或者其他合法权益受到行政机关的具体行政行为侵犯的公民、法人或其他组织。

3．被告行政机关负有证明具体行为具有合法性的举证责任。如果被告不能提供作出具体行政行为合法的证据和法律依据，就要承担败诉的风险。

4．在行政官司中，原则上不适用调解，不能以调解的方式审结案件。该原则的例外是，在行政赔偿诉讼中可以就赔偿纠纷进行调解。

5．在行政官司中，被告行政机关没有反诉权，不能对原告提起反诉。

根据我国《行政诉讼法》的规定，公民、法人或其他组织提起行政诉讼必须具备下列四个基本条件：

1．原告是认为具体行政行为侵犯其合法权益的公民、法人或者其他组织。

2．有明确的被告。

3．有具体的诉讼请求和事实根据。

4．属于人民法院受案范围和受诉人民法院管辖。

这四个基本条件也是人民法院审查起诉和受理案件的基本依据。人民法院依此审查，对于符合条件的予以受理，对于不符合条件的裁定不予受理或驳回起诉，从而判定行政案件是否成立。

行政诉讼的管辖权

1．级别管辖。指各级人民法院在受理第一审行政案件的权限和分工。根据《行政诉讼法》的规定，基层人民法院管辖第一审行政案件。

中级人民法院管辖下列第一审行政案件：

（1）确认发明专利权的案件、不服海关处理决定的案件。

（2）对国务院各部门或省、自治区、直辖市人民政府所作的具体行政行为提起诉讼的案件。

（3）本辖区内有重大影响或疑难复杂的案件。

省、自治区、直辖市高级人民法院管辖本辖区内重大、复杂的第一审行政案件。最高人民法院管辖全国范围内重大、复杂的第一审行政案件。

2．地域管辖。即同一级人民法院在受理第一审行政案件上的权限分工。依照《行政诉讼法》的规定，行政案件原则上由最初作出具体行政行为的行政机关所在地人民法院管辖。它包括两层含义：

（1）公民、法人或其他组织不服具体行政行为，直接向人民法院起诉的，由作出该具体行政行为的行政机关所在地人民法院管辖。

（2）公民、法人或其他组织不服具体行政行为，申请复议，复议机关经复议维持原具体行政行为，公民、法人或其他组织不服该复议裁决向人民法院起诉的，由作出原具体行政行为的行政机关所在地人民法院管辖。

3．在下列情况下，公民、法人或其他组织提起诉讼应按《行政诉讼法》的特别规定，到有管辖权的人民法院起诉：

（1）经复议的案件，复议机关改变原具体行政行为，公民、法人或其他组织不服起诉的，既可以由复议机关所在地的人民法院管辖，也可以由最初作出具体行政行为的行政机关所在地人民法院管辖。具体到哪个法院起诉由原告选择。原告同时在两个有管辖权的人民法院起诉的，由最先收到起诉状的人民法院管辖。复议机关改变原具体行政行为包括改变原具体行政行为对事实的认识；改变原具体行政行为对法律、法规或规章的适用和改变原具体行政行为的处理结果（包括撤销、部分撤销、变更原具体行政行为）。

（2）对限制人身自由的行政强制措施不服提起诉讼的，例如劳动教养、强制收容审查，由被告所在地或原告所在地人民法院管辖，具体到哪个法院起诉由原告选择。原告既可向被告所在地人民法院起诉，同时也可向自己所在地人民法院起诉，由最先收到起诉状的人民法院管辖。这里原告所在地包括，原告的户籍地、居所地和被限制人身自由所在地。

（3）因不动产提起的行政诉讼，向不动产所在地人民法院起诉。不动产是指土地及土地上的附着物，一般不动产的所有权或使用权属发生争议提起诉讼的案件，只能由不动产所在地人民法院管辖。

行政诉讼的受案范围

人民法院受案范围也叫诉讼主管范围。具体到行政诉讼受案范围，就是说人民法院在什么范围内对因行政机关的具体行政行为侵害了公民、法人及其他组织的合法权益而引起的争议拥有受理、审判的权力。

《行政诉讼法》第11条概括地规定：公民、法人或者其他组织认为行政机关和行政机关工作人员的具体行政行为侵犯其合法权益，有权依照本法向人民法院提起诉讼。本法对受案范围具体列举了其中八项内容：

1．对拘留、罚款、吊销许可证和执照、责令停产停业、没收财物等行政处罚不服的。

2．对限制人身自由或者对财产的查封、扣押、冻结等行政强制措施不服的。

3．认为行政机关侵犯法律规定的经营自主权的。

4．认为符合法定条件申请行政机关颁发许可证和执照，行政机关拒绝颁发或者不予答复的。

5．申请行政机关履行保护人身权、财产权的法定职责，行政机关拒绝履行或者不予答复的。

6．认为行政机关没有依法发给抚恤金的。

7．认为行政机关违法要求履行义务的。

8．认为行政机关侵犯其他人身权、财产权的。

与此同时，该法列举了人民法院受理法律、法规规定可以提起诉讼的其他行政案件。

根据《行政诉讼法》第12条，人民法院对因下列事项提起的诉讼不予受理：

1．国防、外交等国家行为。

2．行政法规、规章或者行政机关制定、发布的具有普遍约束力的决定、命令。

3．行政机关对行政机关工作人员的奖惩、任免等决定。

4．法律规定由行政机关最终裁决的具体行政行为。

行政官司能否调解

依照《行政诉讼法》第50条规定，人民法院审理行政案件，不适用调解。

在行政诉讼中，作为被告的行政机关是代表国家行使行政管理权的，其权力来自于法律、法规的规定或授权，行政机关只能依法行政，不能违法行政，更不能随意放弃或转让国家赋予的行政权，这既是行政机关的权利，同时也是它的义务。正是由于行政机关无权处分实体权利，不具备调解的前提，所以人民法院审理行政案件时不适用调解，不能要求行政机关在依法作出具体行政行为的基础上作出让步以求迅速结案。人民法院只能用判决的方式结案，对正确的决定判决变更。

《行政诉讼法》第67条第3款中规定，"赔偿诉讼可以适用调解"。也就是说，如果被告的具体行政行为给原告造成损害，原告请求赔偿的，人民法院可以在原、被告之间就赔偿的数额进行调解。

如果在法院判决后，行政机关拒不履行法院的判决怎么办？

根据《行政诉讼法》第65条第3款之规定，行政机关拒绝履行已经发生法律效力的判决的，第一审人民法院可以根据对方当事人的申请或依职权采取以下措施，以保证判决的执行：

1. 划拨。对应当归还的罚款或应当给付的赔偿金，人民法院可以通知银行或信用合作社从该行政机关的账户内划拨。

2. 罚款。行政机关在规定的期限内不履行判决的，从期满之日起，人民法院可以对该行政机关按日处50～100元的罚款。

3. 向该行政机关的上一级行政机关或者监察、人事机关提出司法建议。接受司法建议的机关，根据有关规定进行处理，并将处理情况告知人民法院。

4. 依法追究刑事责任。拒不履行判决、裁定，情节严重构成犯罪的，依法追究主管人员和直接责任人员的刑事责任。

16.3 仲裁

什么是仲裁

1. 仲裁的特点

仲裁又称公断，它是指双方当事人依据争议发生前或争议发生后，所达成的仲裁协议，自愿将争议交付给独立的第三方（仲裁委员会），由其按照一定的程序进行审理并作出对争议双方都有约束力的裁决的一种非司法程序。

我国解决民、商事纠纷有四种途径：人民调解制度、行政处理制度、仲裁制度和诉讼制度。仲裁是处理民、商事争议的一种方式，它与其他形式相比有以下特点：

仲裁具有自愿性。

它是指仲裁的开始、继续与终止均取决于双方或一方当事人的自愿，任何人不得强制。这一点与诉讼（打官司）相区别。申请仲裁的争议双方当事人必须在争议发生前或争议发生后自愿达成仲裁协议，同意将争议事项提交仲裁，达不成仲裁协议的不予受理。仲裁开始后，仲裁机构、仲裁员、仲裁方式都由当事人选定。

（2）仲裁机构在性质上属于民间机构，而不是国家设立的行政机关或司法机关。

它处于第三者的地位，依其自身公正的仲裁活动树立自己的威信，谋求生存和发展。

（3）仲裁具有独立性。

各国仲裁法律都规定，仲裁机构独立于行政机关，仲裁机构之间也没有相互隶属关系。仲裁独立进行，不受任何机关、团体和个人的干涉。

（4）仲裁对象具有特定性。

我国《仲裁法》规定仲裁只解决"平等主体的公民、法人和其他组织之间发生的合同纠纷和其他财产纠纷"。婚姻、收养、监护、扶养、继承等与人身权有关的纠纷不能仲裁，依法应当由行政机关处理的行政争议也不能仲裁。

一裁终局性。

仲裁庭一旦作出裁决，即对双方当事人产生约束力。对于生效的仲裁裁决，一方当事人不履行其义务的，另一方当事人可以直接将其作为执行依据向法院申请强制执行。即使当事人对裁决不服，也不能向任何行政机关或法院申诉或上诉。这与诉讼不同，诉讼可以上诉，还可以申诉，有时一场官司会旷日持久。

2. 我国的仲裁机构有哪些

我国的仲裁机构称仲裁委员会。根据《仲裁法》第10条第1款规定："仲裁委员会可以在直辖市和省、自治区人民政府所在地的市设立，也可以在其他设区的市设立，不按行政区划层层设立。"目前，全国已有100多个城市组建了仲裁委员会。其中，涉外仲裁委员会有两个，即中国国际经济仲裁委员会和中国海事仲裁委员会。

3. 仲裁的适用范围

关于《仲裁法》的适用范围，具体有：

（1）平等主体的公民、法人和其他组织之间发生的合同纠纷和其他财产权益，可以申请仲裁。

（2）以下两类纠纷不能仲裁：一是婚姻、收养、监护、抚养、继承纠纷；二是应当行政机关处理的行政争议。

此外，《仲裁法》第77条规定，劳动争议和农业承包合同纠纷的仲裁，另行规定。

4. 仲裁原则

仲裁的基本原则，是所有仲裁参加者参加仲裁所必须遵守的基本准则。根据《仲裁法》的规定，仲裁的基本原则有：

（1）当事人自愿原则。

该原则是指合同当事人有权协议选择是否采用仲裁方式解决争议。根据《仲裁法》规定，该原则的主要内容包括：当事人采用仲裁方式解决纠纷，必须出于双方自愿，并以书面表示；仲裁地点和仲裁机构，均由双方当事人共同选定，不再实行法定管辖；仲裁事项指定；仲裁是否开庭与公开进行，由当事人协议决定；在仲裁过程中，当事人可以自行和解和自愿调解；裁决书是否写明争议事实和裁决理由，由当事人协议决定等。

（2）独立公正原则。

该原则是指仲裁机构的仲裁，依法独立进行，不受行政机关、社会团体和个人的干涉。独立是公正的前提，也是公正的保障。公正则是仲裁理应达到的效果，是仲裁所追求的最高目标。公正要求仲裁机构尊重事实，依法作出公正的裁决。从根本上说，仲裁机构必须是非行政性机构，否则，无法摆脱行政机关的干预，使仲裁的公正性受到影响。摆脱行政干预，确保仲裁机构的独立性和仲裁的公正性。

（3）先行调解原则。

根据仲裁法规定，仲裁在作出裁决前，可以先行调解。该原则要求仲裁机构处理合同纠纷案件，在进行仲裁前，应在仲裁员一人或仲裁庭的主持下，在查明事实，分清是非和责任的基础上，对当事人进行说服教育，促使当事人自愿协商，互相谅解，从而达成协议。先行调解原则，有利于纠纷的顺利解决和协议的执行。

（4）或裁或审和一裁终局原则。

或裁或审，是指纠纷发生后，双方当事人可以根据协议，或者选择仲裁解决，或者选择诉讼解决。二者只能选择其一，而不得仲裁之后再向法院起诉。一裁终局制，是指当事人的纠纷一旦提交仲裁，仲裁机构作出的裁决，即具有终局的法律效力，对双方当事人均具有约束力。双方必须自动履行，而不得要求该仲裁机构或其他仲裁机构再次裁决或向法院起诉，也不得向其他机关提出变更仲裁裁决的请求。该制度的确立和适用，有利于体现当事人的意思自治，肯定仲裁裁决的法律效力，发挥仲裁迅速、及时、有效的优势，提高解决争议的效率。

仲裁与诉讼的区别与联系

1. 仲裁与诉讼的联系

仲裁与诉讼都是解决争议的方式，它们之间有一些相同或类似之处：

（1）处理争议的主体都是当事人之外的第三方。

（2）都必须遵循一定的程序进行。

（3）某些程序规则与制度一致。如都有回避、调解和时效制度，开庭时双方当事人均须出庭并进行举证、质证和辩论，委托代理人均须提交授权委托书等。

（4）裁决都具有法律效力，当事人必须遵守。

2. 仲裁与诉讼的区别

仲裁与诉讼虽然都是解决纠纷的方式，但两者还是有很多不同：

（1）审理机构的性质不同。

诉讼是由作为国家机关的法院行使审判权的国家司法活动；仲裁则是民间组织进行的准司法活动。

（2）主管纠纷的范围不同。

仲裁解决的是特定的民商事争议；诉讼则一般没有什么限制。

（3）管辖权的取得不同。

仲裁以双方当事人达成仲裁协议为前提；诉讼则开始于一方当事人的起诉。

（4）适用程序有所不同。

仲裁活动适用仲裁委员会制定的仲裁规则，比较简便，规则当事人还可以协议选择；而诉讼程序当事人则无权选择。

（5）遵循的原则和制度有所不同。

仲裁一般不公开进行，以保守当事人的秘密，并实行一次裁决；诉讼一般要公开进行，实行二审终审或三审终审制度。我国目前的诉讼制度实行两审终审制,设有三审终审制,法院作出判决必须依法进行，适用法律错误会导致判决无效。而仲裁则不同，仲裁可以按仲裁规则或按当事人的约定进行友谊仲裁，即根据所谓"公平正义原则"和"商业习惯"等作出裁决，其裁决不会因实体错误而导致无效。

由此可以看出，仲裁较之诉讼具有以下优点：①费用较低，更为经济；②专家裁判，权威性更强；③强调自愿，有利合作；④程序灵活，保守秘密；⑤裁决更易得到外国法院承认和执行。同时，仲裁亦有其不足：①易受仲裁员个人水平影响；②易产生代理意识，某些仲裁员可能有意或无意地倾向于选择其为仲裁员的一方当事人；③无上诉机会。

怎样签订仲裁协议

所谓仲裁协议，是指当事人在合同中预先订明或争议发生后达成的，表示当事人双方愿意将其争议提交仲裁，并相约履行其终局裁决的书面文件。

根据《仲裁法》规定，仲裁协议主要有两种表现形式，即合同中规定的仲裁条款和当事人双方以其他形式达成的书面协议。仲裁协议应具备下列内容：

1. 请求仲裁的意思表示

是指当事人各方请求仲裁之意愿的明示书面行为。这是构成仲裁协议或者仲裁条款的核心，是仲裁的基本要素。仲裁的意思表示，必须明确、肯定，符合仲裁一裁终局的特点，以及具有排除法院管辖权的效力。同时，应明确表示争议发生后将争议提交仲裁机构仲裁，并确认裁决的终局法律效力，双方应积极履行仲裁裁决。

2. 仲裁事项

仲裁事项必须符合仲裁的范围。具体的仲裁事项，应由双方当事人在协议中约定。仲裁协议尽可能订得广泛而不要加以限制，即无论金额多少、性质如何的争议，凡是因本合同产生的或与本合同有关的一切争议，均可提交仲裁解决。

3. 仲裁机构

无论是涉外仲裁，还是国内仲裁，仲裁机构的选择，都必须具备两个方面内容，即仲裁地点的选定和仲裁委员会的选定。根据我国法律规定，涉外仲裁地点可在本国、被诉国和第三国中选择其一；国内仲裁的当事人应约定某个具体地点。当事人在选择地点后，还应选择具体的仲裁机构，即具体的仲裁委员会，并应将地点和仲裁机构全称写明在仲裁协议中。

4. 仲裁程序规则

国内仲裁，在中国仲裁协会成立制定其仲裁规则前，各地仲裁委员会适用各自根据仲裁法所制定的仲裁规则。

5. 仲裁效力

仲裁条款必须规定仲裁裁决具有终局的效力。因为这是仲裁条款具有排除法院诉讼管辖权力的体现。

6. 仲裁费用

仲裁协议中，一般均规定仲裁费用由败诉方承担，以便仲裁庭裁决时有据可依。

仲裁协议合法有效的条件及仲裁程序

1. 仲裁协议合法有效的条件

根据《仲裁法》规定，一个合法、有效的仲裁协议，应当具备下列条件：

（1）仲裁协议必须采用书面形式。这是仲裁协议有效成立所必须具备的形式要件。仲裁法对此作出明确规定。

（2）仲裁协议的签订者必须具有主体资格。即仲裁协议的签订者必须具有权利能力和行为能力。

（3）仲裁协议的内容，必须符合法律要求，而且必须明确、肯定。

（4）仲裁协议不能违反国家法律的强制性规定。

（5）不具有法律规定的无效仲裁协议的情形。

根据《仲裁法》规定，有下列情形之一的，仲裁协议无效：约定的仲裁事项超出法律规定的仲裁范围的；无行为能力人或限制行为能力人所订立的、仲裁协议某一方采取胁迫手段，迫使对方订立仲裁协议的。

2．仲裁的程序

仲裁程序依次有三个基本阶段，即申请和受理、仲裁庭的组成、审理机构裁决。

（1）申请仲裁必须具备以下条件：①有仲裁协议。②有具体的仲裁请求和事实理由。③属于仲裁委员会的受理范围。④向仲裁委员会递交书面仲裁申请书。

仲裁委员会收到仲裁申请书后进行审查，对符合法定条件的仲裁申请，仲裁委员会应予受理并通知当事人，对不符合法定条件的仲裁申请，应书面通知当事人不予受理，并说明理由。

（2）仲裁庭的组成。

仲裁庭是仲裁中的审理组织，具体行使仲裁权，其组成对实现仲裁公正意义重大。

仲裁庭有两种组成方式：一是合议庭形式，由三名仲裁员组成，设首席仲裁员；二是独立仲裁，由一名仲裁员组成。

当事人应在仲裁规则规定的期限内约定仲裁庭组成、方式和选定仲裁员。对约定采用合议庭形式的，由当事人各自选定或各自委托仲裁委员会主任指定一名仲裁员，第三名仲裁员由当事人共同选定或共同委托仲裁委员会主任指定。第三名仲裁员为首席仲裁员。对约定组成独任制合议庭的，由当事人共同选定或共同委托仲裁委员会主任指定。

当事人在规定的期限内没有约定仲裁庭组成方式或选定仲裁员的，仲裁庭的组成方式和仲裁员均由仲裁委员会主任指定。

（3）审理和裁决。

这一阶段包括准备阶段、调查阶段、辩论阶段和裁决阶段四个阶段。

仲裁审理中采用不公开审理的制度。仲裁庭可以对争议事项进行调解，当事人也可以自行和解。

仲裁裁决有何效力

仲裁裁决的效力是指裁决对双方当事人有无约束力，是否具有终局性，是否由国家强制力保证其执行。

我国的仲裁法根据国际惯例实行一裁终局制，仲裁裁决一经做出，当事人就必须执行，而不能上诉或向法院提起诉讼。如果一方当事人不履行仲裁裁决，则另一方当事人可向法院申请强制执行。

1. 仲裁裁决的执行

仲裁裁决的执行，是指人民法院根据当事人的申请，依照法律程序中仲裁裁决的内容和要求付诸实现的强制行为。仲裁裁决的执行体现了法院对于仲裁的支持。如前所述，仲裁裁决一经作出即对双方当事人产生约束和强制行为。当事人对裁决书确定的义务应在规定的期限内自动履行。但对当事人不自动履行的，仲裁机构因其为民间组织而无权采取强制措施。人民法院执行仲裁裁决可以有效保证当事人实现其权利。因为它具有实现仲裁裁决的强制力，从而是仲裁制度得以存在和发展的最终保障。仲裁裁决的不予执行则体现着法院对于仲裁的监督，即经当事人申请和举证并经法院审查核实仲裁裁决有法定情形的，可裁定不予执行仲裁裁决。

2. 不予执行仲裁裁决

不予执行仲裁裁决是指仲裁裁决作出后执行前，仲裁裁决具有法定情形，经被执行人申请和人民法院查证属实，人民法院不执行仲裁裁决的制度。

《仲裁法》未明确规定不予执行仲裁裁决的情形，而援引《民事诉讼法》第217条第2款的规定，据此，不予执行仲裁裁决的具体情形有以下几个方面：（1）当事人在合同没有订立仲裁条款或者事后没有达成书面仲裁协议的；（2）裁决的事项不属于仲裁协议的范围或者仲裁机构无权仲裁的；（3）仲裁庭的组成或者仲裁的程序违反法定程序的；（4）仲裁员在仲裁案件时贪污受贿、徇私舞弊、枉法裁决行为的。此外，对于仲裁裁决违背社会公共利益的，人民法院也应裁定不予执行。

16.4　公证

公证的法律特征

公证是指国家公证机关根据当事人的申请，对法律行为、有法律意义的文书和事实的真实性和合法性进行证明的活动。公证制度是国家为了保证法律的正确实施、预防纠纷、保护公民和法人的合法权益而设立的一项预防性的司法证明制度，它具有如下法律特征：

1. 公证是公证机关代表国家进行的证明活动

公证首先是一项证明活动，它只能通过证明法律行为，有法律意义的文书和事实的真实性、合法性来实现其职能，而不能对当事人之间有争议的法律行为、事实和文书进行证明。

2. 公证是国家专门机关依法进行的证明活动

根据法律规定，公证职能只能由国家专门设立的公证机关统一行使，公证机关以国家名义进行公证证明，其出具的公证书不仅在法律上具有特定的效力，而且具有广泛性、通用性、可靠性的特点。其证明力不受国籍、地域、行政级别、行为等的限制，在一国之内和国际上都可以通行使用。一般机关和组织出具的证明文书则只能在特定范围内起作用，同时其证明的权威性也较公证证明低。

3. 公证是依据法律规定的程序进行的活动

公证必须严格按照法律的规定进行，违反法定程序进行的公证证明的活动不具有公证的效力。

公证的法律效力和基本原则

1. 公证的法律效力

公证的效力即公证证明在法律上的作用和约束力。一般说来，公证机关依法作出的公证书具有三种基本的法律效力：（1）证据的效力；（2）使法律行为生效的效力；（3）强制执行的效力。

与公证的效力相联系，公证具有以下三项功能：（1）预防纠纷；（2）干预和监督法律行为；（3）保障国家和当事人的权益，促进和扩大对外交流。

2. 公证的基本原则

公证的基本原则，是公证机关办理一切公证行为所必须遵循的基本准则。根据《公证暂行条例》、《公证程序规则（试行）》的规定，公证应遵循以下基本原则：

（1）真实、合法的原则。

（2）自愿公证与必须公证相结合的原则。

（3）直接原则。

（4）独立公证原则。

（5）保密原则。

（6）便民原则。

（7）使用中文或民族语言文字原则。

什么是公证管辖

公证管辖是公证机关办理公证事项的分工和权限，即办理公证事务要到哪个公证处去办理。公证管辖大体上有以下几种情况：

1. 由申请人住所地公证管辖。如当事人要办理自己的身份证明、学历证明等，就可到其住所地公证处办理。

2. 由法律行为或法律事实发生地的公证处管辖。如合同公证就可到合同签订地的公证处办理。

3. 收养公证，由收养人或被收养人住所地公证处管辖。涉外及涉港澳台的收养公证，由被收养人住所地公证处管辖。

4. 涉及财产转移的公证事项，由申请人住所地或主要财产所在地的公证处管辖。

5. 涉及不动产转让的公证事项，由不动产所在地的公证处管辖。但遗嘱、委托、声明中涉及不动产转让的除外。

6. 如果对同一公证事项，两个或两个以上的公证处都有管辖权的情况下，可以通过协商选择一个公证管辖。

7. 两个以上公证处因管辖权不明或发生争议时，由其共同的上级司法行政机关指定其中的一个公证处管辖。

8. 由于特殊原因，如发生了自然灾害或意外事件，使有管辖权的公证处不能行使管辖权的，由它的同级或上级司法行政机关指定其他公证处管辖。

公证机关的业务范围

公证机构的业务范围，即公证机构可以对哪些事项进行公证，我国《公证法》第11条规定，根据自然人、法人或者其他组织的申请，公证机构办理下列公证事项：

1. 合同。

2. 继承。

3. 委托、声明、赠与、遗嘱。

4. 财产分割。

5. 招标投标、拍卖。

6. 婚姻状况、亲属关系、收养关系。

7. 出生、生存、死亡、身份、经历、学历、学位、职务、职称、有无违法犯罪记录。

8. 公司章程。

9. 保全证据。

10. 文书上的签名、印鉴、日期，文书的副本、影印本与原本相符。

11. 自然人、法人或者其他组织自愿申请办理的其他公证事项。

法律、行政法规规定应当公证的事项，有关自然人、法人或者其他组织应当向公证机构申请办理公证。

第12条规定，根据自然人、法人或者其他组织的申请，公证机构可以办理下列事务：

1. 法律、行政法规规定由公证机构登记的事务。

2. 提存。

3. 保管遗嘱、遗产或者其他与公证事项有关的财产、物品、文书。

4. 代写与公证事项有关的法律事务文书。

5. 提供公证法律咨询。

依据上述规定，公证机关的公证业务可以分为以下几类：

（1）证明法律行为。

法律行为是公民、法人或其他组织设立、变更、终止民事权利和民事义务的合法行为。法律行为的构成要件有三项：一是行为人具有相应的民事行为能力；二是意思表示真实；三是不违反法律或社会公共利益。公证机关对符合上述条件的行为予以证明，就是法律行为的公证，常见的有对合同、委托、遗嘱、财产赠与、收养关系等的公证。

（2）证明有法律意义的事实。

民事法律事实按照是否包含当事人的意志，可以分为行为和事件两大类。公证证明有法律意义的事实，是指法律行为以外的，可以引起民事权利义务关系的设立、变更或终止的一切事实。常见的有证明出生、死亡、失踪、灾害性事件以及证明公民个人身份、经历、状况等方面的事实，证明企业或其他经济组织的资格、资信、经济活动等方面的事实。

（3）证明有法律意义的文书。

有法律意义的文书，指在法律上有效的文件，包括声明书、诊断书、毕业证书、驾驶执照等等。公证机关对具有法律意义的文书的证明，是一种程序上的证明。其主要任务是通过审查，确认有关文件在形式上是否真实，在内容上是否合法，而对文书内容的真实可靠程度并不进行审查确认。通常有以下四种方式：①证明文书上的签名、印鉴属实；②证明当事人在公证员面前，在文书上的签名、盖章属实；③证明文件的副本、节本、译本、影印本与原本相符；④证明用不同民族的文字或不同国家写出的同一文书是相符的。

（4）证明债权文书有强制执行效力。

公证机关对于追偿债款、物品的文书，认为无疑义的，在该文书上证明有强制执行的效力。《强制执行公证书》和人民法院的裁定书、判决书具有同等执行效力，可以直接作为人民法院强制执行的根据，当债务人不履行债务时，债权人可以向人民法院申请强制执行。

（5）辅助性业务。

主要包括以下几个方面：①保全证据；②保管遗嘱或其他文件；③技术性服务，如代当事人起草申请公证的文书。

（6）办理其他公证事务。

《公证暂行条例》第4条第14项规定："根据当事人的申请和国际惯例办理其他公证事务。"这是一项弹性条款，是为了公证机关更好地适应社会实践对公证业务越来越复杂的需要，而作的灵活性规定，它把不能一一列举的公证事项都包括在内了。

公证的程序

公正的程序分为一般程序和特别程序。

1. 公正的一般程序

办理公证的一般程序包括申请与受理、审查、出证三个阶段。

（1）申请与受理。

当事人或其他代理人申请公证，应当亲自到公证处提出书面或口头申请。亲自到公证处确有困难时，公证员可到当事人或其代理人住所地办理公证。

申办公证的申请人或委托人应当向公证处提交下列材料：

身份证明，法人或其他组织的资格证明及其法定代表人或主要负责人身份证明书。

②代理人代为申请的，委托代理人必须提交授权委托书，其他代理人须提交有代理资格的证明材料。

③需要公证的文书。

④与公证事项有关的财产所有权证明材料。

⑤与公证事项有关的其他材料。

并明确、全面地填写公证申请表。

公证人员接受申请后，对符合下列条件的申请，公证处应予受理：

①申请人与申请公证的事项有利害关系。

②申请公证的当事人、利害关系人之间对申请公证的事项无争议。

③申请公证的事项属于公证处的业务范围。

④申请公证的事项属于本公证处管辖。

对不符合条件的申请，公证处应作出不予受理的决定，并通知申请人。

（2）审查。

公证处受理公证申请后，要对以下内容进行审查：

①对当事人的人数、身份、资格和民事行为能力进行审查。

②对当事人的意思表示和相应权利进行审查。

③对需公证的行为、事实或文书的内容是否真实、合法进行审查。

④审查需公证的文书内容是否完善，文字是否准确，签名、印鉴是否齐全。

⑤审查当事人提供的证明材料是否真实、充分。

公证处对当事人提供的证明，认为不完备或有疑义时，有权通知当事人作必要的补充或向有关单位、个人调查，索取有关证件和材料，有关单位、个人有义务给予协助。

（3）出证。

出证是公证处对当事人申办的公证事项，经过审核调查，认为符合法律规定的办证条件，由公证员签署并出具公证文书的活动。它是公证程序中的最后一个环节。公证书的正本、副本，应当根据当事人的需要，制作若干份发给当事人或有关单位和个人，公证处留存原本和一份正本附卷。

2. 公正的特别程序

《公证程序规则（试行）》第十章规定，公证处办理招标投标、拍卖、开奖、遗嘱、提存公证，要适用特别程序。

（1）招标投标、拍卖、开奖的特别程序。

公证处办理这三类公证时，承办公证员应亲临现场，对公证事项的真实性、合法性予以审查。对真实、合法的，予以当场宣读公证词，并在7日内作成公证书发给当事人。在上述活动中，如发现当事人有弄虚作假、违反活动规则或违法行为的，应当场责令当事人改正；拒不改正的，公证员应当拒绝宣读公证词。

（2）提存公证的特别程序。

提存公证，是指债务已到清偿期限，因债权人的原因或法定的原因，致使债务人无法给付债务标的物时，债务人将该标的物提交给公证处，由公证处转交给债权人的活动。从提存之日起，对债务人视为已清偿债务，提存物及其风险责任同时转归债权人。

公证处办理提存公证，应以通知书或公告方式通知债权人在确定的期限内领取提存标的物。债权人领取提存标的物，应提供身份证明和有关债权的证明，并承担因提存而支出的费用。对于提存标的物从提存之日起超过20年仍无人领取的，应视为无主财产上交国库。

如何办理身份公证

身份公证是国家公证机关依照法定程序，证明当事人的身份真实、合法的活动。身份可分为一般身份和特殊身份两种。一般身份是指公民的居民身份和社会地位、职业等；特殊身份是指公民因法律上的授权而享有特殊资格，如法人的法定代表身份等。与此相对应，身份证明分为居民身份公证和法定代表人公证。法定代表人公证是一种特殊的身份公证。公证机关根据当事人的申请，对公证时谁享有法定代表人资格这一事实的真实性、合法性给予证明的活动，就叫法定代表人身份公证。

当事人申办居民身份公证，应当向其住所地公证处提交居民身份证或有关机关、单位出具的证明当事人担任某种职务、从事某种职业的证明材料，以及相应的证件材料。法定的代表人身份公证，由法人住所地的公证机关管辖。当事人申办此项公证，应向公证处讲明公证目的、本人简历、该法人的所有制性质、公证书使用地区等情况，并提交下列材料：

1. 公证申请表。

2. 法人介绍信。

3. 担任该法人主要行政职务的任命书和聘任书。

4. 该法人的营业执照、社会登记或上级主管单位出具的法人资格证明，本人的居民身份证或户口簿、工作证。

5. 为防止使用时他人假冒，还应提供本人二寸免冠照片两张，如另要公证书副本，应按所要份数增加照片。公证处受理后，经调查核实无误，应依法出具该法定代表人身份公证书。

怎样办理法定代表人身份公证

法定代表人身份公证，是指公证机构根据当事人的申请，对某一法人的法定代表人身份依法予以确认，对其真实性给予证明的活动。

所谓法定代表人，是指企业事业单位、机关、团体的行政主要负责人。法律规定的"主要负责人"，是指该单位的主要行政负责人，具体有三种情况：

1. 单位的正职行政负责人，例如，工厂的厂长，公司的董事长或不设董事会的企业的经理。

2. 有的单位没有正职行政负责人，可由主持工作的副职人员，例如副厂长、副经理担任。法定代表人依法代表法人行使职权，法定代表人以外的工作人员只有经法定代表人的授权委托后，才能代表法人进行活动，否则，其行为只能被视为个人行为。当事人中办法定代表人身份公证的目的，就在于防止越权代理、无权代理、冒充法定代表人进行欺诈，确保民事活动的安全顺利进行。

如何办理商标公证

驰名商标则意味着无价之宝。所以，商标权实质上是一种专有的独占权，具有排他性。为了切实地保护自己的商标独占权，防止假冒或非法使用自己的商标，当事人对自己的商标向公证机构申办商标公证不失为一个良策，是一种明智的选择。

所谓商标公证，是指公证机构根据当事人的申请，依法证明商标所有人的注册商标，及向国外申请商标注册、进行商标权诉讼所需的有关有法律意义文书和事实的真实性、合法性的活动。从公证实践看，商标公证一般包括：证明授权办理商标注册的委托书、商标注册证书、商标使用许可合同、商标权转让合同，以及申请商标注册续展所需的有关文件等。

申办商标公证的当事人，应当去其住所地的公证机构提出申请，并按公证机构的要求填写好公证申请表，同时应当提交下列证明文件和材料：

1. 当事人的身份证明，法人资格证明，代理人的授权委托书和身份证明。

2. 需公证的商标注册证书和其他文件（一式两份）。

3. 商标所有权或使用权的证明。

4. 商标图案。

5. 公证机构认为需要的其他材料。

凡经公证机构审查确认为真实、合法的商标文件，公证机构则会依法出具国家公证书；若所申办的商标公证书需发往域外使用，公证机构会依法替当事人按规定向外交部门办理有关认证手续，其费用则由当事人本人承担。对申请内容或申请人意思表示不真实、不合法的，公证机构将会拒绝公证。

第十七节　世界贸易组织的相关法律知识

企业管理者参与企业事务的决策，要能从整体上把握企业的方向，了解经济环境的发展趋势，为企业制定长远的发展目标。在世界经济一体化的条件下，2003年中国加入了WTO。在近几年里中国经济与世界经济正在逐步接轨，国内经济的国际化程度在不断提高。这样的大环境就为企业的发展提供了良好的契机。

17.1 WTO相关法律知识

什么是WTO

1. WTO的由来

WTO是世界贸易组织（World Trade Organization）的英文缩写。它是根据关税与贸易总协定（GATT）"乌拉圭回合"多边贸易谈判达成的《马拉喀什建立世界贸易组织协定》于1995年1月1日成立的，总部设在瑞士日内瓦。WTO是关税与贸易总协定的继承者，是全球唯一处理不同经济体之间贸易规则的多边贸易机构。《马拉喀什建立世界贸易组织协定》签署方被称为"成员"。它的法律基础是关税与贸易总协定主持下的八轮多边贸易谈判所达成的全部成果。

2. WTO和关税与贸易总协定的关系

WTO和关税与贸易总协定有着内在的历史继承性。WTO继承了关税与贸易总协定的合理内核，包括宗旨、职能、基本原则及规则等。关税与贸易总协定的有关条款，是WTO《1994年关税与贸易总协定》的重要组成部分，仍然是规范各成员间货物贸易的准则。

WTO和关税与贸易总协定的区别主要包括以下几方面：

（1）机构性质不同。WTO是具有法律人格的国际组织。关税与贸易总协定以"临时适用"的形式存在，不具法律人格。

（2）管辖范围。WTO不仅要处理货物贸易问题，还要处理服务贸易和与贸易有关的知识产权问题，其协调与监督的范围远远大于关税与贸易总协定。WTO和国际货币基金组织、世界银行，成为维护世界经济运行的三大支柱。关税与贸易总协定只处理货物贸易问题。

（3）争端解决机制不同。WTO的争端解决机制，采用反向协商一致的原则，裁决具有自动执行的效力，同时明确了争端解决和裁决实施的时间表。关税与贸易总协定的争端解决机制，遵循协商一致的原则，对争端解决没有规定时间表。两相对比，WTO争端裁决的实施更容易得到保证，争端解决机制的效率更高。

3．WTO的职能

WTO主要包括以下六大职能：

（1）负责多边协定的实施、管理和运作。

（2）为多边贸易谈判提供场所。

（3）通过争端解决机制解决贸易争端。

（4）运用贸易政策审议机制监督各成员贸易政策。

（5）通过与其他国际经济组织合作，协调全球经济决策的更大一致性。

（6）对发展中国家和最不发达国家提供技术援助及培训。

什么是"乌拉圭回合"

"乌拉圭回合"是指关税与贸易总协定第八轮多边贸易谈判，从1986年9月开始启动，到1994年4月签署最后文件，共历时8年。这是关税与贸易总协定的最后一轮谈判。因发动这轮谈判的贸易部长会议在乌拉圭埃斯特角城举行，故称"乌拉圭回合"。参加这轮谈判的国家，最初为103个，1994年4月签署最后文件的国家共有125个。

"乌拉圭回合"最终取得了一系列重大成果：

1．多边贸易体制的法律框架更加明确，争端解决机制更加有效与可靠。

2．进一步降低关税，达成内容广泛的多边货物贸易协定，改善了市场准入条件。

3．就服务贸易和与贸易有关的知识产权达成协定。

4．在农产品和纺织品服装贸易方面，加强了多边纪律约束。

5．建立WTO，取代了关税与贸易总协定。

WTO的法律框架

WTO的法律框架，由《马拉喀什建立世界贸易组织协定》（简称《WTO协定》）及其4个附件组成。

附件1：附件1A是货物贸易多边协定，包括《1994年关税与贸易总协定》、

《农业协定》、《实施卫生与植物卫生措施协定》、《纺织品与服装协定》、《技术性贸易壁垒协定》、《与贸易有关的投资措施协定》、《反倾销协定》、《海关估价协定》、《装运前检验协定》、《原产地规则协定》、《进口许可程序协定》、《补贴与反补贴措施协定》及《保障措施协定》；附件1B是《服务贸易总协定》；附件1C是《与贸易有关的知识产权协定》。

附件2是《关于争端解决规则与程序的谅解》。

附件3是《贸易政策审议机制》。

附件4是《政府采购协定》、《民用航空器协定》、《国际奶制品协定》和《国际牛肉协定》四个诸边协定。其中，《国际奶制品协定》和《国际牛肉协定》已于1997年12月31日终止。

附件1、附件2和附件3作为多边贸易协定，所有成员都必须接受。附件4属于诸边贸易协定，仅对签署方有约束力，成员可以自由选择参加。

WTO的组织结构

根据《WTO协定》的规定，WTO建立了相应的组织结构。部长级会议是WTO最高决策机构，由WTO的所有成员组成，每两年至少举行一次会议。在部长级会议闭会期间，其职能由总理事会行使。

总理事会由WTO全体成员的代表组成，负责WTO的日常事务，监督和指导下设机构的各项工作，并处理WTO紧急事务。总理事会还有两项具体职能，即履行争端解决机构和贸易政策审议机构的职责。

总理事会下设货物贸易理事会、与贸易有关的知识产权理事会、服务贸易理事会，分别负责监督相应协定的实施。

在货物贸易理事会下还设有分别负责货物贸易多边协定登记的委员会，如市场准入委员会；服务贸易理事会下设金融服务委员会等机构；与贸易有关的知识产权理事会没有下属机构。

WTO还根据需要设立了一些临时性机构，通常被称为工作组。其任务是研究和报告有关专门事项，并最终提交有关理事会或总理事会作决定。

同时，WTO还设立了由总干事领导的秘书处。总干事由部长级会议任命，部长级会议明确总干事的权利、职责、服务条件和任期；总干事任命秘书处人员并确定其职责和服务条件。

WTO总干事的职责

总干事是WTO秘书处的行政首长，其人选由部长级会议任命。总干事的权力、职责、服务条件和任期由部长级会议以立法形式确定。总干事除领导秘书处工作外，还任命秘书处的职员和根据部长级会议的规定确定他们的责任和服务条件；向预算、财政和管理委员会提出WTO的年度预算和财务报告。虽然《WTO协定》对总干事的职权没有做非常具体的规定，但实际上，总干事对WTO的工作的影响是很大的，他的职权是通过在实际工作中的作用逐渐形成的，可以最大限度地向各成员施加影响，要求它们遵守WTO的各项规则；可以参与调解贸易争端；同时，他也应当是每一轮多边贸易谈判的当然主席。

WTO秘书处的主要职责

秘书处职责是为WTO的各种机构提供服务，其工作由总干事领导。

WTO的秘书处是从关税与贸易总协定的秘书处发展而来的。秘书处为WTO的各种会议进行会务安排；负责编辑和散发各种文件；对贸易实绩和贸易政策进行分析；起草法律文件，协助组织会议、谈判及向各代表团提供法律咨询，并协助解决涉及WTO规则和程序的贸易争端。

总干事和秘书处的义务纯属国际性质，工作人员在履行其职责时，应当不寻求接受除WTO以外来自任何政府或其他权力机关的指示。他们应当避免进行与国际官员职位有违背的任何行为。WTO成员应当尊重总干事和秘书处职员履行其国际义务，不应对他们履行职责施加影响。

WTO有哪些基本原则

1. WTO的基本原则

《WTO协定》由29个独立的法律文件组成，其中有几个基本原则贯穿于这些法律文件当中：

（1）非歧视原则。非歧视原则是WTO的基石，由最惠国待遇原则和国民待遇原则组成，其目的是为了公平竞争，防止歧视性保护，实现贸易自由。

（2）市场开放原则。市场开放原则又称市场准入原则。WTO倡导成员在权利和义务平衡的基础上，依其自身的经济状况和竞争力，通过谈判不断降低关税和非关税壁垒，逐步开放市场，实行贸易自由化。

（3）公平竞争原则。WTO允许各成员将关税作为贸易保护手段，但不允许采取不公正的贸易手段进行竞争，尤其是WTO禁止成员采取倾销或补贴等不公平贸易手段扰乱正常贸易的行为，并允许采取反倾销或反补贴的贸易补救措施，保证国际贸易在公平的基础上进行。同时，各成员要保证其贸易法律制度的统一实施。

（4）关税减让原则。WTO的主要目的之一就是通过关税减让的多边贸易谈判，逐步降低关税，以促进国际贸易的发展。关税的最大优点是它具有公开性和可计量性，能够清楚地反映关税对国内产业的保护程度。在WTO中，关税是唯一合法的保护方式。

（5）透明度原则。WTO为各缔约方的贸易法律、规章、政策、决策和裁决规定了必须公开的透明度原则，其目的在于防止缔约方之间进行不公平的贸易。透明度原则已经成为各缔约方在货物贸易、技术贸易和服务贸易中应遵守的一项基本原则，它涉及到贸易的所有领域。

（6）权利与义务平衡的原则。WTO成员既要履行WTO的义务，也享受一系列WTO赋予的权利，尽可能使成员的权利与义务相互平衡。

2. WTO基本原则的例外情形

《WTO协定》是由其基本原则、法规及遍布于其中的例外组成的。其中主要的例外情形有以下几种：

（1）非歧视待遇原则的例外。主要涉及总协定第6条反倾销税和反补贴税，政府对经济发展的援助，对进口采取的紧急措施等。另外，缔约方遇有收支不平衡问题可限制进口等，在某种程度上也可视为此原则的例外。

（2）最惠国待遇的例外。主要体现在1979年11月28日缔约方全体通过的"授权条款"，该条款允许仅对发展中国家（地区）实行优惠及发展中国家（地区）间相互实行优惠，但优惠不扩至工业化国家；此外还有总协定第24条允许建立关税同盟和自由贸易区的一般例外规定。

（3）国民待遇原则的例外。主要体现在总协定第20条内，该条规定可使成员方以条款所列"保护公共道德、人、畜甚至植物健康"为由，对进口产品实行有别于本国产品的措施，为各缔约方政府对进口产品施行差别待遇开了绿灯。总协定第3条第8款也明确规定国民待遇不适用于政府采购。

（4）透明度原则的例外。主要体现在总协定第10条第1款中，该款规定"并不要求缔约方公开那些会妨碍法令的贯彻执行、会违反公共利益或会损害某一公私企业正当商业利益的机密资料"。

（5）互惠原则的例外。体现在总协定的第四部分，该部分第36条第8款规定：

"发达的缔约各方在贸易谈判中对欠发达缔约各方的贸易所承诺的减让或撤除关税和其他贸易壁垒的义务不能希望得到互惠"。

（6）取消数量限制所规定的例外。如缔约方可以以实施其农业计划、稳定农业市场为由，对农、渔业产品实施数量限制；缔约方一旦遇到国际收支不平衡问题，可适当限制进口。

最惠国待遇原则

最惠国待遇是指缔约一方现在和将来给予任何第三方的优惠，也给予所有缔约方。在国际贸易中，最惠国待遇是指签订双边或多边贸易协议的一方在贸易、关税、航运、公民法律地位等方面，给予任何第三方的减让、特权、优惠或豁免时，缔约另一方或其他缔约方也可以得到相同的待遇。最惠国待遇有四个特点：

（1）自动性。

这是最惠国待遇的内在机制，体现在"立即"和"无条件"的要求上。当一成员给予其他国家的优惠超过其他成员享有的优惠时，其他成员便自动地享有了这种优惠。

（2）普遍性。

最惠国待遇适用于全部进出口产品、服务贸易的各个部门和所有种类的知识产权的所有者和持有者。

（3）互补性。

任何一成员在承担最惠国待遇义务的同时，享受最惠国权利。

（4）同一性。

当一成员给予其他国家的某种优惠，自动转给其他成员方时，受惠标准必须相同。

国民待遇原则

国民待遇是指在贸易条约或协议中，缔约方之间相互保证给予对方的自然人（公民）、法人（公司）和商船在本国境内享有与本国自然人、法人和商船同等的待遇。就是把外国的商品当作本国商品对待，把外国公司当作本国公司对待。其目的是为了公平竞争，防止歧视性保护，实现贸易自由化。国民待遇原则有三个特点：

（1）国民待遇原则适用的对象是产品、服务或服务提供者及知识产权所有者和持有者，但因产品服务和知识产权领域具体的受惠对象不同，国民待遇条款的适用范围具体规定和重要性有所不同。

（2）国民待遇原则只涉及其他成员方的产品、服务或服务提供者及知识产权所有者和持有者，在进口成员方境内所享有的待遇。

（3）成员方的产品、服务或服务提供者及知识产权所有者和持有者，应与进口成员方同类产品、相同服务或服务提供者及知识产权所有者享有同等待遇，如果进口方给予前者更高的待遇，也并不违背国民待遇原则。

关税减让原则

关税减让原则是WTO的主要宗旨，WTO成员通过多边贸易谈判减让关税。对于已经列入关税减让表的商品关税，各缔约方不得采取任何形式进行变更。

关税透明度高，易衡量，但对进出口商品价格有直接影响，特别是高关税，是制约货物在国际间自由流动的重要壁垒。因此，WTO在允许成员方使用关税手段的同时，还要求成员逐渐下调关税水平并加以制约，以不断推动贸易自由化进程。关税约束是指成员方承诺把进口商品的关税限定在某个水平，不再提高。如果一成员因实际困难需要提高关税约束水平，须同其他成员方再行谈判。

透明度原则

贸易自动化和稳定性是WTO的主要宗旨，而实现这一宗旨，有赖于增强贸易规章和政策措施的透明度。因此，WTO为各缔约方的贸易法律、规章、政策、决策和裁决规定了必须公开的透明度原则。主要目的在于防止缔约方之间进行不公平的贸易。透明度原则已经成为各缔约方在货物贸易、技术贸易和服务贸易中应遵守的一项基本原则，它涉及到贸易的所有领域。

透明度原则是指，成员方应公布所制定和实施的贸易措施及其变化情况，不公布的不得实施，同时还应将这些贸易措施及其变化情况通知世界贸易组织。成员方所参加的有关影响国际贸易政策的国际协议，也在公布和通知之列。透明度原则的内容主要包括两个方面：贸易措施的公布和贸易措施的通知。

取消非关税壁垒原则

非关税壁垒通常是指除关税以外各种限制贸易的措施。随着关税水平的逐步下调，非关税壁垒增多，而且形式不断变化，隐蔽性更强，越来越成为国际贸易的主要障碍。非关税壁垒对国际贸易危害主要有以下几点：

（1）非关税壁垒缺乏透明度，保护效果难以估量。

（2）非关税壁垒隐蔽，代价难以估量，容易使贸易扭曲。

（3）非关税壁垒使公司缺乏正确的国际市场导向，不利于市场经济的发展。

（4）非关税壁垒滞缓贸易自由化进程，使谈判复杂化。

针对这些潜在的不利因素，WTO就一些可能限制贸易的措施制定了专门的协议，以规范成员方的相关行为，减少非关税壁垒，不断推动全球贸易自由化进程。

（1）为使技术法规、技术标准和动植物检验检疫措施不对贸易构成不必要的障碍，《技术性贸易壁垒协议》和《实施卫生与植物卫生措施协议》规定，成员方应尽量以国际标准为依据确定检验检疫标准。

（2）为防止海关任意估价，《海关估价协议》规定，海关应主要依据货物的成交价来估价。

（3）为避免成员方的进口许可证程序影响贸易的正常运行，《进口许可程序协议》对成员方的进口许可程序进行了规范。

（4）为使原产地原则不对国际贸易构成不必要的障碍，《原产地规则协议》规范了成员方确定原产地的标准，强调应当建立公正、透明、可预见、可操作和统一的原产地规则。

WTO对发展中国家的优惠安排

WTO对发展中国家的优惠安排，主要体现在：

1. 《建立世贸组织协定》中的优惠贸易安排

在《建立世贸组织协定》中，世贸组织明确指出，最不发达国家仅承担与其经济发展水平相当的义务；通过对发展中国家提供技术援助和培训，增强它们参与多边贸易体制的能力，并因此而获益。

2. 国际收支困难实施进口限制时履行的最低水平义务

根据《1994年关贸总协定》的有关规定，发展中国家成员如果出现国际收支严重不平衡，或对外金融地位受到严重威胁时，可以为平衡国际收支采取措施。

3. 实施保障措施时对发展中国家的优惠安排

一成员在履行减让义务时，由于不可预见的情况出现，某种产品大量进口，造成国内工业严重损害，或有严重损害威胁时，可以遵照一定的规则实施保障措施。如果实施保障措施的国家是发展中国家，则实施期限最长可达到10年；而发达国家，实施期限一般为4年，经授权一般也不超过8年。

4. 涉及发展中国家产品反倾销时的优惠安排

《反倾销协议》规定，发达国家在实施反倾销时，对发展中国家出口的产品在特殊情况时要给予特别考虑，尤其该发展中国家成员如果主要依靠某一种或几种出口产品时，针对这些产品的反倾销措施，应当尽可能考虑协议规定的建设性救济措施。

5. 对发展中国家成员在补贴和反补贴方面的优惠

《补贴和反补贴协议》规定：最不发达国家和人均国民收入不到1000美元的发展中国家，不必取消禁止使用的出口补贴；其他发展中国家，则可在8年时间内（并可申请延长）逐步取消此类补贴。对于依国内产品使用情况而定的补贴（即当地成分要求）其禁令在5年内不适用于发展中国家，最不发达国家为8年。

6. 《与贸易有关的投资措施协议》对发展中国家的优惠安排

《与贸易有关的投资措施协议》禁止各成员使用的与贸易有关的投资措施，包括贸易平衡要求、外汇平衡要求、外汇管制、国内销售要求等。这些措施，被认为违反国民待遇和一般禁止使用数量限制的规定。协议规定，给发达国家两年的过渡期，给发展中国家五年的过渡期，给最不发达国家七年的过渡期。

7. 《进口许可证协议》对发展中国家的优惠安排

《进口许可证协议》要求成员的许可证签发当局应特别考虑给新的进口商分配许可证，特别是来自发展中国家和最不发达国家的进口商。发展中国家可延期两年使用进口许可程序中有关自动许可证的规定。

8. 《海关估价协议》对发展中国家的优惠安排

发展中国家执行《海关估价协议》的过渡期为5年。

9. 《贸易的技术性壁垒协议》对发展中国家的优惠安排

《贸易的技术性壁垒协议》规定：各成员应考虑到发展中成员在其境内履行相关义务在体制安排方面的特殊需要，对他们给予差别和优惠的待遇，确保这些措施不会阻碍其出口。发展中成员，仍可按照他们的技术和社会经济的特殊情况制定某些技术法规、标准和合格评定程序，目的在于保持与他们的发展需要相一致的当地技术、生产方法和工艺。

10. 发展中国家可以依本身发展水平实施《关于卫生和动植物检疫措施的协议》

《关于卫生和动植物检疫措施的协议》规定，各成员应考虑发展中国家，特别是最不发达国家的特殊要求，给予与其有利益关系的产品较长的适应期，以维持其出口机会，并可根据他们的请求，以及其财政、贸易和发展的需要，有限期的全部或部分免除其在该协议承担的义务。

11.《农业协议》对发展中国家的优惠安排

《农业协议》充分认识到发展中国家农业出口及补贴对其农业和经济发展的重要意义，在发展中国家履行减让义务、实施市场准入的承诺、国内支持等方面，都给予优惠的安排。

12.《服务贸易总协定》对发展中国家开放服务市场的优惠规定

《服务贸易总协定》规定，发展中国家对服务贸易实行逐步放开，允许其根据国内服务业发展状况、竞争力，决定是否开放和如何开放某一服务业，并允许对服务业实行一定程度的补贴和保护。

13.其他相关协议对发展中国家的优惠安排

世贸组织的《装船前检验协议》、《争端解决规则和程序的谅解》、贸易政策评审机制等，均规定了发展中国家和最不发达国家成员的低水平减让义务等优惠安排。

17.2 国际相关的企业法律知识

企业受到国外反倾销起诉时应如何应诉

1. 要弄清自己是不是"涉诉企业"

判断"涉诉企业"的标准有两条：（1）对方指控的产品与本企业出口（包括通过外贸公司出口）到起诉国的产品是相同产品，就此国内企业可以向有关的进出口商会了解起诉书和海关商品编码，以便确定产品的具体范围。（2）出口发生在起诉国规定的"调查期"内，主要以出口发票上的日期为准，也有可能视"合同日"和"装运日"而定。

2. 向有关进出口商会咨询

国内进出口商促进会是专门负责国内企业在国外遭遇反倾销指控时从事应诉组织工作的。国内企业可以向商会了解应诉程序和工作内容。

3. 迅速做出反应，及时报名应诉

虽然反倾销案件审理期长达一年，但在开始向起诉国有关部门"报名"应诉的时限是非常紧的。例如，欧盟委员会规定，自开始反倾销调查的通知发布之日起15天内，应诉方就必须向欧盟委员会报名，并提交基本材料。

4. 聘请有丰富经验的律师

5．尽早准备应诉材料

只要应诉，就需要尽早准备公司营业执照、公司章程、公司组织结构图、过去两年的资产负债表和损益表、涉诉产品过去3~5年的生产能力、产量、销售量（包括内销、外销）、出口量等材料。资料最好译成英文。

此外，我国政府和社会舆论在有理、有利、有节的原则下，也会适时给予国外不正当反倾销指控活动一定的压力。

WTO的争端解决机制

WTO体制中解决贸易争端的法律依据有：

1．GATT第22、23条，以及GATT1947年对以这两个条款为基础发展起来的争端解决机制的阐述与编纂。

2．WTO《关于争端解决规则与程序的谅解协定》。

3．WTO体制内各单项协定中包含的争端解决条款。

可诉诸解决的贸易纠纷，是指成员方之间发生的有关下列协定的争端：

1．WTO协定本身。

2．除《贸易政策审评机制谅解》之外的WTO协定附件1~4所包含的所有协定，包括WTO《关于争端解决规则与程序的谅解协定》本身。

WTO下解决贸易争端的方法主要有：

1．协商。要求协商的申请应通知争端解决机构（DSB）及有关理事会和委员会。接到协商申请的成员在规定的期间内答复并进行协商，60天内解决争端。如不按规定答复或协商，或协商不成，申请方可要求成立专家小组。

2．斡旋、调节和调停。可在解决争端的60天内由任何一方提出，随时举行。如双方认为不能解决争端的，可要求设立专家小组。

3．专家小组依有关规定进行评估，并向争端解决机构提出调查结果报告和争端解决建议。报告由争端解决机构在提交的60日内通过。

4．上诉机构审议。如果争端一方对专家小组的报告持异议并通知DSB或DSB一致反对采纳专家小组的报告，则由DSB设立的常设上诉机构在60天内解决。

5．交叉报复。如果专家小组或上诉机构的建议或报告未被DSB采纳或执行，争端各方可自愿达成补偿协议。在合理期限后20天内不能达成一致的，援引争端解决程序的一方可要求DSB授权其中止履行对在前协议的减让和其他义务，除非DSB一致拒绝。

6. 仲裁。争端各方可达成仲裁协议提交仲裁，并将结果通过DSB和有关理事会和委员会。

企业如何保护知识产权

与贸易有关的知识产权属于WTO协议中条款最多的一个协议（有七部分72条），共涉及七个部分有：

1. 版权和邻接权

与《伯尔尼公约》相比，保留或继承者，删除和新增者均有。

（1）排除了精神权利。

一般来说，它保护的是经济方面的权利，保护期50年。

（2）纳入对计算机程序、数据库的保护。

（3）增加了"出租权"。

（4）对权利的限制。

第13条重申了对权利的限制。《伯尔尼公约》第9条许可的权利限制包括：对公开作品中部分摘引；为教学解说而使用等凡已注明出处；在电影、摄影及新闻报道中有必要使用的内容等。第13条规定为"限于某种特殊情况"，且不容许与作品的正常使用相冲突，不应不合理地损害权利人的合法利益。⑤邻接权的保护。主要是第14条规定的对表演者权、录音制品制作者权和广播组织权的保护。由于将邻接权的保护列入最惠国待遇的例外，因而允许WTO各成员方降低保护标准（因为规定一致同意的标准有难度），但允许"追溯权"（《罗马公约》不允许此权力）。

2. 发明专利权（Patents）

TRIPS（关贸总协定知识产权协定）在第二部分第五节用了八个条款对专利作了规定。

（1）专利权的授予。

第25条规定了专利对象：在所有的技术领域的发明，不论是产品还是加工过程，只要它们是新颖的，含有发明因素，能在工业中实用，即符合新颖性、实用性、创造性"三性"的要求。不授予专利的情况：为维护公共秩序或道德；保护人类、动植物生命或健康；避免严重损害环境；疾病的诊断和治疗方法；生物工程的工艺等。

专利权的内涵。

第28条规定："专利的对象是产品（加工）时，制止第三方未经所有权人同意而（使用该加工）进行的制造、使用、销售、或者为此目的而进口。"

强制许可。

第31条规定："未经权利持有人授权的另外使用"规定实际上是强制许可。强制许可应遵守的条件（第9条）。

保护期。

第33条规定："使用保护期，自提交申请之日起20年届满前，均为有效。"

3. 外观设计（Industrialdesigns）

保护的目的在于防止或制止未经许可而仿制，保护期为10年以上，但是排除了"主要按技术上或功能上考虑而做的设计"的保护，所以TRIPS第25条是指外观设计。

4. 商标权（Trademarks）

允许在贸易活动中实际使用的商标作为取得商标权的途径，而注册商标只是对已有商标权的认定而已。保护期为7年，可无限制地延期。

5. 地理标志权《Geographical indications）

TRIPS第22条规定："为本协定目的，地理标志指识别货物原产于一个成员方境内，或境内的区域或地方的标记，而该货物的一定的质量、声誉或其他特性被基本认定为是该原产地所具有的。"如贵州茅台等。协议规定，各成员方有义务为各利益方提供法律手段，防止在一种商品的名称或介绍中，使用任何手段明示或暗示该商品来源于一个非真实原产地的地域，导致公众对该产品的地域来源产生误解。各成员方应根据利益方的要求拒绝对假冒原产品地商品的商标进行注册，已经注册的，则应予撤销。

保护地理标记主要为了反对假冒和不正当竞争行为，这款问题最易发生在酒类商品中，因此，第23条专门规定了对酒类商品地理标记的额外保护规则。葡萄酒或烈性酒使用并非真实产地地理标志属侵权行为，应受到处罚，权利人可提请保护。即使在使用不真实地域标志时，运用了表示类似的一些词（如KIND、TYPE、STYLE），如苏格兰式威士忌等。

6. 集成电路部图设计（Layout – designs/topographies of integrated circuits）

TRIPS第35条规定了与《集成电路知识产权条约》的关系，即TRIPS适用该条约第2—7条、第12条、第16条三款、第6条三款除外。即TRIPS是不允许对集成电路专用权采取强制许可的。保护期为10年。保护范围包括：布图设计的进口、销售，所说布图（外观）设计包括含有该设计的集成电路或集成电路产品。第37条规定了"善意侵权"不应视为侵权。即保护范围由集成电路本身，进而延伸到使用集成电路的任何物品，只要含有非法复制的布图设计，均为非法。

7. 未经披露的信息（商业秘密）（Protection of undisclosed information）

TRIPS第39条第二款规定："未披露的信息指不为公众所知道的，能为权利人带来经济利益（商业价值）的，经权利人采取了保密措施的经济信息。"商业秘密的权利人，有制止其他人未经他方而披露、获得或使用该信息的权利。

知识产权保护的水平高，基本上超过了已有国际公约对知识产权的保护力度。如：对驰名商标的保护，TRIPS进一步加强了对驰名商标的保护。首先，它确立了衡量商标是否是驰名商标的标准，即在确定一个商标是否驰名时，成员方应考虑该商标在相关行业中的知名度。其次，《巴黎公约》规定，只有在与驰名商标相同或类似商品上注册模仿的商标才构成侵权。TRIPS对此做了更严格的规定，在与驰名商标所保护商品不同类的商品上注册模仿的商标也构成侵权。

对计算机软件的保护。TRIPS第10条规定，计算机程序，无论是原始代码还是实物代码，应根据《伯尔尼公约》作为文学作品来保护。对于数据库或其他材料的集合体，无论是机器可读形式或者其他形式，内容的选取或者编排也将给予保护。但该保护不涉及存在于资料或数据上的版权。然而按第9条第二款的规定，这种保护只延及表达而不延及创意、程序操作方法或数理概念本身。

知识产权国际保护的主要方式

1. 单方保护

通过国内立法，单方面宣布保护外国的知识产权，而不要求互惠。

2. 互惠保护

由于本国知识产权立法滞后等原因，为了对外贸易的需要，对外国知识产权的保护实行互惠原则，即如果某国承认并保护依本国法律确认的知识产权，则本国就承认并保护依该国法律确认的知识产权。我国在参加《巴黎公约》前，曾分别与许多国家在商标保护上实行互惠原则。

3. 签订双边协定

国与国之间通过签订双边保护协定，相互保护对方的知识产权。在《巴黎公约》等重要的国际公约签订以前，这是国际保护的主要方式。今天，这种方式仍有其存在的价值。1992年我国和美国达成的知识产权谅解备忘录就属于这种双边协定。

4. 缔结国际条约

目前，缔结国际条约是知识产权国际保护的主要方式。由一些国家举行政府间的谈判，达成多边条约，而且，每一个条约成立一个相应的国家间的联盟。从功能方面来看，这些条约可分为两种类型：（1）建立国际保护制度的条约，如《巴黎公约》、《伯尔尼公约》、《制止商品来源虚假或欺骗性标记马德里协定》、《保护原产地名称里斯本协定》等。这些条约主要是规定各缔约国在知识产权保护方面应遵守的共同标准和制度；（2）促进国际保护的条约，如《专利合作条约》、《商标国际注册马德里协定及其议定书》、《商标注册条约》、《商标注册用商品及服务国际分类尼斯协定》等。

知识产权国际保护的主要原则

一般认为，知识产权国际保护的原则有国民待遇原则、优先权原则、独立保护原则、最低限度保护原则。

1. 国民待遇原则

国民待遇原则的含义是，任何缔约国（成员）的国民，在知识产权保护方面，与其他缔约国内应享有该国给予和今后可能给予其国民的各种利益。国民待遇原则所要求的是，每一个缔约国在知识产权保护方面，要对其他缔约国的国民与本国国民同等对待，不得歧视。

国民待遇原则是知识产权国际保护的基础，没有这个基础，一国的知识产权要在国外得到保护是很困难的，有时甚至是不可能的。但是，这个原则没有涉及保护水平问题，由于各国对知识产权的保护水平有很大差异，两个缔约国的国民各自在对方所受到的保护可能是很不平衡的。因此，仅有这个原则又是很不充分的。

2. 最低限度保护原则

又称为最低保护标准。为了弥补国民待遇原则的不足，《保护工业产权巴黎公约》、《保护文学艺术作品伯尔尼公约》、TRIPS，都分别就各种知识产权规定了各成员国必须遵守的最低保护标准。最低保护标准包括保护对象、权利的取得方式、权利内容、保护期限等。这些标准是缔约国对其他缔约国国民必须给予的保护标准，至于缔约国对本国国民提供何种水平的保护，公约不加干涉。

3.独立保护原则

独立保护原则是指，缔约国国民就同一智力成果和商业标志在各缔约国所获得的保护是互相独立的。以专利为例，独立保护原则的含义是指：一个缔约国就一项发明授予专利，不意味着其他缔约国也必须授予专利；一个缔约国驳回一项发明专利申请、宣告专利无效或专利权终止，其他缔约国不能以此为理由将该专利申请驳回、宣告无效或使其终止。

4. 优先权原则

优先权是《巴黎公约》授予缔约国国民最重要的权利之一。其内容是，在一个缔约国正式提出专利或商标申请的人，在其他缔约国提出同样的申请，在规定的期间内享有优先权。

知识产权的涉外保护和国际保护的关系

涉外保护指的是发生知识产权的涉外纠纷时应适用何种法律处理该纠纷的问题，换言之，即知识产权关系的法律适用问题。涉外保护和国际保护是两个不同性质的法律问题。涉外保护是国际私法上的问题，而国际保护是国际公法上的问题。另一方面，涉外保护和国际保护又有密切的联系，因为国际保护的最低标准是提供保护的成员国必须遵守的。

由于知识产权所保护的对象是一种信息，在本质上其传播不受国界的限制，可以同时被很多人所利用，因此，具有涉外性质的侵权纠纷发生的频率远较物质财产高，而且更为复杂。另一方面，知识产权的可分地域取得和行使的特点和国际保护中的独立性原则又使知识产权的涉外保护在法律适用上相对简单。可分地域取得和行使的特点和独立保护原则决定了每一个国家都只能够按照本国法律对外国人的知识产权提供保护，当然，这种保护应当符合国际公约规定的最低保护标准。这里所说的保护包括权利的取得、权利的内容、保护期限、保护方法和水平。因此，知识产权涉外保护的法律适用遵循的是适用权利主张的法律的原则，也就是权利人向哪个国家要求保护，就应当适用哪个国家的法律。

例外的情况是，按照《伯尔尼公约》的规定，如果作品在起源国已经进入公有领域，那么，虽然依据被要求保护的国家的著作权法，其作品仍在保护期内，除非该国法律另有规定，该国也无保护的义务。

需要强调的是，这里所说的法律适用原则，是对于知识产权本身而言的，如果是以知识产权为标的的合同纠纷、继承纠纷等其他性质的纠纷，则应按合同、继承等民事关系的法律适用原则来处理。